1831
H.

hist.e littéraire 375.

cat. de Nyon n.º 6954

CATALOGUE
DE LA
BIBLIOTHEQUE
DU CHASTEAU DE RAMBOUILLET,
APPARTENANT
A SON ALTESSE SERENISSIME
MONSEIGNEUR
LE COMTE DE TOULOUSE.

A PARIS,

Imprimé par les soins de GABRIEL MARTIN,
Libraire de Son Altesse Serenissime.

M. DCCXXVI.

A
SON ALTESSE SERENISSIME
MONSEIGNEUR
LOUIS ALEXANDRE
DE BOURBON,
COMTE DE TOULOUSE.

ONSEIGNEUR,

Il est heureux pour moy que ma Profession me mette en état de servir Vôtre Altesse Serenissime

ã ij

EPITRE.

dans le genre qui luy est le plus agréable, & j'ose dire le plus glorieux. Je veux parler des Lettres & des Beaux-Arts que Vous alliez si parfaitement, MONSEIGNEUR, avec la science de la Cour & les devoirs de la societé, qu'on remarque à travers l'éclat de vôtre auguste Naissance, les qualitez de l'Honneste-Homme, & l'esprit orné de l'Homme de Lettres. C'est ce goust qui Vous a porté à former un Cabinet de Livres choisis dans vôtre Château de Ramboüillet, (de tout temps le reduit des Muses.)

Vous m'avez ordonné, MONSEIGNEUR, d'en dresser le Catalogue, & j'ay fait mon possible pour suivre exactement vos intentions: Je prens la liberté de vous le presenter dans

EPITRE.

*la confiance que vous agréerez l'extreme paſ-
ſion que j'ay euë de vous marquer mon zele,
& le profond reſpect avec lequel je ſeray toute
ma vie,*

MONSEIGNEUR,

DE VÔTRE ALTESSE SERENISSIME,

Le tres humble, tres ſoumis
& tres obéïſſant ſerviteur
G. MARTIN.

PREFACE.

CE n'est point icy une Bibliotheque complette, mais un recueil de Livres choisis pour amuser le Prince & la Princesse pendant leur sejour à Rambouillet, aussi-bien que les personnes qu'ils y attirent.

C'est pourquoy je n'ay pas crû devoir m'assujetir trop scrupuleusement à l'ordre ordinaire que l'on suit dans l'arrangement des Bibliotheques; mais je me suis appliqué singulierement à rendre l'usage de ce Catalogue facile & commode. Dans cette veuë, après avoir rassemblé chacune des differentes classes ou matieres dans une ou plusieurs armoires où chaque volume est distingué par un numero pareil à celuy qui est marqué dans le Catalogue, j'ay detaillé

PREFACE.

& expliqué les titres de chaque Livre avec plus d'étenduë qu'on ne le fait ordinairement; j'ay marqué la chronologie & tout ce qui pouvoit éclaircir le sujet & l'histoire des Ouvrages; j'ay devoilé autant que je l'ay pû, les vrais noms des Auteurs inconnûs ou deguisez; j'ay raporté le contenu des tomes, afin d'abreger la peine de parcourir toutes les parties d'un Livre pour trouver ce que l'on y cherche; enfin j'ay porté les differens Traitez qui composent la collection des Oeuvres d'un mesme Auteur, chacun à la matiere qui luy est propre. Un exemple rendra la chose sensible : Les Oeuvres de Me de Villedieu sont pour la plus grande partie des Romans, & par cette raison sont placées dans la classe des Romans, où l'on trouvera le detail de chaque Ouvrage; mais comme elle a fait aussi des Poësies & des Comedies, les Poësies sont encore portées parmy les Poëtes François, & les Comedies parmy les Poëtes Dramatiques, avec des renvois qui indiquent

PREFACE.

le tome, le numero & l'armoire; enforte qu'avec ce fecours celuy qui parcourra dans le Catalogue la claffe des Poëtes, apprendra (s'il ne le fçait déja) que Me de Villedieu a fait des Poëfies & des Pieces de Theatre, & poura fur le champ fe faire apporter le volume.

Cette methode quoique plus penible m'a paru preferable, parce qu'elle rapproche fous un feul point de veuë tous les Traitez d'une mefme efpece, les Réponfes, les Critiques, & tout ce qui a raport l'un avec l'autre. On fçait affez qu'un Catalogue ne fe lit point tout entier de fuite, & que chacun y cherche le genre de Livres qui luy eft propre ou qui eft de fon gouft; c'eft pourquoy bien loin de craindre que l'on regarde les doubles emplois des mefmes Ouvrages comme des repetitions inutiles, je me flatte qu'on poura me fçavoir gré de ce travail.

ORDRE

ORDRE DES DIVISIONS
DU PRESENT CATALOGUE.

THEOLOGIE.

Bibles, page 1.
Critiques sacrez, 7.
Liturgie, 9.
Ouvrages des SS. Peres, 11.
Theologie Morale, 12.
Theologie Catechetique ou Instructive, 14.
Theologie Mystique, 18.
Theologie Polemique, ou Traitez pour la défense de la Religion, 26.
Theologie Heterodoxe, ou des Pretendus Reformez, 28.
Theologie & Religion des Gentils, 31.

JURISPRUDENCE.

Droit Canonique, 33.

ORDRE

Droit Civil, 36.
Droit François, 38.
Droit Etranger, 42.

PHILOSOPHIE, MATHEMATIQUE, ET ARTS.

Philosophes anciens & Modernes, 45.
Logique, 49.
Morale, 50.
Oeconomie, 53.
Politique, 55.
Metaphysique, 57.
Physique, 61.
Histoire Naturelle, 65.
Medecine, 68.
Mathematique en general, 70.
   Arithmetique, Geometrie &c. 70.
   Astronomie, Navigation & Marine, 71.
   Astrologie, 73.
   Musique, 74.
   Mechanique, 74.
   Arts & Exercices differens, 75.

BELLES-LETTRES.

Grammaire, 81.
Rhetorique & Eloquence, 85.

DES DIVISIONS.

Poëtes Grecs, Latins, François &c.   95.
   Traitez de Poëtique,   95.
   Poëtes Grecs,   98.
   Poëtes Latins,   104.
   Poëtes François,   116.
   Poëtes Italiens,   140.

Poëtes Dramatiques,   145.
   Pieces de Theatre des Auteurs anciens & Modernes,   145.
   Recueils & Melanges de Pieces de Theatre de divers Auteurs,   163.
   Opera & Chansons,   178.

Mithologie, & Romans,   185.
   Mythologie, & Fables,   185.
   Faceties, ou Inventions facetieuses, & Histoires comiques & fabuleuses,   187.
   Histoires comiques,   190.
   Histoires fabuleuses,   195.
   Contes & Nouvelles ; & Histoires ou Avantures amoureuses données pour vraies,   197.

Romans,   213.
   Romans d'Amour, de Morale, & allegoriques,   213.
   Romans de Chevalerie,   221.
   Romans historiques,   235.

Miscellanei, ou Philologues, Critiques, & Polygraphes,   249.
   Critiques,   249.
   Satyres, & Apologies,   250.
   Ouvrages allegoriques,   252.
   Apophtegmes,   253.
   Dialogues,   259.
   Polygraphes,   260.
   Epistolaires,   273.

ORDRE

HISTOIRE.

Geographie,	277.
Voyages,	291.
Voyages en differentes parties du Monde,	291.
Voyages d'Europe,	300.
Voyages d'Asie,	309.
Voyages d'Afrique,	321.
Voyages d'Amerique,	324.
Voyages imaginaires,	328.
Histoire universelle,	331.
Histoire universelle,	331.
Extraits historiques,	345.
Histoire Ecclesiastique,	347.
Histoire de l'Eglise generale & particuliere,	347.
Histoire des Conciles, des Papes, & des Cardinaux,	355.
Histoire des Ordres Monastiques, Religieux, & Militaires,	358.
Vies des Saints, des Bienheureux, &c.	364.
Histoire des Heresies,	368.
Histore Ancienne, ou Judaïque, Grecque, Romaine, & Byzantine,	375.
Histoire Judaïque,	375.
Histoire Grecque,	377.
Histoire Romaine,	379.
Histoire Byzantine,	390.
Vies des Hommes illustres Grecs & Romains,	392.
Antiquitez Grecques & Romaines,	394.
Histoire de France,	397.

DES DIVISIONS.

Histoire generale de France,	397.
Histoire particuliere de France sous chaque Regne,	408.
Histoire particuliere des Provinces de France,	492.
Traitez des Prééminences, Prérogatives &c. du Royaume, des Rois, & de la Maison Royale de France,	503.
Traitez de la Souveraineté, & autres Droits du Roy de France,	509.
Traitez de la Politique & du Gouvernement de la France,	514.
Histoire des Etats Generaux, & des Dignitez & Offices du Royaume,	561.
Histoire de la Noblesse & des Maisons illustres de France,	524.
Vies des Hommes illustres de France,	528.
Histoire des Solemnitez de France,	535.
Histoire Etrangere en Europe,	539.
Histoire d'Italie,	539.
Histoire d'Allemagne,	544.
Histoire de Lorraine,	548.
Histoire de Suisse,	549.
Histoire des Pays-Bas,	549.
Genealogies des Maisons des Pays-bas,	555.
Histoire d'Espagne & de Portugal,	555.
Histoire d'Angleterre,	563.
Histoire des Pays Septentrionaux,	570.
Histoire Etrangere hors l'Europe,	579.
Histoire des Turcs,	579.
Histoire d'Asie,	585.
Histoire d'Afrique,	595.
Histoire d'Amerique,	598.
Grands Livres de Figures & de Cartes,	607.

* ẽ iij

ORDRE DES DIVISIONS.

Antiquitez, 616.
   Rome ancienne, 618.
   Rome moderne, 620.

CATALOGUE

CATALOGUE DE LIVRES.

✳✳✳✳✳✳✳✳✳✳✳✳✳✳✳✳✳✳ ✳✳✳ ✳✳✳✳✳✳✳✳✳✳✳✳✳✳✳✳✳✳

THEOLOGIE.

BIBLES.

LA Sainte Bible, en Latin & en François, (de la traduction de Louis Iſaac le Maiſtre de Sacy ;) avec de courtes Notes du même Auteur, & la Concorde Evangelique (d'Antoine Arnauld) en Latin & en François : Nouvelle Edition enrichie de Cartes Geographiques & de Figures, & des Tables de la Bible de Vitré. *A Liege* 1702. *in fol.* 3. *vol.*

1 A   Tome 1. contient depuis la Geneſe juſques & compris Job.

2 A   Tome 2. depuis les Pſeaumes juſqu'au

A

CATALOGUE DE LIVRES.
Nouveau Testament.

3 A   Tome 3. le Nouveau Testament, la Concorde, les Tables &c.

La Sainte Bible, en Latin & en François, de la même traduction; avec l'Explication du sens litteral & du sens spirituel tirée des Peres, par le même le Maistre de Sacy. *A Paris 1686. & années suiv. in* 8°. 32. *vol.* Sçavoir

49 A   La Genese.
50 A   L'Exode, & le Levitique.
51 A   Les Nombres, & le Deuteronome.
52 A   Josué, les Juges, & Ruth.
53 A   Les deux premiers Livres des Rois.
54 A   Les deux derniers Livres des Rois.
55 A   Les Paralipomenes, Esdras, & Nehemias.
56 A   Tobie, Judith, & Esther.
57 A   Le Livre de Job.
58 A   Les LIV. premiers Pseaumes.
59 A   Les Pseaumes suivans depuis le LV. jusques & compris le CIII.
60 A   Les Pseaumes suivans depuis le CIV. jusques & compris le CL.
61 A   Les Proverbes de Salomon.
62 A   L'Ecclesiaste, & la Sagesse.
63 A   Le Cantique des Cantiques.
64 A   L'Ecclesiastique.

THEOLOGIE.

65 A	Le Prophete Isaïe.
66 A	Jeremie, & Baruch.
67 A	Le Prophete Ezechiel.
68 A	Daniel, & les Machabées.
69 A	Les XII. petits Prophetes.
70 A	L'Evangile de S. Matthieu.
71 A	La suite de l'Evangile de S. Matthieu, & celui de S. Marc.
72 A	L'Evangile de S. Luc.
73 A	L'Evangile de S. Jean.
74 A	Les Actes des Apôtres.
75 A	⎫
76 A	⎬ Les Epitres de S. Paul.
77 A	⎭
78 A	Les Epitres Catholiques.
79 A	
80 A	L'Apocalypse.

La Sainte Bible, en Latin & en François, avec un Commentaire litteral & des Dissertations, par Dom Augustin Calmet Religieux Benedictin de la Congregation de S. Vanne & de S. Hydulphe. *A Paris* 1707. *& années suiv. in-4°.* 23. *vol.* Sçavoir

9 A	La Genese.
10 A	L'Exode, & le Levitique.
11 A	Les Nombres, & le Deuteronome.
12 A	Josué, les Juges, & Ruth.

CATALOGUE DE LIVRES.

13 A   Les trois premiers Livres des Rois.
14 A   Le quatriéme Livre des Rois, & les Paralipomenes.
15 A   Esdras, Tobie, Judith, & Esther.
16 A   Job, & les Machabées.
17 A }
18 A }   Les Pseaumes.
19 A   Les Proverbes, l'Ecclesiaste, le Cantique des Cantiques, & la Sagesse.
20 A   L'Ecclesiastique.
21 A   Isaïe.
22 A   Jeremie, & Baruch.
23 A   Ezechiel, & Daniel.
24 A   Les XII. petits Prophetes.
25 A   L'Evangile de S. Matthieu.
26 A   Les Evangiles de S. Marc & S. Luc.
27 A   L'Evangile de S. Jean.
28 A   Les Actes des Apôtres.
29 A   Les Epîtres de S. Paul aux Romains, & aux Corinthiens.
30 A   Les Epîtres de S. Paul aux Galates, aux Ephesiens, aux Philippiens, aux Colossiens, aux Thessaloniciens, à Timothée, à Tite, à Philemon, & aux Hebreux.
31 A   Les Epîtres Canoniques, & l'Apocalypse.
81 A   Pseaumes de David, en Latin & en François, traduction nouvelle selon l'Hebreu; (par Louis Isaac le Maistre de Sacy.) *A Paris* 1679. *in* 12°.

THEOLOGIE.

82 A Le Pseautier de David, en Latin & en François, avec des Notes tirées de S. Augustin & des Peres; (par le même Auteur.) *A Paris* 1684. *in* 8°.

32 A Interpretation des Pseaumes, avec le texte Latin à côté, & la Vie de David; par François Timoleon de Choisy. *A Paris* 1690. *in* 4°.

83 A La Morale du Sage, ou Paraphrase des Proverbes, de l'Ecclesiaste, & de la Sagesse de Salomon, & des sept Pseaumes Penitentiaux, par M^e. Marie Eleonore de Rohan, Abbesse de Malnouë. *A Paris* 1681. *in* 12°.

84 A
85 A Les Conseils de la Sagesse, ou Recueil des Maximes de Salomon les plus necessaires à l'homme pour se conduire sagement, avec des Reflexions sur ces Maximes; (par Pierre Gorse Jesuite.) *A Paris* 1705. *in* 12°. 2. *vol.*

86 A Le Livre de la Sagesse, traduit en Vers François, avec le texte Latin, & une Epitre dedicatoire qui contient le paralele & l'éloge historique du Roy; (par le Sieur Abbé Guilleminet.) *A Paris* 1696. *in* 12°.

CATALOGUE DE LIVRES.

Le Nouveau Testament, traduit en François sur la Vulgate, avec des Notes & plusieurs Tables, par le P. Denis Amelote, de l'Oratoire. *A Paris* 1688. *in* 4°. 2. *vol.*

33 A   Tome 1. comprend les IV. Evangelistes.
34 A   Tome 2. les Actes des Apôtres, les Epîtres de S. Paul, les Epîtres Canoniques, & l'Apocalypse.

Le Nouveau Testament, de la même traduction, sans Notes. *A Paris* 1681. *in* 12°. 2. *vol.*

87 A   Tome 1. contient les IV. Evangelistes.
88 A   Tome 2. les Actes des Apôtres, les Epîtres de S. Paul & des autres Apôtres, & l'Apocalypse.

Le Nouveau Testament en François, traduit sur la Vulgate, avec les differences du Grec; (par Antoine le Maistre, Antoine Arnauld, Pierre Nicole, Louis Isaac le Maistre de Sacy, Joseph Sebastien du Camboust de Pontchasteau, & Claude de Sainte Marthe.) *A Mons in* 12°. 2. *vol.*

89 A   Tome 1. comprend les IV. Evangiles, & les Actes des Apôtres.
90 A   Tome 2. les Epîtres de S. Paul & des autres Apôtres, & l'Apocalypse.
91 A Histoire & Concorde des IV. Evan-

THEOLOGIE.

geliftes, contenant felon l'ordre des temps la Vie de J. C. (traduite du Latin d'Antoine Arnauld par luy-même.) *A Paris* 1669. *in* 12°.

92 A Hiftoire de la Vie de J. C. (par Nicolas le Tourneux.) *A Paris* 1686. *in* 12°.

La Vie de J. C. par M. de Saint-Real. *Voyez fes Oeuvres tom.* 3. *ci-après n°.* 89 H.

Eclairciffement fur le Difcours de Zachée à J. C. par le même Auteur. *Voyez ibid.*

93 A L'Apocalypfe, traduite en François, avec une Explication, par M. Jacques Benigne Boffuet, Evêque de Meaux. *A Paris* 1689. *in* 8°.

CRITIQUES SACREZ.

94 A Introduction à l'Ecriture Sainte, traduite du Latin du P. Bernard Lamy Preftre de l'Oratoire par l'ordre de M. l'Evêque de Châlons fur Saone; enrichie d'une idée generale de la Bible, d'une nouvelle difpofition pour en faire la lecture dans le cours d'une année, & de Cartes & Figures

gravées en taille-douce. *A Lyon 1699. in 12°.*

Le grand Dictionnaire de la Bible, ou Explication litterale & historique de tous les mots propres du Vieux & du Nouveau Testament, avec la Vie des Patriarches & des Prophetes, une Introduction à l'Ecriture Sainte, & une Chronologie sacrée, par .... Simon. *A Lyon 1703. in fol. 2. vol.*

4 A   Tome 1. contient l'Introduction, & depuis la lettre A. jusques à la lettre L.

5 A   Tome 2. depuis la lettre L. jusques & compris la lettre Z. & la Chronologie sainte.

Dictionnaire historique, critique, chronologique, geographique & litteral de la Bible ; enrichi d'un grand nombre de Figures en taille-douce, qui representent les Antiquitez Judaïques ; par Dom Augustin Calmet Abbé de Saint Leopold de Nancy. *A Paris 1722. in fol. 2. vol.*

6 A   Tome 1. comprend depuis A. jusqu'à L. inclusivement.

7 A   Tome 2. depuis M. jusqu'à Z. avec diverses Tables d'evaluations des Poids, Mesures & Monnoyes des Juifs ; & la Traduction

THEOLOGIE.

Traduction literale des Noms Hebreux, Caldéens, Syriaques & Grecs de la Bible.

LITURGIE.

L'Année Chrétienne, contenant les Messes de toute l'année en Latin & en François, avec l'Explication des Epitres & des Evangiles, & un abregé de la Vie de chaque Saint; (par Nicolas le Tourneux.) *A Paris* 1705. *in* 12°. 13. *vol.*

95 A   Tome 1. comprend les Messes depuis le I. Dimanche de l'Avent jusqu'à l'octave de l'Epiphanie.

96 A   Tome 2. depuis l'octave de l'Epiphanie jusqu'au Mercredi des Cendres.

97 A   Tome 3. depuis le Mercredi des Cendres jusqu'au III. Dimanche de Carême.

98 A   Tome 4. depuis le Lundi de la III. semaine de Carême jusqu'au Dimanche des Rameaux.

99 A   Tome 5. les Messes de la Semaine Sainte & de la Semaine de Pâques.

100 A   Tome 6. depuis le Dimanche de Quasimodo jusqu'à la veille de la Pentecôte.

101 A   Tome 7. les Messes des octaves de la Pentecôte & du S. Sacrement.

102 A   Tome 8. depuis le III. jusqu'au VII. Dimanche après la Pentecôte.

103 A   Tome 9. depuis le VIII. jusqu'au XIV.

CATALOGUE DE LIVRES.
Dimanche après la Pentecôte.

104 A — Tome 10. depuis le XIV. jusqu'au XVIII. Dimanche après la Pentecôte.

105 A — Tome 11. depuis le XVIII. jusqu'au XXII. Dimanche après la Pentecôte.

106 A — Tome 12. depuis le XXII. Dimanche après la Pentecôte jusqu'au I. Dimanche de l'Avent.

107 A — Tome 13. les Messes Votives de toute l'année.

108 A — Petit Office de la Sainte Vierge, Elevations durant la Messe, & autres Prieres tirées de l'Ecriture Sainte, par M. de la Baume du Perret : Gravé par Senault. *In 8°.*

35 A — Les Messes & les Vêpres des Fêtes solemnelles de l'année, en Latin. *A Paris 1683. in 4°.*

L'Office de la Semaine Sainte, & de l'octave de Pâques, en Latin & en François ; avec des Explications & des Reflexions, (par le Sieur de Courval.) *A Paris, in 12°. 2. vol.*

109 A — Tome 1. contient l'Office du matin.
110 A — Tome 2. comprend l'Office du soir.
111 A — L'Office des Chevaliers de l'Ordre

THEOLOGIE.

du Saint Esprit, en Latin. *MS. sur velin, in* 18°.

112 A L'Office des Chevaliers de l'Ordre du S. Esprit, en Latin ; imprimé par le commandement du Roy. *A Paris* 1662. *in* 16°.

8 A Pontificale Romanum, Clementis VIII. & Urbani VIII. auctoritate recognitum ; cum Figuris æneis. *Parisiis* 1664. *in fol.*

113 A Rituale Romanum, Pauli V. jussu editum. *Parisiis* 1679. *in* 8°.

36 A Rituale Parisiense, ad Romani formam expressum auctoritate D. de Gondy Archiepiscopi Parisiensis. *Parisiis* 1654. *in* 4°.

OUVRAGES DES SS. PERES.

37 A Traité d'Origene contre Celse, ou Défense de la Religion Chrétienne contre les accusations des Payens, traduit du Grec, avec des Remarques, par Elie Bouhereau. *A Amsterdam* 1700. *in* 4°.

38 A Les Oeuvres de S. Cyprien, traduites du Latin par M. Lombert, avec des Remarques, & la Vie de ce S. Pere. *A Paris* 1672. *in* 4°.

114 A Les Instructions de S. Dorothée,

Pere de l'Eglife Greque, traduites en François, avec la Vie de ce Saint ; par Dom Armand Jean le Bouthillier de Rancé, Abbé de la Trappe. *A Paris* 1686. *in* 8º.

115 A   L'Octavius de Minutius Felix, traduit de Latin en François par Nicolas Perrot Sieur d'Ablancourt. *A Amsterdam* 1683. *in* 12º.

116 A   Les Confeffions de S. Auguftin, en Latin & en François de la traduction de Robert Arnauld d'Andilly, avec les Notes d'Antoine Arnauld. *A Paris* 1676. *in* 8º.

THEOLOGIE MORALE.

117 A   Traité de la Comedie ; & des Spectacles, felon la Tradition de l'Eglife, tirée des Conciles & des Peres : où l'on montre qu'ils font oppofez aux maximes du Chriftianifme & contraires à la pureté des mœurs ; par Monfeigneur Armand de Bourbon Prince de Conti. *A Paris* 1669. *in* 12º.

39 A   La Défenfe du Traité de Monfeigneur le Prince de Conti touchant la Comedie & les Spectacles, ou Refutation d'un libelle intitulé :

THEOLOGIE. 13

Dissertation sur la condamnation des Theatres ; par Joseph de Voisin. *A Paris* 1671. *in* 4°.

De la Comedie, par Pierre Nicole. *Voyez le tome* 3. *des Essais de Morale, ci-après n°* 165 A.

Pensées sur les Spectacles, par le même. *Voyez le tome* 5 *des Essais de Morale, ci-après n°* 167 A.

Lettre sur la Comedie, (attribuée au P. Caffaro Theatin.) *Voyez les Oeuvres de Boursault tome* 1. *ci-après n°* 82 F.

118 A
119 A Le Catechisme des Jesuites, ou l'examen de leur doctrine; (par Estienne Pasquier :) nouvelle Edition. *A Villefranche* 1677. *in* 12°. 2. *vol.*

120 A Les Provinciales, ou Lettres écrites par Louis de Montalte (Blaise Pascal) à un Provincial & aux Jesuites sur la Morale & la Politique de ces Peres : VIII. Edition augmentée. *A Cologne* 1669. *in* 12°.

121 A
122 A
123 A Les mêmes, avec les Notes de Guillaume Wendrock (Pierre Nicole) traduites du Latin : nouvelle Edition augmentée de deux Lettres sur les Provinciales & sur la Theologie Morale des Jesuites. *in* 12°. 3. *vol.*

THEOLOGIE CATHECHETIQUE
ou Instructive.

124 A — Le Cathechisme du Concile de Trente ; traduction nouvelle du Latin : III. Edition. *A Paris* 1701. *in* 12°.

125 A
126 A
127 A — Instructions generales en forme de Catechisme; (composées par François Aimé Pouget Prêtre de l'Oratoire :) imprimées par ordre de M. Charles Joachim Colbert Evêque de Montpellier. *A Paris* 1719. *in* 12°. 3. *vol.*

128 A
129 A — Catechisme Historique, contenant en abregé l'Histoire Sainte, & la Doctrine Chrétienne, par Claude Fleury. *A Paris* 1686. *in* 12°. 2. *vol.*

130 A
131 A — Instructions theologiques & morales sur les Sacremens, par Pierre Nicole. *A Paris* 1704. *in* 12. 2. *vol.*

132 A
133 A — Instructions du même Auteur sur le Symbole. *A Paris* 1704. *in* 12. 2. *vol.*

134 A
135 A — Instructions du même Auteur sur le premier Commandement du Decalogue, où il est traité de la Foy, de l'Esperance, & de la Charité. *A Paris* 1713. *in* 12°. 2. *vol.*

136 A Instructions du même Auteur sur l'O-
raison Dominicale, & sur la Salu-
tation Angelique. *A Paris* 1707.
in 12°.

Sermons du Pere Louis Bourdaloue
Jesuite, revûs & donnez au public
avec une Préface qui contient l'a-
bregé de la Vie de l'Auteur, & une
Table des Sermons qui en comprend l'abregé, par le P. Bretonneau Jesuite. *A Paris* 1707. *& années
suiv. in* 8°. 14. *vol.*

137 A   Tome 1. comprend les Sermons de l'A-
vent.

138 A   Tome 2. qui est le 1. pour le Carême,
contient les Sermons depuis le Mercredy des Cendres jusqu'au Mercredy de la seconde semaine inclusivement.

139 A   Tome 3. qui est le 2. pour le Carême,
depuis le Jeudy de la seconde semaine jusqu'au Vendredy de la quatriéme inclusivement.

140 A   Tome 4. qui est le 3. pour le Carême,
depuis le Dimanche de la cinquiéme
semaine jusqu'au Dimanche de Quasimodo inclus.

141 A.   Tomes 5. & 6. comprennent les Ser-
142 A   mons sur les Mysteres de N. S. & de
la Vierge.

143 A   Tomes 7. & 8. les Sermons pour les
144 A   Fêtes des Saints, & pour des Vêtures

& Professions Religieuses.

145 A — Tome 9. qui est le 1. pour les Dimanches, comprend depuis le 1. Dimanche après l'Epiphanie jusqu'au 4. après Pâques inclus.

146 A — Tome 10. qui est le 2. pour les Dimanches, depuis le 5. Dimanche après Pâques jusqu'au 12. après la Pentecôte inclus.

147 A — Tome 11. qui est le 3. pour les Dimanches, depuis le 13. Dimanche après la Pentecôte jusqu'au 24. après la Pentecôte inclus.

148 A — Tomes 12. & 13. contiennent les Exhortations & Instructions chrétiennes.
149 A

150 A — Tome 14. contient une Retraite spirituelle à l'usage des Communautez Religieuses.

Recueil des Sermons du P. Charles de la Ruë Jesuite. *Imprimé suivant la copie de Bruxelles 1706. in 12°. 4. vol.*

151 A — Tome 1. contient les Sermons du Carême, depuis le Mercredy des Cendres jusqu'au Lundy de la troisiéme semaine inclusivement.

152 A — Tome 2. depuis le Mercredy de la troisiéme semaine jusqu'au Lundy de Pâques inclusivement.

153 A — Tomes 3. & 4. les Sermons sur les Mysteres de N. S. & de la Vierge, & sur divers sujets.
154 A

Sermons de M. Jean Baptiste Massillon, Prêtre

THEOLOGIE.

Prêtre de l'Oratoire (à present Evêque de Clermont:) Nouvelle Edition corrigée & augmentée. *A Trevoux* 1708. *in* 12°. 5. *vol.*

155 A — Tome 1. contient les Sermons du Carême, depuis le Mercredy des Cendres jusqu'au Mercredy de la seconde semaine inclusivement.

156 A — Tome 2. depuis le Jeudy de la seconde semaine jusqu'au Mardy de la quatriéme inclusivement.

157 A — Tome 3. depuis le Jeudy de la quatriéme semaine jusqu'au Mardy de Pâques inclusivement.

158 A
159 A — Tomes 4. & 5. les Sermons sur divers sujets, les Panegyriques, & trois Oraisons funebres de M. de Villeroy Archevêque de Lyon, de M. de Villars Archevêque de Vienne, & de Monseigneur François Louis de Bourbon Prince de Conti.

Panegyrique de S. Louis, avec un Sermon de la Cene &c. par M. Antoine Anselme. *Voyez ses Discours*, ci-aprés n° 86 D.

Panegyrique de S. François de Paule, par Pierre Nicole. *Voyez le tome* 6. *des Essais de Morale*, ci-aprés n° 168 A.

Panegyrique de la B. Rose, par Dominique Bouhours. *Voyez ses Opus-*

cules, ci-après n° 86 H.

THEOLOGIE MYSTIQUE.

160 A De l'Imitation de J. C. traduit du Latin de Thomas à Kempis Chanoine Regulier par le Sieur de Beüil Prieur de S. Val (Louis Isaac le Maistre de Sacy ;) avec Figures en taille-douce. *A Paris* 1709. *in* 8°.

161 A L'Imitation de J. C. traduite & paraphrasée en Vers François, par Pierre Corneille : Edition nouvelle retouchée par l'Auteur avant sa mort, avec Figures en taille-douce. *A Bruxelles* 1704. *in* 8°.

162 A La Guide des Pecheurs, écrite en Espagnol par Louis de Grenade Dominicain, & traduite en François par Guillaume Girard. *A Paris* 1700. *in* 8°.

Discours de la Reformation de l'homme interieur, traduit du Latin de Cornelius Jansenius Evêque d'Ypre. *A Paris* 1659. *in* 12°. Relié avec les Oeuvres Chrétiennes de M. Arnauld d'Andilly, ci-après n° 139 E.

Essais de Morale contenus en divers Traitez sur plusieurs devoirs importans, (par Pierre Nicole.) *A Paris* 1682. *& années suiv. in* 12°. 8. vol.

163 A — Tome 1. contient les Traitez de la foiblesse de l'homme ; de la soûmission à la volonté de Dieu ; de la crainte de Dieu ; des moyens de conserver la paix avec les hommes ; des jugemens temeraires.

164 A — Tome 2. qu'il ne faut point se conduire par des regles de fantaisie ; de l'existence de Dieu, & de l'immortalité de l'ame ; combien les entretiens des hommes sont dangereux ; de la civilité chrétienne ; de la Grandeur ; discours de M. Pascal sur la condition des Grands ; de la maniere d'étudier chrétiennement ; de l'éducation d'un Prince ; de la breveté de la vie.

165 A — Tome 3. de la connoissance de soi-même ; de la charité, & de l'amour propre ; des diverses manieres de tenter Dieu ; de la Comedie ; des raports ; de la guérison des soupçons ; qu'il ne faut se scandaliser des défauts des gens de bien ; du moyen de profiter des mauvais Sermons.

166 A — Tome 4. des quatre fins de l'homme ; de la vigilance chrétienne.

167 A — Tome 5. intitulé, Continuation des Essais de Morale sur divers sujets, Ouvrage postume, contient les Traitez de l'Obéïssance ; de l'usage du tems ; de la conduite que l'on doit garder

dans les divisions de sentimens entre des personnes de pieté ; le Prisme ou que les differentes dispositions font juger differemment des autres objets; qu'il y a beaucoup à craindre dans les contestations pour ceux même qui ont raison ; comment on doit suivre la volonté de Dieu à l'égard des pensées & des mouvemens dont l'esprit est agité ; des attraits ; de la maniere de profiter des Nouvelles ; des Superieures; de l'employ d'une Maîtresse des Novices; resolutions de quelques difficultez proposées par une personne de pieté ; de la preparation à la mort ; considerations pour une ame abbatuë par une crainte excessive ; & pensées sur les Spectacles.

168 A   Tome 6. des fondemens solides de la pieté chrétienne ; des devoirs mutuels des inferieurs & des superieurs ; du mal qu'il y a de detourner une personne de la pratique de l'obéïssance ; de l'humilité qui doit accompagner les œuvres exterieures de charité ; des conduites extraordinaires ; du scandale ; qu'on n'a jamais sujet de se plaindre de ceux qui nous accusent de quelque défaut ; si c'est usure que de vendre plus cher à crédit ; le procès injuste ; des bornes legitimes de cette maxime, qu'il ne faut point se prévenir, & de l'abus que l'on en peut faire ; des Arbitrages ; pensées

THEOLOGIE.

sur divers sujets de morale ; Panegyrique de S. François de Paule.

169 A — Tome 7. Lettres écrites par l'Auteur sur des sujets de Theologie, de pieté & de morale.

170 A — Tome 8. Suite des Lettres ; & quelques Lettres de M. de Rancé Abbé de la Trappe à l'Auteur.

Continuation des Essais de Morale sur les Epitres & les Evangiles de toute l'année, & sur les Mysteres de J. C. par le même Nicole. *A Paris , in* 12°. 5. *vol.*

171 A — Tome 1. de la premiere partie, contient les Reflexions sur les Epitres & Evangiles depuis le premier Dimanche de l'Avent jusqu'au Mercredy des Cendres.

172 A — Tome 2. de la premiere partie, les Reflexions sur les Epitres & Evangiles depuis le Mercredy des Cendres jusqu'au Jeudy de la troisiéme semaine de Carême inclus.

173 A — Tome 3. ou suite du precedent, les Reflexions sur les Epitres & Evangiles depuis le Vendredy de la troisiéme semaine de Carême jusqu'au Samedy de la semaine de Pâques inclus.

174 A — Tome 4. ou tome 1. de la 2. partie, les Reflexions sur les Epitres & Evangiles depuis le Dimanche de Quasimodo jusqu'au dixiéme Dimanche après la Pentecôte inclus.

175 A Tome 5. ou tome 2. de la 2. partie, les Reflexions sur les Epitres & Evangiles depuis le 11e. Dimanche après la Pentecôte jusqu'au 1. Dimanche de l'Avent.

L'esprit du Christianisme ; la perfection du Christianisme ; l'importance du Salut ; la Foy des derniers siecles ; & la Vie des Predestinez ; par René Rapin. *Voyez ses Oeuvres tome 3. ci-après n°* 78 H.

176 A
177 A Traité de Morale, par Nicolas Malebranche : Nouvelle Edition. *A Lyon* 1707. *in* 12°. 2. *vol.*

178 A Traité de l'Amour de Dieu, en quel sens il doit être desinteressé ; avec trois Lettres au P. Lamy Benedictin, & une quatriéme ou Reponse generale à celles de ce même Pere ; par le même Nicolas Malebranche. *A Lyon* 1707. *in* 12°.

179 A Instructions sur les principaux sujets de la pieté & de la morale chretienne, par Armand Jean le Bouthillier de Rancé Abbé de la Trappe : Nouvelle Edition. *A Paris* 1701. *in* 12°.

180 A
181 A Maximes chrétiennes & morales, par le même Auteur. *A Paris* 1702. *in* 12°. 2. *vol.*

THEOLOGIE.

182 A Conduite chrétienne, par le même Auteur. *A Paris* 1703. *in* 12°.

183 A Traité abregé des obligations des Chrétiens, par le même Auteur. *A Paris* 1699. *in* 12°.

184 A Lettres de pieté, du même Auteur.
185 A *A Paris* 1701, & 1702. *in* 12°. 2. *vol.*

Lettres du même à M. Nicole. *Voyez le tome* 8. *des Essais de Morale*, ci-devant n° 170.

186 A Traité de l'Oraison, par Pierre Nicole. *A Paris* 1679. *in* 8°.

187 A Traitez sur la Priere publique, & sur les dispositions pour offrir les saints Mysteres & y participer avec fruit ; (par M. André du Guet.) *A Paris* 1707. *in* 12°.

188 A Lettres du même Auteur sur divers sujets de morale & de pieté : II. Edition. *A Paris* 1708. *in* 12°.

189 A Explication des maximes des Saints sur la Vie interieure, par M. François de Salignac de la Motte-Fenelon Archevêque de Cambray. *A Paris* 1697. *in* 12°.

190 A Instructions sur les Etats d'Oraison, contre les erreurs des faux Mystiques de nos jours, avec les Actes de

leur condamnation, par M. Jacques Benigne Bossuet, Evêque de Meaux. *A Paris* 1697. *in* 8º.

191 A Divers Ecrits ou Memoires du même Auteur, sur le livre de l'Explication des Maximes des Saints touchant la vie interieure, de M. l'Archevêque de Cambray. *A Paris* 1698. *in* 8º.

192 A Discours de la Pureté d'Intention, & des moyens pour y arriver, avec des Pensées chrétiennes, & des Reflexions sur l'Evangile du seul necessaire. *A Paris* 1684. *in* 12º.

193 A Les Regles de la Vie Chrétienne, tirées de l'Ecriture & des Peres; (par Nicolas le Tourneux.) *A Paris* 1689. *in* 16º.

194 A
195 A De la sainteté & des devoirs de la Vie Monastique, par Jean Armand le Bouthillier de Rancé Abbé de la Trappe. *A Paris* 1684. *in* 12º 2 *vol.*

196 A Eclaircissemens sur quelques difficultez survenuës au sujet du livre precedent, par le même Auteur. *A Paris* 1688. *in* 12º.

40 A
41 A La Regle de S. Benoist, traduite & expliquée selon son veritable esprit

THEOLOGIE.

prit, par le même Auteur. *A Paris* 1689. *in* 4°. 2. *vol.*

197 A Sentimens chretiens pour entretenir la devotion durant la journée, par Dominique Bouhours. *A Paris* 1673. *in* 12°.

198 A Les Maximes de S. Ignace, avec les Sentimens de S. François Xavier, par le même Bouhours. *A Paris* 1683. *in* 12°.

199 A Reflexions sur la Misericorde de Dieu, par une Dame penitente (Louise Françoise de la Baume le Blanc, Religieuse Carmelite sous le nom de Sœur Louise de la Misericorde, auparavant Duchesse de la Valiere & de Vaujour.) *A Paris* 1700. *in* 12°.

200 A Meditations pour se disposer à l'Humilité & à la Penitence, avec quelques Considerations de pieté pour tous les jours de la semaine ; par Nicolas Malebranche. *A Paris* 1715. *in* 24°.

D

CATALOGUE DE LIVRES.

THEOLOGIE POLEMIQUE,
OU

Traitez pour la défense de la Religion.

201 A Traité de la Verité de la Religion Chretienne, par Hugues Grotius, avec les Citations & les Remarques de l'Auteur : traduit du Latin en François par Pierre le Jeune. *A Utrecht* 1692. *in* 8°.

202 A Pensées de Blaise Pascal sur la Religion, & sur quelques autres sujets : Nouvelle Edition augmentée de nouvelles Pensées du même Auteur non encore imprimées ; d'un Discours sur les Pensées de M. Pascal ; d'un autre Discours sur les preuves des livres de Moïse ; & d'un Traité qu'il y a des Demonstrations d'une autre espece & aussi certaines que celles de la Geometrie, & qu'on en peut donner de telles pour la Religion Chrétienne ; avec la Vie de M. Pascal écrite par M^e. Perier (Marguerite Pascal) sa sœur.) *A Paris* 1702. *in* 12°.

203 A Traité de la Verité de la Religion
204 A   Chrétienne, par Jacques Abbadie.

A Rotterdam 1701. *in* 12°. 2. *vol.*

205 A — Traité de la Divinité de J. C. Tome III. du Traité de la Verité de la Religion Chretienne, par le même Auteur. *A Rotterdam* 1690. *in* 12°.

206 A — Conversations chretiennes, dans lesquelles on justifie la Verité de la Religion & de la Morale de J. C. avec quelques Meditations sur l'Humilité & la Penitence; par Nicolas Malebranche : Nouvelle Edition. *A Paris* 1702 *in* 12°.

42 A — La Religion Chretienne prouvée par les faits, avec un Discours historique & critique sur la methode des principaux Auteurs qui ont écrit pour & contre le Christianisme depuis son origine ; par M. l'Abbé Houtteville. *A Paris* 1722. *in* 4°.

207 A
208 A
209 A
210 A — La Verité de la Religion Catholique, prouvée par l'Ecriture Sainte & par la Tradition, par Marin Grosteste des Mahis : Nouvelle Edition augmentée par M. G. (M. Geofroy,) avec les réponses aux objections des Protestans, & l'Eloge historique de l'Auteur. *A Paris* 1713. *& 1714. 3. tomes en 4. vol. in* 12°.

D ij

211 A Exposition de la Doctrine de l'Eglise Catholique sur les matieres de Controverse, par M. Jacques Benigne Bossuet Evêque de Meaux. *A Paris* 1686. *in* 12°.

212 A Conference avec M. Claude Ministre de Charenton sur la matiere de l'Eglise, par le même Auteur. *A Paris* 1687. *in* 12°.

213 A Traité de la Communion sous les deux Especes, par le même. *A Paris* 1686. *in* 12°.

214 A Explication de quelques difficultez sur les Prieres de la Messe, par le même. *A Paris* 1689. *in* 12°.

THEOLOGIE HETERODOXE,

OU

des Prétendus-Reformez.

215 A Avis important aux Refugiez sur leur prochain retour en France, donné pour Etrennes à l'un d'eux en 1690. par M. C. L. A. A. P. D. P. (Pierre Bayle.) *Imprimé en Hollande sur la copie de Paris* 1692. *in* 12°.

216 A Reponse à l'Avis aux Refugiez, par M. D. L. R. . . . . . *A Rotterdam* 1709. *in* 12°.

217 Commentaire philosophique sur ces
218   paroles de J. C. *contrain-les d'entrer*,
    ou Traité de la Tolerance univer-
    selle ; par le même Pierre Bayle :
    Nouvelle Edition augmentée d'un
    Ecrit intitulé, Ce que c'est que la
    France toute Catholique sous le
    regne de Louis le Grand. *A Rotter-
    dam* 1713. *in* 12. 2. *vol.*
219 A Conformité de la Foy avec la Raison,
    ou Défense de la Religion contre
    les principales difficultez répandues
    dans le Dictionnaire historique &
    critique de M. Bayle ; (par Isaac
    Jaquelot.) *A Amsterdam* 1705. *in*
    12°.
220 A Du Pouvoir des Souverains & de la
    Liberté de Conscience ; traduit du
    Latin de Gerard Noodt par Jean
    Barbeyrac : II. Edition reveuë &
    augmentée de Notes & de deux
    Discours, l'un de Jean Frederic
    Gronovius sur la Loy Royale, tra-
    duit du Latin ; & l'autre du Tra-
    ducteur sur la nature du Sort. *A
    Amsterdam* 1714. *in* 12°.
    Histoire de l'Edit de Nantes, conte-
    nant les choses les plus remarqua-
    bles qui se sont passées en France

avant & après sa publication, à l'occasion de la diversité des Religions; & principalement les contraventions, inexecutions, violences & autres injustices que les Reformez se plaignent d'y avoir souffertes, jusqu'à l'Edit de Revocation en Octobre 1685. avec ce qui a suivi ce nouvel Edit jusques à present ; par Elie Benoist Ministre à Delft. *A Delft* 1693. & 1695. *in* 4°. 3. tomes en 5. vol.

43 A   Tome 1. comprend depuis l'an 1523. jusqu'en 1610. & les Preuves.

44 A   Tome 2. depuis 1610. jusqu'en 1643. & les Preuves.

45 A   Tome 3. premiere partie, depuis 1643. jusqu'en 1665. & les Preuves.

46 A   Tome 3. seconde partie, depuis 1665. jusqu'en 1683.

47 A   Tome 3. troisiéme partie, depuis 1683. jusquen 1693. & les Preuves des deux derniers tomes.

221 A   Dialogues rustiques d'un Prêtre de Village, d'un Berger, d'un Censier & de sa femme &c. tres utiles pour ceux qui demeurent ès païs où ils n'ont le moyen d'être instruits par la prédication de la Parole de Dieu. *A Rotterdam* 1711. *in* 12°.

222 A Les Entretiens des Voyageurs sur la
223 A Mer ; (ou Entretiens de plusieurs
224 A Protestans sur la Religion Refor-
225 A mée, contre la Religion Romaine,
&contre le Clergé de France.) *A Cologne* 1715. *in* 12°. 4. *vol.*

THEOLOGIE ET RELIGION

des Gentils.

Remarques sur la Theologie des Philosophes Grecs, par M. Pierre Joseph Thouillé d'Olivet. *Voyez les Entretiens de Ciceron sur la nature des Dieux, ci après n° 76* D.

48 A Imagines Deorum qui ab Antiquis colebantur, æri incisæ ; unà cum earum declaratione & historiâ, in quâ Simulachra, Ritus, & Religio Veterum explicantur : Authore Vincentio Chartario. *Francofurti* 1687. *in* 4°.

226 A Histoire des Oracles, par M. Bernard de Fontenelle. *A Paris* 1707. *in* 12°.

227 A Réponse à l'Histoire des Oracles de
228 A M. de Fontenelle ; dans laquelle on réfute le systéme de M. Van-Dale sur les Auteurs des Oracles

du Paganisme, sur la cause & le temps de leur silence; & où l'on établit le sentiment des Peres sur le même sujet; (par le P. Baltus Jesuite.) *A Strasbourg* 1707. & 1708. *in* 8°. 2. *vol.*

JURISPRUDENCE.

JURISPRUDENCE.

DROIT CANONIQUE.

1 B   Procez verbal de l'Assemblée des Cardinaux, Archevêques & Evêques, tenuë à Paris dans l'Archevêché en 1713. & 1714. au sujet de la Constitution *Unigenitus* du Pape Clement XI. M. l'Abbé de Broglie Agent general du Clergé Secretaire. *A Paris* 1714. *in fol. en grand papier.*

24 B   Mandement de M. Pierre de Langle Evêque de Boulogne sur son Appel de la Constitution *Unigenitus*, avec un Memoire qui en deduit les motifs. *A Paris* 1719. *in* 4°.

2 B   Procez verbal de l'Assemblée generale du Clergé de France en l'année 1715. Messieurs les Abbez de Broglie & de Macheco de Premeaux Secretaires. *A Paris* 1723. *in fol.*

3 B   Procez verbal de l'Assemblée generale du Clergé de France en l'année

CATALOGUE DE LIVRES.
1723. M. l'Abbé de Brancas Secretaire. *A Paris* 1724. *in fol.*

Recueil des Actes, Titres & Memoires concernant les affaires du Clergé de France, augmenté d'un grand nombre de Pieces & d'Observations sur la Discipline presente de l'Eglise ; divisé en XII. tomes & mis en nouvel ordre, (par M. Pierre le Merre Avocat au Parlement.) *A Paris* 1716. *& années suivantes, in fol.* 10. *tomes en* 11. *vol.*

4 B	Tome 1. traite de la Foy Catholique, & de la Doctrine de l'Eglise.
5 B	Tome 2. des Ministres de l'Eglise.
6 B	Tome 3. des Cures & des Curez, Vicaires & Deffervans.
7 B	Tome 4. des Ministres de l'Eglise qui sont Reguliers.
8 B	Tome 5. du Culte Divin.
9 B } 10 B }	Tome 6. & 7. de la Jurisdiction Ecclesiastique.
11 B	Tome 8. des Assemblées, des Bureaux, des Agens Generaux &c.
12 B	Tome 9. des Contrats avec les Rois &c.
13 B	Tome 10. premiere partie, des qualitez pour être pourvûs des Benefices, des Droits du Pape & des Evêques de France dans la Collation des Benefices.

JURISPRUDENCE.

14 B   Tome 10. 2. partie,

15 B   Tome 11.

16 B   Tome 12.

17 B   Raport & Pieces juſtificatives du Procez verbal de l'Agence generale de M. l'Abbé de Maulevrier, en 1710. *A Paris* 1716. *in fol.*

25 B   Cenſures & Concluſions de la Faculté de Theologie de Paris touchant la Souveraineté des Rois, la ſûreté de leurs perſonnes, & la tranquillité de l'Etat. *A Paris* 1717. *in* 4°.

43 B   Inſtitution au Droit Eccleſiaſtique, par Claude Fleury. *A Paris* 1704. *in* 12°. *2. tomes en un vol.*

44 B
45 B   Maximes du Droit Canonique de France, par Louis du Bois; enrichies d'Obſervations par Denis Simon: V. Edition revûë & augmentée. *A Paris* 1703. *in* 12°. *2. vol.*

E ij

46 B
47 B
Traité des Droits honorifiques des Seigneurs dans les Eglises, par Matthias Mareschal; avec un Traité du Droit de Patronage, de la Présentation aux Benefices &c. des Arrêtez servans de Decisions, & un Traité des Dixmes, par Denis Simon: Derniere Edition augmentée d'Observations & de Reglemens sur ces matieres, par le Sieur Danty. *A Paris* 1700. *in* 12°. 2. *vol.*

DROIT CIVIL.

26 B
27 B
Le Droit de la Nature & des Gens, ou Systême general des principes les plus importans de la Morale, de la Jurisprudence, & de la Politique; traduit du Latin de Samuel Baron de Pufendorf, par Jean Barbeyrac, avec des Notes & une ample Préface du Traducteur : II.e Edition revûë & augmentée. *A Amsterdam* 1712. *in* 4°. 2. *vol.*

28 B
29 B
Du Droit de la Guerre & de la Paix, par Hugues Grotius; nouvelle traduction par Jean Barbeyrac; avec les Notes de l'Auteur même qui n'avoient point encore paru en François, & de nouvelles Notes

JURISPRUDENCE.

du Traducteur. *A Amsterdam* 1724. in 4°. 2. vol.

48 B
jusqu'à
53 B — Les Instituts de l'Empereur Justinien, en Latin & en François; avec des Observations pour l'intelligence du texte, l'Application du Droit François au Droit Romain &c. par M. Claude Joseph de Ferriere. *A Paris* 1719. in 12°. 6. vol.

30 B
31 B
32 B — Les Loix Civiles dans leur ordre naturel, par M. Domat. *A Paris* 1704. in 4°. 3. vol.

33 B
34 B — Le Droit Public, suite des Loix Civiles dans leur ordre naturel, par le même Auteur. *A Paris* 1704. in 4°. 2. vol.

Deux Discours sur la permission & le benefice des Loix, par Jean Barbeyrac. *Voyez les Devoirs de l'Homme & du Citoyen*, ci-après n° 116 C.

Discours sur la Loy Royale, traduit du Latin de Jean Frederic Gronovius par le même Barbeyrac. *Voyez le Traité du Pouvoir des Souverains &c. de Gerard Noodt*, ci devant n° 220 A.

Essais de Jurisprudence, par Jacques de Tourreil. *Voyez ses Oeuvres tome* I. ci-après n° 48 D.

CATALOGUE DE LIVRES.

DROIT FRANÇOIS.

35 B
36 B Le Droit Public, par Henry Comte de Boullainvilliers. *MS. in* 4°. 2. *vol.*

18 B Ordonnances des Rois de France de la troisiéme Race, recueillies par ordre chronologique avec des Renvois des unes aux autres, des Sommaires, des Observations sur le texte, & cinq Tables : I. Volume contenant ce qu'on a trouvé d'Ordonnances imprimées ou MSS. depuis Hugues Capet jusqu'à la fin du Regne de Charles le Bel ; par M. Eusebe de Lauriere. *A Paris, de l'Imprimerie Royale*, 1723. *in fol.*

54 B Ordonnances Royaux & Reglemens sur le fait de l'Admirauté, Jurisdiction d'icelle, & tout ce qui en dépend ; depuis 1543. jusqu'en 1629. avec les Jugemens d'Oleron touchant le fait de la Mer. *A Rouen* 1657. *in* 8°.

55 B Ordonnance de Louis XIV. de l'année 1667. pour les matieres civiles. *A Paris* 1717. *in* 24°.

56 B Ordonnance, Edits & Declarations du même Roy, de l'année 1669.

JURISPRUDENCE. 39

touchant la Reformation de la Justice. *A Paris* 1700. *in* 24°.

57 B Ordonnance du même Roy de l'an 1670. pour les matieres criminelles: Nouvelle Edition avec les Edits & Arrests intervenus depuis, & les Edits & Declarations concernant les Duels. *A Paris* 1724. *in* 24°.

58 B Ordonnance du même Prince de l'an 1673. touchant le Commerce : Nouvelle Edition augmentée. *A Paris* 1709. *in* 24°.

59 B Ordonnance du même Prince, de l'an 1669. touchant les Eaux & Forests; avec les Edits & Reglemens rendus depuis. *A Paris* 1723. *in* 12°.

60 B Ordonnances du même Prince de 1680. & 1681. sur le fait des Gabelles & des Fermes de S. M. avec les Tarifs de 1664. &c. *A Paris* 1721. *in* 24°.

61 B
jusqu'à
75 B
Reglemens & Ordonnances du même Roy pour les Gens de Guerre, depuis l'an 1651. jusqu'en 1706. inclusivement. *A Paris* 1691. *& années suiv. in* 12°. 15. *vol.*

37 B Ordonnance du même Prince de 1681. touchant la Marine, commentée & conferée sur les ancien-

CATALOGUE DE LIVRES.

nes Ordonnances, le Droit Romain, & les nouveaux Reglemens; par M. Pierre de Merville Avocat. *A Paris* 1714. *in* 4º.

38 B   Ordonnance du même Roy pour les Armées Navales & Arcenaux de Marine, en 1689. *A Paris* 1689. *in* 4º. *en grand papier.*

76 B   Coutumes du Comté & Baillage de Montfort l'Amaury, Gambais, Neauphle le Chaftel, Saint Liger en Yveline, enclaves & anciens reſſorts d'iceux ; avec le Commentaire de Claude Thourette Avocat à Montfort, donné au public par M. Claude Thourette ſon petit-fils Avocat du Roy au même Siege. *A Paris* 1693. *in* 8º.

Arreſts prononcez en robes rouges au Parlement de Provence, par M. Guillaume du Vair. *Voyez ſes Oeuvres, ci-après* nº 1 H.

Traité de la Police, où l'on trouvera l'Hiſtoire de ſon établiſſement, les fonctions & les prérogatives de ſes Magiſtrats, & toutes les Loix & tous les Reglemens qui la concernent ; avec une Deſcription de Paris, & huit Plans gravez qui repreſentent

JURISPRUDENCE. 41
presentent son ancien état & ses divers accroissemens ; & un Recueil des Statuts & Reglemens des six Corps des Marchands & de toutes les Communautez des Arts & Métiers ; par Nicolas de Lamare Commissaire au Châtelet. *A Paris* 1705. 1710. & 1719. *in fol.* 3. *vol.*

19 B   Tome 1. traite de la Police en general, & de ses Magistrats & Officiers ; de la Religion ; des Mœurs ; & de la Santé.

20 B   Tome 2. traite des Vivres.

21 B   Tome 3. contient la suite des Vivres, & un Supplement aux deux premiers tomes.

22 B   Tome 4.

23 B   Tome 5.

77 B   Institution au Droit François (par
78 B   Gabriel Dargoud;) avec l'Histoire

F

CATALOGUE DE LIVRES.

du Droit François, par Claude Fleury, II.ᵉ Edition. *A Paris* 1699. *in* 12°. 2. *vol.*

Plaidoyez d'Eftienne Pafquier. *Voyez fes Oeuvres*, ci-après *n°* 2 H.

Plaidoyé de Pierre Verforis pour les Jefuites contre l'Univerfité. *Voyez les Oeuvres de Pafquier*, ci-après *n°* 2 H.

Plaidoyez & autres Oeuvres de François Pierre Gillet : Nouvelle Edition. *A Paris* 1718. *in* 4°. 2. *vol.*

39 B — Tome 1. contient les Plaidoyers, & les Factums ou Memoires.

40 B — Tome 2. les Requêtes & l'Arrêt pour les Avocats & les Medecins contre le Traitant de la Recherche de la Nobleffe ; le Difcours fur le Genie de la Langue Françoife & la maniere de traduire ; la Traduction des quatre Catilinaires de Ciceron, des Oraifons pour Celius & pour Milon, & de la feconde Philippique, avec des Remarques.

79 B Memoire pour diminuer le nombre des Procès, par M. l'Abbé Charles Junée de Caftel de Saint-Pierre. *A Paris* 1725. *in* 12°.

DROIT ETRANGER.

41 B Les Droits de l'Empire fur l'Etat Ec-

JURISPRUDENCE. 43
clesiastique, recherchez & pleinement éclaircis par occasion de la Dispute de Comacchio & des Droits particuliers de la Maison d'Est sur cette Ville ; pour servir de Réponse aux Ecrits publiez en faveur du S. Siege : Traduit de l'Italien. *A Utrecht* 1713. *in* 4°.

42 B Memoire pour justifier le Droit de Monseigneur le Prince de Conti sur les Comtez Souverains de Neufchastel & de Valangin en Suisse, par Charles Arrault Avocat. *A Paris* 1707. *in* 4°.

F ij

PHILOSOPHIE,
MATHEMATIQUE, ET ARTS.

PHILOSOPHES ANCIENS ET MODERNES.

LA Vie de Pythagore, ses Symboles, & ses Vers dorez ; la Vie d'Hierocles, & ses Commentaires sur les Vers de Pythagore : rétablis sur les Manuscrits, & traduits en François avec des Remarques, par André Dacier. A Paris 1706. in 12°. 2. vol.

79 c — Tome 1. contient la Vie de Pythagore ; ses Symboles en Grec avec la Version Latine & Françoise & leur Explication ; ses Vers dorez, en Grec & en François ; & la Vie d'Hierocles.

80 c — Tome 2. les Commentaires d'Hierocles sur les Vers dorez de Pythagore, traduits en François, avec des Remarques.

Les Oeuvres de Platon, traduites du Grec, avec des Remarques, un Discours préliminaire sur Platon, la Vie de ce Philosophe, & l'Exposition des principaux dogmes de sa Philosophie; par le même Dacier. *A Paris* 1699. *in* 12°. 2. *vol.*

81 C Tome 1. contient le Discours sur Platon; la Vie & les Dogmes de ce Philosophe; les Dialogues intitulez le 1. & le 2. Alcibiade, le Theagés, & l'Eutyphron.

82 C Tome 2. les Dialogues intitulez l'Apologie de Socrate, le Criton, le Phédon, Lachés, Protagoras, & les Rivaux.

Traduction de l'Eutiphron, de l'Hippias, & de l'Euthidemus de Platon; par François de Maucroix. *Voyez ses Oeuvres diverses tome 2. ci-après n°* 82 H.

1 C Les Oeuvres de Seneque, traduites en François par Matthieu de Chalvet. *A Paris* 1604. *in fol.*

83 C
84 C Histoire de la Philosophie Payenne, ou Sentimens des Philosophes & des Peuples Payens les plus celebres sur Dieu, sur l'ame, & sur les devoirs de l'Homme. *A la Haye* 1724. *in* 12°. 2. *vol.*

85 C Histoire de Boëce, avec l'Analyse de ses Ouvrages, des Notes, & des Dissertations; par M. Nic. Gervaise Prevost de S. Martin de Tours.

PHILOSOPHIE. 47

A Paris 1715. *in* 12°. 2. *tomes en un vol.*

9 C   Les Principes de la Philosophie, traduits du Latin de René Descartes. *A Paris* 1659. *in* 4°.

10 C   Les Meditations Metaphysiques touchant la premiere Philosophie, par le même Descartes: III. Edition. *A Paris* 1673. *in* 4°.

11 C ⎰ L'Homme du même Descartes, & la formation du Fœtus; avec les Remarques de Louis de la Forge: Plus le Monde ou Traité de la Lumiere, du même Descartes: II. Edition. *A Paris* 1677.
Traité de la Mechanique, du même; & l'abregé de Musique, du même; mis en François avec les Eclaircissemens necessaires par N. P. D. L... *A Paris* 1668. *in* 4°.

86 C   Les Passions de l'Ame, par le même Descartes. *A Paris* 1679. *in* 12°.

12 C   Traité de l'Esprit de l'Homme, de ses facultez & fonctions, & de son union avec le Corps suivant les principes du même Descartes; par Louis de la Forge. *A Paris* 1666. *in* 4°.

13 C   Discours de la Methode pour bien conduire sa raison & chercher la

Verité dans les Sciences ; plus la Dioptrique, les Meteores, la Mechanique, & la Mufique, qui font des effais de cette Methode ; par le même Defcartes ; avec des Remarques & des Eclairciffemens. *A Paris 1668. in* 4°.

87 C La Geometrie du même Defcartes. *A Paris 1705. in* 8°.

14 C Les Lettres, du même Defcartes:
15 C Nouvelle Edition. *A Paris 1667.*
16 C *in* 4°. 3. *vol.*

88 C Lettre écrite à un fçavant Jefuite, pour montrer que le Syfteme de M. Defcartes & fon opinion touchant les Beftes n'ont rien de dangereux, & que tout ce qu'il en a écrit femble être tiré du premier chap. de la Genefe. *Impr. en 1668. in* 12°.

89 C Le Voyage du Monde de Defcartes, (ou Refutation de fon Syfteme general du Monde, par l'Hiftoire allegorique d'un Voyage fait au Monde de ce Philofophe ; par le P. Gabriel Daniel Jefuite. *A Paris 1691. in* 12°.

Le Syfteme de Philofophie, de Pierre Sylvain Regis. *A Paris 1690. in* 4°. 3. *vol.*

PHILOSOPHIE.

17 C. Tome 1. contient la Logique, la Metaphyſique, la Phyſique, & un Dictionnaire des termes de Philoſophie.
18 C Tome 2. la ſuite de la Phyſique.
19 C Tome 3. la ſuite de la Phyſique, & la Morale.

Reflexions ſur la Philoſophie, par René Rapin. *Voyez ſes Oeuvres tome 2. ci-après n° 77* H.

Traitez divers de Philoſophie, de Morale & de Politique, par Ceſar Vichard de Saint Real. *Voyez ſes Oeuvres tome 5. ci-après n° 91* H.

LOGIQUE.

90 C La Logique, ou l'Art de penſer, contenant outre les regles communes pluſieurs Obſervations nouvelles propres à former le Jugement ; (par Pierre Nicole :) VI. Edition augmentée. *A Paris* 1714. *in* 12°.

91 C
92 C La Logique, ou Syſteme de Reflexions
93 C qui peuvent contribuer à la netteté & à l'étendue de nos Connoiſſances ; par J. P. de Crouſaz : II. Edition augmentée conſiderablement. *A Amſterdam* 1720. *in* 12°. 3. vol.

G

MORALE.

Le Manuel d'Epictete, & les Commentaires de Simplicius, traduits du Grec en François, avec des Remarques & la Vie d'Epictete, par André Dacier. *A Paris* 1715. *in* 12°. 2. *vol.*

94 c   Tome 1. contient la Vie d'Epictete, & son Manuel, avec les Commentaires de Simplicius.

95 c   Tome 2. le nouveau Manuel d'Epictete tiré d'Arrien, & V. Traitez de Simplicius, sur la liberté ; sur les calamitez, si le mal existe, des differentes liaisons des hommes, & sur l'existence des Dieux.

96 c Reflexions Morales de l'Empereur
97 c Marc Antonin, traduites de Grec en François, avec des Remarques, & la Vie de ce Prince, par le même André Dacier & Anne le Févre sa femme. *A Paris* 1691. *in* 12°. 2. *vol.*

98 c Les Caracteres de Theophraste, tra-
99 c duits de Grec en François, avec les Caracteres ou les Mœurs de ce siecle, par Jean de la Bruyere : Nouvelle Edition augmentée de la Clef mise en marge ; & d'une

PHILOSOPHIE. 51
Suite intitulée, Ouvrage dans le goût des Caracteres de Theophraste & des Pensées de Pascal. *Imprimé en Hollande sur la copie de Paris 1697. in 12°. 3. tomes en 2. vol.*

100 C De la Sagesse, en trois livres, où il est traité de la connoissance de soi-même & de l'humaine condition, des instructions & regles generales de Sagesse, & des avis particuliers de Sagesse par les quatre Vertus morales ; par Pierre le Charron. *A Amsterdam, Elzevir, 1662. in 12°.*

101 C Reflexions, Sentences & Maximes morales (de François VI. Duc de la Rochefoucault, & de Madame la Marquise de Sablé ;) mises en nouvel ordre, avec des Notes politiques & historiques, par Abraham Nicolas Amelot de la Houssaie : Nouvelle Edition augmentée de Maximes Chretiennes. *A Paris 1725. in 12°.*

102 C L'Art de se connoître soi-même, ou Recherche des sources de la Morale, par Jacques Abbadie. *A Rotterdam 1692. in 8°.*

103 C Le Spectateur ou le Socrate moder-

G ij

Catalogue de Livres.

52
jusqu'à
107 C
ne, où l'on voit un portrait naïf des Mœurs de ce siecle ; traduit de l'Anglois de Richard Steele & autres. *A Amsterdam* 1719. 1720. *&* 1721. *in* 12°. 5. *vol.*

108 C
109 C
110 C
Le Mentor moderne, ou discours sur les Mœurs du siecle ; traduit de l'Anglois du Guardian, des sieurs Addisson, & Steele, & autres Auteurs du Spectateur. *A la Haye* 1723. *in* 12°. 3. *vol.*

111 C
Nouveaux Dialogues des Dieux, ou Reflexions sur les Passions ; avec un Discours sur la nature du Dialogue ; (par M. Remond de Saint-Mard.) Nouvelle Edition augmentée d'un Eclaircissement de l'Auteur au sujet de la Critique de ses Dialogues. *A Cologne* 1713. *in* 12°.

112 C
Essais sur l'usage de la Raillerie & de l'Enjouëment dans les Conversations, qui roulent sur les matieres les plus importantes ; traduit de l'Anglois. *A la Haye* 1710. *in* 12°.

113 C
114 C
Traité du Jeu, où l'on examine toutes les questions de Droit naturel & de Morale qui ont du raport à cette matiere ; par Jean Barbeyrac. *A Amsterdam* 1709. *in* 8°. 2. *vol.*

OECONOMIE.

Discours d'Isocrate sur la conduite d'un Honneste Homme dans tout le cours de sa vie, traduit du Grec par François Seraphin Regnier Desmarais. *Voyez sa traduction du premier Livre de l'Iliade, ci-après n°. 41 E.*

Du Grand ou du Sublime dans les mœurs & dans les differentes conditions des Hommes, & les observations sur l'éloquence des Bienseances; par René Rapin. *Voyez ses Oeuvres tome 2. ci-après n° 77 H.*

115 C   De la Science du Monde, & des Connoissances utiles à la conduite de la vie ; par Jean de Callieres : avec les Eloges de quelques Poëtes François, & de quelques Dames illustres, des derniers tems, divisez en trois Pleïades ; par le même Auteur. *A Paris 1717. in 12°.*

116 C   Les Devoirs de l'Homme & du Ci-
117 C   toyen tels qu'ils luy sont prescrits par la Loy naturelle ; traduit du Latin de Samuel Pufendorf par Jean Barbeyrac : IV. Edition augmentée des Notes du Traducteur ;

de ses deux Discours sur la permission & le benefice des Loix, & du Jugement de Godefroy Guillaume Leibnitz sur cet ouvrage avec des reflexions du Traducteur. *A Amsterdam* 1718. *in* 8°. 2. *vol.*

118 c
{ Les Devoirs des Grands, par Monseigneur Armand de Bourbon Prince de Conti, avec son Testament. *A Paris* 1667.
Memoires du même Prince touchant les Obligations d'un Gouverneur de Province, & les Regles pour la conduite de la Maison de S. A. S. *A Paris* 1667. *in* 8°.

119 c Testament ou Conseils fideles d'un bon Pere à ses Enfans, où sont contenus plusieurs raisonnemens chrêtiens, moraux & politiques ; avec le Cathechisme royal ; par P. Fortin Seigneur de la Hoguette : X. Edition. *A Paris* 1661. *in* 12°.

120 c Les Devoirs des Maîtres & des Domestiques, par Claude Fleury. *A Paris* 1688. *in* 12°.

Philosophie.

POLITIQUE.

20 C Politique, tirée des propres paroles de l'Ecriture Sainte: Ouvrage postume de M. Jacques Benigne Bossuet Evêque de Meaux, donné au public par M. l'Abbé Jacques Benigne Bossuet son neveu (aujourd'huy Evêque de Troyes.) *A Paris* 1709. *in* 4°. *en grand papier.*

Les Oeuvres Politiques de Nicolas Machiavel, traduites d'Italien en François. *A Paris* 1664. *in* 12°. 2. *vol.*

121 C Tome 1. contient les Discours sur Tite-Live.
122 C Tome 2. l'Art de la Guerre, & le Prince.

123 C
124 C Discours sur le Gouvernement, par Algernon Sidney fils de Robert
125 C Comte de Leicester & Ambassadeur de la Republique d'Angleterre près de Charles Gustave Roy de Suede; traduit de l'Anglois par P. A. Samson. *A la Haye* 1702. *in* 12°. 3. *vol.*

Diverses Considerations politiques, par le Chevalier Guillaume Temple. *Voyez ses Oeuvres mêlées tome* 1. *ci après n°* 84 H.

Traité de l'Institution du jeune Prince, par le Président J. d'Espagnet. *Voyez le Rosier des Guerres, ci-après n° 286* N.

126 C Le Prince, de Nic. Machiavel, traduit d'Italien en François avec des Notes, par Abraham Nicolas Amelot de la Houssaie. *A Amsterdam 1686. in 12°.*

127 C Gulistan ou l'Empire des Roses, traduit du Persan de Musladin Sadi par André du Ryer. *A Paris 1634. in 8°.*

128 C Les Fables de Pilpay Philosophe Indien, ou la Conduite des Rois ; traduit de l'Indien sur une Version Persane (par Antoine Galland.) *A Paris 1696. in 12°.*

129 C Considerations politiq. sur les Coups-d'Etat, par Gabriel Naudé. *Impr. sur la copie de Rome 1667. in 12°.*

130 C De la maniere de negocier avec les Souverains, de l'utilité des Negociations, du choix des Ambassadeurs & des Envoyez, & des qualitez necessaires pour reüssir dans ces employs ; par Jean de Callieres. *A Paris 1716. in 12°.*

21 C L'Ambassadeur & ses Fonctions, par Abraham

PHILOSOPHIE. 57

22 c   Abraham de Wicquefort : Dernie-re Edition augmentée des Reflexions sur les Memoires pour les Ambassadeurs, de la Réponse à l'Auteur, & du Discours historique de l'Election de l'Empereur & des Electeurs ; par le même Auteur. *A Cologne* 1695. *in* 4°. 2. *vol.*

131 c   Interests & Maximes des Princes & des Etats Souverains ; par Henry II. Duc de Rohan. *A Cologne* 1666. *in* 12°.

132 c
133 c
134 c   Projet pour rendre la Paix perpetuelle en Europe, par M. l'Abbé Charles Junée de Castel de S. Pierre. *A Utrecht* 1713. *&* 1717. *in* 12°. 3. *v.*

   Dictionnaire universel de Commerce : Ouvrage posthume de Jacques Savary des Bruslons, continué sur les Memoires de l'Auteur & donné au Public par M. Philemon Louis Savary, Chanoine de S. Maur, son frere. *A Paris* 1723. *in fol.* 2. *vol.*

2 c   Tome 1. comprend depuis la Lettre A. jusqu'à E. inclus.

3 c   Tome 2. depuis F. jusqu'à Z. inclus.

METAPHYSIQUE.

Traité de l'Immortalité de l'Ame, par H

Theophile Viaud. *Voyez ses Oeuvres ci-après n°* 130 E.

135 C
136 C Entretiens sur la Metaphysique, sur la Religion, & sur la Mort; par Nicolas Malebranche: Nouvelle Edition. *A Paris* 1711. *in* 12°. 2. *vol.*

137 C Meditations Chretiennes & Metaphysiques, par le même Auteur: Nouvelle Edition augmentée. *A Lyon* 1707. *in* 12°.

138 C { Entretiens d'un Philosophe Chretien & d'un Philosophe Chinois sur l'existence & la nature de Dieu, par le même Nicolas Malebranche. *A Paris* 1708.
Avis touchant l'Entretien precedent, pour servir de Réponse à la Critique inserée dans les Memoires de Trevoux; par le même Auteur. *A Paris* 1708. *in* 12°.

139 C Traité de la Nature & de la Grace, par le même: Edition augmentée de plusieurs Eclaircissemens, & de la Défense de l'Auteur contre l'accusation de M. de la Ville. *A Rotterdam* 1712. *in* 12°.

Recueil de toutes les Réponses du même Auteur à M. Arnauld. *A*

PHILOSOPHIE. 59

Paris 1709. *in* 12°. 4. *vol.*

140 C — Tome 1. contient la Réponse au livre de M. Arnauld des vraies & des fausses Idées ; & trois Lettres touchant la Défense de ce Docteur contre la Réponse précedente.

141 C — Tome 2. quatre Lettres touchant celles de M. Arnauld ; & la Réponse à la Dissertation contre un Eclaircissement du Traité de la Nature & de la Grace.

142 C — Tome 3. cinq Lettres pour répondre aux trois volumes des Reflexions philosophiques de M. Arnauld touchant le même Traité de la Nature & de la Grace.

143 C — Tome 4. la Réponse à une troisiéme Lettre de M. Arnauld touchant les Idées & les Plaisirs ; & un Ecrit contre la Prévention.

144 C Reflexions sur la Prémotion Physique, par le même Auteur. *A Paris* 1715. *in* 12°.

Discours sur la nature du Sort, par Jean Barbeyrac. *Voyez son Traité du Pouvoir des Souverains, ci-devant n° 220 A.*

Du Bonheur, par M. Bernard de Fontenelle. *Voyez ses Oeuvres tome 1. ci-après n° 99 H.*

23 C De la recherche de la Verité, où l'on
24 C traite de la nature de l'Esprit de

H ij

l'Homme, & de l'usage qu'il en doit faire pour éviter l'erreur dans les Sciences ; par le même Auteur : VI. Edition revûë & augmentée de plusieurs Eclaircissemens. *A Paris* 1712. *in* 4°. 2. *vol.*

25 c Essai philosophique concernant l'Entendement humain, où l'on montre quelle est l'étenduë de nos Connoissances certaines, & la maniere dont nous y parvenons ; traduit de l'Anglois de Jean Locke sur la IVᵉ. Edition augmentée par l'Auteur, par Pierre Coste. *A Amsterdam* 1700. *in* 4°.

145 c Oeuvres diverses de Jean Locke, sçavoir : Lettre sur la Tolerance ; de la conduite de l'Esprit dans la recherche de la Verité ; Discours sur les Miracles ; Methode nouvelle pour dresser des Recueils ; & les Memoires pour servir à la Vie d'Antoine Ashley Comte de Shaftesbury Chancelier d'Angleterre sous Charles II. tirez des papiers de M. Locke & redigez par M. Jean le Clerc : Le tout traduit de l'Anglois ; avec l'Eloge historique de l'Auteur, par le même M. le Clerc. *A Rotterdam* 1710. *in* 12°.

PHILOSOPHIE.

Apulée du Demon de Socrate, traduit du Latin avec des Remarques (par M. de Saint-Martin.) *Voyez l'Afne d'or d'Apulée, ci-après n̊ 21 G.*

146 C Le Comte de Gabalis, ou Entretiens sur les Sciences secretes ; (par l'Abbé de Villars.) *A Cologne in* 12°.

147 C Suite du Comte de Gabalis. *A Amsterdam* 1708. *in* 12°.

148 C Les Genies assistans & le Gnome irreconciliable ; ou Suite au Comte de Gabalis. *A la Haye* 1718. *in* 8°.

149 C Histoire prodigieuse & lamentable de Jean Fauste grand Magicien, avec son Testament & sa Vie épouvantable. *A Cologne* 1712. *in* 12°.

PHYSIQUE.

26 C Traité de Physique, qui contient un Cours entier de Physique ; par Jacques Rohault. *A Paris* 1701. *in* 4°.

27 C Oeuvres postumes du même, contenant les six premiers livres d'Euclide traduits du Latin ; la Trigonometrie ; la Geometrie pratique ; les Fortifications ; les Mechaniques ; la Perspective, la Resolution des Triangles spheriques ; & l'Arithmetique. *A Paris* 1682. *in* 4°.

Entretiens sur la pluralité des Mondes, par M. Bernard de Fontenelle. *Voyez ses Oeuvres tome 1. ci-après n° 99 H.*

150 c Discours de la connoissance des Bêtes, par Ignace Gaston Pardies Jesuite: 11e. Edition. *A Paris* 1678. *in* 12°.

Histoire de l'Academie Royale des Sciences, depuis son renouvellement en 1699. contenant l'Extrait & l'Abregé de tout ce qui s'est dit de remarquable dans l'Académie, soit par écrit soit de vive voix; ensemble les Memoires de Mathematique & de Physique tirez des Registres de l'Academie, c'est à dire, les Pieces les plus importantes qui ont été leuës dans les Assemblées; & les Eloges des Academiciens decedez: Redigé & donné au public par année, depuis & compris 1699. jusqu'à present, avec une Preface generale à la tête du premier tome; par M. Bernard de Fontenelle Secretaire perpetuel de l'Academie: Ouvrage orné de Figures en taille-douce. *A Paris* 1718. *& autres années, les derniers tomes de l'Im-*

PHILOSOPHIE.

primerie Royale, in 4°. 24. vol.

28 C — Tome 1. comprend la Préface generale ; l'Hiſtoire & les Memoires de l'Academie de l'année 1699. & l'Eloge de Claude Bourdelin.

29 C — Tome 2. l'Hiſtoire & les Memoires de l'année 1700. & l'Eloge de Daniel Tauvry.

30 C — Tome 3. l'Hiſtoire & les Memoires de l'année 1701.

31 C — Tome 4. l'Hiſtoire & les Memoires de l'année 1702. & l'Eloge d'Adrien Tuillier.

32 C — Tome 5. l'Hiſtoire & les Memoires de l'année 1703. & l'Eloge de Vincent Viviani.

33 C — Tome 6. l'Hiſtoire & les Memoires de l'année 1704. & l'Eloge de M. le Marquis de l'Hopital.

34 C — Tome 7. l'Hiſtoire & les Memoires de l'année 1705. & les Eloges de Jacques Bernoulli, & de Guillaume Amontons.

35 C — Tome 8. l'Hiſtoire & les Memoires de l'année 1706. & l'Eloge de J. B. du Hamel.

36 C — Tome 9. l'Hiſtoire & les Memoires de l'année 1707. & les Eloges de Pierre Silvain Regis ; de M. le Marechal de Vauban, de Jean Gallois, & de Denis Dodart.

37 C — Tome 10. l'Hiſtoire & les Memoires de l'année 1708. & l'Eloge de Joſeph Pitton de Tournefort.

38 C	Tome 11. l'Histoire & les Memoires de l'année 1709. & les Eloges d'Ernfroy Walter de Tschirnhaus, & de François Poupart.
39 C	Tome 12. l'Histoire & les Memoires de l'année 1710. & les Eloges de Jean Matthieu de Chazelles, & de Dominique Guglielmini.
40 C	Tome 13. l'Histoire & les Memoires de l'année 1711. & les Eloges de Louis Carré, & de Claude Bourdelin.
41 C	Tome 14. l'Histoire & les Memoires de l'année 1712. & les Eloges de Claude Berger, & de Jean Dominique Cassini.
42 C	Tome 15. l'Histoire & les Memoires de l'année 1713. & l'Eloge de Pierre Blondin.
43 C	Tome 16. l'Histoire & les Memoires de l'année 1714. & l'Eloge de Martin Poli.
44 C	Tome 17. l'Histoire & les Memoires de l'année 1715. & les Eloges de Louis Morin, de Nicolas Lemery, de Guillaume Homberg, & de Nicolas Malebranche.
45 C	Tome 18. l'Histoire & les Memoires de l'année 1716. & les Eloges de Joseph Sauveur, d'Antoine Parent, & de Godefroy Guillaume Leibnitz.
46 C	Tome 19. l'Histoire & les Memoires de l'année 1717. & l'Eloge de Jacques Ozanam.
47 C	Tome 20. l'Histoire & les Memoires de l'année

PHILOSOPHIE.

l'année 1718. & les Eloges de Philippe de la Hire, de Jean Elie Leriget de la Faye, de Guy Crescent Fagon, & de Camille le Tellier Abbé de Louvois.

48 C — Tome 21. la suite des Memoires de l'année 1718. contenant le Traité de la grandeur & de la figure de la Terre.

49 C — Tome 22. l'Histoire & les Memoires de l'année 1719. & les Eloges de Pierre Remond de Montmort, de Michel Rolle, & de Bernard Renau d'Elisagaray.

50 C — Tome 23. l'Histoire & les Memoires de l'année 1720. les Eloges de M. le Marquis de Dangeau, & de Gilles Filleau des Billettes.

51 C — Tome 24. l'Histoire & les Memoires de l'année 1721. & l'Eloge de M. d'Argenson.

52 C — Tome 25. l'Histoire & les Memoires de l'année 1722. & les Eloges de Claude Antoine Couplet, Jean Mery, & Pierre Varignon.

HISTOIRE NATURELLE.

53 C
54 C — Instructions pour les Jardins fruitiers & potagers ; avec un Traité des Orangers, & des Reflexions sur l'Agriculture, par Jean de la Quintinye : Nouvelle Edition augmentée d'une Instruction pour la Cul-

ture des Fleurs. *A Paris* 1715. *in* 4°. 2. *vol.*

55 c
56 c
Nouvelle Maison Rustique, & Oeconomie generale de tous les Biens de Campagne ; par Louis Liger : III. Edition augmentée, avec Figures. *A Paris* 1721. *in* 4°. 2. *vol.*

Dictionnaire œconomique, contenant divers moyens d'augmenter son bien & de conserver sa santé ; avec plusieurs Remedes pour les Maladies, & de beaux Secrets pour parvenir à une longue & heureuse vieillesse ; des moyens pour elever & nourrir toutes sortes d'Animaux domestiques ; des Secrets pour la Chasse & la Pêche ; des Secrets de Jardinage, d'Agriculture & de Commerce &c. par Noël Chomel Curé de S. Vincent de Lyon : II. Edition, corrigée, augmentée, & enrichie de Figures. *A Lyon* 1718. *in fol.* 2. *vol.*

4 c   Tome 1. comprend depuis la Lettre A. jusqu'à L. inclus.

5 c   Tome 2. depuis M. jusqu'à Z.

151 c Les admirables Secrets d'Albert le Grand, contenant plusieurs Traitez sur la Conception des Femmes,

& les vertus des Herbes, des Pierres precieuses, & des Animaux ; augmentez d'un Abregé curieux de Physionomie, & d'un Preservatif contre la Peste, les Fievres malines, les Poisons, & l'infection de l'Air : Tirez & traduits sur des anciens Manuscrits Latins de l'Auteur qui n'avoient pas encore paru. *A Cologne* 1722. *in* 12°.

152 c Secrets merveilleux de la Magie Naturelle & Cabalistique du Petit Albert, traduits du Latin ; avec plusieurs Figures mysterieuses pour former des Talismans, & la maniere de les faire. *A Cologne* 1722. *in* 12°.

153 c La Magie Naturelle, ou les Secrets & Miracles de Nature ; traduits du Latin de Jean Baptiste Porta. *A Rouen* 1620. *in* 16°.

154 c Dissertation sur l'Asphalte ou Ciment naturel découvert au Val Travers dans la Comté de Neufchatel par le Sieur Eirini d'Eyrinys ; avec la maniere de l'employer, & les utilitez de l'Huile qu'on en tire. *A Paris* 1721. *in* 12°.

MEDECINE.

155 c — Le Regime de Santé de l'Ecole de Salerne, traduit & commenté par Michel le Long ; avec l'Epitre de Diocle Caryſtien touchant les preſages des Maladies, & le Serment d'Hippocrate, traduits en François par le même. *A Paris* 1649. *in* 8°.

155* c — Traité des Aliments, où l'on trouve la difference & le choix qu'on doit faire de chacun d'eux en particulier ; leurs effets ; leurs principes ; le temps, l'âge & le temperament où ils conviennent &c. par M. Louis Lemery : II. Edition augmentée par l'Auteur. *A Paris* 1709. *in* 12°.

156 c — Traité des Maladies les plus frequentes, & des Remedes propres à les guerir ; par M. Adrien Helvetius : III. Edition. *A Paris* 1724. 2. *vol. in* 8°.

156* c — Syſteme des Fiévres & des Criſes ſelon la doctrine d'Hippocrate ; des Febrifuges, des Vapeurs, de la Goute, de la Peſte &c. Singularitez importantes ſur la petite Verole ; de l'Education des Enfans, de l'abus de

PHILOSOPHIE.

la Boüillie ; par M. Noel Falconet. *A Paris* 1723. *in* 12°.

157 C Traité de la Peste, où en répondant aux questions d'un Medecin de Province sur les moyens de s'en preserver ou d'en guerir, on fait voir le danger des Barraques & des Infirmeries forcées ; avec un Probleme sur la Peste : par M. Hecquet. *A Paris* 1722. *in* 12°.

158 C Remedes contre la Peste, par M. Ad. Helvetius. *A Paris* 1721. *in* 12°.

159 C Relation succinte touchant les accidens de la Peste de Marseille, son prognostic & sa curation. *A Paris* 1720. *in* 8°.

160 C Idée generale de l'Oeconomie animale, & Observations sur la petite Verole ; par M. J. Helvetius. *A Paris* 1722. *in* 8°.

L'essai du Moxa pour guerir de la Goute. *Voyez les Oeuvres mêlées du Chevalier Guill. Temple, tome* 1. *ci-après n°* 84 H.

161 C Secrets concernant la Beauté & la
162 C Santé, recueillis & publiez par ordre de M. Daquin P. M. du Roy par Nicolas de Blegny. *A Paris* 1699. *in* 8° 2. *vol.*

MATHEMATIQUE EN GENERAL.

Memoires & Pièces de Mathematique, de l'Academie Royale des Sciences, *Voyez le Recueil de cette Academie*, ci-devant n° 28 & suiv. c.

57 c — Dictionnaire Mathematique, ou Idée generale des Mathematiques, par Jacques Ozanam ; avec Figures. *A Paris* 1691. *in* 4°.

163 c
164 c — Recreations Mathematiques & Physiques, par le même Ozanam : Nouvelle Edition augmentée, avec Figures. *A Paris* 1725. *in* 8°. 4. *vol.*
165 c
166 c

Arithmetique, Geometrie &c.

167 c — Le Jeu des Nombres, ou l'Arithmetique des Princes, par M. Caſſan. *A Paris* 1690. *in* 8°.

168 c — { Elemens de Geometrie, par Ignace Gaſton Pardies Jeſuite : IV. Edition. *A Paris* 1683.
Deux Machines propres à faire les Quadrans avec tres grande facilité, décrites & expliquées par le même Auteur : III. Edition avec Figures. *A Paris* 1687. *in* 12°.

Astronomie, Navigation & Marine.

58 c Ephemerides des Mouvemens Celestes pour l'année 1715. jusqu'en 1725. pour le Meridien de Paris; par le Sieur Desplaces. *A Paris 1716. in 4°. en grand papier.*

59 c Theatro Naval Hidrographico de los fluxos y refluxos de las Corrientes de los Mares, Estrechos, Archipielagos, y Pasages aquales del Mundo, y de las variaciones de la Aguja de Marear, y efectos de la Luna, con los Vientos : Segunda Ediccion corregida y augmentada, por Don Francisco de Seixas y Lovera. *En Paris 1704. in 4°.*

169 c Theatre Naval Hydrographique, de Dom Francisco de Seixas y Lovera; traduit par lui même de l'Espagnol, & augmenté d'un Traité particulier de la variation de la Boussole. *A Paris 1704. in 12°.*

170 c Nouvelle Methode pour reduire les Routes de Navigation par les Tables de Loxodromie calculées pour la premiere fois en lieuës de France; par le Sieur le Mare. *A Paris 1716. in 8°.*

Catalogue de Livres.

171 C   Traité des Longitudes, ou la Navigation en son jour ; par J. Hebert. *A Paris* 1718. *in* 12°.

60 C   Exercice & detail general de toutes les Manœuvres qui se font à la Mer, par M. le Chevalier de Tourville, en 1681. *MS. sur velin, in* 4°.

172 C   De la Theorie de la Manœuvre des Vaisseaux. *A Paris* 1689. *in* 8°.

61 C   Etat de la Marine de l'Empire Ottoman, par Claude Pétis de la Croix. *MS. in* 4°.

62 C   Dictionnaire de Marine, contenant les termes de la Navigation & de l'Architecture Navale, avec les regles & proportions qui doivent y être observées, & les Figures necessaires ; par M. Aubin. *A Amsterdam* 1702. *in* 4°.

63 C   L'art de bâtir les Vaisseaux, & d'en perfectionner la construction ; de les garnir de leurs Apparaux ; les mettre en Funin ; les manœuvrer &c. avec les Pavillons de divers Etats : Le tout tiré & traduit des meilleurs Auteurs Hollandois, comme Witsen, Van Eyk, Allard &c. & augmenté ; avec Figures. *A Amsterdam* 1719. *in* 4°.

Astrologie

Astrologie.

173 c Le Miroir d'Astrologie naturelle, traitant de l'inclination de l'Homme, de sa nativité, & de tout ce qu'il peut avoir de bien ou de mal, par Sinibalde Spadacine Astrologue de Milan; avec un Traité de la Chiromance, de Jean Indagine : Le tout traduit en François. *A Rouen, in* 8°. *brochure.*

64 c Pratique abregée de Jugemens Astro-
65 c logiques sur les Nativitez; par Hen-
66 c ry Comte de Boullainvilliers. *MS. in* 4°. 3. *vol.*

67 c La Geomance de Christophe de Cattan ; avec la Roüe de Pythagoras : Le tout mis en lumiere par Gabriel du Preau. *A Paris* 1577. *in* 4°.

174 c Propheties de Michel Nostradamus, reveuës & corrigées sur l'Edition de Lyon de 1568. avec les Additions de Vincent Seve. *Imprimé en* 1605. *in* 8°.

175 c La Clef de Nostradamus, avec la Critique touchant les sentimens de ceux qui ont écrit sur cette matiere; par un Solitaire (M.....ancien Curé de Louvicamp.) *A Paris* 1710. *in* 12°.

K

Musique.

Idée de la Musique sous une nouvelle methode, par Ant. Phil. de la Croix. *Voyez son Art de la Poesie, ci-après n° 23 E.*

68 C   L'Art de toucher le Clavecin, par le S.ʳ Couperin. *A Paris 1716. in 4°.*

Mechanique.

176 C   La Statique ou la Science des Forces mouvantes, par Ignace Gaston Pardies Jesuite : III.ᵉ Edition. *A Paris 1688. in 12°.*

177 C   Traité des Forces mouvantes, par M. de Camus; avec Figures. *A Paris 1722. in 8°.*

69 C   L'Art de convertir le Fer en Acier, & l'Art d'adoucir le Fer fondu, ou de faire des Ouvrages de Fer fondu aussi finis que de Fer forgé; par M. de Reaumur. *A Paris 1722. in 4°.*

70 C   Recueil d'Ouvrages curieux de Mathematique & de Mechanique, ou Description du Cabinet de Nicolas Grollier de Serviere par le Sieur Grollier de Serviere son petit fils; avec Figures. *A Lyon 1719. in 4°.*

PHILOSOPHIE.
Arts & Exercices differens.

71 C — Des principes de l'Architecture, de la Sculpture, de la Peinture, & des autres Arts qui en dependent ; avec un Dictionnaire des termes propres à chacun de ces Arts ; par André Felibien : IIe. Edition, avec Figures. *A Paris* 1690. *in* 4°.

Entretiens sur les Vies & les Ouvrages des plus excellens Peintres anciens & modernes ; par André Felibien : Nouvelle Edition augmentée des Conferences de l'Academie Royale de Peinture & de Sculpture, & d'autres Traitez du même Auteur & de J. F. Felibien des Avaux. *A Amsterdam* 1706. *in* 12°. 7. *tomes en* 6. *vol.*

178 C
179 C
180 C
181 C
} Tomes 1. 2. 3. & 4. comprennent les Entretiens au nombre de X. & le Songe de Philomathie.

182 C — Tome 5. contient les Conferences de l'Academie de Peinture ; l'Idée du Peintre parfait ; & les Traitez des Desseins, des Estampes, de la connoissance des Tableaux, & du Goût des Nations.

183 C — Tomes 6. & 7. reliez ensemble, le Re-

cueil historique de la Vie & des Ouvrages des plus celebres Architectes; & les Plans & Descriptions de deux des plus belles Maisons de Campagne de Pline le Consul, avec des Remarques, & une Dissertation touchant l'Architecture antique & la Gothique ; par J. F. Felibien des Avaux.

72 c L'Ecuirie de Frederic Grison, en laquelle est demontré l'Art de choisir, dompter, dresser & manier les Chevaux; avec Figures des Mors de Bride: traduit de l'Italien par Bernard du Poy-Monclar. *A Paris* 1565. *in* 4°.

73 c Le parfait Mareschal, qui enseigne à connoître la beauté, la bonté & les défauts des Chevaux, leurs maladies, leurs remedes, & la maniere de les conserver, nourrir & panser; ensemble un Traité du Haras ; par Ant. de Solleysel : avec Figures. *A Paris* 1723. *in* 4°.

6 c L'Instruction du Roy en l'exercice de monter à Cheval, par Antoine de Pluvinel, avec des Figures de Crispian de Pas. *A Amsterdam* 1666. *in fol.*

74 c Le Maistre d'Armes, ou l'Exercice de l'Epée seule dans sa perfection,

par M. de Liancour ; avec des Figures de Perelle. *A Paris, in* 4°.

184 c Nouvelles Découvertes sur la Guerre, dans une Dissertation sur Polybe, où l'on donne une idée plus étenduë du Commentaire entrepris sur cet Auteur, & deux Dissertations importantes détachées du corps de l'Ouvrage ; par le Chevalier de Folard. *A Paris*, 1724. *in* 12°.

Dissertation sur quelques Ouvrages anciens qui traitent de la Chasse. *Voyez les Traitez de la Chasse d'Oppian, ci-après n°* 52 E.

7 c Livre de la Chasse, de Phebus de Foys (Gaston Phebus Comte de Foix.) *MS. sur velin avec des miniatures, in fol.*

8 c Le Miroir de Phebus des deduits de la Chasse aux Bêtes sauvages & des Oiseaux de proye, avec l'art de Fauconnerie, & la Cure des Bêtes & Oyseaux à cela propices ; par le même Gaston surnommé Phebus Comte de Foix. *A Paris in fol. en caracteres gotiques.*

185 c { Discours du deduit de la Chasse, suivant les quatre saisons de l'année pour toutes sortes de Gibiers, fait & experimenté par le Sieur Strosse. *A Paris* 1603.
Le Roy Modus des deduits de la Chasse, Venerie & Fauconnerie. *A Paris* 1560. *in* 8°.

75 c La Venerie, de Jacques du Foüilloux; revûë de nouveau & augmentée du Miroir de Fauconnerie de Pierre Harmont dit Mercure ; avec Figures. *A.Paris* 1635. *in* 4°.

76 c La Venerie Royale, qui contient les Chasses du Cerf, du Lievre, du Chevreüil, du Sanglier, du Loup, & du Renard ; avec le denombrement des Forests & grands Buissons de France, où se doivent placer les Logemens, Questes, & Relais ; ensemble le Dictionnaire des Chasseurs : par Robert de Salnove. *A Paris* 1665. *in* 4°.

77 c Les Ruses innocentes de la Chasse & de la Pêche, & la maniere de faire tous les Rets & Filets qu'on peut s'imaginer ; par F. F. F. R. D. G. dit le Solitaire inventif ; avec Figures. *A Paris* 1688. *in* 4°.

PHILOSOPHIE.

78 c — La Chasse du Loup, necessaire à la Maison rustique; par Jean de Clamorgan Seigneur de Saane premier Capitaine de la Marine de Ponant; avec Figures. *A Lyon* 1583. *in* 4°.

186 c — Le parfait Chasseur, par le Sieur de Selincourt. *A Paris* 1683. *in* 12°.

187 c — Traité de toute sorte de Chasse &
188 c — de Pêche; avec Figures. *A Amsterdam* 1714. *in* 12°. 2. *vol.*

189 c — Academie universelle des Jeux, contenant les regles des Jeux de Cartes, du Trictrac, des Echecs, de la Paulme, du Mail, du Billard & autres; avec des instructions pour les bien joüer. *A Paris* 1718. *in* 12°.

190 c — Academie des Jeux historiques, contenant les Jeux de l'Histoire de France, de l'Histoire Romaine, de la Fable, du Blason, & de la Geographie, & les regles pour les joüer; avec des Cartes gravées. *A Paris* 1718. *in* 12°.

BELLES-LETTRES.

BELLES-LETTRES.

GRAMMAIRE.

31 D
32 D E l'excellence de la Langue Françoise, par François Charpentier. *A Paris* 1683. *in* 12°. 2. *vol.*

Discours sur le Genie de la Langue Françoise, & la maniere de traduire, par François Pierre Gillet. *Voyez ses Oeuvres tome* 2. *ci-devant n°* 40 B.

Reflexions sur la Grammaire ; par M. de Fenelon. *Voyez son Memoire sur les Travaux de l'Academie Françoise, ci-après n°* 139* H.

14 D Traité de la Grammaire Françoise, par François Seraphin Regnier Desmarais. *A Paris* 1706. *in* 4°.

33 D Grammaire Françoise sur un plan nouveau pour en rendre les principes plus clairs & la pratique plus aisée ; par le P. Claude Buffier Jesuite. *A Paris* 1709. *in* 12°.

34 D Remarques sur la Langue Françoise

L

35 D   de Claude Favre de Vaugelas, avec les Notes de Thomas Corneille. *A Paris* 1687. *in* 12°. 2. *vol.*

15 D   Les mêmes Remarques de M. de Vaugelas, avec les Observations de l'Academie Françoise. *A Paris* 1704. *in* 4°.

36 D
37 D   Observations de Gilles Menage sur la Langue Françoise. *A Paris* 1675. *in* 12°. 2. *vol.*

38 D
39 D   Remarques nouvelles sur la Langue Françoise, par Dominique Bouhours: II. Edition. *A Paris* 1676. & 1692. *in* 12°. 2. *vol.*

40 D   Doutes sur la Langue Françoise, proposez à Messieurs de l'Academie Françoise, (par le même Auteur.) *A Paris* 1675. *in* 12°.

41 D   Remarques & Decisions de l'Academie Françoise, recueillies par Paul Tallemant. *A Paris* 1698. *in* 12°.

Lettre sur la question s'il faut dire *il n'y a que vous qui sçachiez cela*, ou *il n'y a que vous qui sçait cela* &c. *Voyez Recueil de Pieces*, ci-après n° 73 H.

Dictionnaire François, contenant tous les Mots, & plusieurs Remarques sur la Langue Françoise, par Pierre Richelet. *A Rouen* 1719.

GRAMMAIRE. 83

in fol. 2. vol.

1 D   Tome 1. comprend depuis la Lettre A. jufqu'à L. incluf.

2 D   Tome 2. depuis M. jufqu'à Z.

Le nouveau Dictionnaire de l'Academie Françoife. *A Paris* 1718. *in fol. 2. vol.*

3 D   Tome 1. depuis A. jufqu'à M.

4 D   Tome 2. depuis M. jufqu'à Z.

Le Dictionnaire des Arts & des Sciences, par Thomas Corneille. *A Paris* 1694. *in fol. 2. vol.*

5 D   Tome 1. contient depuis A. jufqu'à L.

6 D   Tome 2. depuis M. jufqu'à Z.

Dictionnaire univerfel François & Latin, contenant la fignification & la définition de tous les Mots, la defcription de toutes les chofes naturelles & artificielles, & l'explication de tout ce que renferment les Sciences & les Arts; avec des Remarques d'érudition & de critique: Nouvelle Edition augmentée. *A Trevoux* 1721. *in fol. 5. vol.*

7 D   Tome 1. comprend depuis A. jufqu'à COL. inclufivement.

8 D   Tome 2. depuis COM. jufqu'à F.

9 D   Tome 3. depuis G. jufqu'à M.

10 D   Tome 4. depuis N. jufqu'à S. & un

Catalogue de Livres.
Suplement de P.

- 11 D   Tome 5. depuis T. jusqu'à Z. des additions aux Lettres T. U. Z. & un Dictionnaire Latin-François.
- 42 D   Dictionnaire des Proverbes François, par G.D.B.. *A Bruxelles* 1710. *in* 8°.
- 42* D   Dictionnaire comique, satyrique, critique, burlesque, libre & proverbial; par Philibert Joseph le Roux. *A Amsterdam* 1718. *in* 8°.
- 43 D   Le Maître Italien dans sa derniere perfection, par Jean Veneroni. *A Paris* 1720. *in* 12°.
- 16 D   Dictionnaire Italien-François & François-Italien, par le même Veneroni: Nouvelle Edition. *A Paris* 1723. *in* 4°.
- 44 D   Grammaire nouvelle Espagnole & Françoise, par François Sobrino: III. Edition augmentée d'un petit Dictionnaire François & Espagnol, par le même Auteur. *A Bruxelles* 1717. *in* 8°.
-       Dictionnaire Espagnol - François & François-Espagnol; par le même Sobrino: Nouvelle Edition augmentée. *A Bruxelles* 1721. *in* 4°. 2. vol.
- 17 D   Tome 1. contient le Dictionnaire Espagnol-François.

GRAMMAIRE. 85

18 D   Tome 2. le Dictionnaire François-Espagnol.

45 D
46 D   L'Art de parler Allemand, par M. Leopold. *A Paris 1690. in 12°. 2. vol.*

19 D
20 D   L'Art de parler Allemand, contenant une Grammaire, & un Vocabulaire, par le même, en 1695. *MS. in 4°. 2. vol.*

RHETORIQUE ET ELOQUENCE.

47 D   La Rhetorique d'Aristote, traduite du Grec par François Cassandre. *A Paris 1675. in 12°.*

Traité du Sublime, ou du Merveilleux dans le Discours, traduit du Grec de Longin, avec des Remarques, par Nicolas Boileau Despreaux. *Voyez ses Oeuvres, ci-après n° 168 E & n° 12 E.*

Reflexions sur l'Eloquence, par René Rapin. *Voyez ses Oeuvres tome 2. ci-après n° 77 H.*

Reflexions sur la Rhetorique, par M. de Fenelon. *Voyez son Memoire sur les Travaux de l'Académie Françoise, ci-après n° 139 *H.*

Traduction des Philippiques de Demosthene, par François Maucroix. *Voyez ſes Oeuvres diverſes tome 2. ci-après n° 82 H.*

Oeuvres de Jacques de Tourreil, contenant ſes traductions des Philippiques de Demoſthene, & ſes autres Traitez & Opuſcules: Nouvelle Edition, avec la Preface de Guillaume Maſſieu. *A Paris* 1711. 12°. 4. *vol.*

48 D — Tome 1. contient la Preface de M. Maſſieu; les divers Eloges de M. de Tourreil; ſes Pieces diverſes, ſçavoir les Diſcours Academiques, & les Poëſies Latines; & ſes Eſſais de Juriſprudence.

49 D — Tome 2. la Traduction des Philippiques & des Olynthiennes de Demoſthene, de ſa Harangue ſur la Paix, de celle ſur la Querſoneſe; de la Lettre de Philippe aux Atheniens, & de la Harangue ſur cette Lettre.

50 D — Tome 3. la Traduction des deux Harangues d'Eſchine & de Demoſthene ſur la Couronne, avec le ſuccès de ces deux Harangues, & un extrait des Lettres d'Eſchine traduit du Grec.

51 D — Tome 4. les Remarques du Traducteur ſur les Harangues de Demoſthene & d'Eſchine contenuës dans les deux tomes precedens.

Les Oeuvres de Ciceron, traduites de Latin en François par Pierre du

RHETORIQUE.

Ryer. *A Paris* 1670. *in* 12°. 12. *vol.*

52 D — Tome 1. comprend la Rhetorique, du meilleur genre d'Orateurs, & une partie des Oraisons.

53 D
54 D
55 D } Tomes 2. 3. 4. & 5. les Oraisons.
56 D

57 D — Tome 6. les Philippiques.
58 D — Tome 7. les VIII. premiers livres des Epitres Familieres.
59 D — Tome 8. les VII. livres suivans des Epitres Familieres.
60 D — Tome 9. le XVI. livre des Epitres Familieres, les Offices, & les Lettres de Brutus & de Ciceron.
61 D — Tome 10. les Tusculanes.
62 D — Tome 11. de la nature des Dieux, & la Consolation sur la mort de Tullia.
63 D — Tome 12. de la Vieillesse, de l'Amitié, les Orateurs illustres, & le Songe de Scipion.

Traduction des quatre Catilinaires de Ciceron, des Oraisons pour Celius & pour Milon, & de la seconde Philippique, avec des Remarques, par François Pierre Gillet. *Voyez ses Oeuvres tome* 2. *ci-devant* n° 40 B.

Traduction d'une des Verrines de Ciceron, par François Maucroix.

Voyez ses Oeuvres diverses tome 2. ci-après n° 82 H.

64 D	Les Lettres de Ciceron à ses Amis, traduites sur l'Edition Latine de Grævius, (par Philippe Goisbaud Sieur du Bois;) avec des Notes, & le Texte Latin à côté de la Version. *A Paris* 1704. *in* 12. 4. *vol.*
65 D	
66 D	
67 D	
68 D	Les deux premiers livres des Lettres de Ciceron à Atticus, en Latin & en François, avec des Remarques; (par Cesar Vichard de Saint-Real.) *A Paris* 1691. *in* 12°. 2. *vol.*
69 D	
70 D jusqu'à 75 D	Les XVI. livres des Lettres de Ciceron à Atticus, Traduction entiere avec des Remarques, & le Texte Latin de l'Edition de Grævius; par M. Nicolas Hubert Mongault. *A Paris* 1714. *in* 12°. 6. *vol.*
76 D	Entretiens de Ciceron sur la nature des Dieux, traduits (par M. Pierre Joseph Toullier d'Olivet;) avec le Texte Latin ensuite, & des Remarques du Traducteur & de M. le Président Jean Bouhier; plus des Remarques du même Traducteur sur la Theologie des Philosophes Grecs. *A Paris* 1721. *in* 12°. 3. *vol.*
77 D	
78 D	
79 D	Les deux livres de Ciceron de la Divination

vination, traduits, avec des Remarques, par François Seraphin Regnier Desmarais. *A Paris* 1710. *in* 12°.

80 D Entretiens de Ciceron sur les vrais Biens & sur les vrais Maux, traduits par le même Regnier Desmarais. *A Paris* 1721. *in* 12°.

81 D Traité des Loix, de Ciceron, traduit avec des Remarques, & le Texte Latin, par M. Jacques Morabin. *A Paris* 1719. *in* 12°.

82 D Les Offices de Ciceron, traduits sur l'Edition Latine de Grævius, avec des Notes, & le Texte Latin; (par Philippe Goisbaud Sieur du Bois.) *A Paris* 1714. *in* 12°.

83 D Les Livres de Ciceron de la Vieillesse, & de l'Amitié, avec les Paradoxes; traduits sur l'Edition de Grævius, avec des Notes, & le Texte Latin, (par le même du Bois.) *A Paris* 1714. *in* 12°.

21 D De l'Institution de l'Orateur, traduit du Latin de Quintilien par M. Nicolas Gedoyn. *A Paris* 1718. *in* 4°.

22 D Les Declamations de Quintilien, traduites par Bernard du Teil. *A Paris* 1658. *in* 4°.

CATALOGUE DE LIVRES.

Les Oeuvres de Jean Louis Guez de Balzac. *A Paris* 1665. *in fol.* 2. *vol.*

12 D   Tome 1. contient les Lettres.

13 D   Tome 2. le Prince, l'Aristipe, le Socrate Chrétien, & les autres Oeuvres de Morale, de Politique, & de Critique.

23 D   Harangues celebres & Remontrances faites aux Rois, Princes &c. & quelques Oraisons funebres des Illustres du temps; recueillies par L. G. (Laurent Gilbault.) *A Paris* 1655. *in* 4°.

Discours & Lettres d'Honorat de Bueil Seigneur de Racan à l'Academie Françoise. *Voyez ses Oeuvres tome* 2. *ci-après n°* 129 E.

Discours à la reception de Messieurs Corneille à l'Academie Françoise. *Voyez leurs Oeuvres ci-après n°* 67 & 73 F.

Discours Academiques de M. Bernard de Fontenelle. *Voyez ses Oeuvres tomes* 1. & 2. *ci-après n°* 99 & 100 H.

Discours Academiques de Jean de la Chapelle. *Voyez ses Oeuvres tome* 2. *ci-après n°* 112 H.

Diverses Pieces d'Eloquence presentées à l'Academie Françoise pour les Prix. *Voyez le Recueil de cette Academie, ci-après n° 113 & suiv.* H.

Discours Academiques de Jacques de Tourreil. *Voyez ses Oeuvres tome 1. ci-devant n° 48 D.*

Discours Academiques de M. Antoine Houdart de la Motte. *Voyez ses Reflexions sur la Critique, ci après n° 36 E.*

84 D Recueil d'Oraisons Funebres, de M. Jacques Benigne Bossuet Evêque de Meaux: contenant celles de Henriette Marie de France Reine d'Angleterre, de Henriette Anne d'Angleterre Duchesse d'Orleans, de Marie Therese d'Autriche Reine de France, d'Anne de Gonzague de Cleves Princesse Palatine, de Michel le Tellier Chancelier de France, & de Louis de Bourbon Prince de Condé. *A Paris 1692. in 12°.*

24 D Oraison Funebre de Louis de Bourbon Prince de Condé, prononcée en 1687. par le P. Louis Bourdaloue Jesuite. *A Paris 1687. in 4°.*

25 D Laudatio Funebris Ludovici Borbonii Principis Condæi, dicta anno 1687. à Jacobo de la Baune. *Parisiis 1687. in 4°.*

26 D   Oraison Funebre de Marie Anne Chriſtine de Baviere Dauphine de France, prononcée en 1690. par M. Pierre de la Brouë Evêque de Mirepoix. *A Paris* 1690. *in* 4°.

85 D   Recueil des Oraiſons funebres prononcées par M. Eſprit Flechier Evêque de Niſmes; contenant celles de Mᵉ la Ducheſſe de Montauſier, de Mᵉ la Ducheſſe d'Aiguillon, de M. de Turenne, de M. le Premier Preſident de Lamoignon, de Marie Thereſe d'Auſtriche Reine de France, du Chancelier le Tellier, de Mᵉ la Dauphine Marie-Anne-Chriſtine de Baviere, & de M. le Duc de Montauſier. *A Paris* 1705. *in* 12°.

86 D   Recueil de divers Diſcours prononcez par M. Antoine Anſelme, contenant le Panegyrique de S. Louis, l'Oraiſon funebre de Mᵉ Marie-Eleonore de Rohan Abbeſſe de Malnouë, le Sermon de la Cene devant le Roy, l'Oraiſon funebre de Marie-Thereſe d'Auſtriche Reine de France, un Diſcours à la ceremonie d'une Abjuration, l'Oraiſon funebre de M. le Duc de

RHETORIQUE. 93

Montauſer, & deux Lettres à Meſdames Ardier Religieuſes de la Vi-
ſitation à Blois ſur la mort de
Me de Fieubet & de M^e la Preſi-
dente Ardier. *A Paris* 1692. *in* 12°.

27 D Oraiſon Funebre de M. Jacques Benigne Boſſuet Evêque de Meaux,
prononcée en 1704. par Charles
de la Ruë Jeſuite. *A Paris* 1704.
in 4°.

28 D Oraiſon funebre de Louis Dauphin
de France, prononcée en 1711.
par M. Michel Poncet de la Riviere Evêque d'Angers. *A Paris*
1711. *in* 4°.

29 D Oraiſon funebre du même Prince
prononcée en 1711. par Char-
les de la Ruë Jeſuite. *A Paris* 1711.
in 4°.

30 D Oraiſon funebre d'Elizabeth Charlotte Palatine de Baviere Ducheſſe Doüairiere d'Orleans, prononcée à Laon en 1723. par le P. Cathalan Jeſuite. *A Paris* 1723.
in 4°.

SUITE DES BELLES LETTRES:
POËTES
GRECS, LATINS, FRANCOIS &c.

TRAITEZ DE POETIQUE.

4 E   A Poëtique d'Aristote, traduite du Grec en François, avec des Remarques, par André Dacier. *A Paris 1692. in 4°.*

Reflexions sur la Poëtique d'Aristote, & sur les Ouvrages des Poëtes anciens & modernes, par René Rapin, *Voyez ses Oeuvres tome 2. ci-après n° 77* H.

15 E   Nouvelles Reflexions sur l'Art Poëtique, par Bernard Lamy. *A Paris 1668. in 12°.*

Reflexions sur la Poëtique, par M. de Fenelon. *Voyez son Memoire sur les Travaux de l'Academie Françoise, ci-après n° 139 * H.*

Discours sur la Poësie en general, & sur l'Ode en particulier, par M. Antoine Houdart de la Motte. *Voyez ses Odes, ci après n° 176 E.*

16 E Traité du Poëme Epique, par René le Bossu Chanoine Regulier. *A Paris 1677. in 12°.*

Discours de la Poësie Epique, (par M. de Ramsay.) *Voyez le Telemaque, ci-après n° 387 G.*

17 E Dissertation critique sur l'Art Poëtique d'Horace, où l'on donne une idée generale des Pieces de Theatre, & où l'on examine si un Poëte doit preferer les caracteres connûs aux caracteres inventez. *A Paris 1698. in 12°.*

18 E La Pratique du Theatre, par Fran-
19 E çois Hedelin Abbé d'Aubignac : Nouvelle Edition augmentée du Discours de Gilles Menage sur l'Heautontimorumenos de Terence, & du Terence justifié du même Hedelin. *A Amsterdam 1715. in 8°. 3. tomes en 2 vol. en grand papier.*

20 E Dissertations sur la Poësie pastorale, ou de l'Idylle & de l'Eglogue; par Claude Charles Genest. *A Paris. 1707. in 12°.*

POETES GRECS, LAT. &c. 97
Discours sur la nature de l'Eglogue, par M. Bernard de Fontenelle. *Voyez ses Oeuvres tome 2. ci-après n° 100 H.*

21 E L'Art Poëtique François, de Jacques Peletier, du Mans. *A Lyon* 1555. *in* 8°.

22 E L'Ecole des Muses, qui enseigne les regles de la Poësie Françoise. *A Paris* 1669. *in* 12°.

23 E L'Art de la Poësie Françoise & Latine, avec une Idée de la Musique sous une nouvelle methode, par Antoine Philippe de la Croix. *A Lyon* 1694. *in* 12°.

24 E Dictionnaire de Rimes, dans un nouvel ordre, par Pierre Cesar Richelet: Nouvelle Edition augmentée des Mots Latins en faveur des Etrangers. *A Paris* 1701. *in* 12°.

5 E L'Apologie du Theatre, par Georges de Scudery. *A Paris* 1639. *in* 4°.

25 E Des Ballets anciens & modernes, selon les regles du Theatre, par Claude François Menestrier Jesuite. *A Paris* 1686. *in* 12°.

26 E Des Representations en Musique anciennes & modernes, par le même

N

Auteur. *A Paris* 1681. *in* 12°.

27 E Le Theatre François, où il eſt traité de l'uſage de la Comedie, des Auteurs qui ſoûtiennent le Theatre, & de la conduite des Comediens. *A Lyon* 1674. *in* 12°.

POETES GRECS.

L'Iliade d'Homere, traduite du Grec, avec une Préface, la Vie d'Homere, & des Remarques, par Anne le Févre femme d'André Dacier. *A Paris* 1711. *in* 12°. 3. *vol.*

28 E Tome 1. comprend la Vie d'Homere, & les ſix premiers livres de l'Iliade.

29 E Tome 2. depuis le ſeptiéme livre juſqu'au quinziéme incluſivement.

30 E Tome 3. depuis le ſeiziéme livre juſqu'au vingt-quatriéme incluſivement.

L'Odyſſée d'Homere, traduite avec des Remarques par la même Me Dacier. *A Paris* 1716. *in* 12°. 3. *vol.*

31 E Tome 1. contient les ſept premiers livres.

32 E Tome 2. depuis le 8e livre juſqu'au 15e incluſivement.

33 E Tome 3. depuis le 16e juſqu'au 24e incluſivement.

La Batrachomyomachie, ou la Guerre des Grenouilles & des Rats;

POETES GRECS, LAT. &c. 99
traduite du Grec d'Homere en Vers burlesques. *A Paris* 1658. *in* 12°. Relié avec le Nouveau Cabinet des Muses, ci-après n° 189 E.

34 E L'Iliade, Poëme, avec un Discours sur Homere ; par M. Antoine Houdart de la Motte ; avec Figures. *A Paris* 1714. *in* 8°.

35 E Traité de la corruption du Goust, ou Défense d'Homere contre le Livre précedent ; par Anne le Févre femme d'André Dacier. *A Paris* 1714. *in* 12°.

36 E Reflexions sur la Critique, (ou Réponse à M° Dacier,) par M. de la Motte : II° Edition augmentée d'un Discours sur le different merite des Ouvrages d'esprit, d'un autre Discours sur les Prix de l'Academie, de l'Eloge funebre de Louis le Grand, de quatre nouvelles Odes, d'une Fable en Vers, & du Compliment de l'Academie à M. le Chancelier Voysin : Le tout du même Auteur. *A Paris* 1716. *in* 8°.

37 E Apologie d'Homere, & Bouclier d'Achille, ou Remarques sur le Discours de M. de la Motte sur Homere ; par M. Jean Boivin de

Villeneuve. *A Paris* 1715. *in* 12°.

38 E Dissertation critique sur l'Iliade d'Ho-
39 E mere, où à l'occasion de ce Poëme on cherche les regles d'une Poëtique fondée sur la raison & sur les exemples des Anciens & des Modernes ; par M. l'Abbé Jean Terrasson. *A Paris* 1715. *in* 12°. 2. *vol.*

40 E Le Voyage du Parnasse : (Ouvrage mêlé de Prose & de Vers au sujet de la querelle de Me Dacier & de M. de la Motte ; par M. Ignace François de Saint-Disdier.) *A Rotterdam* 1716. *in* 12°.

Dissertation sur Homere & sur Chapelain, (par M. Hyacinthe de Themiseuil.) *Voyez le Chef-d'œuvre d'un Inconnû, ci-après n°* 13 H.

41 E Le premier livre de l'Iliade, traduit en Vers François, avec une Dissertation sur quelques endroits d'Homere ; diverses Odes d'Anacreon, traduites en Vers François ; & le Discours d'Isocrate sur la conduite d'un honnête homme dans tout le cours de sa vie, traduit en François; par François Seraphin Regnier Desmarais. *A Paris* 1700. *in* 8°.

L'Iliade d'Homere, traduite en Vers

POETES GRECS, LAT. &c. 101
Italiens par le même Auteur. *Voyez ses Poësies tome 2. ci-après n°. 172 E.*

Traduction du commencement de l'Iliade en Vers François, par M. Bernard de la Monnoye. *Voyez ses Poësies, ci-après n°. 174 E.*

42 E   Les Dionisiaques, ou les Metamorphoses, Voyages, Amours, Avantures & Conquêtes de Bacchus aux Indes; traduit du Grec de Nonnus par Claude Boitet. *A Paris* 1625. *in* 8°.

43 E   Les Poësies d'Anacreon, & de Sappho, traduites en François, avec le texte Grec, des Remarques, & la Vie de ces Poëtes, par Anne le Févre, (depuis femme d'André Dacier.) *A Paris* 1681. *in* 12°.

44 E   Les Poësies d'Anacreon & de Sappho, traduites en Vers François, avec le texte Grec, & des Remarques, par Hilaire Bernard de Requeleyne Baron de Longepierre. *A Paris* 1684. *in* 12°.

45 E   Traduction nouvelle des Odes d'Anacreon en Vers François, avec le texte Grec. & des Remarques; deux Odes, l'une de Pindare, &

l'autre d'Horace, traduites en Vers François, avec des Remarques; par M. Antoine de la Fosse d'Aubigny; & quelques-unes de ses Poësies. *A Paris* 1706. *in* 12°.

46 E Les Odes d'Anacreon: Traduction nouvelle du Grec en Vers François, (ingenieusement inserée dans une Histoire de la Vie & des Ouvrages de ce Poëte;) avec les Odes de Sapho, aussi traduites en Vers; par le Poëte sans fard, (le Sieur François Gacon.) *A Rotterdam* 1712. *in* 12°.

Diverses Odes d'Anacreon, traduites en Vers François, par Seraphin Regnier Desmarais. *Voyez le premier livre de l'Iliade &c. ci-dessus n°* 41 E.

Les Odes d'Anacreon, traduites en Vers Italiens par le même Regnier Desmarais. *Voyez ses Poësies tome* 2. *ci-après n°* 172 E.

47 E Le Pindare Thebain, traduction du Grec en François melée de Vers & de Prose, avec des Figures, & la Vie de ce Poëte; par le Sieur de Lagausie. *A Paris* 1626. *in* 8°.

Une Ode de Pindare, traduite par M. Antoine de la Fosse d'Aubigny.

POETES GRECS, LAT. &c. 103
Voyez son Anacreon, ci-dessus n° 45 E.

48 E L'Oedipe, & l'Electre, Tragedies de Sophocle, traduites du Grec en François, avec des Remarques, par Anne le Févre, (depuis Me Dacier.) *A Paris 1692. in 12°.*

Critique de l'Oedipe de Sophocle, par M. François Marie Arroüet de Voltairre. *Voyez Pieces-diverses, ci-après n° 167 F.*

49 E Le Plutus, & les Nuées, Comedies d'Aristophane, traduites du Grec en François, avec des Remarques, & un Examen de chaque Piece selon les regles du Theatre, par la même Anne le Fevre. *A Paris 1684. in 12°.*

50 E Cinq Idyles de Theocrite, traduites en Vers François, avec le texte Grec, & des Remarques, (par M. de Longepierre.) *A Paris 1688. in 12°.*

51 E Les Idyles de Bion, & de Moschus, traduites en Vers François, avec le texte Grec, & des Remarques, (par le même M. de Longepierre ;) & quelques Idyles du Traducteur. *A Paris 1686. in 12°.*

La Mort de Daphnis, imitée de Theo-

CATALOGUE DE LIVRES. crite par le Sieur de Boüillon. *Voyez ses œuvres, ci-après n° 143* E.*

52 E Traitez de la Chasse, d'Oppian, & d'Arrian, traduits du Grec en François ; avec une Dissertation sur quelques Ouvrages anciens qui traitent de la Chasse. *A Paris* 1690. *in* 12°.

53 E Le Temple de Gnide : Traduction sur le Manuscrit d'un ancien Poëme Grec. *A Paris* 1725. *in* 12°.

54 E Abregé des Vies des Poëtes Grecs, par Tanneguy le Févre. *A Saumur* 1664. *in* 12.

POETES LATINS.

Trois Comedies de Plaute, traduites en François, avec le texte Latin, & des Remarques, par Anne le Févre, (depuis Me Dacier.) *A Paris* 1683. *in* 12° 3. *vol.*

55 E   Tome 1. contient l'Amphytrion.
56 E   Tome 2. l'Epidicus.
57 E   Tome 3. le Rudens.

Les Oeuvres de Plaute en Latin & en François ; Traduction nouvelle avec des Remarques, & un Examen de chaque Piéce selon les regles du Theatre ; par M. Henry Philippe

POETES GRECS, LAT. &C. 105
Philippe de Limiers : avec Figures.
A Amsterdam 1719. *in* 12°. 10. *vol.*

58 E — Tome 1. comprend une Dissertation préliminaire sur la Vie & les Oeuvres de Plaute; la Préface; l'Amphytrion, de la traduction de Me Dacier; l'Asinaire; avec l'examen de ces deux Pieces.

59 E — Tome 2. l'Avare; les Captifs, de la version de Pierre Coste; le Curculion ou la Reconnoissance; avec l'examen de ces trois Pieces.

60 E — Tome 3. la Casine ou le Sort; la Cistellaire ou la Corbeille; l'Epidicus, de la version de Me Dacier; avec l'examen de ces trois Pieces.

61 E — Tome 4. les Bacchides; la Mostellaire ou les Spectres; avec l'examen de ces deux Pieces.

62 E — Tome 5. les Menechmes; le Soldat fanfaron; avec l'examen de ces deux Pieces.

63 E — Tome 6. le Marchand; le Trompeur; avec l'examen de ces deux Pieces.

64 E — Tome 7. le Carthaginois; le Persan; avec l'examen de ces deux Pieces.

65 E — Tome 8. le Rudens ou l'heureux Naufrage, de la version de Me Dacier; le Stichus, ou le Triomphe de la Foi conjugale, traduit en vers; avec l'examen de ces deux Pieces.

66 E — Tome 9. le Thresor caché, traduit en vers; le Rustre; avec l'examen de ces deux Pieces.

O

67 E	Tome 10. les Fragmens ; la Table des Mots anciens ; & la Table generale des Matieres.

Les Comedies de Terence, traduites en François, avec le texte Latin, des Remarques, & la Vie de ce Poëte, par Anne le Févre, (depuis Me Dacier.) *A Paris* 1688. *in* 12°. 3. *vol.*

68 E	Tome 1. contient l'Andrienne, & l'Eunuque.
69 E	Tome 2. l'Heautontimorumenos, & les Adelphes.
70 E	Tome 3. le Phormion & l'Hecyre.

Les Oeuvres de Lucrece, en Latin & en François, de la traduction & avec les Remarques de Jacques Parrain Baron de Coutures : Derniere Edition augmentée de la Vie de Lucrece. *A Paris* 1692. *in* 12°. 2. *vol.*

71 E	Tome 1. contient les trois premiers livres du Poëme de la nature des choses.
72 E	Tome 2. les trois derniers livres.

La Traduction du commencement de Lucrece, en Vers François, par Hesnault. *Voyez le Recueil de Pieces choisies, tome* 1. *ci-après* n°. 73* I. H.

Les Poësies de Catulle, de Tibulle,

POETES GRECS, LAT. &c. 107
& de Properce, en Latin & en
François, avec des Remarques,
& les Vies de ces Poëtes, par Michel de Marolles. *A Paris* 1653.
& 1654. *in* 8º. 3. *vol.*

72* E 1   Tome 1. contient le Catulle.

72* E 2   Tome 2. le Tibulle.

72* E 3   Tome 3. le Properce.

Les Poëſies de Catulle, traduites en Vers François, par Jean de la Chapelle; inſerées dans les Amours de ce Poëte. *Voyez les Oeuvres de M. de la Chapelle, tome* 1. *ci-après* nº 111 H.

Diverſes Imitations de Catulle. *Voyez les Oeuvres choiſies du Sieur D..... tome* 1. *ci-après* nº 181 * 1 E.

Les Poëſies de Tibulle, traduites en Vers François par M. de la Chapelle; inſerées dans les Amours de ce Poëte. *Voyez les Amours de Tibulle par M. de la Chapelle, ci-après* nº 410. 411. 412 G.

Les Oeuvres de Virgile, en Latin & en François, de la traduction & avec les Notes critiques & hiſtori-

O ij

ques du P. François Catrou Jesuite. *A Paris* 1716. *in* 12°. 6. *vol.*

73 E — Tome 1. contient les Bucoliques.
74 E — Tome 2. les Georgiques.
75 E — Tome 3. les trois premiers livres de l'Eneïde.
76 E — Tome 4. les 4e 5e & 6e livres de l'Eneïde.
77 E — Tome 5. les 7e 8e & 9e livres de l'Eneïde.
78 E — Tome 6. les 10e 11e & 12e livres de l'Eneïde.

78* E — Les Georgiques de Virgile, traduites en Vers François : Ouvrage postume de Jean Renaud de Segrais, donné au Public par François Parey Sieur du Fresne. *A Paris* 1712. *in* 8°.

La Metamorphose des Abeilles, traduite du quatriéme livre des Georgiques de Virgile, par Pierre du Ryer. *Voyez les Metamorphoses d'Ovide tome* 3. ci après n° 104. E.

6 E — L'Eneïde de Virgile, traduite en Vers François, avec des Remarques, par Jean Renaud de Segrais, & une Dissertation de Samuel Bochart sur la question si Enée a été en Italie. *A Paris* 1668. *in* 4°.

Le Virgile travesti en Vers burlesques, par Paul Scarron. *Voyez ses*

Oeuvres, *ci après n° 134 & 135 E.*

Les Oeuvres d'Horace, en Latin & en François, de la traduction d'André Dacier & d'Anne le Févre sa femme; avec des Remarques critiques, & la Vie du Poëte traduite du Latin de Suetone. *A Paris 1681. in 12°. 10. vol.*

79 E	Tome 1. ⎫
80 E	Tome 2. ⎬ chacun contient un livre
81 E	Tome 3. ⎬ des Odes.
82 E	Tome 4. ⎬
83 E	Tome 5. ⎭
84 E	Tome 6. le I. livre des Satyres.
85 E	Tome 7. le II. livre des Satyres.
86 E	Tome 8. les XV. premieres Epitres du livre I.
87 E	Tome 9. la fin du I. livre & le II. livre des Epitres.
88 E	Tome 10. l'Art Poëtique.

89 E   Les Oeuvres d'Horace, en Latin & en François, de la traduction de Jerôme Tarteron Jesuite. *A Paris 1700. in 12°.*

Diverses Traductions d'Horace. *Voyez Pieces diverses de differens Auteurs, ci-après n° 193 E.*

Diverses Imitations d'Horace. *Voyez les Oeuvres diverses du Sieur D.... tome 1. ci-après n° 181* 1 E.*

Imitation de la premiere Ode d'Horace, par Mᵉ des Houlieres. *Voyez ses Poësies, ci-après n° 152 E.*

Une Ode d'Horace, traduite par M. Antoine de la Fosse d'Aubigny. *Voyez son Anacreon, ci-devant n° 45 E.*

Dissertation critique sur l'Art Poëtique d'Horace. *Voyez ce Livre, ci-devant dans les Traitez de Poëtique, n° 17 E.*

Comparaison de Pindare & d'Horace, par François Blondel. *Inseré à la fin du tome 1. des Oeuvres de Rapin, ci-après n° 76 H.*

Les Oeuvres d'Ovide, en Latin & en François, de la traduction de Michel de Marolles Abbé de Villeloin, avec des Remarques. *A Paris 1660, & années suivantes*, in 8°. 8. vol.

90 E	Tome 1. contient les Epitres Heroïdes.
91 E	Tome 2. les Amours.
92 E	Tome 3. l'Art d'aimer, les Remedes d'Amour, l'Art d'embellir le Visage, le Noyer, les Poissons, le Songe, les Epigrammes, la Puce, & le Rossignol.
93 E	Tome 4. les Fastes.
94 E	Tome 5. les Tristes.

POETES GRECS, LAT. &c. 111

95 E   Tome 6. les Epitres écrites de son exil en la Province de Pont.

96 E   Tome 7. le livre contre Ibis, & la Vie d'Ovide.

97 E   Tome 8. diverses Pieces d'Ovide, & d'autres Poëtes anciens.

L'Art d'aimer, & le Remede d'Amour, traduits & imitez d'Ovide. *Voyez les Oeuvres diverses du Sieur D.... tome 2. ci-après n° 181 * 2. E.*

98 E
99 E   Les Epitres d'Ovide, traduites en Vers François, avec des Commentaires, & la Vie d'Esope, par Claude Gaspar Bachet Sieur de Meziriac: Nouvelle Edition, augmentée de plusieurs autres Ouvrages de même Auteur, sçavoir, Remarques sur l'origine du mot *Lugdunum*, & sur un passage de Pline; Discours de la Traduction; Poësies Latines & Italiennes; avec un Discours sur la Vie & les Ouvrages de M. de Meziriac. *A la Haye*, 1716. *in* 8°. 2. *vol.*

100 E   Traduction des Epitres, & des Elegies amoureuses d'Ovide, en Vers François, (par l'Abbé Barrin.) *A Rouen* 1676. *in* 12°.

101 E   Le I. livre des Fastes d'Ovide, en Latin & en François, avec des

  Notes critiques & historiques, par le Sieur Lezeau. *A Paris* 1714. *in* 12°.

1 E Les Metamorphoses d'Ovide, en Latin & en François, de la traduction de Pierre du Ryer ; avec des Explications sur chaque Fable : Ouvrage enrichi de Figures en taille-douce. *A Bruxelles* 1677. *in fol.*

  Les mêmes, de la même traduction; avec les mêmes Explications : Nouvelle Edition augmentée du Jugement de Paris, & de la Metamorphose des Abeilles, traduite du IV. livre des Georgiques de Virgile, par le même du Ryer ; avec Figures. *A Amsterdam* 1718. *in* 12°. 3. *vol.*

102 E Tome 1. contient les VI. premiers livres.

103 E Tome 2. depuis le VII. jusqu'au XI. inclus.

104 E Tome 3. depuis le XII. jusqu'au XV. inclus. le Jugement de Paris, & la Metamorphose des Abeilles.

  La Metamorphose d'Ovide, traduite ou imitée en Vers François par Clement Marot. *Voyez ses Oeuvres tome* 2. *ci-après n°* 122 E.

         L'Ovide

104*E   L'Ovide bouffon, ou les Metamorphoses travesties en Vers burlesques, par L. Richer. *A Paris* 1662. *in* 12°.

7 E   Metamorphoses d'Ovide, en Rondeaux enrichis de Figures gravées par Chauveau & le Clerc, par ordre de S. M. & dediez à Mgr. le Dauphin, par Isaac de Benserade. *A Paris de l'Imprimerie Royale* 1676. *in* 4°.

  Abregé des Metamorphoses d'Ovide, par M. le Ragoys. *Voyez son Instruction sur l'Histoire de France ci-après n°* 227 N.

105 E   Les Fables de Phedre affranchi d'Auguste, en Latin & en François, avec des Remarques; (par le Sr. le Prevost.) *A Paris* 1702. *in* 12°.

  Les Tragedies de Seneque, en Latin & en François, de la traduction de Michel de Marolles, avec des Remarques. *A Paris* 1660. *in* 8°. 2. *vol.*

106 E   Tome 1. contient Medée, Hyppolithe, Oedippe, la Troade, & Agamemnon.

107 E   Tome 2. Hercule furieux, Thyeste, la Thebaïde, Hercule sur le Mont

Oeta, & Octavie.

108 E Traduction des Satyres de Perse, & de Juvenal, par Jerôme Tarteron Jesuite; avec le texte Latin. *A Paris* 1706. *in* 12°.

109 E La Pharsale de Lucain, ou les Guerres civiles de Cesar & de Pompée, trad. du Latin en Vers François, par Guillaume de Brebeuf. *A Paris* 1702. *in* 12°.

Toutes les Epigrammes de Martial, en Latin & en François, avec de petites Notes, & la Vie du Poëte; (par Michel de Marolles:) *A Paris* 1655. *in* 8°. 2. *vol.*

109*E 1 Tome 1. comprend le livre des Spectacles, & les VII. premiers livres des Epigrammes.

109*E 2 Tome 2. la Vie de Martial, & les VII. derniers livres des Epigrammes.

Imitations diverses de Martial. *Voyez les Oeuvres diverses du Sieur D.... tome* 1. *ci-après n°* 181 * 1. E

110 E Catalectes, ou Pieces choisies des anciens Poëtes Latins, depuis Ennius & Varron jusqu'au siecle de Constantin, recueillies par Joseph Scaliger, & traduites en Vers François par Michel de Marolles, avec

le texte Latin; & IV. livres des Epigrammes de Martial en Latin, avec la traduction en Vers François, par le même Auteur. *A Paris 1667. in* 8º.

111 E Poësies de Marc Antoine Muret, traduites en Vers François, avec le texte Latin, par le Sr Moret. *A Paris 1682. in* 12º.

Les Poësies Latines d'Estienne Pasquier. *Voyez ses Oeuvres, ci après* nº 2 *&* 3 H.

Diverses Traductions ou Imitations de Poëtes Latins anciens & modernes, par M. Bernard de la Monnoye. *Voyez ses Poësies, ci-après* nº 174 E.

111*E La Tragedie de Jephté, traduite du Latin de George Buchanan en Vers François par Claude de Vesel. *A Paris 1566. in* 8º.

112 E Les Epigrammes de Jean Owen, & quelques-unes de George Buchanan, traduites du Latin en Vers François par M. le Brun. *A Paris 1709. in* 12º.

Diverses Imitations d'Owen. *Voyez les Oeuvres choisies du Sieur D.... tome* 1. *ci-après* nº 181* 1 E.

Poësies Latines de Claude Gaspar Bachet de Meziriac. *Voyez les Epitres d'Ovide, ci devant n° 98 & 99* E.

Les Vers Latins de François Seraphin Regnier Desmarais. *Voyez ses Poësies, tome 2. ci-après n° 172* E.

Quelques Poësies Latines de Nicolas Boileau Despreaux. *Voyez ses Oeuvres tome 1. ci-après n° 11.* E.

Les Poësies Latines de Jacques de Tourreil. *Voyez ses Oeuvres tome 1. ci-devant n° 48* D.

POETES FRANÇOIS.

Recueil de l'origine de la Langue & Poësie Françoise, Rime & Romans, plus les noms & sommaire des Oeuvres de CXXVII. Poëtes François vivans avant l'an 1300. par Claude Fauchet. *Voyez ses Oeuvres, ci-après n° 100* N.

Abregé des Vies des Poëtes François, (par François Barbin.) *Voyez son Recueil des Poëtes François, ci-après n° 182 jusqu'à 186* E.

Eloges de quelques Poëtes François, & de quelques Dames illustres, des derniers temps ; divisez en trois

POETES GRECS, LAT. &c. 117

pleïades; par François de Callieres. *Voyez la Science du Monde, ci-devant n°* 115 C.

2 E Le Roman de la Rose, où tout l'art d'Amour est enclose; en Vers : (commencé par Guillaume de Lorris & continué par Jean Clopinel dit de Meun;) avec Figures. *A Paris* 1531. *in fol. en caracteres gotiques.*

7* E Le Romant des trois Pelerinaiges, composé en Vers par Guillaume de Deguileville Moyne de Chaaliz. *A Paris, en caracteres gotiques, in* 4°.

Les Poësies d'Alain Chartier. *Voyez ses Oeuvres, ci-après n°* 112 N.

113 E Oeuvres de Jean Marot : Nouvelle Edition. *A Paris* 1723. *in* 8°.

114 E Poësies de Guillaume du Bois dit Cretin. *A Paris* 1723. *in* 8°.

115 E Poësies de Guillaume Coquillart Official de l'Eglise de Reims. *A Paris* 1723. *in* 8°.

116 E Oeuvres de François Corbüeil dit Villon; avec des Notes de M. Eusebe de Lauriere Avocat; & une Lettre du P. Jean Antoine du Cerceau sur la Vie & les Ouvrages

de ce Poëte. *A Paris 1723. in 8°.*

117 E La Farce de M^e. Pierre Pathelin, avec son Testament à quatre personnages : Nouvelle Edition. *A Paris 1723. in 8°.*

118 E Legende de M^e. Pierre Faifeu, mise en Vers par Charles Bourdigne. *A Paris 1723. in 8°.*

119 E
120 E Poësies de Martial de Paris dit d'Auvergne Procureur au Parlement, contenant les Vigiles de la mort du Roy Charles VII. *A Paris 1724. in 8°. 2. vol.*

Les Oeuvres de Clement Marot, reveuës & augmentées de nouveau. *A la Haye 1714. in 12°. 2. vol.*

121 E Tome 1. contient la Vie de Marot; ses Opuscules, Elegies, Epitres, Balades, Chants, Rondeaux, & Chansons.

122 E Tome 2. ses Epigrammes, Epitaphes, Cimetiere, Complaintes, Eglogues, le Jugement de Minos, les tristes Vers de Beroalde, la Metamorphose d'Ovide, l'Histoire de Leander & Ero, Sonnets de Petrarque, les LII. Pseaumes, & les Oraisons.

122*E Oeuvres poëtiques de Mellin de Saint-Gelais. *A Lyon 1574. in 8°.*

123 E Oeuvres poëtiques d'Amadis Jamyn, en cinq livres. *A Paris 1579. in 12°.*

Les Poësies morales d'Alexandre Vanden Buſſche dit le Sylvain. *Voyez les Procès tragiques, ci-après n° 122 K.*

124 E Les premieres Oeuvres de Philippe Deſportes, contenant les Amours de Diane, les Amours d'Hippolyte, des Elegies, des Imitations de l'Arioſte, diverſes Amours, & autres Oeuvres mêlées, & des Ouvres chrétiennes. *A Paris* 1581. *in* 12°.

Les Poësies de Jean & Jacques de la Taille freres. *Voyez leurs Tragedies, ci-après n°* 52 F.

Mélanges poëtiques du Sieur du Croſet. *Voyez l'Amour de la Beauté, ci-après n°* 265 G.

8 E Le Plaiſir des Champs ſelon les quatre ſaiſons de l'année, en Vers; par Claude Gauchet. *A Paris* 1604. *in* 4°.

Les Poësies du Sieur de Meligloſſe. *Voyez ſes Tragedies, ci-après n°* 53* 1 F.

Les Poësies Françoiſes d'Eſtienne Paſquier. *Voyez ſes Oeuvres, ci-après n°* 2 & 3 H.

Les Poësies de Jean Prevoſt. *Voyez*

CATALOGUE DE LIVRES.
ses Tragedies, ci-après n° 53*3 F.

Les Poësies d'Antoine de Montchrestien Sieur de Vastéville. *Voyez ses Tragedies, ci-après* n° 54* F.

124*E   Les Oeuvres de Mathurin Regnier, contenant ses Satyres & autres pieces de Poësie. *A Amsterdam* 1710. *in* 12°.

Les Oeuvres de François de Malherbe, avec les Observations de Gilles Menage, & les Remarques d'Urbain Chevreau sur les Poësies. *A Paris* 1723. *in* 12°. 3. *vol.*

125 E   Tome 1. comprend la Vie de Malherbe par Racan; les Poësies, & les Remarques de Chevreau.

126 E   Tome 2. le Discours d'Antoine Godeau sur les Oeuvres de Malherbe; les Lettres; & la traduction du 33ᵉ livre de Tite-Live.

127 E   Tome 3. les Observations de Menage sur les Poësies.

127*E   Les Oeuvres satyriques de Thomas Sonnet Sieur de Courval : IIᵉ Edition augmentée par l'Auteur. *A Paris* 1622. *in* 8°.

8* E   Poësies burlesques de Jean Loret, contenant plusieurs Epitres à diverses personnes de la Cour, & autres Oeuvres en ce genre d'écrire.

A

POETES GRECS, LAT. &c. 121
A Paris 1647. in 4°.

Les Oeuvres d'Honorat du Büeil Chevalier Seigneur de Racan. A Paris 1724. in 12°. 2. vol.

128 E   Tome 1. contient les Pseaumes, Cantiques & Hymnes en Vers François.

129 E   Tome 2. les Bergeries, les Odes, les Stances, les Sonnets, & les Chansons; & les Discours & Lettres de l'Auteur à l'Academie Françoise, avec une Réponse de M. Conrart Secretaire de l'Academie.

130 E   Oeuvres de Theophile Viaud, contenant l'Immortalité de l'Ame, la Tragedie de Pirame & Thisbé, & autres Mélanges. A Paris 1662. in 12°.

9 E   Les Oeuvres poëtiques de François Maynard, recueillies par Marin le Roy de Gomberville. A Paris 1646. in 4°.

130* E   Les Satyres de Jacques du Lorens President de Chasteauneuf. A Paris 1624 in 8°.

9* E   Les Vers heroïques de François Tristan l'Hermite : avec Figures. A Paris 1648. in 4°.

10 E   Oeuvres poëtiques de Jean Desmarets de Saint Sorlin, contenant les Comedies de Roxane, de Scipion,

Q

des Visionnaires, d'Aspasie, & d'Europe; diverses Poësies; des Enigmes; & des Oeuvres chrétiennes. *A Paris* 1641. *in* 4°.

La Rome ridicule, par Antoine de Gerard de Saint-Amant; avec des Remarques historiques. *Voyez les Oeuvres diverses du Sieur D.... tome 2. ci-après n°* 181*2 E.

Les Poësies de Jean-François Sarasin. *Voyez ses Oeuvres, ci-après n°* 65 H.

131 E Poësies de Claude de Malleville. *A Paris* 1659. *in* 12°.

132 E Les Oeuvres de Paul Scarron, con-
133 E tenant ses Poësies, & les Comedies de Jodelet maître & valet, de Jodelet duelliste, & de l'Heritier ridicule. *A Paris* 1700. *in* 12°. 2. *vol.*

134 E Le Virgile travesti en Vers burles-
135 E ques, par le même Auteur. *A Paris* 1705. *in* 12°. 2. *vol.*

136 E Les dernieres Oeuvres du même Au-
137 E teur, contenant ses Lettres en Vers & en Prose, des Nouvelles, des Poësies, & les Comedies de la fausse Apparence, du Prince Corsaire, & de Don Japhet d'Armenie. *A Paris* 1700 *in* 12°. 2. *vol.*

POETES GRECS, LAT. &c. 123

3 E   La Pucelle, ou la France delivrée, Poëme heroïque, par Jean Chapelain ; avec les Figures d'Ant. Bosse. *A Paris 1656. in fol.*

Dissertation sur Homere & sur Chapelain, (par M. Hyacinthe de Themiseuil.) *Voyez le Chef-d'Oeuvre d'un Inconnû, ci-après n°* 13 H.

138 E   Poësies Academiques, contenant des sujets heroïques, des passions amoureuses, & d'autres matieres burlesques & enjoüées ; par Guillaume Colletet. *A Paris 1657. in* 12°.

139 E   Oeuvres chrétiennes de Robert Arnauld d'Andilly, contenant le Poëme sur la Vie de J. C. des Stances sur diverses Veritez chrétiennes, &c. *A Paris 1659. in* 12°.

140 E
141 E   Les Poësies chrétiennes d'Antoine Godeau Evêque de Grasse. *A Paris 1660 in* 12°. 3. vol.
142 E

143 E   Les Oeuvres de Poësie de Pierre Perrin. *A Paris 1653. in* 12°.

143*E   Les Oeuvres du Sr de Boüillon, contenant la Joconde, traduite & imitée de l'Arioste ; la Mort de Daphnis, imitée de Theocrite ; & autres Poësies ; & deux livres de

Q ij

Chanfons. *A Paris* 1663. *in* 12°.

144 E Poëſies diverſes du Sieur Floriot. *A Paris* 1664. *in* 12°.

Paris ridicule, par C. Petit. *Voyez les Oeuvres diverſes du Sieur D.... tome* 2. *ci-après n°* 181*2 E.

Poëſies de Guillaume de Brebeuf. *Voyez ſes Oeuvres tome* 2. *ci-après n°* 69 H.

Poëſies diverſes de Me Certain. *A Paris* 1665. *in* 12°. Relié avec le Nouveau Parnaſſe des Muſes galantes, ci-après n° 190 E.

La Deroute & l'Adieu des Filles de joye, avec la Requeſte des Filles d'Honneur perſecutées ; le tout en Vers. *Voyez les Amours des Dames illuſtres, ci-après n°* 188 G.

Les Poëſies de Vincent de Voiture. *Voyez ſes Oeuvres, tome* 2. *ci-après n°* 80 H.

Les Poëſies du Chevalier d'Aceilly. *Voyez le Recueil de Pieces choiſies, tome* 1. *ci-après n°* 73*1 H.

145 E Poëſies nouvelles, & autres Oeuvres galantes de M. de Cantenac ; avec l'Occaſion perduë recouvrée, du même Auteur ajoûtée à la fin. *A Paris* 1665. *in* 12°.

146 E Alaric, ou Rome vaincuë, Poëme heroïque de Georges de Scudery. *A Paris* 1659. *in* 12°.

147 E Charlemagne, Poëme heroïque de Louis le Laboureur. *A Paris* 1687. *in* 12°.

148 E Poësies de Jean Renaud de Segrais, contenant ses Eglogues, Athys Pastorale, &c. *A Paris* 1661. *in* 12°.

149 E Poësies chrétiennes d'Antoine Courtin, Charlemagne penitent, les quatre fins de l'Homme, & la chûte du premier Homme. *A Paris* 1687. *in* 12°

150 E Recueil de Pieces galantes en Vers
151 E & en Prose d'Henriette de Coligny Comtesse de la Suze, & de Paul Pellisson Fontanier; augmenté de plusieurs Pieces nouvelles de divers Auteurs. *A Lyon* 1695. *in* 12°. 2. *vol.*

152 E Les Poësies d'Antoinette du Liger de la Garde, femme de Guillaume de la Fon de Bois-Guerin Seigneur des Houlieres: Nouvelle Edition augmentée de toutes ses Oeuvres postumes. *A Paris* 1705. *in* 8°. 2. *tomes en* 1. *vol.*

153 E jusqu'à 157 E	Fables choisies, mises en Vers par Jean de la Fontaine, avec la Vie d'Esope. *A Paris* 1678. *in* 12°. 5. *vol.*
158 E	Fables, Nouvelles, & autres Poësies du même Auteur, parmi lesquelles le Poëme d'Adonis. *A Paris* 1671. *in* 12°. *Voyez le même Poëme d'Adonis, avec les Amours de Psiché du même Auteur, ci-après* n°. 49 G.
159 E	Poëme du Quinquina, & autres Ouvrages en Vers du même Auteur, sçavoir : la Matrone d'Ephese, tirée de Petrone ; Belphegor, Nouvelle tirée de Machiavel ; les Amours d'Acis & Galatée, Opera dont il n'y a que deux Actes ; & Daphné, Opera en cinq Actes. *A Paris*. 1682. *in* 12°.
160 E 161 E	Contes & Nouvelles en Vers, par le même : Nouvelle Edition enrichie de Figures. *A Amsterdam* 1699. *in* 8°. 2. *vol.*
162 E 163 E 164 E	Recueil de Poësies diverses de differens Auteurs, par le même Jean de la Fontaine ; (parmi lesquelles il y en a quelques-unes de lui-même.) *A Paris* 1682. *in* 12°. 3. *vol.*

Fables & Contes en Vers & autres

Poëſies du même Jean de la Fontaine. *Voyez les Oeuvres diverſes de Maucroix & de la Fontaine, tome* 1. *ci-après n°* 81 H.

165 E Oeuvres poſtumes du même Auteur, ſçavoir : la Comparaiſon d'Alexandre, de Ceſar, & de M. le Prince, en Proſe ; pluſieurs Epitres mêlées de Proſe & de Vers ; diverſes Fables en Vers ; les *Qui pro quo*, Conte en Vers ; une Traduction paraphraſée en Vers de la Proſe *Dies iræ* ; l'Epitaphe de l'Auteur faite par lui-même ; & divers mélanges de Poëſies : le tout donné au public avec une Préface, par M^{le} Ulrich. *A Paris* 1696. *in* 12°.

Poëſies de Madame de Villedieu, (Marie Catherine Hortenſe des Jardins, femme de Mr de Villedieu, puis de Mr de la Chaſte,) contenant des Fables ou Hiſtoires allegoriques, & des Pieces galantes. *Voyez les Oeuvres de Mad^e de Villedieu, tomes* 1. *&* 2. *ci-après n°* 563. *&* 564 G.

166 E Recueil d'Apophtegmes ou Bons-Mots anciens & modernes, mis en Vers François. *Imprimé en* 1695. *in* 12°.

167 E Stances chrétiennes sur divers passages de l'Ecriture Sainte & des Peres, par Jean Testu de Mauroy: Nouvelle Edition augmentée d'autres Ouvrages en Vers & en Prose. *A Paris* 1703. *in* 12º.

Idyle sur la Paix, par Jean Racine. *Voyez ses Oeuvres, tome* 1. *ci-après n*º 88 F.

Cantiques spirituels du même Auteur. *Voyez ses Oeuvres tome* 2. *ci-après n*º 89 F.

168 E Oeuvres diverses de Nicolas Boileau Despreaux, contenant des Satyres, des Epitres, & l'Art Poëtique, en Vers; le Lutrin Poëme heroi-comique; des Melanges poëtiques; & le Traité du Sublime ou du Merveilleux dans le Discours, traduit du Grec de Longin, avec des Remarques: Nouvelle Edition illustrée des passages des Poëtes Latins imitez par l'Auteur. *A Amsterdam* 1702. *in* 12º. 2. *tomes en* 1. *vol.*

Les Oeuvres du même Boileau Despreaux, avec des Eclaircissemens historiques donnez par luy-même, (recueillis par M. Claude Brossette:)

te.) Nouvelle Edition reveuë, corrigée & augmentée de diverses Remarques; avec des Figures de B. Picart. *A Amsterdam* 1718. *in* 4°. 2. *vol.*

1 1 E   Tome 1. contient le Discours au Roy; les Satyres; les Epitres en Vers; l'Art Poëtique; le Lutrin; les Odes, les Epigrammes & autres Poësies; quelques Poësies Latines; & quelques Ouvrages faits à l'occasion de ceux de l'Auteur par M. de Nantes; avec l'Eloge de M. Despreaux par M. de Valincour.

1 2 E   Tome 2. le Traité du Sublime, traduit du Grec de Longin, avec des Remarques tant de M. Despreaux que de Mrs Tollius, Dacier & Boivin, des Reflexions critiques du Traducteur, & quelques Pieces critiques de l'Abbé Renaudot, de M. Huet, de M. le Clerc & de M. de la Motte au sujet de ces Reflexions; diverses Pieces de l'Auteur en Prose, sçavoir: les Heros de Roman, Dialogue; Arrest burlesque pour le maintien de la Doctrine d'Aristote; Discours sur la Satyre; Remerciement à l'Acad. Fr. Discours sur le stile des Inscriptions; des Lettres; Dissertation sur la Joconde; la Joconde de M. de la Fontaine; celle de M. Boüillon; & diverses Prefaces des Edi-

tions precedentes des Oeuvres de M. Defpreaux.

Traduction du Lutrin de Defpreaux en Vers Latins, par M. Bernard de la Monnoye. *Voyez fes Poëfies, ci-après n°* 174 E.

Epigrammes du même Defpreaux contre Corneille l'ainé. *Voyez les Oeuvres diverfes du Sieur D.... tome* 2. *ci-après n°* 181 * 2 E.

La Satire des Satires (contre Boileau Defpreaux:) Comedie d'Edme Burfault. *Voyez fes Oeuvres tome* 3. *ci-après n°* 84 F. *& le Recueil de Pieces choifies, tome* 1. *ci-après n°* 73 * 1. H.

169 E   Lutrigot, Poëme heroïcomique contre Boileau Defpreaux; (par le Sieur de Bonnecorfe.) *A Marfeille* 1686. *in* 12°.

Epitre d'Hullin contre Defpreaux. *Voyez les Oeuvres diverfes du Sieur D.... tome* 2. *ci-après n°* 181*2 E.

Critique de la Satyre VI. du même Defpreaux. *Voyez les Lettres fur les Anglois, les François & les Voyages, ci-après n°* 227*I.

Le Poëme de la Madelene, par Pierre de Saint-Louis Carme. *Voyez le Re-*

cueil de Pieces choisies, tome 2. ci-après n° 73*2 H.

170 E Joseph ou l'Esclave fidele, Poëme. A Breda 1705. in 12°.

Une Ode de M. François de Salignac de la Motte Fenelon Archevêque de Cambray. *Voyez son Telemaque*, ci-après n° 387 G.

Poëſies Françoiſes, Italiennes, & Eſpagnoles de François Seraphin Regnier Deſmarais, Secretaire perpetuel de l'Academie Françoiſe. *A Paris* 1707. *in* 12°. 2. *vol.*

171 E Tome 1. contient les Poëſies Françoiſes.
172 E Tome 2. les Poëſies Italiennes, parmi leſquelles les Odes d'Anacreon, & l'Iliade d'Homere traduites en Vers Italiens; les Poëſies Eſpagnoles; & les Vers Latins.

Rondeau du même Regnier Deſmarais contre le Roy Guillaume III. avec la Parodie de ce Rondeau contre le Roy Jacques II. *Voyez les Oeuvres diverſes du Sieur D...* tome 2. ci après n° 181*2 E.

172*E Oeuvres d'Eſtienne Pavillon: Nouvelle Edition augmentée de pluſieurs Pieces. *A Paris* 1720. *in* 8°.
1

132   Catalogue de Livres.

172*E 2   Poëſies heroïques, morales & ſatyriques, par M. de Sanlec (le P. Louis de Sanlecque Chanoine Regulier de Ste Genevieve, nommé à l'Eveché de Bethleem;) avec un Recueil de Pieces de differens Auteurs. *A Amſterdam* 1700. *in* 8°.

    Idyles de Bernard Hilaire de Requeleyne Baron de Longepierre. *Voyez les Idyles de Bion, ci-devant n°* 51 E.

173 E   Principes de Philoſophie, ou preuves de l'exiſtence de Dieu & de l'immortalité de l'Ame, en Vers; par Claude Charles Geneſt. *A Paris* 1716. *in* 8°.

    Poëſies paſtorales & diverſes de M. Bernard de Fontenelle. *Voyez ſes Oeuvres tome* 2. *ci-après n°* 100 H.

174 E   Poëſies de M. Bernard de la Monnoye; publiées par M. de S.... (Albert Henry de Salengre;) avec l'Eloge de l'Auteur. *A la Haye* 1716. *in* 8°.

175 E   Poëmes & autres Poëſies, de M. l'Abbé Pierre de Villiers. *A Paris* 1712. *in* 12°.

175*E   Les Odes de M. Antoine Houdart de la Motte; avec un Diſcours ſur la Poësie en general & sur l'Ode en particulier ; & deux Poëmes, l'un intitulé les Apôtres, l'autre le Plaisir : IVe Edition augmentée considerablement, avec divers Ouvrages de Poësie faits à l'occasion de ceux de l'Auteur. *A Paris* 1713. *in* 8°. 2. *tomes en* 1. *vol.*

Quatre nouvelles Odes, & une Fable en Vers ; par le même M. de la Motte. *Voyez ses Reflexions sur la Critique*, ci-devant n° 36 E.

13 E Fables nouvelles en Vers, avec un Discours sur la Fable ; par le même M. Houdart de la Motte : avec Figures. *A Paris* 1719. *in* 4°. *en grand papier.*

176 E Les Fables de M. Houdart de la Motte, traduites en Vers François par le P. S. F. (le Poëte sans fard François Gacon.) *Au Café du Mont Parnasse, in* 8°.

176*E Lettre de la Marquise de L..... sur les Fables de M. de la Motte, avec la Réponse servant d'Apologie. *A Paris* 1719. *in* 12°.

Les Oeuvres du Sieur Jean Baptiste Rousseau, recueillies & publiées, avec une Preface, (par François Gacon.) *A Rotterdam* 1712. *in* 12°. 2. *vol.*

177 E   Tome 1. contient les Odes, les Cantates, les Epitres, les Poësies diverses, les Epigrammes, les Couplets, & le Memoire pour le Sieur Rousseau contre le Sieur Saurin.

178 E   Tome 2. Jason, Trag. Venus & Adonis, Tr. le Café, le Flateur, & le Capricieux, Comedies.

179 E   L'Anti-Rousseau, (contenant une Critique des ouvrages & de la conduite du Sieur Rousseau, en Prose & en Vers;) par le Poëte sans fard (le même Gacon;) avec le Recueil des Pieces du Sieur Saurin contre le Sieur Rousseau. *A Rotterdam* 1712. *in* 12°.

Pieces nouvelles du même Rousseau, tirées de l'Edition de Londres. *Sur l'imprimé de Londres* 1724. *in* 12o. 2. *vol.*

180 E   Tome 1. contient XVI. nouvelles Odes, deux Epitres, sept Allegories, plusieurs Pieces mélées, & un Avertissement.

181 E   Tome 2. deux Comedies, le Flateur, & la Ceinture magique.

Oeuvres diverses du Sieur D... augmentées de Rome, Paris, & Madrid, ridicules; avec des Remarques historiques, & un Recueil de Poësies choisies de M. de B..... *A Amsterdam* 1714. *in* 120. 2. *vol.*

181*E 1

Tome 1. contient un Discours sur le bonheur de la Vie champestre ; XII. Satyres ; X. Epitres, & autres Poësies ; & des Imitations d'Horace, de Martial, de Catulle & d'Owen.

181*E 2

Tome 2. l'Art d'aimer, Poëme imité d'Ovide ; le Remede d'Amour, traduit d'Ovide ; Fables & Contes ; la Rome ridicule, par Antoine de Gerard de Saint-Amant, avec des Remarques historiques ; Paris ridicule, par C. Petit, avec des Remarques historiques ; Madrid ridicule, avec des Remarques historiques, par le Sieur B..... ci-devant Secretaire d'Ambassade en Espagne; Recueil de Poësies choisies du même ; Epigrammes de Despreaux contre Corneille l'ainé, avec la Réponse ; Rondeau de Regnier Desmarai; contre le Roy Guillaume III. Parodie de ce Rondeau contre le Roy Jacques II. Vers de Pavillon contre Lully ; Epitre d'Hullin contre Despreaux.

181*E 3

L'Eleve de Terpsicore, ou le Nourrisson de la Satyre : (Recueil de Vers tiré des meilleurs Poëtes pour en faire l'Eloge & les proposer comme modeles, & des autres sur tout de quelques Modernes pour les critiquer; par M..... de Boiſſy.) *A Amſterdam* 1718. *in* 12°. 2. *tomes en* 1. *vol.*

Poëſies & Cantates de M. Thibault. *Voyez le Pedrille del Campo, ci-après n*o 105 G.

181*E 4 — La Ligue ou Henry le Grand, Poëme epique, avec des Remarques; par M. François Marie Arroüet de Voltaire. *A Geneve* 1723. *in* 8°.

181*E 5 — Clovis, Poëme dedié au Roy, (par M. Ignace François de Saint-Diſdier.) *A Paris* 1725. *in* 8°.

181*E 6 — La Religion, Poëme ; avec un Diſcours pour diſpoſer les Deïſtes à l'examen de la Verité ; & quelques autres Ouvrages de Poëſie ; (par M. l'Abbé Aſſelin.) *A Paris* 1725. *in* 8°.

181*E 7 — Le Vice puni ou Cartouche, Poëme, (par le Sieur Grandval.) *A Anvers* 1725. *in* 8°.

Recueil des plus belles Pieces des Poëtes François, tant anciens que modernes, depuis Villon juſqu'à M. de Benſerade, avec l'abregé de leurs Vies, (par François Barbin.) *A Paris* 1692. *in* 12°. 5. *vol.*

Tome

Poetes Grecs, Lat. &c.

182 E — Tome 1. contient François Corbüeil dit Villon, Clement Marot, Mellin de Saint Gelais, Joachim du Bellay Sieur de Liré, Pierre Ronfard, Jean Antoine Baïf, Eſtienne Jodelle Sieur de Limodin, Remy Belleau, Mathurin Regnier.

183 E — Tome 2. Philippe des Portes Abbé de Tyron, Guillaume Saluſte Seigneur du Bartas, Jean Paſſerat, Jean Bertaut Evêque de Séez, Jacques Davi du Perron Cardinal, François Malherbe, Honorat de Büeil Chevalier Seigneur de Racan, François Maynard.

184 E — Tome 3. Jean Ogier de Gombaud, Jean de Lingendes, Claude Malleville, Pierre Motin, Claude de l'Eſtoille Sieur du Sauſſay, Theophile Viaud, François de Metel de Boiſrobert, Marc Antoine de Gerard de Saint-Amant, Guillaume de Brebeuf, Me Adam Billaut Menuiſier, François Triſtan l'Hermite de Soliers, Pierre le Moine.

185 E — Tome 4. Antoine Godeau Evêque de Vence, Jean des Mareſts de Saint-Sorlin, Jean Chapelain, Pierre Lalane, Pierre Patrix, Henriette de Coligny Comteſſe de la Suze, ... Gilbert, Charles Vion de Dalibray, Philippe Habert, Jacques Carpentier de Marigny, le Chevalier Jean d'Aceilly ou de Cailly, Marie Catherine Hortenſe des Jardins fem-

CATALOGUE DE LIVRES.

me de M. de Villedieu, ... de la Sabliere, Matthieu de Montreuil, Faucon de Charleval, Sanguin de S. Pavin.

186 E   Tome 5. Vincent Voiture, Paul Scarron, Jean-François Sarafin, Claude Emmanuel la Chapelle Loüillier, Ifaac de Benferade.

Recueil des plus belles Epigrammes des Poëtes François depuis Marot jufqu'à prefent, avec des Notes hiftoriques & critiques; un Traité de la vraie & fauffe Beauté dans les Ouvrages d'efprit, traduit du Latin de Pierre Nicole, par Claude Ignace Breugierre de Barante; & les Bergeries de M. de Racan. *A Paris* 1698. *in* 12°. 2. *vol.*

187 E   Tome 1. contient le Traité de la Beauté dans les Ouvrages d'efprit; & les Epigrammes de Clement Marot, & de tous les Poëtes François qui l'ont fuivi jufqu'à M. Defpreaux.

188 E   Tome 2. la Vie, les Epigrammes, les Bergeries, & les meilleures Poëfies de M. de Racan.

189 E   Nouveau Cabinet des Mufes, ou l'élite des plus belles Poëfies de ce temps; par Bertrand de Lamathe. *A Paris* 1658. *in* 12°.

190 E   Le nouveau Parnaffe des Mufes ga-

lantes. *A Paris* 1665. *in* 12°.

191 E Les Delices de la Poësie galante, des plus celebres Auteurs. *A Paris* 1666. *in* 12°. 2. *tomes en* 1. *vol.*

192 E La Ville de Paris, en Vers burlesques ; contenant les Galanteries du Palais, la Chicane des Plaideurs, les Filouteries du Pont-Neuf, l'eloquence des Harangeres de la Halle &c. par le Sieur Berthaud : Derniere Edition augmentée d'une seconde partie par François Colletet & Paul Scarron. *A Paris* 1665. & 1666. *in* 12°. 2. *tomes en* 1. *vol.*

193 E Pieces diverses de differens Auteurs, contenant des Eglogues, Elegies, Stances, Madrigaux, Chansons, Epigrammes, Traductions d'Horace, &c. *A Paris* 1668. *in* 12°. 2. *tomes en* 1. *vol.*

193*E Recueil de Poësies heroïques & gaillardes de ce temps, augmenté de plusieurs Pieces qui n'ont point encore paru. *Imprimé en* 1717. *in* 12°.

Diverses Pieces de Poësie, presentées à l'Academie Françoise pour les Prix. *Voyez le Recueil de cette Academie, ci-après n°* 113. *& suiv.* H.

POETES ITALIENS.

      Sonnets de Petrarque, traduits ou imitez en Vers François, par Clement Marot. *Voyez ses Oeuvres tome 2. ci-devant n° 122 E.*

194 E   Oeuvres amoureuses de Petrarque, traduites en François avec l'Italien à côté, par Placide Catanusi. *A Paris 1707. in 12°.*

194*E 1
194ᵉE ?
  Nouvelle Traduction de Roland l'Amoureux, de Matheo Maria Boyardo Comte de Scandiano; (par le Sieur le Sage:) IIe. Edition avec Figures. *A Paris 1721. in 12° 2. vol.*

14 E   Le divin Ariofte, ou Roland le furieux, traduit de l'Italien de l'Ariofte par François de Rosset; avec la Suite de cette Histoire continuée jusqu'à la mort du Paladin Roland; avec Figures en taille douce. *A Paris in 4°.*

195 E
196 E
197 E
198 E
  L'Ariofte moderne, ou Roland le furieux, traduit de l'Italien de l'Ariofte par Vasconcelle Gomes de Figueredo, autrement Me de Saintonge. *A Paris 1685. & à Lyon*

1686. *in* 12°. 4. *vol.*

Imitations de l'Arioste, en Vers François, par Philippe Desportes. *Voyez ses Oeuvres, ci-devant n°* 124 E.

La Joconde, traduite & imitée de l'Arioste en Vers François, par le Sieur de Boüillon. *Voyez ses Oeuvres, ci-devant n°* 143 *E.

La Joconde, & la Coupe enchantée, Nouvelles tirées de l'Arioste, par Jean de la Fontaine. *Voyez les Contes en Vers de cet Auteur, ci-devant n°* 160 E.

Dissertation sur les deux Jocondes. *Voyez ibid.*

199 E   La Jerusalem délivrée, Poëme heroïque du Tasse, traduit de l'Italien, avec les Observations necessaires, & l'Allegorie du Poëme, par Jean Baudoin ; avec Figures gravées par Lasne. *A Paris* 1632. *in* 8°.

200 E
201 E   Le même Poëme du Tasse ; traduction nouvelle par M. Mirabaud. *A Paris* 1724. *in* 12°. 2. *vol.*

202 E
203 E   Le même, traduit en Vers François par Vincent Sablon ; avec des Figures de Sebastien le Clerc. *A*

Paris 1701. in 16°. 2. vol.

203*E Le Renaud amoureux, (Histoire précedente celle de Roland l'amoureux & le furieux;) imité de l'Italien de Torquato Tasso par le Sieur de la Ronce: Nouvelle Edition. A Paris 1724. in 12°.

204 E L'Aminte, Pastorale du Tasse, en Italien, avec la traduction en Vers François, (par l'Abbé de Torche.) A Paris 1666. in 12°.

205 E La Philis de Scire, Pastorale du Bonnarelli, en Italien, avec la traduction en Vers François, (par le même Auteur.) A Paris 1669. in 12°.

206 E Le Berger fidele, Pastorale du Guarini, traduite en Vers François (par le même Auteur;) avec l'Italien à coté. A Lyon 1699. in 12°.

207 E L'Adonis, Poëme heroïque du Cavalier Marin, traduit de l'Italien en Vers par le Président Jean Nicole. A Paris 1662. in 12°.

208 E
209 E Le Sceau enlevé, Poëme Heroi-Comique du Tassoni, en Italien & en François, de la traduction de Charles Perrault. A Paris 1678. in 12°. 2. vol.

Diverses Traductions ou Imitations

POETES GRECS, LAT. &c. 143
du Guarini, du Cavalier Marin &
autres Poëtes Italiens, par M. Bernard de la Monnoye. *Voyez ses Poësies ci-devant n°* 174 E.

Poësies Italiennes de Claude Gaspar Bachet de Meziriac. *Voyez les Epitres d'Ovide, ci-devant n°* 98 *&* 99 E.

Poësies Italiennes & Espagnoles de François Seraphin Regnier Desmarais. *Voyez ses Poësies, tome* 2. *ci-devant n°* 172 E.

SUITE

SUITE DES BELLES LETTRES:

POETES DRAMATIQUES.

PIECES DE THEATRE
des Auteurs anciens & modernes.

52 F

Les Tragedies & autres Oeuvres poëtiques de Jean & Jacques de la Taille freres. *A Paris* 1572. 73. & 74. *in* 8°. 2. *vol.*

Tome 1. contient Saül le furieux, Tr. prife de la Bible, faite felon l'art & la mode des vieux Auteurs tragiques : Plus une Remontrance faite pour le Roy Charles IX. à fes Sujets afin de les encliner à la Paix : avec Hymnes, Cartels, Epitaphes, Anagrammatifmes, & autres Oeuvres poëtiques dudit Jean de la Taille & de fon frere Jacques de la Taille, & deux Tragedies du dernier, Daire, & Alexandre.

52*F
1

Tome 2. la Famine ou les Gabeonites, Tr. prife de la Bible & fuivant celle de Saül ; les Corrivaux, & le Negromant, Comedies tirées de l'Italien d'Ariofte : Plus des Elegies & autres Poëfies dudit Jean de la Taille.

52*F 2 — Les Tragedies de Robert Garnier, fçavoir: Porcie, Cornelie, M. Antoine, Hippolyte, la Troade, Antigone, les Juifves, & Bradamante. *A Roüen* 1596. *in* 12°.

53 F — Angelique, Comedie en Profe de Fabrice de Fournaris dit le Capitaine Cocodrille Comique Confident; traduite de l'Italien & de l'Efpagnol par L. C... *A Paris* 1599. *in* 12°.

53*F 1 — Les Tragedies & Oeuvres poëtiques du Sieur de Meligloffe, fçavoir: la Rodomontade, Tr. la Mort de Roger, Tr. imitée de l'Ariofte; & les Amours de Catherine Scelles & fon Tombeau. *A Paris* 1605. *in* 8°.

53*F 2 — Le Theatre facré de Pierre de Nancel, fçavoir: Dina ou le Raviffement, Jofué ou le Sac de Jericho, Debora ou la Délivrance, Tragedies. *A Paris* 1607. *in* 8°.

53*F 3 — Les Tragedies & autres Oeuvres poëtiques de Jean Prevoft, fçavoir: Edipe, Turne, Hercule, & Clotilde, Tragedies; & des Melanges de Poëfies. *A Poiɛtiers* 1614. *in* 12°.

54 F — Le Theatre d'Alexandre Hardy,

sçavoir : Didon sacrifiant, Scedase, Panthée, Meleagre, Procris, Alceste, Ariadne ravie, Tragedies; Alphée Pastorale. *A Paris* 1624. *in* 8°.

54*F   Les Tragedies d'Antoine de Montchrestien Sieur de Vasteville : Edition nouvelle augmentée par l'Auteur, contenant l'Escossoise ou le Desastre, la Cartaginoise ou la Liberté, les Lacenes ou la Constance, David ou l'Adultere, Aman ou la Vanité, Susane ou la Chasteté, Tragedies: Plus une Bergerie (ou Pastorale;) & des Stances. *A Roüen* 1627. *in* 8°.

55 F   La Silvanire ou la Morte-Vive, Fable boscagere d'Honoré d'Urfé. *A Paris* 1627. *in* 8°.

56 F   La genereuse Allemande, ou le Triomphe d'Amour, Tragicomedie du Sieur Mareschal; où sous des noms empruntez est representée l'Histoire de feu M\` & M\` de Cirey ; avec les autres Oeuvres poëtiques du même Auteur. *A Paris* 1631. *in* 8°.

57 F   L'Amaranthe, Pastorale de Jean Ogier de Gombauld. *A Paris* 1631. *in* 8°.

58 F { L'Indienne amoureuse, ou l'heureux Naufrage, Tragicomedie du Sieur du Rocher. *A Paris* 1632.
La Melize, Pastorale comique du même; avec un Prologue facetieux. *A Paris* 1634. *in* 8°.

Les Comedies de Jean Desmarets. *Voyez ses Oeuvres*, ci-devant n° 10 E.

1 F La belle Esclave, Tragicomedie, par Claude de l'Estoille. *A Paris* 1643. *in* 4°.

58*F Pieces du Sieur de Montauban, sça-voir : les Charmes de Felicie, ti-rez de la Diane de Montemajor, Pastorale ; Zenobie Reyne d'Ar-menie, Tr. Seleucus, T-C. heroï-que ; le Comte de Hollande, T-C. & Indegonde Tr. *A Paris* 1654. *in* 12°.

59 F Pieces du Sieur Chevalier, sçavoir : l'intrigue des Carosses à cinq sols, les Amours de Calotin, le Peda-gogue amoureux, & les Barbons amoureux, Comedies. *In* 12°.

Les Comedies de Paul Scarron. *Voyez ses Poësies*, ci-devant n° 132 & 133. 136 & 137. E.

Pieces de Claude Boyer. *In* 12°. 2. *vol.*

60 F   Tome 1. contient Clotilde, Tr. Policrite, T-C. Oropaſte ou le faux Tonaxare, Tr. Federic, Tr.

61 F   Tome 2. les Amours de Jupiter & de Semelé, la mort de Demetrius ou le rétabliſſement d'Alexandre Roy d'Epire, Tr. le jeune Marius, Tr. Liſimene ou la jeune Bergere, Paſtorale.

1*F Tyridate, Tragedie du même Boyer. *A Paris* 1649. *in* 4°.

2 F Jepthé, Tragedie par le même. *A Paris* 1692. *in* 4°.

62 F Oeuvres du Sieur Gilbert, ſçavoir : Arie & Petus ou les Amours de Neron, Tr. les Amours de Diane & d'Endymion, Tr. les Amours d'Angelique & de Medor, T. C. Opera Paſtorale heroïque des peines & des plaiſirs de l'Amour, en Vers lyriques. *In* 12°.

Le Theatre de Pierre Corneille, avec l'Examen de chaque Piece fait par luy-même: Nouvelle Edition augmentée des Pieces de Critique, qui ont été faites au ſujet des Tragedies & des Comedies de M. Corneille. *A Paris* 1700. *in* 12°. 5. *vol.*

63 F   Tome 1. contient les Eloges de Pierre Corneille, trois Diſcours du Poëme

Dramatique, Melite, Clitandre, la Veuve, la Galerie du Palais, la Suivante, & la Place Royale.

64 F Tome 2. l'Illusion, Medée, le Cid, les Observations de M. de Scudery, & les Sentimens de l'Academie Françoise sur le Cid, Horace, & Cinna.

65 F Tome 3. Polyeucte, le Menteur, la suite du Menteur, Pompée, Theodore, Rodogune, Heraclius.

66 F Tome 4. Andromede, D. Sanche d'Arragon, Nicomede, Pertharite, Oedipe, la Toison d'Or, & Sertorius.

67 F Tome 5. Sophonisbe, Othon, Agesilas, Attila, Tite & Berenice, Pulcherie, Surena, Jugement des dernieres Pieces de Pierre Corneille, Poëme sur les Victoires du Roy en 1677. Discours à la reception de M. Corneille à l'Academie Françoise.

68 F Sentimens de l'Academie Françoise sur la Tragicomedie du Cid de Pierre Corneille, recueillis par George de Scudery. *A Paris* 1638. *in* 8º.

Critique de l'Oedipe de Pierre Corneille, par M. François Marie Aroüet de Voltaire. *Voyez Pieces diverses, ci-après* nº 167 F.

Poëmes Dramatiques de Thomas Corneille: Nouvelle Edition augmentée de Pieces non encore im-

primées. *A Paris* 1706. *in* 12°.
5. *vol.*

69 F — Tome 1. contient l'Eloge de M. Corneille, les Engagemens du hazard, le feint Aftrologue, D. Bertrand de Cigaral, l'Amour à la mode, le Berger extravagant, le charme de la Voix.

70 F — Tome 2. le Geolier de foi-même, les illuftres Ennemis, Timocrate, Berenice, la mort de l'Empereur Commode, Darius, Stilicon.

71 F — Tome 3. le Galand doublé, Camma, Maximian, Pyrrhus Roy d'Epire, Perfée & Demetrius, Antiochus.

72 F — Tome 4. Laodice, le Baron d'Albicrac, la mort d'Annibal, la Comteffe d'Orgueil, Theodat, le Feftin de Pierre, Ariane.

73 F — Tome 5. la mort d'Achille, D. Cefar d'Avalos, Circé avec un nouveau Prologue & de nouveaux Divertiffemens, l'Inconnu avec un nouveau Prologue & de nouveaux Divertiffemens, le Comte d'Effex, Bradamante, & le Difcours à la reception de M. Corneille à l'Academie Françoife.

Les Oeuvres de Jean Baptifte Poquelin de Moliere. *A Paris* 1682. *in* 12°. 8. *vol.*

74 F — Tome 1. contient l'Etourdy, le Depit amoureux, les Precieufes ridicules,

CATALOGUE DE LIVRES.
& le Cocu imaginaire.

75 F — Tome 2. l'Ecole des Maris, les Fâcheux, l'Ecole des Femmes, la Critique, & la Princesse d'Elide.

76 F — Tome 3. le Mariage forcé, l'Amour Medecin, le Misantrope, le Medecin malgré lui, & le Sicilien.

77 F — Tome 4. Amphytrion, l'Avare, George Dandin, & le Poëme de la gloire du Val-de-Grace.

78 F — Tome 5. Tartuffe, Pourceaugnac, & le Bourgeois Gentilhomme.

79 F — Tome 6. les Fourberies de Scapin, Psyché, les Femmes sçavantes.

80 F — Tome 7. D. Garcie de Navarre, l'Impromptu de Versailles, le Festin de Pierre, & Melicerte Pastorale.

81 F — Tome 8. les Amans magnifiques, la Comtesse d'Escarbagnas, le Malade imaginaire, & l'Ombre de Moliere.

Les Pieces de Theatre de M. Cyrano de Bergerac. *Voyez ses Oeuvres tome* 1. *ci-après n°* 66. H.

Pieces de Theatre d'Edme Boursault. *In* 12°. 3. *vol.*

82 F — Tome 1. comprend Germanicus, Marie Stuard, la Comedie sans titre, Phaëton, Meleagre, la Feste de la Seine, & une Lettre sur la Comedie (attribuée au P. Caffaro Theatin.)

83 F — Tome 2. les Fables d'Esope, & Esope à

à la Cour.

84 F   Tome 3. le Portrait du Peintre ou la Contrecritique de l'Ecole des Femmes de Moliere, les Nicandres ou les Menteurs qui ne mentent point, la Satire des Satires (contre Boileau Defpreaux.)

85 F Hector, Tragedie d'A. Sconin. *A Soiffons* 1675. *in* 8°.

Le Theatre de Philippe Quinault: Nouvelle Edition enrichie de Figures. *A Amfterdam* 1697. *in* 12°. 2. *vol.*

86 F   Tome 1. contient la Mort de Cyrus, le Mariage de Cambife, le feint Alcibiade, les Coups de l'Amour & de la Fortune, Amalafonte, Stratonice, la Comedie fans Comedie, & le Fantôme amoureux.

87 F   Tome 2. la genereufe Ingratitude, l'Amant indifcret, les Rivales, Agrippa ou le faux Tiberinus, Bellerophon, la Mere coquette, Aftrate, & Paufanias.

Oeuvres de Jean Racine. *A Paris* 1702. *in* 12°. 2. *vol.*

88 F   Tome 1. contient la Thebaïde, Alexandre le Grand, Andromaque, Britannicus, Berenice, les Plaideurs, un Difcours prononcé à l'Academie Françoife à la reception de M. Thomas Corneille & de M. Bergeret, & une Idyle fur la Paix.

V.

89 F   Tome 2. Bajazet, Mithridate, Iphigenic, Phedre, Esther, Athalie, & des Cantiques spirituels.

3 F   Esther, Tragedie tirée de l'Ecriture Sainte, par le même. *A Paris* 1689. *in* 4°.

4 F   Athalie, Tragedie tirée de l'Ecriture Sainte, par le même. *A Paris* 1691. *in* 4°.

    Lettre du même Racine à l'Auteur des Heresies Imaginaires & des Visionnaires (Pierre Nicole,) pour la défense de la Comedie & des Auteurs des Pieces de Theatre. *Voyez le Recueil de Pieces choisies, tome* 1. *ci-aprés n°* 73*1. H.

90 F   Oeuvres de Raymond Poisson, contenant Lubin ou le Sot vangé, le Fou de Qualité, le Baron de la Crasse, l'Après-soupé des Auberges, les faux Moscovites, le Poëte Basque, la Hollande malade, les Femmes coquettes, les Foux divertissans, & la Comedie sans titre. *A Paris* 1687. *in* 12°.

91 F   Oeuvres d'Antoine Jean Montfleury, (Avocat au Parlement, fils du Comedien de même nom.) *A Paris* 1705. *in* 12°. 2. *vol.*

POETES DRAMATIQUES. 155

91 F   Tome 1. contient la Femme juge & partie, l'Ambigu comique, Adrubal, Trigaudin, l'Ecole des Filles, le Mariage de rien, & le Procez de la Femme juge & partie.

92 F   Tome 2. la Fille Capitaine, le Comedien Poëte, le Mary sans Femme, l'Ecole des Jaloux, le Gentilhomme de Beauce, Thrasibule, & l'Impromptu de l'Hôtel de Condé.

93 F Pieces de Jean de la Thuilerie, sçavoir: Crispin Precepteur, Soliman, Hercule, & Crispin Bel-Esprit. *A Paris* 1680. *in* 12°.

94 F Les Oeuvres de Guillaume Brecourt, contenant, la Nôce de Village, & les Fragmens de Moliere. *A Paris* 1681. *in* 12°.

Le Timon, Comedie du même. *Voyez le Recueil ci-après n°* 164 F.

95 F Les Oeuvres du Sieur Pechantré, contenant, Geta, & la Mort de Neron. *A Paris* 1687. *in* 12°.

Les Pieces de Theatre de Mad^e de Villedieu, sçavoir: Manlius, Tragicomedie; Nitetis, Tragedie; & le Favory, Comedie. *Voyez les Oeuvres de Mad^e de Villedieu, tome* 2. *ci-après n°* 564 G.

96 F La Devineresse, ou Mad^e Jobin,

V ij

Comedie de Jean Donneau de Vizé. *A Paris* 1713. *in* 12º.

97 F Oeuvres du Sieur de Palaprat, contenant le Grondeur, le Muet, le Concert ridicule, le Ballet extravagant, & l'Important de Cour. *A Paris* 1694. *in* 12º.

98 F Oeuvres du Sieur de Hauteroche, contenant, Crispin Musicien, le Deuil, Crispin Medecin, le Cocher, l'Esprit folet ou la Dame invisible, & les Bourgeoises de Qualité. *A Paris* 1691. *in* 12º.

99 F Oeuvres du Sieur Pradon, contenant, Pirame & Thisbé, Tamerlan ou la mort de Bajaset, Phedre & Hippolythe, la Troade, Statira, & Regulus. *A Paris* 1688. *in* 12º.

100 F Scipion l'Afriquain, Tragedie du même. *A Paris* 1697. *in* 12º.

101 F Oeuvres de Charles Chevillet dit Champmêlé, contenant, le Parisien, Crispin Chevalier, Delie, la Ruë S. Denis, & les Fragmens de Moliere. *A Paris* 1692. *in* 12º.

Oeuvres du Sieur de la Grange. *A Paris* 1699. *&* 1701. *in* 12º. 2. vol.

POETES DRAMATIQUES. 157

102 F Tome 1. contient Meleagre, Orefte & Pylade, Adherbal Roy de Numidie, & Athenaïs.

103 F Tome 2. Amafis, Alcefte, Ino & Melicerte.

5 E { Jonathas, Tragedie tirée de l'Ecriture Sainte, par M. Duché de Vancy. *A Paris* 1700. *in* 4°.
Abfalon, Tragedie tirée de l'Ecriture Sainte, par le même Auteur. *A Paris* 1702. *in* 4°.

Les Oeuvres de François Regnard. *A Paris* 1708. *in* 12°. 2. *vol.*

104 F Tome 1. comprend la Serenade, le Bal, le Joüeur, le Diftrait, le Retour imprevû, & Attendez-moi fous l'Orme.

105 F Tome 2. Democrite, les Folies amoureufes, les Menechmes, le Legataire, & la Critique du Legataire.

Les Pieces de Theatre de Jean de la Chapelle, fçavoir: Zaïde, Telephonte, & Cleopatre, Tragedies; & les Carroffes d'Orleans, Comedie. *Voyez fes Oeuvres tome* 2. *ci-après n°* 112 H.

106 F Medée, Tragedie (d'Hilaire Bernard de Requeleyne Baron de Longepierre.) *A Paris* 1713. *in* 12°.

107 F Les Tragedies de Mad Barbier, fçavoir Arrie & Petus, Cornelie,

Tomyris, & la mort de Cesar. A Paris 1707. in 12°.

108 F Brutus, Tragedie, par la même. A Paris 1691. in 12°.

109 F Le Faucon, Comedie de la même. A Paris 1719. in 12°.

110 F Oeuvres de Jean Galbert de Campistron, contenant Arminius, Virginie, Andronic, Alcibiade, Phocion, & Tiridate. A Paris 1690. in 12°.

111 F Le Jaloux desabusé, Comedie du même. A Paris 1710. in 12°.

112 F Oeuvres du Sieur Michel Boyron dit Baron, contenant l'Homme à bonne fortune, la Coquette, & l'Andrienne. A Paris 1704. in 12°.

113 F Tragedies de M. Antoine de la Fosse d'Aubigny, sçavoir: Polixene, Manlius, Thesée, & Coresus. A Paris 1706. in 12°.

114 F Joseph, Tragedie de Claude Charles Genest; avec un Discours préliminaire de M. Nicolas de Malezieu sur cette Piece. A Paris 1711. in 8°.

115 F Les Tragedies de M. l'Abbé Nadal, sçavoir: Saül, & Herode. A Paris 1708. in 12°.

116 F Les Oeuvres de M. Nicolas Boindin,

POETES DRAMATIQUES. 159
contenant, le Port de Mer, le Bal d'Auteüil, la Matrone d'Ephese, & les trois Gascons. *A Paris* 1715. *in* 12º.

Le Theatre de Charles de Riviere du Freny. *A Paris* 1704. *&* 1705. *in* 12º. 2. *vol.*

117 F   Tome 1. contient le double Veuvage, l'Esprit de contradiction, le faux Honneste Homme, le faux Instinct, & le Jaloux honteux.

118 F   Tome 2. la Coquette de Village ou le Lot suposé, la Reconciliation Normande, le Dedit, & le Mariage fait & rompu.

119 F Mustapha & Zeangir, Tragedie de M. Belin. *A Paris* 1705. *in* 12º.

120 F Les Oeuvres de M. Prosper Jolyot de Crebillon, sçavoir: Idomenée, Atrée & Thyeste, Electre, Rhadamiste & Zenobie. *A Paris* 1713. *in* 12º.

121 F Semiramis, Tragedie du même. *In* 12º.

122 F Les Tragedies de M. l'Abbé Pierre Pellegrin, sçavoir: Polydore, & la mort d'Ulysse. *A Paris* 1706. *in* 12º.

123 F Les Tragedies de M. Antoine Danchet, sçavoir: Cyrus, & les Tyn-

darides. *A Paris* 1706. *in* 12°.

124 F — Les Oeuvres de M. le Sage, contenant, Crispin rival de son Maître, Turcaret, & la Critique de Turcaret. *A Paris* 1707. *in* 12°.

Les Tragedies & Comedies du Sieur J B. Rousseau. *Voyez ses Oeuvres, ci-devant n°* 178 *&* 181. E.

Les Oeuvres du Sr Marc Antoine le Grand. *A Paris* 1712. *& suiv. in* 12°. 3. *vol.*

125 F — Tome 1. comprend la Femme fille & veuve, l'Amour diable, la Famille extravagante, la Foire S. Laurent, la Metamorphose amoureuse, & l'Usurier Gentilhomme.

126 F — Tome 2. l'Aveugle clair-voyant, le Roy de Cocagne, Cartouche ou les Voleurs, le galant Coureur ou l'ouvrage d'un moment.

127 F — Tome 3. Plutus.

128 F — Les Oeuvres du Sr de la Font, sçavoir: Danaé ou Crispin Jupiter, le Naufrage, l'Amour vangé, & les trois Freres rivaux. *A Paris* 1713. *in* 12°.

Les Oeuvres de M. Philippe Nericault Destouches. *A Paris* 1711. *& suiv. in* 12°. 3. *vol.*

129 B — Tome 1. contient le Curieux impertinent, l'Ingrat, & l'Irresolu.

Tome

130 F	Tome 2. le Medisant.
131 F	Tome 3. le triple Mariage.
132 F	Habis, Tragedie de Me de Gomez (Madeleine Poisson veuve du Sieur de Gomez.) *A Paris* 1714. *in* 12°.

Autres Pieces de Theatre de la même M_e de Gomez, sçavoir: Semiramis, Clearque Tyran d'Heraclée, & Marsidie Reine des Cimbres, Tragedies; & les Epreuves, Ballet heroïque. *Voyez les Oeuvres mêlées de Me de Gomez, ci-après n°* 112 H.

Oeuvres du Sieur Florent Carton Dancourt. *A Paris* 1706. *& années suiv. in* 12°. 9. *vol.*

133 F	Tome 1. contient l'Esté des Coquettes, les Bourgeoises à la mode, la Parisienne, la Foire de Besons, & les Vendanges de Suréne.
134 F	Tome 2. la Foire S. Germain, le Moulin de Javelle, les Eaux de Bourbon, les Vacances, & la Femme d'intrigue.
135 F	Tome 3. Renaud & Armide, le Chevalier à la mode, la Loterie, le Charivary, & les Curieux de Compiegne.
136 F	Tome 4. le Retour des Officiers, la Nôce interrompuë, le Mary retrouvé, les Fées, la Feste de Village,

X

	& les trois Cousines.
137 F	Tome 5. Colin Maillard, l'Operateur Barry, l'Inconnû de Thomas Corneille avec un nouveau Prologue & de nouveaux agrémens, le nouveau Prologue & les Divertiſſemens des Amans magnifiques, & les Enfans de Paris.
138 F	Tome 6. le Galant Jardinier, les deux Chapitres du Diable Boiteux, & la Trahiſon punie.
139 F	Tome 7. les Agioteurs, la Trahiſon punie, Mᶜ Artus, & la Comedie des Comediens ou l'Amour Charlatan.
140 F	Tome 8. Cephale & Procris, Sancho Panſa Gouverneur, & l'inpromptu de Sureſne.
141 F	Tome 9. la Metempſicoſe, la deroute du Pharaon, & la Feſte de Village.
142 F	Tragedies du Sieur Deſchamps, ſçavoir : Caton d'Utique, & Antiochus & Cleopatre. *A Paris* 1715. *&* 1718. *in* 12°.
143 F	Tragedies de M. Antoine Houdart de la Motte, ſçavoir : les Machabées, Romulus, & Inés de Caſtro. *A Paris* 1722. *&* 1723. *in* 8°.

POETES DRAMATIQUES. 163
Recueils & Mélanges
DE PIECES DE THEATRE
de divers Auteurs.

LE Theatre François, ou Recueil des meilleures Pieces de Theatre des anciens Auteurs. *A Paris* 1705. *in* 12°. 3 *vol.*

144 E   Tome 1. comprend Cofroës, & Venceflas, de Rotrou : Saül, de du Ryer ; la mort de Chrifpe, de Triftan : la Comteffe de Pembroc, de Boifrobert : & Telephonte, de G...

145 F   Tome 2. le Saint Geneft, & l'Hercule mourant, de Rotrou : la Sophonifbe, & les Vifionnaires, de Mairet : l'Alcionée, & le Scevole, de du Ryer.

146 F   Tome 3. Themiftocle, de du Ryer : Panthée, de Triftan : Soliman, de Mairet : les trois Orontes, de Boifrobert : D. Bernard de Cabraire, & Antigone, de Rotrou.

Recueil de Pieces diverfes; *en* 40. *vol. in* 4°.

6 F   Tome 1. contient Soliman, Tragicomedie ; le Defniaifé, Comedie ; Sigifmond Duc de Varfau, le Triomphe des cinq Paffions, & l'art de regner ou le fage Gouverneur, Tragicomedies de Gillet.

X ij

7 F — Tome 2. Telephonte, Tragicomedie representée par les deux Troupes Royales ; Aricie ou le mariage de Tite, T-C. de le Vert ; Celine ou les Freres rivaux, T-C. de Beys ; l'Incefte fuppofé, T-C. la Lucrece Romaine, Tr. d'Urbain Chevreau.

8 F — Tome 3. les trois Orontes, C. de François Metel de Boifrobert ; l'Eunuque, C. de la Fontaine ; la belle Egiptienne, T-C. le Gouvernement de Sanche Panfa, C. Zenobie, Tr.

9 F — Tome 4. la vraie Didon ou la Didon chafte, Tr. de Boifrobert ; le couronnement de Darie, les deux Alcandres, le Pyrandre ou l'heureufe tromperie, & Palene, Tragicomedies du même.

10 F — Tome 5. le Capitan ou le Miles gloriofus de Plaute, C. Efther, Tr. de Pierre du Ryer ; Balde Reine des Sarmates, Tr. de Jobert ; la Parthenie de Balthafar Baro ; Alinde, Tr. (de Jules Hippolyte Pillet de la Mefnardiere.)

11 F — Tome 6. le grand Tamerlan & Bajazet, Tr. de Magnon ; Tyridate, & Ariftodeme, Tr. de Claude Boyer ; la mort de Brute & de Porcie ou la vengeance de la mort de Cefar, Tr. de Guerin de Boufcal ; la mort des enfans de Brute, Tr. Porus ou la generofité d'Alexandre, Tr. de B....

12 F — Tome 7. les Jumeaux Martyrs, Tr. de M.

POETES DRAMATIQUES. 165
de Saint-Balmon; les chastes Martyrs, Tr. de Mlle Cosnard; la juste Vengeance, T-C. le Sac de Carthage, Tr. de Jean Puget de la Serre; les diverses Poësies de S. D. C. (Simon du Cros,) & sa Philis de Scire imitée de l'Italien de Bonarelli.

13 F Tome 8. la Mariane, Tr. de François Tristan l'Hermite; la Folie du Sage, T-C. du même; la mort de Seneque, Tr. du même; le Parasite, C. du même; la folle Gageure ou les Divertissemens de la Comtesse de Pembroc, C. de de Boisrobert.

14 F Tome 9. Blanche de Bourbon Reine d'Espagne, T-C. de Regnault; l'Avocat dupé, C. la mort d'Asdrubal, Tr. d'Antoine Jean de Montfleury; le Comte d'Essex, Tr. de Gautier de Costes Sieur de la Calprenede; Ulysse dans l'Isle de Circé ou Euriloche foudroyé, T-C. de Claude Boyer representée sur le Theatre des Machines du Marais.

15 F Tome 10. l'Esprit follet, la Dame Suivante, les fausses Veritez, & l'absent chez soy, Comedies de d'Ouville; (Boisrobert,) la Coiffeuse à la mode, C.

16 F Tome 11. l'Amant liberal, & Axiane, Tragicomedies de George Scudery; le Cabinet du même Auteur, premiere partie contenant la description en Vers des Peintures, Statuës, &c. de ce Cabinet.

17 F Tome 12. Iphigenie en Aulide, & le veritable S. Geneſt, Tragedies de Rotrou; le Martyre de Ste Catherine, Tr. le Martyre de S. Euſtache, Tr. Hercule furieux, Tr. de Nicolas l'Heritier Nouvelon.

18 F Tome 13. la mort de Ceſar, Tr. de George de Scudery; Ibrahim ou l'illuſtre Baſſa, & l'Amour tirannique, Tragicomedies du même; autres Oeuvres du même, le Temp'e & diverſes Poëſies; Caſſandre Comteſſe de Barcelone, T-C. de François Metel de Boiſrobert.

19 F Tome 14. la mort de Roxane, Tr. de I. M. S... Hipolyte ou le garçon inſenſible, & Semiramis, Tragedies de Gilbert; la Porcie Romaine, Tr. de Claude Boyer; la Clarimonde, de Balthaſar Baro.

20 F Tome 15. l'Heritier ridicule ou la Dame intereſſée, Jodelet ou le Maître Valet, & D. Japhet d'Armenie, Comedies de Paul Scarron; les Boutades du Capitan Matamore & ſes Comedies; Francion, C.

21 F Tome 16. le Mauzolée, T-C. le veritable Capitan Matamore ou le Fanfaron, C. imitée de Plaute; la Cour Bergere ou l'Arcadie de Sidney, T-C. le Jugement équitable de Charles le Hardy dernier Duc de Bourgogne, Tr. le Dictateur Romain, Tr. le tout de Mareſchal.

POETES DRAMATIQUES. 167

22 F   Tome 17. les Rivaux amis, T-C. de Jean Baudoin ; Edoüard, T-C. de Gautier de Coftes Sieur de la Calprenede ; la Pucelle d'Orleans, Tr. Perfelide ou la conftance d'Amour, T-C. Rodogune, T-C. de Gilbert.

23 F   Tome 18. la Sœur, Clarice ou l'Amour conftant, & la belle Alphrede, Comedies de Rotrou; Thefée ou le Prince reconnû, T-C. en Profe.

24 F   Tome 19. la Quixaire, T-C. de Gillet ; la mort du Grand Promedon ou l'exil de Nerée, T-C. autrement appellée Policritte ; le Mariage d'Orondate & de Statira ou la conclufion de Caffandre, T-C. de Magnon ; Sejanus, Tr. du même ; Jofaphat, T-C. du même.

25 F   Tome 20. l'Amant liberal, T-C. Perfide ou la fuite d'Ibrahim Baffa, Tr. Alcidiane ou les quatre Rivaux, T-C. tirée du Manzini ; les Soupçons fur les apparences, Heroïco-comedie; la Virginie Romaine, Tr. de Michel le Clerc.

26 F   Tome 21. la Celiane, T-C. de Rotrou; le Galimatias, T-C. de Roziers Beaulieu ; l'Aveugle clairvoyant, & les Innocens coupables, Comedies de Broffe ; le Prince rétabli, T-C. de Guerin; le Grand Timoleon de Corinthe, T-C. du Sieur de Saint-Germain.

27 F   Tome 22. D. Bernard de Cabrere,

T-C. Celie ou le Viceroy de Naples, T-C. Crisante, Tr. les Occasions perduës, T-C. l'heureuse Constance, T-C. le tout de Rotrou.

28 F — Tome 23. le veritable Coriolan, Tr. de Chapoton ; l'Amynte, Pastorale, traduction nouvelle du Tasse accommodée au Theatre François; la Troade, Tr. de Sallebray ; le Jugement de Paris & le Ravissement d'Helene, T-C. du même; les Amans discrets, T-C.

29 F — Tome 24. le Sac de Carthage, Tr. de Jean Puget de la Serre ; Amarillis, Pastorale ; Dynamis Reine de Carie, T-C. de Pierre du Ryer ; Esther, Tr. du même ; Semiramis, Tr. de Desfontaines.

30 F — Tome 25. Andromire, T-C. de George de Scudery ; la mort des enfans d'Herodes ou suite de Mariane, Tr. de Gautier de Costes Sieur de la Calprenede ; la Victime d'Etat ou la mort de Plautius Silvanus Preteur Romain, Tr. de D. P... l'Amante ennemie, T-C. de Sallebray.

31 F — Tome 26. Anaxandre, T-C. de Pierre du Ryer ; le Grand Selim ou le Couronnement tragique, Tr. le Docteur amoureux, C. de le Vert; Aristotime, Tr. du même ; Cyminde ou les deux Victimes, T-C. de Guillaume Colletet.

32 F — Tome 27. Anaxandre, T-C. de Pierre du

du Ryer; Rosemonde, Tr. de Balthasar Baro; Cosroës, Tr. de Rotrou; l'Innocent malheureux ou la mort de Crispe, Tr. de François Grenaille Sieur de Chastonnieres.

33 F — Tome 28. Panthée, Tr. de François Tristan l'Hermite; Berenice, T-C. de Pierre du Ryer; la mort d'Agis, Tr. Venceslas, T-C. de Rotrou.

34 F — Tome 29. le feint Astrologue, C. de T. Corneille; les veritables Freres rivaux, & les deux Amis, Tragicomedies d'Urbain Chevreau; les Tuilleries, C. des cinq Auteurs; l'Aveugle de Smyrne, T-C. des cinq Auteurs.

35 F — Tome 30. la mort de Pompée, Tr. Medée, Tr. la Suivante, C. le Menteur, C. la Place Royale ou l'Amoureux extravagant, C. le tout de P. Corneille.

36 F — Tome 31. Horace, Tr. le Menteur & la suite, C. Cinna, Tr. Theodore, Tr. le tout de P. Corneille.

37 F — Tome 32. Polyeucte, & Nicomede, Tragedies de P. Corneille; D. Sanche d'Arragon, C. du même; Themistocle, Tr. de Pierre du Ryer; Jodelet Duelliste, C. de Paul Scarron.

38 F — Tome 33. Agesilan de Colchos, T-C. de Rotrou; les Sosies, C. du même; le Ravissement de Proserpine, Tr. de C. Claveret; le Railleur ou la Satyre du temps, C. de Mareschal;

Y

l'Hôpital des Fous, T-C. de Beys.

39 F — Tome 34. la mort d'Achille & la dispute de ses armes, Tr. de Bensserade; la mort de Pompée, Tr. de Chaulmer; Antigone, Tr. de Rotrou; Decollation de S. Jean Baptiste, T. de Pedault.

40 F — Tome 35. la Virginie, T-C. de Mairet; Annibal, T-C. de D. P.... le Fils desavoüé ou le Jugement de Theodoric Roy d'Italie, T-C. de Guerin.

41 F — Tome 36. la Silvanire ou la Morte-vive, T-C. de Mairet; & autres Oeuvres lyriques du même.

42 F — Tome 37. la mort de Mithridate, & la mort des enfans d'Herode ou suite de Mariane, Tragedies de Gautier de Costes Sieur de la Calprenede; Didon, Tr. de George de Scudery; le Belissaire, Tr. de Rotrou.

43 F — Tome 38. les Trahisons d'Arbiran, T-C. de d'Ouville (Boisrobert;) le Triomphe des cinq Passions, T-C. de Gillet; les illustres Fous, C. de Beys.

44 F — Tome 39. l'heureuse Constance, & les Occasions perduës, Tragicomedies de Rotrou; Hercule mourant, Tr. du même; les Menechmes, C. du même; les Vendanges de Suresne, C. de Pierre du Ryer; Alcimedon, T-C. du même; la mort de Cesar, Tr. de Scudery; & autres Oeuvres du même.

45 F   Tome 40. l'heureux Naufrage, l'innocente Infidelité, & la Pelerine amoureuse, Tragicomedies de Rotrou ; le Filandre, C. du même ; Bradamante, T-C.

147 F Pieces diverses, sçavoir : le Mariage d'Orphée, sa descente aux Enfers, & sa mort par les Bacchantes, Tr. de Lespine, avec ses autres Oeuvres poëtiques ; la Comedie des Comedies, traduite d'Italien en langage de l'Orateur François par du Pechier (René Barry.) *In* 8°.

148 F Pieces diverses : Endymion ou le Ravissement, T-C. pastorale du Sieur de la Morelle ; Philinte ou l'Amour contraire, Pastorale du même ; le Trompeur puny ou l'Histoire Septentrionale, T-C. de George de Scudery, avec ses Poësies diverses. *In* 8°.

149 F Pieces diverses : la Justice d'Amour, Pastorale de Borée ; Tyr & Sidon, T-C. de Schelandre ; la Climene T-C. pastorale du Sieur de la Croix, & autres Oeuvres poëtiques du même. *In* 8°.

150 F Pieces diverses : les Amours d'Astrée & de Celadon, T-C. pastorale de Rassiguyer, & autres Oeuvres poë-

tiques du même ; la Clorife, Paſtorale de Balthaſar Baro. *In* 8º.

151 F Pieces diverſes : les Travaux d'Ulyſſe, T.C. tirée d'Homere par Durval, & autres Vers du même ; la Madonte, T.C. d'Auvray, & autres Oeuvres poëtiques du même. *In* 8º.

152 F Pieces diverſes : Ligdamon & Lidias ou la reſſemblance, T.C. de Scudery, & autres Oeuvres poëtiques du même ; l'Eromene, Paſtorale de Pierre Marcaſſus. *In* 8º.

153 F Pieces diverſes : les heureuſes Avantures, T.C. du Sieur le Hayer du Perron, & autres Oeuvres poëtiques du même ; la Comedie des Proverbes, (par Adrien de Montluc Comte de Cramail ou de Carmain;) Cleagenor & Doriſtée, T.C. de Rotrou. *In* 8º.

154 F Pieces diverſes : Alcimedon, T.C. de Pierre du Ryer ; Chriſeïde & Arimand, T.C. de Mairet ; le Capitan, en Proſe, par un Comedien de la Troupe jalouſe. *In* 8º.

155 F Pieces diverſes : Alizon, C. dediée aux jeunes Veuves & aux vieilles Filles ; les Nôces de Vaugirard ou les Naïvetez champeſtres, Paſto-

rale de L. C. D... dediée à ceux qui veulent rire. *In* 8°.

156 F   Pieces diverses : la Sylvie, T.C. pastorale de Mairet ; le Martyre de Ste Reine, Tr. de Ternet ; S. Alexis, Tr. *In* 12°.

157 F   Pieces diverses : la Sœur genereuse, C. de Rotrou ; Orante, T.C. de George de Scudery ; les charmes de Felicie, tirez de la Diane de Montemajor, Pastorale de Montauban. *In* 12°.

158 F   Pieces diverses : le Campagnard, C. de Gillet ; l'Inconnuë, C. de François Metel de Boisrobert ; Theodore Reine de Hongrie, T.C. du même ; l'intrigue des Filoux, C. de Claude de l'Estoile Sieur du Saussay. *In* 12°.

159 F   Pieces diverses : les Danaïdes, Tr. de Jean Ogier de Gombaud ; l'Amant qui ne flate point, C. du Sieur de Hauteroche ; l'Avocat sans étude, C. de Rosimond (Jean Baptiste du Mesnil ;) Anne de Bretagne Reine de France, Tr. de Ferrier. *In* 12°.

160 F   Pieces diverses : l'Apoticaire devalisé, C. burlesque de Villiers ; Portrait d'une Inconnuë, en Vers, par le

même ; les Ramonneurs, C. du même ; Fragmens burlesques en Vers, du même ; les Sœurs jalouses ou l'Escharpe & le Brasselet, & la Magie sans Magie, Comedies de Lambert. *In* 12°.

161 F Pieces diverses: la Femme industrieuse, C. de Dorimond ; Colin Maillard, C. facetieuse de Samuel Chappuzeau ; les Costeaux ou les Marquis frians, C. l'Ambassadeur d'Afrique, C. de du Perche ; le Soldat poltron, C. *In* 12°.

162 F Pieces diverses: Elomire hypocondre ou les Medecins vengez, C. de Boulanger de Chalussay ; Observations sur le Festin de Pierre de Moliere, par de Rochemont ; Argelie Reine de Thessalie, Tr. de Gaspard Abeille ; la Rapiniere ou l'Interessé, C. de Barquebois (Jacq. Robbe,) avec les Vers retranchez. *In* 12°.

163 F Pieces diverses: Genseric, Tr. de M^e.... les Bouts-rimez, C. du Sieur de Saint-Glas ; (Pierre de Saint Ussans ;) Zelonide Princesse de Sparte, Tr. l'Amour Berger, C. pastorale de J..... *In* 12°.

164 F Pieces diverses: Timon, C. de Bre-

court ; le Caffé, C. de Rousseau ; Gabinie, Tr. chrétienne de B..... les Promenades du Cours & des Champs Elizées, C. *In* 12°.

165 F Pieces diverses : Myrtil & Melicerte, Pastorale heroïque de Gu rin; Momus fabuliste ou les Nôces de Vulcain, C. du Sieur Louis Fuselier ; l'école des Amans, C. de Jolly. *In* 12°.

166 F Pieces diverses : Mahomet II. Tr. Marius, Tr. du Sieur de Caux ; Hypermnestre, Tr. de Riupeirous ; Penelope, Tr. de Genest. *In* 12°.

167 F Pieces diverses : Oedipe, Tr. du Sieur François Marie Arroüet de Voltaire, avec des Lettres de l'Auteur qui contiennent la Critique de l'Oedipe de Sophocle, de celui de Corneille, & du sien ; Oedipe, Tr. par L. P. F. J. (le P. Folart Jesuite.) *In* 8°.

167*F Deux Pieces nouvelles du même M. Arroüet de Voltaire, sçavoir : Herode & Mariamne, Tragedie ; & l'Indiscret, Comedie. *A Paris* 1725. *in* 8°.

Le Theatre Italien de Gherardi, ou Recueil general de toutes les Co-

CATALOGUE DE LIVRES.
medies & Scenes Françoises jouées par les Comediens Italiens du Roy; avec des Figures en taille-douce, & les Airs notez. *A Amsterdam.* 1701. *in* 12º. 6. *vol.*

168 F Tome 1. contient Arlequin Mercure-Galant, Arlequin Grapignan, Arlequin Lingere du Palais, Arlequin Protée, Arlequin Empereur dans la Lune, Arlequin Jason, Arlequin Chevalier du Soleil, Isabelle Medecin, Colombine Avocat pour & contre, le Banqueroutier, la Precaution inutile.

169 F Tome 2. la Cause des Femmes, la Critique, le Divorce, le Marchand dupé, la Femme vangée, la descente de Mezetin aux Enfers, le Grand Sophy, Arlequin homme à bonne fortune, la Critique, Arlequin aux Champs Elisées.

170 F Tome 3. les Filles errantes, la Fille sçavante, la Coquette, Esope, les deux Arlequins, le Phenix, Arlequin Phaëton, Ulysse & Circé.

171 F Tome 4. l'Opera de Campagne, l'union des deux Opera, la Fille de bon sens, les Chinois, la Baguette, les Adieux des Officiers, les Mal-Assortis, les Originaux, les Champs Elisées.

172 F Tome 5. les Souhaits, la naissance d'Amadis, le Bel-Esprit, Arlequin défenseur du beau Sexe, la Fontaine

de

POETES DRAMATIQUES. 177

de Sapience, le depart des Comediens, la fausse Coquette, le Tombeau de Maître André, attendez-moy sous l'Orme.

173 F   Tome 6. la These des Dames, les Promenades de Paris, le retour de Bezons, la Foire S. Germain, les Momies d'Egypte, les Bains de la Porte S. Bernard, Arlequin Misantrope, Pasquin & Marforio Medecins des mœurs, les Fées.

174 F Le Nouveau Theatre Italien, contenant, le Prince genereux ou le Triomphe de l'Amour; la Femme fidelle, ou les Apparences trompeuses; & Arlequin Gentilhomme par hazard; Comedies mises au Theatre par Dominique Biancollelli. *A Paris* 1712. *in* 12°.

Nouveau Theatre Italien, ou Recueil general de toutes les Pieces Italienes & Françoises representées par les Comediens Italiens du Roy. *A Paris* 1723 *in* 12°. 5. *vol.*

175 F   Tome 1. contient Hercule, Samson, le Prince jaloux, la Griselde.
176 F   Tome 2. Adamire, Merope, la Vie est un songe, le Naufrage au Port à Langlois.
177 F   Tome 3. Arlequin Sauvage, Timon Misantrope, le Balet des vingt-quatre heures, les Amans ignorans.

Z

CATALOGUE DE LIVRES.

178
178 F   Tome 4. Arlequin poli par l'Amour, la surprise de l'Amour, Belphegor, le Fleuve d'oubly, le besoin d'aimer.
179 F   Tome 5. l'Italien marié à Paris; Oedipe travesti, de Dominique; Agnés de Chaillot, du même.
180 F   Le Theatre Espagnol, ou les meilleures Comedies des plus fameux Auteurs Espagnols, traduites en François par M. le Sage; sçavoir: le Traitre puni, Comedie de de Rojas; & Don Felix de Mendoce, Comedie de Lope de Vega. *A Paris* 1700. *in* 12°.

OPERA ET CHANSONS.

Recueil general des Opera representez par l'Academie Royale de Musique depuis son établissement. *A Paris* 1703. *& années suiv. in* 12°. 9. vol.

181 F   Tome 1. contient Pomone, les peines & les plaisirs de l'Amour, les Festes de l'Amour & de Bacchus, Cadmus, Alceste, Thesée, le Carnaval, Atys.
182 F   Tome 2. Isis, Psyché, Bellerophon, Proserpine, le Triomphe de l'Amour, Persée, Phaëton, Amadis.
183 F   Tome 3. Roland, l'Idyle sur la Paix & l'Eglogue de Versailles, le Tem-

	ple de la Paix, Armide, Acis & Galatée, Achille, Zephire & Flore, Thetis & Pelée.
184 F	Tome 4. Orphée, Enée & Lavinie, Coronis, Aftrée, un Ballet danfé à Villeneuve S. Georges, Alcide, Didon, Medée, Cephale & Procris.
185 F	Tome 5. Circé, Theagene & Chariclée, les Amours de Momus, les Saifons, Jafon, Ariadne & Bacchus, la Naiffance de Venus, Medufe.
186 F	Tome 6. Venus & Adonis, Aricie, l'Europe galante, Iffé, les Feftes galantes, le Carnaval de Venife, Amadis de Grece, Marthefie.
187 F	Tome 7. le Triomphe des Arts, Canente, Hefione, Arethufe, Scylla, Omphale, Medus, les Fragments de Lully.
188 F	Tome 8. Tancrede, Ulyffe, les Mufes, Amaryllis, le Carnaval & la Folie, Iphigenie, Telemaque, Alcine, la Venitienne.
189 F	Tome 9. Philomele, Alcione, Caffandre, Polixene & Pirrhus, Bradamante, Ippodamie, Iffé, & Semelé.
46 F	Roland, Tragedie en Mufique de Philippe Quinault, repréfentée devant le Roy en 1685. *A Paris* 1685. *in* 4°.
47 F	Armide, Tragedie en Mufique du même Quinault. *A Paris* 1686. *in* 4°.

L'Amour gueri par le temps, Tragedie-Ballet de Jean Renaud de Segrais. *Voyez le Segraisiana*, ci-après n° 40 H.

48 F Acis & Galatée, Paſtorale heroïque en Muſique de Jean Galbert de Campiſtron. *A Paris* 1686. *in* 4°.

49 F Aſtrée, Tragedie en Muſique de Jean de la Fontaine. *A Paris* 1691. *in* 4°.
Galatée, Opera; & Daphné, Opera, du même de la Fontaine. *Voyez ſon Poëme du Quinquina*, ci-devant n° 159 E.

50 F Iſſé, Paſtorale heroïque en Muſique de M. Antoine Houdart de la Motte. *A Paris* 1697. *in* 4°.

51 F Thetis & Pelée, Tragedie en Muſique de M. Bernard de Fontenelle. *A Paris* 1699. *in* 4°.
Enée & Lavinie, Tragedie du même Auteur pour l'Academie de Muſique. *Voyez ſes Oeuvres tome* 2. ci-après n° 100 H.

190 F Le Theatre Lyrique du Sieur le Brun, contenant, Zoroaſtre, Arion, Meluſine, Semelé, Hipocrate amoureux, Frederic, & Europe, Tragedies ou Opera. *A Paris* 1712. *in* 12°.
Theatre de la Foire, ou l'Opera co-

mique, contenant, les meilleures Pieces qui ont été représentées aux Foires de S. Germain & de S. Laurent, recueillies & reveuës par les S^{rs} le Sage & d'Orneval : avec Figures. *A Paris* 1721. *&* 1724. *in* 12°. 5. *vol.*

191 F   Tome 1. contient Arlequin Roy de Serendib ; Arlequin Thetis ; Arlequin invisible, la Foire de Guibray ; Arlequin Mahomet ; le Tombeau de Nostradamus ; Arlequin Sultane Favorite ; la Ceinture de Venus ; Telemaque ; le Temple du Destin.

192 F   Tome 2. Arlequin défenseur d'Homere ; Arlequin Colombine ; les Eaux de Merlin, avec leur Prologue ; Arlequin Traitant ; les Arrêts de l'Amour ; le Temple de l'Ennuy, Prologue ; le Tableau du Mariage ; l'Ecole des Amans ; Arlequin Hulla ; le Pharaon.

193 F   Tome 3. les Animaux raisonnables ; la Querelle des Theatres ; le Jugement de Paris ; la Princesse de Carizme ; le Monde renversé ; les Amours de Nanterre ; l'Isle des Amazones ; les Funerailles de la Foire ; le rappel de la Foire à la vie.

194 F   Tome 4. la Statuë merveilleuse ; le Diable d'argent ; Arlequin Roy des Ogres, ou les Bottes de sept lieuës ; la Queuë de Verité ; le Prologue des

deux Pieces suivantes ; Arlequin Endymion ; la Forest de Dodone ; la fausse Foire ; la Boîte de Pandore ; & la Teste noire.

195 F Tome 5. le Regiment de la Calotte : l'Ombre du Cocher Poëte ; Prologue des deux Pieces suivantes ; le Remouleur d'Amour ; Pierrot Romulus ; le jeune Viellard ; Prologue des deux Pieces suivantes ; la force de l'Amour ; la Foire des Fées.

196 F Thresor des plus excellentes Chansons amoureuses, & Airs de Cour. *A Roüen* 1614. *in* 12°.

197 F
198 F Recueil de Chansons choisies, par M. de Coulange. *A Paris* 1698. *in* 12°. 2. *vol.*

199 F
200 F Brunetes, où petits Airs tendres, avec les Doubles & la Basse-Continuë, mélez de Chansons à danser : recueillis par Christophe Ballard. *A Paris* 1703. *in* 12°. 2. *vol.*

201 F
202 F
203 F Nouvelles Parodies Bacchiques, mélées de Vaudevilles ou Rondes de Table ; recueillies par le même Christophe Ballard. *A Paris* 1714. *in* 12°. 3. *vol.*

204 F
205 F Tendresses Bacchiques, ou Duo & Trio mélez de petits Airs tendres & à boire des meilleurs Auteurs ;

avec une Capilotade ou Alphabet de Chanſons à deux parties; recueillies par le même Chriſtophe Ballard. *A Paris* 1712. *&* 1718. *in* 12°. 2. *vol.*

206 F
207 F
Clef des Chanſonniers, ou Recueil des Vaudevilles depuis cent ans & plus; recueillis & notez par Jean Baptiſte Chriſtophe Ballard. *A Paris* 1717. *in* 12°. 2. *vol.*

208 F
209 F
Les Rondes, Chanſons à danſer, ſuite des dix volumes d'Amuſemens; recueillis par le même. *A Paris* 1724. *in* 12°. 2 *vol.*

210 F
211 F
Les Menuets chantants, ſur tous les tons, notez pour les Inſtruments; recueillis par le même. *A Paris* 1725. *in* 12°. 2. *vol.*

SUITE

SUITE DES BELLES LETTRES:

MYTHOLOGIE, ET ROMANS.

MYTHOLOGIE, ET FABLES.

1 G   Les Images ou Tableaux des deux Philoſtrates, & les Statuës de Calliſtrate, traduits du Grec, avec des annotations, par Blaiſe de Vigenere: Nouvelle Edition avec les Epigrammes ſur chacun Tableau, d'Artus Thomas Sieur d'Embry, & des Figures. *A Paris 1614. in fol.*

2 G   Mythologie, ou Explication des Fables, contenant les Genealogies des Dieux, leurs geſtes, avantures &c. traduite du Latin de Noël le Comte, & augmentée par Jean de Montlyard: Nouvelle Edition illuſtrée de diverſes Recherches touchant la Mythologie, tirées des anciens Auteurs par Jean Baudoin; avec Figures. *A Paris 1627. in fol.*

De l'origine des Fables, par M. Bernard de Fontenelle. *Voyez ses Oeuvres*, tome I. *ci après* n° 99 H.

41 G La verité des Fables, ou l'Histoire
42 G des Dieux de l'Antiquité, par Jean Desmarets. *A Paris* 1648. *in* 8°. 2. *vol.*

43 G L'Histoire Poëtique, pour l'intelligence des Poëtes & des Auteurs anciens, par Paul Gautruche Jesuite. *A Paris* 1714. *in* 12°.

44 G Explication historique des Fables,
45 G où l'on découvre leur origine &
46 G leur conformité avec l'Histoire ancienne ; par M. l'Abbé Banier : IIe. Edition augmentée. *A Paris* 1715. *in* 12°. 3. *vol.*

47 G Les Amours des Deesses, de Diane & Hipolyte, de l'Aurore & Cephale, de la Lune & Endymion, de Venus & Adonis ; avec les Amours de Narcisse ; par Jean Puger de la Serre ; avec Figures. *A Paris* 1628. *in* 8°.

48 G L'Endymion, de Jean Ogier de Gombauld ; avec Figures. *A Paris* 1626. *in* 8°.

49 G Les Amours de Psyché & de Cupidon, Ouvrage entremeslé de Prose & de Vers ; avec le Poëme d'Ado-

MYTHOLOGIE ET FABLES. 187
nis; par Jean de la Fontaine. *A la Haye* 1703. *in* 12°.

50 G
51 G Esope en belle humeur, ou derniere traduction & augmentation de ses Fables, en Prose & en Vers: Nouvelle Edition augmentée & enrichie de Figures. *A Bruxelles* 1700. *in* 8°. 2. *vol.*

52 G Fables diverses de Leon Baptiste Alberti, en Italien & en François; avec le sens moral & politique, par Louis Pompe. *A Paris* 1693. *in* 12°.

FACETIES;

ou

Inventions facetieuses, & Histoires comiques & fabuleuses.

53 G Les Contes de Pogge Florentin (Jean François Bracciolini ou Brandolini Poggio,) tirez du Latin, avec des Reflexions, (par M. Durand Chapelain de Mylord North & Grey.) *A Amsterdam* 1712. *in* 12°.

Les Bons Mots (ou Faceties) du même Pogge & des Hommes illustres de son temps, traduits avec des Remarques (par M. Jacques Len-

A a ij

fant.) *Voyez le Poggiana tome 2. ci-après n° 28 * 2. H.*

54 G
55 G Contes, Nouvelles & joyeux Devis de Bonaventure des Periers, (& de Jacques Peletier & Nicolas Denisot:) Nouvelle Edition avec des Observations (de M. Bernard de la Monnoye) sur le *Cymbalum Mundi* du même Auteur. *A Amsterdam* 1711. *in* 12°. 2. *vol.*

56 G Propos rustiques de Leon Ladulfi (Noël du Fail Seigneur de la Herissaye.) *A Lyon* 1549 *in* 16°.

57 G
58 G Les facetieuses Nuits du Seigneur Jean François Straparole, (contenant les Fables & Enigmes racontées en treize Nuits par dix Demoiselles & quelques Gentilshommes;) traduites de l'Italien, sçavoir les cinq premieres Nuits par Jean Louveau, & les huit dernieres par Pierre de Larivey: Nouvelle Edition, avec une nouvelle Preface de l'Editeur, & des Remarques du Sieur Laisnez. *Imprimé en* 1726. *in* 12°. 2. *vol.*

59 G Nouveaux Recits ou Comptes moralisez, joinct à chacun le sens moral, par du Rocfort Manne. *A Paris* 1574. *in* 16°.

60 G   Les Contes & Discours d'Eutrapel, par le Seigneur de la Herissaye (Noel du Fail.) *A Rennes* 1603. *in* 8º.

61 G   Les Bigarures & Touches du Seigneur des Accords (Estienne Tabourot ;) traitant de plusieurs matieres ingenieuses & agréables. *A Paris* 1586. *in* 12º.

62 G
63 G   Le moyen de parvenir, Oeuvre contenant la raison de tout ce qui a esté, est & sera ; (par François Beroalde de Verville :) Nouvelle Edition corrigée & augmentée ; avec une Dissertation préliminaire (de M. Bernard de la Monnoye.) *A Chinon, de l'Imprimerie de François Rabelais, l'année Pantagrueline, in* 12º. 2. *vol.*

64 G   Le Patron de l'honneste Raillerie, ou le fameux Arlote ; contenant les brocards, bons-mots, agréables tours, & plaisantes rencontres de Piovano Arloto. *A Paris* 1650. *in* 8º.

65 G   Les heures perduës d'un Cavalier François, reveuës, corrigées & augmentées par l'Auteur ; où les esprits melancholiques trouveront

des remedes propres pour dissiper cette fâcheuse humeur. *A Paris 1662. in 12°.*

66 G Les Oeuvres de Bruscambille, contenant ses fantasies, imaginations & paradoxes, & autres discours comiques. *A Roüen 1629. in 12°.*

67 G
68 G L'elite des Contes du Sieur d'Ouville (François Metel de Boisrobert.) *A Paris 1669. in 12°. 2. vol.*

69 G
70 G Nouveaux Contes à rire, & Avantures plaisantes, ou Recreations Françoises : Vingtiéme Edition avec Figures. *A Cologne, in 8°. 2. vol.*

Les Oeuvres de Francisco Quevedo Villegas, traduites d'Espagnol en François par le Sieur Raclotte; avec Figures. *A Bruxelles 1700. in 12°. 2. vol.*

71 G Tome 1. contient le Coureur de nuit, l'Avanturier Buscon, les Lettres du Chevalier de l'Epargne.

72 G Tome 2. les Visions.

Histoires comiques.

73 G
74 G Les Metamorphoses ou l'Asne d'or, d'Apulée, avec le Demon de Socrate du même Auteur; traduits du Latin, avec des Remarques, &

la Vie d'Apulée, (par l'Abbé de Saint-Martin;) avec Figures. *A Paris* 1707. *in* 12°. 2. *vol.*

Le Mariage de Belfegor, Nouvelle Italienne, traduite de l'Italien de Nicolas Machiavel par Tanneguy le Févre. *A Saumur* 1664. *in* 12°. Relié derriere l'Abregé des Vies des Poëtes Grecs, ci-devant n° 54 E.

La même Nouvelle de Belphegor, tirée de Machiavel par Jean de la Fontaine. *Voyez le Poëme du Quinquina, & les Contes en Vers de cet Auteur, ci-devant,* n° 159. 160 & 161 E.

75 G Histoire Macaronique de Merlin Coccaie (Theophile Folengi) Prototype de Rablais, où est traité les ruses de Cingar, les tours de Boccal, les adventures de Leonard, les forces de Fracasse, enchantemens de Gelfore & Pandrague, & les rencontres heureuses de Balde &c. traduite du Latin; plus l'horrible Bataille advenuë entre les Mousches & les Fourmis. *A Paris* 1606. *in* 12°.

76 G Le Docteur en malice Maître Reg-

nard, démontrant les rufes & cautelles qu'il ufe envers les perfonnes : Hiftoire plaifante & recreative, & non moins fructueufe; avec le fens moral en Vers. *A Paris 1551. in 16°.*

77 G Hiftoire plaifante de Reynier des Champs Seigneur de Malperdu, (c'eft-à-dire, du Renard & de fes tours;) avec le fens moral fur chafcun chapitre. *A Anvers 1625. in 16°.*

78 G jufqu'à 83 G Les Oeuvres de Mᶜ François Rabelais, publiées fous le titre de Faits & Dits du Geant Gargantua & de fon fils Pantagruel; avec la Prognoftication Pantagrueline, l'Epitre du Limoufin, la Chrefme Philofophale, & deux Epitres à deux Vieilles de mœurs & d'humeurs differentes: Nouvelle Edition illuftrée de Remarques hiftoriques & critiques (par M. le Duchat;) avec Figures. *A Amfterdam 1711. in 8°.* 6. vol.

84 G Les Avantures du Baron de Fæneste, en quatre parties; (par Theodore Agrippa Sieur d'Aubigné.) *Au Defert 1630. in 8°.*

Celeftina,

FACETIES.

85 G Celeſtina, Tragicomedia de Caliſto y Melibea, en la qual ſe moſtran los enganõs que eſtan encerrados en Sirvientes y Alcahuetas. *En la officina Plantiniana* 1595. *in* 8°.

86 G La Celeſtine, ou Hiſtoire tragicomique de Califte & de Melibée; traduite de l'Eſpagnol de Fernan Rojas, avec le texte Eſpagnol à côté. *A Rouen* 1634. *in* 8°.

87 G El Peregrino in ſu patria, de Lope de Vega Carpio. *En Bruſſellas* 1608. *in* 12°.

88 G La Vie de Guzman d'Alfarache,
89 G nouvelle traduction de l'Eſpagnol
90 G de Mathieu Aleman; avec Figures. *A Paris* 1696. *in* 12°. 3. *vol.*

91 G La Vie & les Avantures de Lazarille de Tormes, écrites par luy-même en Eſpagnol; traduction nouvelle. *A Bruxelles* 1702. *in* 12°.

92 G Le Diable boiteux, contenant des Hiſtoires & Avantures agréables & extraordinaires; traduit ou imité de l'Eſpagnol de Louis Velez de Guevara par le Sieur le Sage: IIe. Edition. *A Paris* 1707. *in* 12°.

93 G Fortuna varia del Soldado Pindaro, por Gonzalo de Ceſpedes y Mene-

fes. *En Madrid* 1661. *in* 8º.

94 G L'Histoire comique de Francion, par Nicolas du Moulinet Sieur du Parc (Charles Sorel;) avec Figures. *A Leyde* 1668. *in* 12º. 2. *vol.*

95 G Histoire comique de l'Empire de la Lune, & celle de l'Empire du Soleil; par M. Cyrano de Bergerac. *Voyez ses Oeuvres tome* 2. *ci-après* nº 67. H.

96 G Histoire comique, ou les Avantures de Fortunatus, traduites de l'Espagnol : Derniere Edition augmentée d'une Lettre burlesque de Charles Vion de Dalibray. *A Roüen, in* 12º.

97 G Le Gascon extravagant, Histoire comique. *A Paris* 1639. *in* 8º.

98 G Le Roman comique, par Paul Scarron. *A Paris* 1706. *in* 12º.

99 G
100 G Histoire des Imaginations extravagantes de M. Oufle, causées par la lecture des Livres qui traitent de la Magie, du Grimoire, des Sorciers, Loups-Garoux, des Fées, des Apparitions, Enchantemens &c. avec des Notes curieuses & des Figures; (par le Sieur Laurent Bordelon.) *A Paris* 1710. *in* 12º. 2. *vol.*

FACETIES.

101 G Semelion, Histoire veritable. *Imprimé en* 1700. *in* 12°.

102 G
103 G Histoire de Gil Blas de Santillane, (tirée de l'Espagnol) par le Sieur
104 G le Sage : IIIe. Edition, avec Figures. *A Paris* 1721. *in* 12°. 3. *vol*

105 G La Vie de Pedrille del Campo, Roman comique dans le goust Espagnol, par M. T...... G. D. T. (M. Thibault;) avec les Cantates & autres Poësies du même Auteur; & des Figures. *A Paris* 1718. *in* 12°.

Histoires fabuleuses.

106 G Les Contes de ma Mere l'Oye, avec des moralitez, par Charles Perrault. *A Paris* 1707. *in* 12°.

107 G
jusqu'à Les Contes des Fées, par M^e. D.... (Marie Catherine le Jumel de Barneville Comtesse d'Aunoy.) *A*
110 G *Paris* 1725. *in* 12°. 4. *vol*.

111 G
jusqu'à Contes nouveaux, ou les Fées à la mode, par la même. *A Paris* 1715.
114 G *in* 12°. 4. *vol*.

115 G Les nouveaux Contes des Fées, par M^e. de M.... (Julie de Castelnau Comtesse de Murat:) Nouvelle Edition avec une Suite. *A Paris*

Bb ij

1724. *in* 12°.

116 G Les Fées, Contes des Contes, par M^le .... (M^le. Charlotte Rose de Caumont de la Force.) *A Paris* 1725. *in* 12°.

117 G Contes moins Contes que les autres, sans parangon, & la Reine des Fées. *A Paris* 1724. *in* 12°.

118 G Histoire de la Princesse Estime, Histoire dans le goust des Contes des Fées. *A Paris* 1709. *in* 12°.

119 G Le Prince des Aigues Marines, Histoire. *A Paris* 1722. *in* 12°.

120 G La Tour tenebreuse, & les Jours lumineux, Contes Anglois; tirez d'une ancienne Chronique composée par Richard Cœur-de-Lion Roy d'Angleterre, & accompagnez d'Historiettes, par M^le. l'Heritier. *A Paris* 1705. *in* 12°.

121 G Histoire de la Sultane de Perse & des Visirs, Contes Turcs; composez en Turc par Chée Zadé, & traduits en François par Claude Pétis de la Croix. *A Paris* 1707. *in* 12°.

122 G
jusqu'à
126 G Les Mille & un Jour, Contes Persans; traduits du Dervis Moclés par le même Pétis de la Croix. *A Paris* 1710. 1711. & 1712. *in* 12°. 5. *vol.*

127 G jusqu'à 138 G	Les mille & une Nuit, Contes Arabes; traduits par Antoine Galland. *A Paris* 1711. 1712. & 1717. *in* 12°. 12. *vol.*
139 G 140 G 141 G	Les mille & un Quart-d'Heure, Contes Tartares; par M. Gueullette: Nouvelle Edition. *A Paris* 1723. *in* 12°. 3. *vol.*
142 G 143 G	Les Avantures merveilleuses du Mandarin Fum-Hoam, Contes Chinois; par le même Auteur. *A Paris* 1723. *in* 12°. 2. *vol.*
144 G 145 G	Les Contes & Fables Indiennes de Bidpaï & de Lokman, traduits d'Ali Tchelebi-Ben Saleh Auteur Turc; œuvre postume d'Antoine Galland. *A Paris* 1724. *in* 12°. 2. *vol.*

CONTES ET NOUVELLES;
&

Histoires ou Avantures amoureuses données pour vraies.

146 G 147 G	Contes & Nouvelles de Bocace: Traduction libre de l'Italien, accommodée au goust de ce temps, & enrichie des Figures de Romain de Hooge. *A Amsterdam* 1699. *in* 8°. 2. *vol.*

148 G 149 G	Les cent Nouvelles nouvelles, contenant cent Histoires nouveaux, qui sont moult plaisans à raconter en toutes bonnes compagnies par maniere de joyeuseté ; c'est à dire, les cent Nouvelles nouvelles recueillies par l'ordre du Roy Louis XI. & reïmprimées, avec une Préface & des Figures gravées sur les Desseins de Romain de Hooge. *A Cologne* 1701. *in* 8°. 2. *vol.*
150 G	L'Heptameron, ou Histoires des Amans fortunez des Nouvelles de Marguerite de Valois Royne de Navarre ; remis en son vray ordre par Claude Gruget. *A Paris* 1574. *in* 16°.
151 G 152 G	Contes & Nouvelles de Marguerite de Valois Reine de Navarre ; mis en beau langage accommodé au goust de ce temps, & enrichis de Figures. *A Amsterdam* 1700. *in* 8°. 2. *vol.*
	Nouvelles tirées de Bocace, de l'Arioste, de Machiavel, des cent Nouvelles nouvelles, de la Reine de Navarre & autres, par Jean de la Fontaine. *Voyez les Contes en Vers de cet Auteur, ci-devant n°*

Contes et Nouvelles. 199
160 & 161 E.

153 G   Les Comptes du monde avantureux, (au nombre de cinquante quatre;) par A. D. S. D...... *A Paris* 1555. *in* 8°.

154 G   Le Printemps d'Hyver, de Jacques Yver Sieur de Plaisance & de la Bigottrie; contenant cinq Histoires discouruës par cinq journées en une noble compagnie au Chasteau du Printemps. *A Lyon* 1600. *in* 16°.

155 G
156 G   Les cent excellentes Nouvelles de Jean Baptiste Giraldi Cynthien, contenant plusieurs beaux exemples & notables Histoires; traduit de l'Italien par Gabriel Chappuys. *A Paris* 1584. *in* 8°. 2. *vol.*

157 G   Novelas morales de Don Diego Agreda y Vargas. *En Madrid* 1620. *in* 8°.

23 G   Novelas amorosas, por Joseph Camerino. *En Madrid* 1624. *in* 4°.

24 G   Sucessos y prodigios de Amor, en ocho Novelas exemplares; por Juan Perez de Montalvan. *En Sevilla* 1633. *in* 4°.

25 G   Novelas amorosas y exemplares de Doña Maria de Zayas y Sotomayor.

CATALOGUE DE LIVRES.
En Valencia 1712. *in* 4°.
158 G Novelas exemplares de Miguel de Cervantes. *En Sevilla* 1641. *in* 8°.
159 G Nouvelles de Michel de Cervantes, traduites d'Espagnol en François; avec Figures. *A Amsterdam* 1705. *in* 12°.
160 G La Quinta de Laura, que contiene seis Novelas adornadas de diferentes Versos; por Alonso Castillo Solorzano. *En Saragoça* 1649. *in* 8°.
161 G Les Nouvelles tragicomiques, de Paul Scarron, contenant, la Precaution inutile, les Hypocrites, l'Adultere innocent, & plus d'effets que de paroles. *A Paris* 1701. *in* 12°.
Autres Nouvelles, du même Auteur. *Voyez ses Oeuvres*, ci-devant n° 136 & 137 E.
162 G Histoire d'Heloïse & d'Abelard; avec la Lettre passionnée qu'elle luy écrivit, traduite ou imitée du Latin; & deux autres Avantures galantes fort singulieres, dont l'une est intitulée, le Marquis de Basins ou le barbare Epoux, & l'autre le Chevalier de la Tour-Landry ou l'Amant dupé. *A la Haye* 1694. *in* 12°.
Recueil

163 G Recueil de Lettres galantes & amoureuses d'Heloïse à Abailard, contenant leurs Amours, (traduites ou imitées du Latin ;) ensemble les Lettres d'une Religieuse Portugaise à un Cavalier François (le Chevalier de Chamilly,) traduites (par M. de Guilleragues ;) les Lettres de Cleante & de Belise (L. B. D. B..... & L. P. F.....) & l'Histoire de la Matrone d'Ephese. *A Amsterdam* 1702. *in* 12°.

164 G L'Enfer d'Amour, où par trois Histoires est montré à combien de malheurs les Amans sont sujets ; par J. B. du Pont. *A Paris* 1619. *in* 12°.

Histoire des Favorites, contenant ce qui s'est passé de plus remarquable sous plusieurs regnes ; par M^{le}. D..... (M^{le}. de la Rocheguilhen ;) avec Figures. *A Amsterdam* 1700. *in* 12°. 2. *vol.*

165 G Tome 1. contient Marie de Padille sous Pierre le Cruel Roy de Castille; Leonor Tellez de Menese sous Ferdinand Roy de Portugal ; Agnez Soreau sous Charles VII. Roy de France ; & Julie Farnese sous le Pape Alexandre VI.

Cc

CATALOGUE DE LIVRES.

166 G Tome 2. Roxelane fous Soliman II. Marie de Beauvilliers fous Henry IV. Roy de France ; Livie fous Auguſte ; Frédegonde fous Chilperic ; Nantilde fous Dagobert ; & Marozie fous pluſieurs Papes.

167 G
168 G Galanteries des Roys de France, depuis le commencement de la Monarchie juſqu'à preſent ; (par le Sieur Vannel.) *A Bruxelles* 1694. *&* 1698. *in* 8°. 2. *vol.*

169 G Intrigues amoureuſes de François I. ou Hiſtoire tragique de (Françoiſe) Comteſſe de Chaſteaubriand ; (par Pierre Leſconvel.) *A Amſterdam* 1695. *in* 12°.

170 G Hiſtoire des Amours de Henry IV. (par Madame Louiſe Marguerite de Lorraine épouſe de François Prince de Conty ;) avec diverſes Lettres écrites par ce Prince à ſes Maiſtreſſes ; & le Recueil de quelques belles actions & paroles memorables du même Roy. Plus le Divorce ſatyrique, en forme de Factum pour & au nom du Roy Henry IV. où il eſt amplement diſcouru des mœurs & humeurs de la Reine Marguerite jadis ſa femme, pour ſervir d'inſtruction aux Commiſſaires

deputez à l'effet de la separation de leur Mariage, (par Pierre Victor Palma Cayet:) enſemble la Conſeſſion Catholique du Sieur de Sancy, (par Theodore Agrippa Sieur d'Aubigné.) *In* 12°.

171 G Memoire hiſtorique, ou Anecdote galante de la Ducheſſe de Bar (Catherine de Bourbon) ſœur d'Henry IV. Roy de France; avec les Intrigues de la Cour pendant les regnes d'Henry III. & Henry IV. *A Amſterdam* 1709. *in* 12°.

172 G
juſqu'à
175 G
Oraſie, où ſont contenuës les plus memorables Avantures & les plus curieuſes Intrigues qui ſe ſont paſſées en France vers la fin du ſeiziéme ſiecle ; par une Dame illuſtre (Madelaine de Senectaire.) *A Paris* 1645. *in* 8°. 4. *vol.*

176 G Engaños deſte ſiglo, y Hiſtoria ſucedida en nueſtros tiempos; por Franciſco Loubayſſin de Lamarca. *En Paris* 1615. *in* 12°.

177 G Les Nouvelles Françoiſes, où ſe trouvent les divers effets de l'Amour & de la Fortune. *A Paris* 1623. *in* 8°.

178 G Nouvelles heroïques & amoureuſes, de François Metel de Boiſrobert.

CATALOGUE DE LIVRES.
A Paris 1657. *in* 8º.

179 G Les Amours historiques des Princes, contenant six Narrations veritables; par François de Grenailles Sieur de Chatounieres. *A Paris* 1642. *in* 8º.

180 G Floridor & Dorise, Histoire veritable de ce temps ; par le Sieur du Bail. *A Paris* 1633. *in* 8º.

181 G Les Fortunes diverses de Chrysomire & de Kalinde, où par plusieurs évenemens d'Amour & de Guerre sont representées les Intrigues de la Cour ; par le Sieur Humbert. *A Paris* 1635. *in* 8º.

182 G Les Amours de Cloriarque & d'Ilis, Histoires veritables de ce temps. *A Paris* 1637. *in* 8º.

183 G L'Inceste innocent, Histoire veritable, par le Sieur Desfontaines ; avec la Clef. *A Paris* 1644. *in* 8º.

184 G Florinie, ou l'illustre Veuve persecu-
185 G tée, Histoire veritable, avec la Clef ; par Claude Piqué & I. P. B. R... *A Paris* 1645. *in* 8º. 2. *vol.*

186 G Nouvelles Françoises, ou les Diver-
187 G tissemens de la Princesse Aurelie, contenant six Nouvelles racontées en la compagnie de S. A. R. Mademoiselle (Mademoiselle de Mont-

pensier Marie Anne d'Orleans fille de Monsieur Gaston de France Duc d'Orleans) à Saint-Fargeau , & écrites par Jean Renaud de Segrais: Nouvelle Edition. *A Paris 1722. in* 12°. 2. *vol.*

La Relation de l'Isle imaginaire, & l'Histoire de la Princesse de Paphlagonie ; (par la même Princesse Mademoiselle de Montpensier.) *Voyez le Segraisiana, ci-après* n° 40 H.

188 G Amours des Dames illustres de nôtre siecle, contenant l'Histoire amoureuse des Gaules, & les Amours de diverses Princesses & Dames de la Cour sous le regne de Louis XIV. (par Roger de Rabutin Comte de Bussy ;) avec la Deroute & l'Adieu des Filles de joye, en Vers. *A Cologne* 1708. *in* 12°.

Memoires de Me Hortense Mancini Duchesse de Mazarin , contenant l'Histoire de sa vie, & sa sortie de France ; dressez par Cesar Vichard de Saint-Real. *Voyez ses Oeuvres tome* 4. *ci après* n° 90 H.

189 G Apologie ou les veritables Memoires de M_e. Marie Mancini Connestable de Colonna ; écrits par elle-même

CATALOGUE DE LIVRES.
(& digerez par S. Bremond.) *A Leïde* 1678. *in* 12°.

190 G   Le Roman bourgeois, contenant les Amours & les Galanteries de plusieurs Bourgeois de Paris ; par Antoine Furetiere. *A Paris* 1666. *in* 8°.

191 G   Les Intrigues de Moliere, & celles de sa femme. *In* 12°.

192 G   Memoires du temps, (ou de M. de Fresne,) en cinq parties ; (par Gatien de Courtilz.) *A Rouen* 1674. *in* 12°.

193 G   Memoires de la Marquise de Fresne, contenant l'Histoire de sa vie & de ses avantures ; (par le même Gatien de Courtilz ;) avec Figures. *A Amsterdam* 1701. *in* 12°.

194 G
195 G   Les Avantures de Charles Coypeau Sieur d'Assoucy, écrites par luy-même ; avec sa Réponse au Voyage de M. Chapelle. *A Paris* 1677. *in* 12°. 2. *vol.*

196 G
jusqu'à
199 G   L'Heroïne Mousquetaire, Histoire veritable de Christine fille du Baron de Meyrac Bearnois ; par le Sieur Prechac. *A Paris* 1677. *in* 12°. 4. *vol.*

200 G   L'heureux Esclave, Nouvelle ; avec Figures. *A Cologne* 1680. *in* 12°. 3.

CONTES ET NOUVELLES. 207
tomes en 1. *vol.*

201 G   L'heureux Page, Nouvelle galante. *A Cologne* 1691. *in* 12°.

202 G   Histoire des Amours de Cleante & Belise (L. B D. B. & L. P. F.) avec leurs Lettres. *A Leyde* 1691. *in* 12°.

203 G   Le galant Nouvelliste, Histoires du temps, (par Madame de Saintonge.) *A Paris* 1693. *in* 12°.

204 G   Memoires de la Vie de Madelaine Delfosses fille du Baron Delfosses, ou le Chevalier Balthazard ; écrits par elle-même (ou sous son nom.) *A Paris* 1695. *in* 12°.

205 G   Avantures secretes, par M. de G.... *A Paris* 1696. *in* 12°.

206 G   L'illustre Mousquetaire, Nouvelle galante. *A Paris* 1697. *in* 12°.

207 G   Les égaremens des Passions, & les chagrins qui les suivent, representez par plusieurs Avantures du temps. *A Paris* 1697. *in* 12°.

208 G   Les Sœurs rivales, Histoire galante. *A Paris* 1698. *in* 12°.

209 G   La Rivale travestie, ou les Avantures galantes arrivées au Camp de Compiegne, avec tous les mouvemens de l'Armée ; par François Nodot. *A Paris* 1699. *in* 12°.

210 G Les Avantures galantes du Chevalier de Themicour, par M^e. Durand (Catherine Bedacier Veuve de M. Durand.) *A Paris* 1701. *in* 12°.
211 G Les Memoires du Comte D..... avant
212 G sa retraite, contenant diverses Avantures qui peuvent servir d'instruction à ceux qui ont à vivre dans le grand Monde; redigez par M. de Saint-Evremond, (attribuez à M. Pierre de Villiers.) *A Paris* 1702. *in* 12°. 2. *vol.*
213 G Les Amours libres des deux Freres, Histoire galante, par le Sieur R. J. B. R..... *A Cologne* 1701. *in* 12°.
214 G Histoire de la Dragonne, contenant les actions militaires & les Avantures de Geneviéve Premoy sous le nom du Chevalier Baltazar. *A Paris* 1703. *in* 12°.
215 G Les faveurs & les disgraces de l'A-
216 G mour, ou les Amans heureux, trompez, & malheureux, Histoires galantes : VIIIe. Edition corrigée & mise en meilleur François, & augmentée de nouvelles Histoires; avec Figures. *A la Haye* 1721. *in* 12°. 2. *vol.*
217 G Les Amours du Comte de Clare.
Imprimé

CONTES ET NOUVELLES. 209
Imprimé en 1707. *in* 12°.

218 G L'heureux Chanoine de Rome, Nouvelle galante ou la Resurrection predestinée, contenant diverses Avantures agréables arrivées du temps du ministere de M. Fouquet; par C. M. D. R.... *A Paris (Bruxelles)* 1707. *in* 8°.

219 G Nouvelles toutes nouvelles, où sont contenuës cinq Nouvelles differentes; par M. D. L. C... *A Paris* 1709. *in* 12°.

220 G Les Lutins du Chateau de Kernosy, Nouvelle historique, par Madame la Comtesse de M..... (Julie de Castelnau Comtesse de Murat.) *A Paris* 1710. *in* 12°.

221 G Memoires de la Vie du Comte de Gramont, contenant particulierement l'Histoire amoureuse de la Cour d'Angleterre sous le regne de Charles II. (par M. Guillaume d'Hamilton.) *A Cologne* 1713. *in* 12°.

222 G
223 G L'Atlantis, contenant les Intrigues politiques & amoureuses de la Noblesse de cette Isle, & où l'on découvre le secret des Revolutions arrivées depuis l'an 1683. jusqu'à

D d

présent ; traduit de l'Anglois de Me. Manley. *A Londres* 1714. *in* 12°. 2. *vol.*

224 G Histoire secrete de la Reine Zarah & des Zaraziens, ou la Duchesse de Marlborough demasquée ; avec la Clef : Nouvelle Edition où l'on a joint la suite. *Imprimé en* 1712. *in* 12°.

225 G L'infortuné Napolitain, ou les Avantures du Seigneur Rozelli : Nouvelle Edition, avec Figures. *A Amsterdam* 1709. *in* 12°. 2. *tomes en* 1. *vol.*

226 G Nouvelles Avantures de l'infortuné Napolitain ou du Seigneur Rozelli, contenant les évenemens surprenans qui lui sont arrivez depuis son entrée en Hollande jusqu'à sa mort. *A Amsterdam* 1721. *in* 12°. 2. *tomes en* 1. *vol.*

227 G
jusqu'à
231 G
Les Avantures de ***** ou les effets surprenans de la Sympathie ; (par le Sieur Laurent Bordelon.) *A Paris* 1714. *in* 12°. 5. *vol.*

232 G
233 G
L'illustre malheureuse, ou la Comtesse de Janissanta ; Memoires historiques, par l'Auteur du Rozelli. *A Amsterdam* 1722. *in* 12°. 2. *vol.*

234 G Nouvelles Espagnolles, par Marie

	CONTES ET NOUVELLES. 211
235 G	Catherine le Jumel de Berneville Comteſſe d'Aunoy. *A Paris* 1692. *in* 12°. 2. *vol.*
236 G *juſqu'à* 240 G	Memoires de Madame du N...... (Me A. M. Petit du Noyer,) écrits par elle-même, contenant l'Hiſtoire de ſa Vie & de ſes avantures juſqu'en 1710. IIe. Edition. *A Cologne* 1711. *in* 12°. 5. *vol.*
241 G	Les Partiſans demaſquez, Nouvelle plus que galante. *A Cologne* 1709. *in* 12°.
242 G	Pluton Maltotier, Nouvelle galante. *A Cologne* 1712. *in* 12°.
243 G	Les Libertins en campagne ; Memoires tirez du P. de la Joie ancien Aumônier du Royaume d'Yvetot. *Imprimé en* 1710. *in* 12°.
244 G	L'Heroïne incomparable de nôtre ſiecle, repreſentée dans la belle Hollandoiſe ; Hiſtoire galante, par M^{le}. S...... *A la Haye* 1714. *in* 12°.
245 G	Les Caprices du Deſtin, ou Recueil d'Hiſtoires ſingulieres & amuſantes arrivées de nos jours, par M^{le}. l'H.... (M^{le}. l'Heritier ;) avec Figures. *A Paris* 1718. *in* 12°.
246 G	La Beauté triomphante, ou les Caprices de la Fortune, Hiſtoire galante.

Dd ij

CATALOGUE DE LIVRES,
Imprimé en 1720. *in* 12°.

247 G   Histoire amoureuse & tragique des Princesses de Bourgogne. *A la Haye* 1720. *in* 12°. 2. *tomes en* 1. *vol.*

248 G
249 G
250 G   Les illustres Françoises, Histoires veritables, où l'on trouve dans des caracteres trés particuliers & fort differens, un grand nombre d'exemples rares & extraordinaires des belles manieres, de la politesse & de la galanterie des Personnes de l'un & de l'autre Sexe de cette Nation : Nouvelle Edition reveuë, corrigée & augmentée. *A Paris* 1725. 3. *vol. in* 12°.

251 G
jusqu'à
254 G   Les Journées amusantes, (divisées en douze Journées qui contiennent differentes Histoires amoureuses ;) par Madame de Gomez : (Madelaine Poisson Veuve de M. de Gomez :) IIe Edition, avec Figures. *A Paris* 1724. *in* 12°. 4. *vol.*

Nouvelle Ameriquaine, par la même. *Voyez les Oeuvres mélées, ci-après* n° 112*H.

255 G
256 G   Histoire de la Comtesse de Gondez, écrite par elle-même. *A Paris* 1725. *in* 12°. 2. *vol.*

ROMANS.

Romans d'Amour, de Morale, & allegoriques.

Lettre de M. Huet sur l'origine des Romans. *Voyez Zayde de M. de Segrais, ci-après n° 327 G.*

257 G. Du vray & parfait Amour, contenant les Amours honnestes de Theogenes & Charide, & de Pherecydes & Melangenie; traduit du Grec d'Athenagoras Philosophe Athenien par Martin Fumée. *A Paris 1598. in 12°.*

258 G. L'Histoire Ethiopique d'Heliodore, traitant des loyales & pudiques Amours de Theagenes & Chariclée; traduction nouvelle du Grec (par Jean de Montlyard;) corrigée & divisée nouvellement par Henry d'Audiguier du Mazet; avec Figures. *A Paris 1626. in 8°.*

26 G. La nueva Cariclea, o nueva traduccion de la Novela de Theagenes y Cariclea d'Heliodoro, por Fernando Manuel de Castillejo. *En Madrid 1722. in 4°.*

259 G. Les Amours de Clitophon & de Leucippe; traduit du Grec d'Achilles

214 CATALOGUE DE LIVRES,
Tatius par A. R.... *A Paris* 1625.
in 8°.

260 G Les Amours paſtorales de Daphnis & Chloé, (traduites du Grec de Longus par Jacques Amyot:) Nouvelle Edition ſuppléée aux endroits qu'Amyot avoit laiſſez; avec Figures. (*Imprimé à Paris*,) *in* 12°.

261 G Les mêmes: Nouvelle Edition ornée de Figures gravées par Benoiſt Audran ſur les Deſſeins & Peintures de Monſeigneur Philippe Petitfils de France, Duc d'Orleans. (*Imprimé à Paris*,) 1718. *in* 8°.

3 G Hypnerotomachie, ou Diſcours du Songe de Poliphile, déduiſant comme Amour le combat à l'occaſion de Polia; traduit de l'Italien (de François Colonne) par Jean Martin: avec Figures. *A Paris* 1561. *in fol.*

27 G Dialogue trés elegant, intitulé le Peregrin, traictant de l'honneſte & pudique Amour concilié par pure & ſincere vertu, (où ſont décrites les Amours de Peregrin & de Genevre;) traduit de l'Italien de Jacques Cavice par François Daſſy. *A Paris* 1527. *in* 4°.

ROMANS.

261 G L'Amant reſſuſcité de la mort d'A-
mour, par Theodoſe Valentinian.
A Lyon 1548. *in* 4°.

262 G Hiſtoire d'Aurelio & d'Iſabelle, en
laquelle eſt diſputé qui baille plus
d'occaſion d'aimer, l'homme à la
femme ou la femme à l'homme;
plus la Deïphire de Leon Baptiſte
Albert, qui enſeigne d'éviter l'A-
mour mal commencée: Le tout en
Italien & en François. *A Lyon* 1574.
in 16°.

263 G La Diane de George de Montemayor,
où ſous le nom de Bergers & Ber-
geres ſont compris les Amours des
plus ſignalez d'Eſpagne; en Eſpagnol & en François de la traduction nouvelle de Balthazar Pavillon. *A Paris* 1603. *in* 12°.

264 G Avantures amoureuſes de Luzman
Chevalier Eſpagnol, & d'Arbolea
ſa maîtreſſe; traduit de l'Eſpagnol
(de Hieroſme de Contreras) par
Gabriel Chappuys. *A Roüen* 1598.
in 12°.

265 G L'Amour de la Beauté, du Sieur du
Croſet Foreſien, où ſont in-
troduits ſix Bergers maîtriſez de
l'amour de ſix Pucelles, leſquels

après plusieurs Discours, Elegies &c. recitent quatre Histoires; plus une Eglogue qui exprime les miseres de la Guerre & la force de l'Amour, & des Mélanges poëtiques du même Auteur. *A Rouen* 1600. *in* 12°.

266 G Les Amours de Poliarque & d'Argenis, traduit du Latin de Jean Barclay par Pierre de Marcassus. *A Paris* 1622. *in* 8°.

267 G La Hayne & l'Amour d'Arnoul & de Clairemonde, par P. B. S. D. R... *A Paris* 1609. *in* 12°.

268 G Les Amours d'Armide, par P. Joulet Sieur de Chastillon. *A Rouen* 1614. *in* 12.

269 G Les Avantures de Renaud & d'Armide, par M. L. C. D. M...... *A Paris* 1678. *in* 12.

270 G Les fidelles & constantes Amours de Lisdamas & de Cleonimphe, par Henry du Lisdam. *A Tournon* 1615. *in* 12°.

271 G Carcel de Amor, la Prison d'Amour, (ou les Amours de Leriano & de Laureole;) en Espagnol & en François. *A Paris* 1616. *in* 16°.

272 G Los Trabajos de Persiles y Sigismunda,

da , Historia Setentrional ; por Miguel de Cervantes Saavedra. *En Madrid* 1617. *in* 8°.

273 G Les Travaux de Persiles & de Sigismonde , sous les noms de Periandre & d'Auristele ; Histoire Seprentrionale, traduite de l'Espagnol de Michel de Cervantes par Henry d'Audiguier du Mazet: IIe Edition. *A Paris* 1626. *in* 8°.

274 G Le Romant Satyrique , par Jean de Lannel. *A Paris* 1623. *in* 8°.

275 G L'Uranie du Sieur de Montagathe ; où sous des noms empruntez se voyent plusieurs Avantures amoureuses & guerrieres. *A Paris* 1625. *in* 8°.

276 G
jusqu'à
280 G L'Astrée d'Honoré d'Urfé , où par plusieurs Histoires & sous personnes de Bergers & d'autres sont déduits les divers effets de l'honneste amitié ; avec la Conclusion par Balthazar Baro. *A Paris* 1631. *in* 8°. 5. *vol.*

281 G
282 G
283 G Le Berger extravagant, où parmy des fantaisies amoureuses on voit les impertinences des Romans & de la Poësie , avec des Remarques ; par Jean de la Lande (Charles

E e

218   CATALOGUE DE LIVRES.
Sorel.) *A Paris* 1627. & 1633. & *à Rouen* 1646. *in* 8°. 3. *vol.*

284 G   La Chryſolite, ou le ſecret des Romans, par André Mareſchal. *A Paris* 1627. *in* 8°.

285 G
286 G   Le Romant des Dames, & les Amans jaloux; (par Gilbert Saunier Sieur du Verdier.) *A Paris* 1631. *in* 8°. 2. *vol.*

287 G   Le Chevalier Hipocondriaque, par le même du Verdier. *A Paris* 1632. *in* 8°.

288 G
289 G   La Polixene, de Moliere: IIIe. Edition avec la ſuite. *A Paris* 1632. *in* 8°. 2. *vol.*

290 G   La nouvelle Amarante, par le Sieur de la Haye. *A Paris* 1633. *in* 8°.

291 G   Le Feniſe, Hiſtoire Eſpagnole, où ſe voyent les divers effets de l'Amour & de la Fortune; traduit de l'Eſpagnol de François de las Coüeras. *A Paris* 1636. *in* 8°.

292 G   La Cefalie, du Sieur du Bail. *A Paris* 1637. *in* 8°.

293 G   Les Amours d'Archidiane & d'Almoncidas, par le Sieur de la Motte. *A Paris* 1642. *in* 8°.

294 G   Les Filles enlevées, Roman, par Jean de Moreaux. *A Paris* 1643. *in* 8°.

295 G	Cleobuline, ou la Veuve inconnuë, par M^e. L. B. D. M... (Agnés de Guilberdiere Veuve de François de Juvigné Baron de Marcé.) *A Paris* 1658. *in* 8°.
296 G	Le Portrait funeste, Nouvelle, par le Sieur Ancelin. *A Paris* 1661. *in* 8°.
297 G	Celinte, Nouvelle. *A Paris* 1661. *in* 8°.
	Histoire d'Alcidalis & de Zelide, par Vincent de Voiture. *Voyez ses Oeuvres tome* 2. *ci-après n°* 80 H.
298 G	Histoire des Amours de Lysandre & Calliste, (par Henry d'Audiguier du Mazet.) *A Amsterdam* 1663. *in* 12°.
299 G 300 G	La Cour d'Amour, ou les Bergers galans, par le Sieur du Perret. *A Paris* 1667. *in* 8°. 2. *vol.*
	Zelotyde, Histoire galante, par René le Pays. *Voyez ses Oeuvres tome* 1. *ci-après n°* 70 G.
301 G	Le Roman des Lettres. *A Paris* 1667. *in* 8°.
302 G 303 G 304 G	Le Calloandre fidelle; traduit de l'Italien par Georges de Scudery. *A Paris* 1668. *in* 8°. 3. *vol.*
305 G	La Promenade de Versailles, Histoire de Celanire, (par Madelaine de

E e ij

220   CATALOGUE DE LIVRES,
Scudery.) *A Paris* 1669. *in* 8°.

306 G   Celie ou Melicerte, Histoire du temps. *A Paris* 1673. *in* 8o.

307 G   L'ambitieuse Grenadine, Histoire galante, par le Sieur Prechac. *A Lyon* 1679. *in* 12°.

308 G   Clitie, Nouvelle. *A Paris (Hollande,)* 1680. *in* 12°.

309 G   Le Napolitain, ou le Défenseur de sa Maitresse, par le Sieur de Germont. *A Paris* 1682. *in* 12°.

L'Amour marié ou la bisarrerie de l'Amour en l'état du Mariage. *A Cologne* 1682. *in* 12°. Relié avec les Amours de Lysandre & Calliste, ci-devant n° 298 G.

Les Amours de Catulle, par Jean de la Chapelle. *Voyez les Oeuvres de M. de la Chapelle tome* 1. *ci-après* n° III H.

310 G   Les Amours de Tibulle, par le mê-
311 G   me. *A Paris* 1712. *&* 1713. *in* 12°.
312 G   3. *vol.*

313 G   Avantures Grenadines, par Mlle. D..... *A Amsterdam* 1710. *in* 12°.

314 G   Avantures secretes arrivées au Siege de Constantinople, par M. de Saint-Jory. *A Paris* 1711. *in* 12°.

315 G   La fausse Clelie, Histoire Françoise,

galante & comique. *A Paris* 1712. *in* 12°.

316 G Les belles Grecques, ou l'Histoire des plus fameuses Courtisanes de la Grece, Rhodope, Aspasie, Laïs, & Lamia; avec des Dialogues nouveaux des Galantes modernes, & des Figures, par M^e. Durand (Catherine Bedacier Veuve de M. Durand.) *A Paris* 1712. *in* 12°.

317 G Le tendre Olivarius, Nouvelle galante, par M. B..... de B.... avec Figures. *A Amsterdam* 1717. *in* 12°.

Le Temple de Gnide. *Voyez parmi les Poëtes, ci-devant n°* 53 E.

Romans de Chevalerie.

4 G Le Triomphe des neuf Preux, (sçavoir trois Juifs, Josué, David, & Judas Macabée; trois Payens, Alexandre le Grand, Hector de Troye, & Julius Cesar; & trois Chrétiens, Artus, Charles le Grand, & Godefroy de Buillon;) auquel sont contenus tous les faits & proüesses qu'ils ont achevé durant leurs vies; avec l'Histoire de Bertran de Guesclin. *A Abbeville* 1487. *in fol.*

5 G   Historia del invencible Cavallero Don Polindo hijo del Rey Paciano Rey de Numidia, y de las maravillosas hazañas y estrañas aventuras que andando por el mundo acabo, por amores de la Princesa Belisia fija del Rey Naupilio Rey de Macedonia. *En Toledo* 1526. *in fol.*

6 G   Le Recueil des Histoires Troyennes, contenant la Genealogie de Saturne & de Jupiter son fils, avec leurs faits & gestes; les faits & prouësses du vaillant Hercules, comment il destruisit Troyes deux fois dessous le Roy Laomedon, & l'occit; & la reédification de ladite Troyes par le Roy Priam, & destruction d'icelle par les Gregeois &c. (par Raoul le Févre Chapelain du Duc de Bourgoigne:) avec Figures. *A Lyon* 1490. *in fol.*

7 G   Recueil d'anciens Romans de Chevalerie, en Rithme, sçavoir : de Guillaume Comte de Haynault; & du Chastelain de Coucy. *Manuscrit sur velin in fol.*

29 G   Autre Recueil de divers Romans de Chevalerie, en Prose, sçavoir: Milles & Amys: Galien Rethoré,

fils du Comte Olivier de Vienne, Pair de France : Guillaume de Palerne, & la belle Melior : Florent & Lyon, enfans de l'Empereur de Rome. *A Paris* 1534. *in* 4°.

318 G La Devise des Armes des Chevaliers de la Table Ronde, lesquels estoient du trés renommé & vertueux Artus Roy de la Grand'Bretaigne ; avec la description de leurs Armoiries. *A Lyon* 1590. *in* 16°.

8 G Conqueste de la tres doulce mercy au cueur d'amour espris, ensuivant les termes du parler du Livre de la Conqueste du Sang Greal : Ouvrage meslé de Prose & de Vers composé par René (d'Anjou Roy de Sicile, oncle & cousin de Jean II. Duc de Bourbon & d'Auvergne, à qui il est dedié.) *M S. in fol.*

9 G Gyron le Courtois, avec la Devise des Armes de tous les Chevaliers de la Table Ronde ; translaté & compilé par Rusticien de Puise. *A Paris* 1519. *in fol.*

10 G Le Livre de Monseignor Yvain l'un des Chevaliers de la Table Ronde; avec Figures. *M S. sur velin en lettres gotiques, in fol.*

11 G Meliadus de Leonnoys, où sont contenus les nobles faits d'armes du vaillant Roy Meliadus de Leonnoys, ensemble plusieurs autres nobles proesses de Chevalerie faictes tant par le Roy Artus, Palamedes, le Morhoult d'Irlande, le bon Chevalier sans paour, Galehault le Brun, Segurades, Galaad que autres bons Chevaliers estans au temps dudit Roy Meliadus: Histoire singuliere & recreative, translatée de Latin en langage François par l'Acteur (le même Rusticien de Pise ou Puyse) à la requeste du Roy Henry d'Angleterre, & remise depuis en nouveau langage. *A Paris* 1532. *in fol.*

12 G Le Roman de Lancelot du Lac, (translaté de Latin en Romance à la priere de Messire Gaultier de Montbelliard, par Messire Robert de Borron, & Helye de Borron.) *A Paris* 1533. *in fol.* 3. *tomes en* 1. *vol.*

13 G Le vieux Tristan, par Sala Ecrivain de la Chambre du Roy; avec Figures. *M S. in fol.*

Le

14 G   Le nouveau Triſtan Prince de Leon-noys Chevalier de la Table Ronde, & Yſeulte Princeſſe d'Irlande Royne de Cornoüaille ; fait François par Jean Maugin. *A Paris* 1554. *in-fol.*

15 G   L'Hiſtoire d'Yſaïe le Triſte, qui fut fils illegitime de Triſtan de Leonnoys Chevalier de la Table Ronde & de la Royne Yſeulte de Cornoüaille ; enſemble les nobles proüeſſes de Chevalerie faites par Marc Lexille fils dudit Yſaïe : Hiſtoire moult plaiſante & delectable, tranſlatée du vieil langage au nouveau. *A Paris* 1522. *in fol.*

16 G
17 G   La tres élegante, delicieuſe, melli-fluë & tres plaiſante Hiſtoire de
18 G   Perceforeſt Roy de la Grand'Bretaigne, Fundateur du franc Palais & du Temple du Souverain Dieu ; où l'on pourra veoir la ſource & decoration de toute Chevalerie, culture de vraye Nobleſſe, proüeſſes & conqueſtes infinies, accomplies dès le temps du Conquerant Alexandre le Grand & de Julius Ceſar, auparavant la nativité de J. C. avec pluſieurs Propheties, Comp-

tes d'Amans & leurs diverses fortunes. *A Paris* 1528. *in fol.* 6. *tomes en*
3. *vol.*

30 G { Le Rommant du noble Roy Pon-
thus fils du Roy de Galice & de
la belle Sidoine fille du Roy de
Bretaigne. *Imprimé en caracteres gotiques.*
La Cronicque & Hystoire d'Appol-
lin Roy de Thir. *A Geneve, en lettres gotiques, in* 4°.

19 G L'Histoire de Palmerin d'Olive fils
du Roy Florendos de Macedoine,
& de la belle Griane fille de Remi-
cius Empereur de Constantinople;
traduite jadis par un Auteur incertain de Castillan en François ; mis
en lumiere & en son entier selon
nostre vulgaire par Jean Maugin dit
le petit Angevin. *A Paris* 1553.
in fol.

319 G
320 G
321 G L'Histoire de Primaleon de Grece,
continuant celle de Palmerin d'O-
live Empereur de Constantinople
son pere & autres ; tirée tant de
l'Italien comme de l'Espagnol, &
mise en François par François de
Vernassal, Guillaume Landré, &
Gabriel Chappuys. *A Lyon* 1580.

ROMANS. 227
& suiv. in 16°. 3. vol.

20 G — Les deux livres du preux, vaillant & tres victorieux Chevalier Palmerin d'Angleterre fils du Roy Edoard; ensemble les proëffes admirables des Princes Florian du Desert son frere, & Florendos fils de Primaleon de Grece ; traduit du Castillan par Jacques Vincent. *A Lyon* 1552. & 1553. *in fol.* 2. *tomes en* 1. *vol.*

322 G
323 G
324 G — Le Roman heroïque, où sont contenus les memorables faits d'Armes de Dom Rosidor Prince de Constantinople & de Clarisel le Fortuné ; avec la suite contenant l'Histoire des trois freres Princes de Constantinople, & les Travaux du Prince inconneu : escrit à la façon des anciens Romans, par le Sieur de Logeas. *A Paris* 1632. & 1634. *in* 8°. 3. *vol.*

325 G — L'Histoire de Dom Belianis de Grece, traduction nouvelle de l'Espagnol par Claude de Bueil. *A Paris* 1625. *in* 8°.

326 G
jusqu'à
333 G — L'admirable Histoire du Chevalier du Soleil, où sont racontées les immortelles proüeffes de cet invincible Guerrier & de son frere Rosi-

F f ij

clair, enfans du grand Empereur de Constantinople ; avec les exploits genereux & les avantures amoureuses de la belle & vaillante Princesse Claridiane & autres grands Seigneurs : Ouvrage qui sert de miroir à tous Princes & Chevaliers ; traduit du Castillan par François de Rosset & Louis Doüet. *A Paris 1620. & suiv. in 8°. 8. vol.*

334 G
jusqu'à
354 G
Les XXI. livres d'Amadis de Gaule, traduits du Castillan par Nicolas de Herberay Seigneur des Essars, Claude Colet, (*ou plutost selon le sentiment de la Croix-du-Maine* Gilles Boileau natif de Boüillon en Lorraine près Mesieres,) G. Aubert, Jacques Gohory, Gabriel Chappuys, & Jacques Charlot. *A Lyon 1575. & suiv. in 16°. 21. vol.*

355 G
356 G
Le Thresor des XXI. livres d'Amadis, contenant les Harangues & autres choses les plus excellentes. *A Lyon, in 16°. 2. vol.*

357 G
358 G
359 G
Les XXII. XXIII. & XXIV. livres d'Amadis de Gaule, traduits de l'Espagnol. *A Paris 1615. in 8°. 3. vol.*

31 G
L'Histoire de Valentin & Orson, tres

preux, tres nobles & tres vaillans Chevaliers, fils de l'Empereur de Grece, & neveux du tres vaillant & tres Chreſtien Roy de France Pepin: Nouvelle Edition. *A Troyes* 1712. *in* 4°.

32 G Ogier le Dannois Duc de Dannemarc, qui fut l'un des douze Pairs de France, lequel avec le ſecours & ayde du Roy Charlemaigne chaſſa les Payens hors de Rome, & remit le Pape en ſon Siege, & fut longtemps en faerie, puis revint. *A Paris, en caracteres gotiques, in* 4°.

33 G Le Romant des quatre fils Aymon, & de Regnault de Montauban; avec Figures. *A Paris* 1508. *in* 4°.

360 G La Chronique de Turpin Archeveſque de Rheims, faiſant mention de la conqueſte de l'Empire de Trebizonde faite par le tres preux Regnaut de Montauban fils du Duc Aymond d'Ardene; plus la genealogie & trahyſon de Ganelon Comte de Mayence: (traduite du Latin.) *A Lyon* 1583. *in* 8°.

21 G Libro de D. Reynaldos de Montalvan, y de ſus grandes proezas y hechos y de las grandes diſcordias y ene-

miſtades que entre el y el Emperador Carlos vuieron por los malos y falſos conſejos del Conde Galalon : traduzido por Luys Dominguez. *En Perpiñan* 1585. *in fol.* 2. *tom. en* 1. *vol.*

361 G   L'Hiſtoire du preux Meurvin fils d'Oger le Dannoys. *A Paris* 1540. *in* 8°.

362 G   L'Hiſtoire du Prince Meliadus, dit le Chevalier de la Croix, fils unique de Maximian Empereur des Allemaignes; miſe en François par le Chevalier du Clergé. *A Troyes* 1612. *in* 8°.

34 G   L'Hiſtoire du Chevalier Beufves de Hantonne, & de la belle Joſienne ſa mye. *A Paris en lettres gotiques in* 4°.

363 G   L'Hiſtoire & faicts du tres preux, noble & vaillant Huon de Bordeaux Pair de France & Duc de Guyenne, & de ceux qui de luy iſſirent. *A Roüen, in* 8°.

35 G   L'Hiſtoire du Chevalier Berinus, & du vaillant Champion Aygres de Laymant ſon fils. *A Paris en caracteres gotiques, in* 4°.

36 G   Hiſtoire & ancienne Chronicque de l'excellent Roy Florimont fils du

noble Mataquas Duc d'Albanie. *A Paris* 1528. *in* 4°.

37 G La tres joyeuse, plaisante & recreative Histoire des faits, gestes, triumphes & proüesses du tres preux & vaillant Chevalier Guerin, paradvant nommé Mesquin, fils de Millon de Bourgongne, Prince de Tarante, & en son temps Roy d'Albanie ; traduite de l'Italien par Jehan Decuchermoys, en accomplissant le sainct Voyage de Hierusalem; avec un brief traicté dudit Voyage de Hierusalem, de Rome, & de Monseigneur S. Nicolas de Bar en Poulie, fait en 1490. avec Figures. *A Paris, en lettres gotiques, in* 4°.

364 G La Genealogie & nobles faits d'Armes du tres preux & renommé Prince Godefroy de Buillon, lequel fut Roy de Jerusalem, & de ses chevaleureux freres Baudoüin & Eustace, yssus & descendus de la tres noble & illustre lignée du vertueux Chevalier au Cyne : aussy le Voyage d'outre mer en la Terre Sainte fait par le Roy S. Loys ; & plusieurs autres Chronicques & Histoires miraculeuses : Translaté

du Latin, par Pierre d'Esray; de nouveau corrigé & remis au bon langage François. *A Lyon* 1580. *in* 8°.

22 G L'Histoire de Melusine fille du Roy d'Albanie & de Madame Pressine; faite par le commandement de Jean fils du Roy de France, Duc de Berry & d'Auvergne, en 1387. par Jean d'Arras; revuë & mise en meilleur ordre, avec Figures. *A Lyon, en caracteres gotiques, in fol.*

365 G
366 G Histoire de Melusine Princesse de Lusignan, & de ses fils, sçavoir, Guy Roy de Jerusalem & de Chypre, Vrian Roy d'Armenie, Renault Roy de Boheme, Antoine Duc de Luxembourg, & Odon Comte de la Marche, desquels l'illustre Maison de Lusignan tire son origine; avec la suite qui contient l'Histoire de Geofroy surnommé à la Grand' Dent, sixiéme fils de Melusine, Prince de Lusignan: Le tout par François Nodot. *A Paris* 1700. *in* 12°. 2. *vol.*

367 G
368 G
369 G L'Histoire & plaisante Chronicque du petit Jehan de Saintré, & de la jeune Dame des Belles Cousines, sans autre nom nommer; (par Antoine de

ROMANS. 233

de la Salle ;) enſemble l'Hiſtoire de Meſſire Floridan & de la belle Ellinde, eſcrite par Raſſe de Brinchamel ; & une Addicion extraite des Chronicques de Flandre, par le même de la Salle : Ouvrage enrichy de Notes critiques, hiſtoriques & chronologiques, d'une Préface ſur l'origine de la Chevalerie & des anciens Tournois, & d'un Avertiſſement pour l'intelligence de l'Hiſtoire, (par M. Gueullette.) *A Paris* 1724. 3. *vol. in* 12°.

38 G Theatre d'Hiſtoire, où avec les grandes prouëſſes & avantures eſtranges du noble & vertueux Chevalier Polimantes Prince d'Arfine ſe repreſentent au vray pluſieurs occurrences rares & merveilleuſes de Paix & de Guerre arrivées de ſon temps; par Philippe de Belleville : avec Figures. *A Bruxelles* 1613. *in* 4°.

370 G Hiſtoria de los Vandos de los Zegries y Abencerrages, Cavalleros Moros de Granada, y las civiles Guerras que huvo en ella, haſta que el Rey Don Fernando el Quinto la ganò ; traducida en Caſtellano por Ginès Perez de Hita. *En Valencia*

G g

234   Catalogue de Livres.
1681. *in* 8º.

371 G   Vida y hechos del ingenioso Cavallero
372 G   Don Quixote de la Mancha, por Miguel de Cervantes Saavedra: Nueva Edicion, con Estampas. *En Amberes* 1697. *in* 8º. 2. *vol.*

373 G
jusqu'à
378 G   Histoire de l'admirable Don Quichotte de la Manche, traduite de l'Espagnol de Michel de Cervantes (par M. Filleau de Saint Martin:) Nouvelle Edition augmentée d'un V^e. & d'un VIe. tomes qui continuent les Avantures de D. Quichotte, (par deux autres Auteurs que ledit Sieur de Saint-Martin:) avec Figures. *A Paris* 1722. 12º. 6. *vol.*

379 G
380 G   Nouvelles Avantures de Don Quichotte de la Manche, traduites de l'Espagnol d'Alonso Fernandez de Avellaneda (par le Sieur le Sage;) avec Figures. *A Paris* 1716. *in* 12º. 2. *vol.*

381 G
382 G   Suite nouvelle & veritable de l'Histoire des Avantures de D. Quichotte de la Manche, traduite d'un MS. Espagnol de Cide Hamet Benengely son veritable Historien; avec une Préface extraite de plu-

sieurs Lettres de Carasco & de Benengely qui donnent un denoüement de toute l'Histoire de D. Quichotte, & qui servent à l'intelligence de cette nouvelle Suite de ses Avantures ; & des Figures. *A Paris* 1722. *in* 12°. 2. *vol.*

Romans Historiques.

383 G   Histoire pitoyable du Prince Erastus fils de Diocletian Empereur de Rome ; contenant exemples & notables discours ; traduit de l'Italien. *A Roüen* 1616. *in* 16°.

384 G   Autre Histoire du Prince Erastus, par le Sieur le C...... *A Paris* 1709. *in* 12°.

39 G   L'Histoire de Guy de Warwich Chevalier d'Angleterre & de la belle fille Felixe sa mye. *A Paris* 1526. *in* 4°.

385 G   Le Comte de Warwick, par Marie
386 G   Catherine le Jumel de Berneville Comtesse d'Aunoy. *A Paris* 1703. *in* 12°. 2. *vol.*

387 G   Histoire tragique de Pandosto Roy de Boheme & de Bellaria sa femme, ensemble les Amours de Dorastus & de Faunia ; le tout traduit pre-

mierement en Anglois de la langue Boheme, & de nouveau mis en François par L. Regnault. *A Paris* 1615. *in* 12°.

388 G Histoire plaisante & recreative de la belle Marquise fille de Saluste Roy de Hongrie (mere de Pierre de Provence.) *A Lyon* 1615. *in* 16°.

389 G Le Romant des Indes, par Jean de Lannel. *A Paris* 1625. *in* 8°.

390 G Le Roman de l'Incogneu, Histoire Neapolitaine ; ensemble quelques Discours pour & contre les Romans. *A Paris* 1634. *in* 8°.

391 G jusqu'à 395 G La Polexandre, de Marin le Roy Sieur de Gomberville. *A Paris* 1637. *in* 8°. 5. *vol. en grand papier.*

396 G jusqu'à 399 G La Cytherée, par le même Auteur. *A Paris* 1644. *in* 8°. 4. *vol.*

40 G L'Ariane, de Jean Desmarets, reveuë & augmentée de plusieurs Histoires par l'Auteur ; avec les Figures d'Abraham Bosse. *A Paris* 1639. *in* 4°.

400 G La Stratonice, traduite de l'Italien. *A Paris* 1640. *in* 8°.

401 G jusqu'à 404 G Berenger Comte de la Mark. *A Paris* 1645. *in* 8°. 4. *vol.*

ROMANS. 237

405 G   Almerinde. *A Paris 1646. in 8°.*

406 G   Le Toledan (ou Dom Jean d'Austri-
jusqu'à   che.) *A Paris 1647. & suiv. in 8°.*
410 G   5. vol.

411 G   Ladice, ou les Victoires du grand Ta-
        merlam ; par C...... *A Paris 1650.
        in 8°.* 2. tomes en 1. vol.

412 G   Berenice, (par Jean Renaud de Se-
jusqu'à   grais.) *A Paris 1651. in 8°.* 2. par-
415 G   ties en 4. vol.

416 G   Artamene, ou le grand Cyrus, (par
jusqu'à   Madelaine de Scudery.) *A Paris
425 G   1653. in 8°.* 10. vol.

426 G   La Cleopatre, (par Gautier de Cos-
jusqu'à   tes Sr de la Calprenede.) *A Paris
437 G   1657. in 8°* 12. vol.

438 G   Cassandre, (par le même.) *A Paris
jusqu'à   1660. in 8°.* 5. parties en 10. vol.
447 G

448 G   Faramond, ou l'Histoire de France,
jusqu'à   (par le même.) *Imprimé (en Hol-
459 G   lande) sur la copie de Paris 1664. in
        8°.* 12. vol.

460 G   La Princesse de Montpensier, (com-
        posée par Marie Madelaine de la
        Vergne Comtesse de la Fayette,
        & Jean Renaud de Segrais ; publiée
        par Gilles Menage.) *A Paris 1662.
        in 12°.*

	CATALOGUE DE LIVRES.
461 G *jusqu'à* 464 G	Ibrahim, ou l'illustre Bassa, (par Georges de Scudery.) *A Roüen* 1665. *in* 12°. 4. *vol.*
465 G	Mathilde d'Aguilar, Histoire Espagnole, avec les Jeux servant de Préface; (par Madelaine de Scudery.) *A Paris* 1702. *in* 8°.
466 G	Rodogune, (& Antiochus,) Histoire Asiatique & Romaine; par le Sieur d'Aigue d'Iffremont; avec Figures. *A Paris* 1667. *in* 8°.
467 G *jusqu'à* 476 G	Clelie, (par Madelaine de Scudery.) *A Paris* 1669. *in* 8°. 10. *vol.*
477 G *jusqu'à* 480 G	Tarsis & Zelie, par le Sieur le Revay (François) le Vayer fils de François de la Mothe le Vayer de Boutigny.) *A Paris* 1669. *in* 8°. 4. *vol.*
481 G 482 G	Zaïde, Histoire Espagnole, (par Marie Madelaine de la Vergne Comtesse de la Fayette sous le nom de Jean Renaud de Segrais;) avec une Lettre de Pierre Daniel Huet sur l'origine des Romans: Nouvelle Edition. *A Paris* 1699. *in* 12°. 2. *vol.*
483 G	Le Marquis de Chavigny, par Edme Boursault. *A Paris* 1670. *in* 12°.
484 G	Le Comte de Dunois, par M^{e}**** (Julie de Castelnau Comtesse de Mu-

ROMANS.

rat.) *A Paris* 1671. *in* 12°.

485 G
jusqu'à
488 G
Memoires du Serrail sous Amurat II. traduits de l'Arabe de Thabel par le Sieur Deschamps. *A Paris* 1671. *& suiv. in* 12°. 6. *tomes en* 4. *vol.*

489 G Zizimi Prince Ottoman amoureux de Philippine Helene de Saffenage, Histoire Dauphinoise, par L. P. A... (le President Guy Allard.) *A Grenoble* 1673. *in* 12°.

Dom Carlos, Nouvelle historique, (par Cesar Vichard de Saint-Real.) *Imprimé en* 1673. *in* 12°. *Voyez aussi ses Oeuvres tome* 4. *ci-après* n° 90 H.

490 G Nouvelles d'Elizabeth Reine d'Angleterre. *A Paris* 1674. *in* 12°. 2. *tomes en* 1. *vol.*

491 G La Princesse de Cleves, (par François VI. Duc de la Rochefoucault, Marie Madelaine de la Vergne Comtesse de la Fayette, & Jean Renaud de Segrais:) Nouvelle Edition. *A Paris* 1704. *in* 12°.

492 G Lettres à la Marquise de ..... sur le sujet de la Princesse de Cleves; (par Dominique Bouhours.) *A Paris* 1678. *in* 12°.

493 G Conversations sur la Critique de la Princesse de Cleves, (par Jean Bar-

bier d'Aucourt.) *A Paris* 1679. *in* 12°.

494 G   La Comtesse d'Isembourg. *A Paris* 1678. *in* 12°.

495 G   Mademoiselle de Tournon, (par le Marquis de la Chetardye.) *A Paris* (*Hollande*) 1679. *in* 12°.

496 G   Le Voyage de la Reine d'Espagne fille de S. A. R. Monsieur, par le Seur Prechac. *A Paris* 1680. *in* 12°.

497 G   La Duchesse de Milan, par le même. *A Paris* 1682. *in* 12°.

498 G
jusqu'à
501 G   Marie d'Anjou Reine de Mayorque, par le Sieur de J. C. B..... *A Lyon* 1682. *in* 12°. 4. *vol.*

502 G   La Duchesse d'Estramene. *A Paris* 1682. *in* 12°.

503 G   Le Bâtard de Navarre, Nouvelle historique, par le Sieur Prechac. *A Paris* 1683. *in* 12°.

504 G   Le Prince de Condé, (par Edme Boursault.) *A Paris* 1683. *in* 12°.

505 G   Histoire de l'origine de la Royauté & du premier établissement de la Grandeur royale, où sont décrites plusieurs Avantures & intrigues politiques & amoureuses sous Nemrot; par le Sieur de Pelisseri; avec Figures. *A Paris* 1684. *in* 12°.

Dom

506 G	Dom Henrique de Castro, ou la Con-
507 G	queste des Indes, tirée de l'origi-nal Espagnol. *A Paris* 1684. *in* 12°. 2. *vol.*
508 G	Cara Mustapha Grand-Visir, conte-nant son élevation, ses Amours dans le Serrail, ses emplois, & les particularitez de sa mort ; par le Sieur de P..... *A Paris* 1684. *in* 12°.
509 G	Mademoiselle de Jarnac, Nouvelle
510 G	historique, (par Pierre le Pesant
511 G	Sieur de Bois-Guillebert.) *A Paris* 1685. *in* 12°. 3. *vol.*
512 G	Le Comte Tekely, Nouvelle histo-rique, par le Sieur Prechac. *A Pa-ris* 1686. *in* 12°.
513 G	La Duchesse de Medo, Nouvelle his-
514 G	torique & galante. *A Paris* 1692. *in* 12°. 2. *vol.*
515 G	Ildegerte Reine de Norwege, ou l'Amour magnanime, premiere Nouvelle historique, par Eustache le Noble. *A Paris* 1694. *in* 12°.
516 G	Zulima ou l'Amour pur, seconde Nou-velle historique, par le même. *A Paris* 1694. *in* 12°.
517 G	Abra-Mule, ou l'Histoire du Dethro-nement de Mahomet IV. troisié-me Nouvelle historique, par le

Hh

même. *A Paris* 1696. *in* 12º.

518 G   Inés de Cordouë, Nouvelle Espagnole, (par M^le. Catherine Bernard,) *A Paris* 1696. *in* 12º.

519 G
520 G   Histoire d'Hypolite Comte de Duglas, par Catherine le Jumel de Berneville Comtesse d'Aunoy. *A Paris* 1708. *in* 12o. 2. *vol.*

521 G
522 G
523 G   Histoire de Jean de Bourbon Prince de Carency Chambellan de Charles VI. par la même. *A Paris* 1695. *in* 12º. 3. *vol.*

524 G   Histoire secrete de Henry IV. Roy de Castille, surnommé l'Impuissant. *A Paris* 1695. *in* 12º.

525 G
526 G   Memoires de la Cour d'Angleterre, par M^e. d'Aunoy. *A Paris* 1695. *in* 12º. 2. *vol.*

527 G   Le Duc de Guise, surnommé le Balafré, (tué aux Etats de Blois en 1588.) composé (par le Sieur de Brye.) *A Paris* 1695. *in* 12º.

528 G
529 G   Edoüard, Histoire d'Angleterre, (contenant l'Histoire d'Edoüard III. jusqu'à la mort du Comte d'Artois en 1343.) *A Paris* 1696. *in* 12º. 2. *vol.*

530 G
jusqu'à
533 G   Histoire de Margueritte de Valois Reine de Navarre, sœur de François I. (par M^le Charlotte Rose

de Caumont de la Force.) *A Paris* 1720. *in* 12°. 4. *vol.*

534 G Mylord Courtenay, ou Histoire secrete des premieres Amours d'Elizabeth d'Angleterre, par Eustache le Noble. *A Paris* 1697. *in* 12°.

535 G Le Prince de Longueville (François II. d'Orleans Duc de Longueville,) & Anne de Bretagne (Reine de France,) Nouvelles historiques, par Pierre Lesconvel. *A Paris* 1697. *in* 12°.

536 G Syroés & Mirame, Histoire Persane.
537 G *A Paris* 1698. *in* 12°. 2. *vol.*

538 G Ismaël Prince de Maroc, Nouvelle historique. *A Paris* 1698. *in* 12°.

539 G Dona Hortense, Nouvelle Espagnole. *A Paris* 1698. *in* 12°.

540 G Gustave Vasa, Histoire de Suede, par M^{le}. de la Force. *A Paris* 1698. *in* 12°. 2. *tomes en* 1. *vol.*

541 G La Comtesse de Mortane, par M^e****
542 G *A Paris* 1699. *in* 12°. 2. *vol.*

543 G Relation historique & galante de l'Invasion d'Espagne par les Maures, tirée des plus celebres Auteurs de l'Histoire d'Espagne. *A la Haye* 1699. *in* 12°. 2. *tomes en* 1. *vol.*

544 G Avantures de Telemaque fils d'Ulysse,
545 G par M. François de Salignac de la

244 CATALOGUE DE LIVRES,
Motte Fenelon Archevêque de Cambray : IIe Edition conforme au Manuscrit original, avec un Discours préliminaire de la Poësie Epique, & de l'excellence du Poëme de Telemaque (par Mr M. A. Ramsai ;) & une Ode du même M. de Fenelon, & des Figures. *A Paris 1720. in* 12°. 2. *vol.*

546 G La Telemacomanie, ou la Censure & Critique du Roman de Telemaque, (par Pierre Faydit.) *A Eleuterople* 1700. *in* 12°.

547 G
548 G Les Memoires secrets de la Cour de Charles VII. Roy de France, par Me. Durand. *A Paris* 1700. *in* 12°. 2. *vol.*

549 G Anecdote ou Histoire secrete des Vestales. *A Paris* 1700. *in* 12°.

550 G Le Comte de Cardonne, ou la Constance victorieuse, Histoire Sicilienne, par Me. Durand. *A Paris* 1702. *in* 12°.

551 G La Princesse de Portien. *A Paris* 1703. *in* 12°.

552 G Histoire de Catherine de France Reine d'Angleterre, (fille de Charles VI. femme d'Henry V. & en secondes nôces, d'Owin Tyder ou Tudon

ROMANS. 245

Chevalier du Païs de Galles, morte en 1438.) (par Nicolas Baudot de Juilly.) *A Paris* 1706. *in* 12º.

553 G Histoire secrete du Connetable de Bourbon, (par le même.) *A Paris* 1706. *in* 12º.

554 G Histoire secrete de Marie de Bour-
555 G gogne, (fille de Charles le Teme-raire Duc de Bourgogne, femme de Maximilien d'Austriche,) par M^le. de la Force. *A Paris* 1710. *in* 12º. 2. *vol.*

556 G Apollonius de Tyr, par M. le Brun: IIe. Edition augmentée de la Réponse d'une Critique sur ce Livre. *A Paris* 1711. *in* 12º.

557 G Henry Duc des Vandales, Histoire veritable; avec un extrait des Histoires tragiques de Bandel traduites par Belleforest, qui contient des circonstances curieuses sur l'origine de ces Peuples & sur cette Histoire; par M^e. Durand. *A Paris* 1714. *in* 12º.

558 G Le Pretendant, ou Perkin faux Duc d'York sous Henry VII. Roy d'Angleterre, Nouvelle historique, par le Sieur la Paix de Lizancour. *A Cologne* 1716. *in* 12º. 3. *tomes en* 1. *vol.*

559 G   Histoire secrete de la Conqueste de Grenade, par Madame de Gomez. *A Paris* 1719. *in* 12°.

560 G   La Comtesse de Vergi, Nouvelle historique, galante & tragique, par M. L. C. D. V... *A Paris* 1722. *in* 12°.

561 G   Edele de Ponthieu, Nouvelle historique. *A Paris* 1723. *in* 12°. *deux parties en* 1. *vol.*

562 G   L'Histoire des Amours de Sapho de Mytilene ; avec une Lettre sur les accusations formées contre ses mœurs. *A Paris* 1724. *in* 12°.

    Les Oeuvres de Madame de Villedieu (Marie Catherine Hortense des Jardins, depuis femme de M. de Villedieu & ensuite de M. de la Chatte,) contenant diverses Nouvelles, Histoires, & autres Pieces galantes : Nouvelle Edition divisée en dix tomes. *A Paris* 1702. *in* 12°. 10. *vol.*

563 G   Tome 1. comprend les desordres de l'Amour ; le portrait des foiblesses humaines ; des Fables ou Histoires allegoriques en Vers ; un Recueil de Pieces galantes en Vers ; & Cleonice, ou le Roman galant.

564 G.   Tome 2. les Oeuvres mêlées, sçavoir,

des Lettres & des Poëſies galantes; Manlius, Tragicomedie ; Nitetis, Tragedie ; & le Favori, Tragico-medie.

565 G   Tome 3. Carmante.

566 G   Tome 4. Alcidamie ; & les Galanteries Grenadines.

567 G   Tome 5. les Amours des Grands Hommes ; & Lyſandre.

568 G   Tome 6. les Memoires du Serrail ; & les Nouvelles Africaines.

569 G   Tome 7. Henriette Sylvie de Moliere; & les Annales galantes de Grece.

570 G   Tome 8. les Exilez.

571 G   Tome 9. les Annales galantes.

572 G   Tome 10. le Journal amoureux.

SUITE

SUITE DES BELLES LETTRES:

MISCELLANEI,

OU

Philologues, Critiques, & Polygraphes.

CRITIQUES.

TRaité de la vraie & fauſſe beauté dans les Ouvrages d'eſprit, traduit du Latin de M$_{rs}$. de Port-Royal (Pierre Nicole) par Claude Ignace Breugierre de Barante. *Voyez le Recueil d'Epigrammes tome* 1. *ci-devant n°* 187 E.

De la Critique, par Ceſar Vichard de Saint-Real. *Voyez ſes Oeuvres tome* 5. *ci-après n°* 91 H.

4 H La maniere de bien penſer dans les Ouvrages d'eſprit, ou Examen critique de pluſieurs paſſages des Ouvrages des Anciens & des Modernes, par Dominique Bouhours. *A Paris* 1687. *in* 4°.

13 H Lettres à une Dame de Province ſur les Dialogues d'Eudoxe & de Phi-

lanthe, ou sur la maniere de bien penser dans les Ouvrages d'Esprit. *A Paris* 1688. *in* 12°.

14 H Discours sur les Anciens, & sur leur preference aux Modernes, par le Baron de Longepierre. *A Paris* 1687. *in* 12°.

Digression sur les Anciens & les Modernes, par M. Bernard de Fontenelle. *Voyes ses Oeuvres tome* 2. *ci-après* n° 100 H.

15 H Le Chef d'œuvre d'un Inconnû, Poëme heureusement découvert & mis au jour, avec des Remarques, par le Docteur Chrisostome Mathanasius; avec une Lettre à M. le Duc (de Langres,) & une Dissertation sur Homere & sur Chapelain: (par le Sieur Hyacinthe de Themiseuil,) *A la Haye* 1714. *in* 12°.

SATYRES, APOLOGIES.

16 H
17 H La Satyre de Petrone, en Latin & en François de la traduction de François Nodot, avec des Remarques & Additions: Nouvelle Edition augmentée de la Contrecritique de Petrone, ou Réponse aux Observations sur les Fragmens de

Belgrade, ensemble de la Réponse à la Lettre sur l'ouvrage & la personne de Petrone ; avec Figures. *Imprimé en* 1713. *in* 12º. 2. *vol.*

La Matrone d'Ephese, tirée de Petrone par Jean de la Fontaine. *Voyez le Poëme du Quinquina, & les Contes en Vers de cet Auteur, ci-devant* nº 159. 160. & 161 E.

5 H   Les Cesars de l'Empereur Julien, traduits du Grec, avec des Remarques & des Preuves illustrées par les Medailles & autres anciens Monumens, par Ezechiel Spanheim. *A Paris* 1696. *in* 4º.

17*H 1   L'Introduction au traité de la conformité des merveilles anciennes avec les modernes, ou Traité préparatif à l'Apologie pour Herodote ; par Henry Estienne. *Imprimé en* 1582. *in* 8º.

17*H 2   Histoire des tromperies des Prêtres & des Moines, décrite dans un voyage d'Italie ; par G. d'Emiliane : Vᵉ. Edition. *A Rotterdam* 1712. *in* 8º. 2. *tomes en* 1. *vol.*

18 H   Apologie pour les grands Hommes soupçonnez de Magie, par Gabriel Naudé : Derniere Edition augmen-

tée de quelques Remarques. *A Amsterdam* 1712. *in* 8°.

OUVRAGES ALLEGORIQUES.

18*H Le Songe de Bocace : Reflexions sur les folies que l'Amour fait faire aux Hommes, & sur les malheurs qu'il leur attire ; traduit de l'Italien par M. de P...... *A Paris* 1715. *in* 12°.

19 H L'Eloge de la Folie, de Didier Erasme, avec les Remarques de Gerard Listrius ; traduit du Latin par M. Gueudeville : avec les Figures de Thomas Holben. *A Leide* 1713. *in* 12°.

20 H L'Histoire veritable, ou le Voyage des Princes fortunez ; Oeuvre steganographique recueilli par François Beroalde de Verville. *A Paris* 1610. *in* 8°.

21 H Macarise, ou la Reine des Isles For-
22 H tunées : Histoire allegorique contenant la Philosophie des Stoïciens sous le voile de plusieurs avantures en forme de Roman, par François Hedelin Abbé d'Aubignac. *A Paris* 1664. *in* 8°. 2. *vol*.

23 H L'Ecole de l'Interest & l'Université d'Amour, Songes veritables ou

Veritez songées; Galanterie morale, traduite de l'Espagnol par C. le Petit. *A Paris 1662. in 12°.*

Le Louis d'or, par Isarn. *Voyez le Recueil de Pieces choisies tome 2. ci-après n° 73* 2 H.*

24 H   L'Eloge de l'Yvresse (par Albert Henry de Salengre:) IIe Edition. *A la Haye 1715. in 8°.*

APOPHTEGMES.

6 H   Les Apophtegmes des Anciens, tirez de Plutarque, Diogene Laërce, Elien, Athenée, Stobée, Macrobe &c. & les Stratagemes de Frontin; de la traduction de Nicolas Perrot Sr. d'Ablancourt. *A Paris 1664. in 4°.*

25 H   La Bibliotheque des Auteurs, ou recueil d'Apophtegmes, Sentences, & Maximes tirées des Anciens & des Modernes par le Sieur de Courfant. *A Paris 1697. in 12°.*

26 H   Des Bons-Mots, & des bons Contes, de leur usage, de la Raillerie des Anciens, de la Raillerie & des Railleurs de nôtre temps, par François de Callieres. *A Paris 1692. in 12°.*

DIVERS MELANGES,
parmi lesquels
les Livres en Ana.

27 H   Fragmens d'Histoire & de Litterature. *A la Haye* 1706. *in* 12º.

28 H   Pensées diverses & Proverbes choisis, avec des Reflexions pour les mieux entendre. *A Paris* 1712. *in* 12º.

       Poggiana, ou la Vie, le Caractere, les Sentences & les Bons-Mots de Pogge Florentin (Poggio Guccio Bracciolino ;) avec son Histoire de la Republique de Florence, & un supplément de diverses Pieces importantes ; (par M. Jacques Lenfant,) *A Amsterdam* 1720. *in* 8º. 2. *vol.*

28*H 1   Tome 1. contient la Vie de Pogge & de plusieurs de ses Contemporains ; & des maximes, sentences, sentimens & traits d'Histoire & de Critique, tirez des Oeuvres de Pogge & de ses Contemporains.

28*H 2   Tome 2. l'Histoire abregée de Florence, tirée de Leonard Aretin, de Pogge & d'autres Auteurs ; les Bons-Mots de Pogge & des Hommes illustres de son temps ; & le Supplément de quelques Pieces.

29 H   Scaligerana, ou Bons-Mots, rencon-

tres agreables & remarques judicieuses & sçavantes de J. Scaliger; avec des Notes de Tanneguy le Févre & de Paul Colomiés : Nouvelle Edition disposée par ordre alphabetique. *A Cologne* 1695. *in* 12°.

30 H Perroniana & Thuana, sive Excerpta ex ore Cardinalis Perronii, & Jacobi Augusti Thuani, per DD. Puteanos) D. Christ. Dupuy Carthusianum.) *in* 8°. *Genevæ* 1669.

31 H Naudæana & Patiniana, ou singularitez remarquables prises des conversations de M M. Naudé & Patin : II$_e$. Edition corrigée & augmentée d'Additions au Naudæana, qui ne sont point dans l'Edition de Paris. *A Amsterdam* 1703. *in* 12°.

32 H Menagiana, ou les Bons-Mots & Re-
33 H marques critiques, historiques,
34 H morales & d'erudition de Gilles
35 H Menage; recueillis par ses Amis : IIIe. Edition plus ample de moitié, par les soins de M. Bernard de la Monnoye ; avec la Vie de l'Auteur. *A Paris* 1715. *in* 12°. 4. *vol*.

36 H Valesiana, ou les Pensées critiques, historiques, & morales, & les Poësies Latines d'Adrien de Valois, recueillies par M. Charles de Valois son fils. *A Paris* 1694. *in* 12°.

37 H Furetiriana, ou les Bons-Mots & les Remarques d'Antoine Furetiere. *A Paris* 1696. *in* 12°.

38 H Santeuilliana, ou les Bons-Mots de Jean Baptiste de Santeuil ; avec un abregé de sa Vie, & un Mélange de Lettres & de Poësies écrites sur les ouvrages de ce Poëte. *A la Haye* 1717. *in* 12°.

39 H Carpentariana, ou Remarques d'Histoire, de morale, de critique, d'erudition, & Bons-Mots, de François Charpentier. *A Paris* 1724. *in* 12°.

40 H Segraisiana ; ou mélange d'Histoire & de Litterature, recueilli des entretiens de Jean Renaud Sieur de Segrais ; avec ses Eglogues, & l'Amour gueri par le temps, Tragedie-Ballet du même non encore imprimée ; ensemble la Relation de l'Isle imaginaire, & l'Histoire de la Princesse de Paphlagonie, imprimées en 1646. par l'ordre de Mademoiselle

Mademoiselle : Le tout du même Auteur, publié avec une Préface (par M. de la Monnoye.) *A la Haye* 1722. *in* 8°.

41 H   Oeuvres mêlées d'Urbain Chevreau. *A la Haye* 1697. *in* 12°.

42 H
43 H   Chevræana, ou diverses Pensées d'Histoire, de Critique, d'Erudition & de Morale, recueillies par Urbain Chevreau. *A Amsterdam* 1700. *in* 12°. 2. *vol.*

44 H   Saint-Evremoniana, ou Recueil de diverses Pieces curieuses, de Pensées judicieuses, de traits d'Histoire, & de Remarques, de Charles Marquerel de Saint-Denis, Seigneur de Saint Evremond. *A Amsterdam* 1701. *in* 8°.

45 H
46 H
47 H   Mélanges d'Histoire & de Litterature, recueillis par M. de Vigneul-Marville (*D.* Bonaventure d'Argonne Chartreux.) *A Paris* 1699. *in* 12°. 3. *vol.*

48 H
49 H   Parrhasiana, ou Pensées diverses de Critique, d'Histoire, de Morale, & de Politique, avec la Défense de divers Ouvrages de M. Jean le Clerc ; par Theodore Parrhase (le même M. le Clerc.) *A Amsterdam*

1701. *in* 8°. 2. *vol.*

50 H   Livre sans nom. *A Paris* 1695. *in* 12°.

51 H   Anonimiana, ou Mélange de Poësie, d'Eloquence, & d'Erudition. *A Paris* 1700. *in* 12°.

52 H   Orientaliana, ou les Bons-Mots des Orientaux, traduction nouvelle de leurs ouvrages Arabes, Persans, &c. avec des Remarques, par Antoine Galland. *A Paris* 1701. *in* 12°.

53 H   Gasconiana, ou Recueil des Bons-Mots, des Pensées les plus plaisantes, & des Rencontres les plus vives des Gascons. *A Amsterdam* 1708. *in* 12°.

54 H   Heures perduës du Chevalier de Rior, contenant des Remarques, Bons-Mots, Contes &c. *A Paris* 1715. *in* 12°.

55 H   Polissoniana, ou Recueil de Turlupinades, Quolibets, Rebus, Jeux de mots, Allusions, Allegories, Pointes, Expressions extraordinaires, Hyperboles, Gasconades, especes de Bons-Mots, & autres Plaisanteries ; avec les Equivoques de l'Homme inconnû, dediées à Bacha Bilboquet ; & la Liste des plus

rares Curiositez. *A Amsterdam* 1725. *in* 12°.

DIALOGUES.

56 H Les Dialogues & autres Oeuvres de
57 H Lucien, traduits du Grec en Fran-
58 H çois, avec des Remarques, par
Nicolas Perrot Sieur d'Ablancourt.
A Paris 1707. *in* 12°. 3. *vol.*

59 H *Cymbalum Mundi*, ou Dialogues satyriques sur differens sujets, par
Bonaventure des Perriers: Nouvelle Edition donnée au public,
avec une Lettre critique dans laquelle on fait l'histoire, l'analyse
& l'apologie de cet Ouvrage; par
Prosper Marchand; avec Figures.
A Amsterdam 1711. *in* 12°.

Observations sur le *Cymbalum Mundi*,
par M. de la Monnoye. *Voyez les
Contes & Nouvelles de des Perriers
tome* 2. *ci-devant n°* 119 G.

59*H Neuf Dialogues faits à l'imitation des
1 Anciens, par Oratius Tubero (Fran-
59*H çois de la Mothe-le-Vayer:) Nou-
2 velle Edition. *A Francfort* 1716. *in*
12. 2. *vol.*

59*H Hexameron rustique, ou les six jour-
3 nées passées à la campagne entre

K k ij

CATALOGUE DE LIVRES.
des personnes studieuses; (par le même François de la Mothe-le-Vayer.) *A Amsterdam* 1671. *in* 12°.

60 H Les Entretiens d'Ariste & d'Eugene: V^e. Edition où les mots des Devises sont expliquez; par Dominique Bouhours. *A Paris* 1683. *in* 12°.

61 H
62 H Sentimens de Cleante sur les Entretiens d'Ariste & d'Eugene; (par Jean Barbier d'Aucourt.) *A Paris* 1671. *in* 12°. 2. *vol.*

Cesarion, ou Entretiens sur divers sujets, par Cesar Vichard de Saint-Real. *Voyez ses Oeuvres tome* 2. *ci-après n*° 87 H.

Dialogues des Morts, avec le Jugement de Pluton; par M. Bernard de Fontenelle. *Voyez ses Oeuvres tome* 1. *ci-après n*° 99 H.

63 H
64 H Dialogues des Morts, composez pour l'éducation d'un Prince; (attribuez à M. François de Salignac de la Mothe Fenelon Archevêque de Cambray.) *A Paris* 1712. *in* 12°. 2. *vol.*

POLYGRAPHES.

1 H Les Oeuvres de M. Guillaume du Vair, Garde des Sceaux de France, contenant divers Traitez ora-

toires, quelques Arrests prononcez en robes rouges au Parlement de Provence, des Traitez philosophiques, des Traitez de pieté, & un Discours de la Negociation de MM. de Bouillon & de Sancy en Angleterre pour le fait de la Ligue contre le Roy d'Espagne en 1596. *A Paris* 1625. *in fol.*

7 H Les Essais de Michel Seigneur de Montaigne, avec des Annotations en marge, & la Vie de l'Auteur. *A Paris* 1617. *in* 4°.

Les Oeuvres d'Estienne & Nicolas Pasquier. *A Amsterdam* 1723. *in fol.* 2. *vol.*

2 H   Tome 1. contient les Recherches de la France; les Pourparlers du Prince, de la Loy, & d'Alexandre; le Plaidoyé pour le Duc de Lorraine contre le Seigneur de Bussy d'Amboise; les Poësies Latines; le tout d'Estienne Pasquier: & le Plaidoyé de Pierre Versoris pour les Jesuites contre l'Université.

3 H   Tome 2. les Lettres, les Oeuvres mélées, les Jeux poëtiques, & les Poësies diverses d'Estienne Pasquier: & les Lettres de Nicolas Pasquier.

8 H Desseins de Professions nobles & publiques, contenant plusieurs Trai-

tez rares & divers, avec l'Histoire de la Maison de Bourbon ; par Antoine de Laval. *A Paris* 1622. *in* 4°.

Divers Discours de Claude Gaspar Bachet de Meziriac. *Voyez les Epitres d'Ovide, ci-devant* n° 98 & 99 E.

Obras de Don Francisco de Quevedo Villegas, divididas in tres tomos, y publicadas por Don Pedro Aldrete Quevedo y Villegas : Nueva Impression corregida y ilustrada con muchas Estampas. *En Amberes* 1699. *in* 4°. 3. *vol.*

8*H 1 — Tomo 1. contiene l'Historia y Vida de Marco Bruto ; el Romulo del Marques Virgilio Malvezzi, traduzido del Italiano ; la prima parte de Politica de Dios y govierno de Christo nuestro Señor ; los Suenos del Autor ; la Vida del gran Tacaño ; varios tratados morales, politicos, y miscellaneos ; y Cartas.

8*H 2 — Tomo 2. la Vida de S. Pablo Apostol; la Vida de S. Thomas de Villanueva; la 2ª. parte de Politica de Dios ; y otros tratados morales diversos.

8*H 3 — Tomo 3. contiene las Poesias.

Traduction de diverses Oeuvres de Quevedo, par le Sieur Raclotte.

MISCELLANEI. 263
Voyez ci devant n° 71 & 72 G.

65 H　Les Oeuvres de Jean François Sarafin, contenant l'Histoire du Siege de Dunkerke, la Conspiration de Valstein, la Vie d'Atticus, un Dialogue s'il faut qu'un jeune homme soit amoureux, & des Poësies; avec le Discours préliminaire (de Paul Pellisson.) *A Paris* 1658. *in* 12°.

　　　Les Oeuvres de M. de Cyrano Bergerac. *A Paris* 1681. *in* 12°. 2. *vol.*

66 H　　Tome 1. contient les Lettres, la Comedie du Pedant joué, & la Tragedie d'Agrippine.

67 H　　Tome 2. l'Histoire comique de l'Empire de la Lune, & celle de l'Empire du Soleil.

68 H　Les Oeuvres de Guillaume de Brebeuf, contenant ses Lettres & ses
69 H　Poësies. *A Paris* 1664. *in* 12°. 2. *vol.*

　　　Les Oeuvres de René le Pays. *A Paris* 1685. *in* 12°. 3. *vol.*

70 H　　Tome 1. comprend les Amitiez, Amours & Amourettes; & Zelotyde, Histoire galante.

71 H　　Tome 2. ⎫ intitulez, Nouvelles Oeu-
72 H　　Tome 3. ⎬ vres, contiennent des Lettres.

73 H　Recueil de quelques Pieces nouvelles & galantes, tant en Prose qu'en

Vers, sçavoir : le Voyage de l'Isle d'Amour ; le Voyage de Bachaumont (François le Coigneux) & de la Chapelle (Claude Emmanuel Loüillier;) Lettre sur le Voyage de la Cour vers la frontiere d'Espagne en 1660. Lettre sur la question s'il faut dire *il n'y a que vous qui sçachiez cela*, ou *il n'y a que vous qui sçait cela*, &c. *A Cologne* 1664. *in* 12º.

Recueil de Pieces choisies, tant en Prose qu'en Vers ; rassemblées en deux volumes, avec une Preface, (par M. Bernard de la Monnoye.) *A la Haye* 1714. *in* 8º. 2. vol.

Tome 1. contient le même Voyage de Bachaumont & la Chapelle ; la Lettre de Jean Racine à l'Auteur des Heresies imaginaires & des deux Visionaires, (Pierre Nicole;) les Poësies du Chevalier d'Aceilly (Jean de Cailly ;) l'Avis à Menage sur son Eglogue intitulée Christine, (par Gilles Boileau ; la Traduction du commencement de Lucrece en Vers François par Jean Hesnault ; & la Satire des Satires, Comedie de Boursault contre Despreaux.

Tome 2. le Poëme de la Madelene, par Pierre de Saint-Louis Carme ;

MISCELLANEI. 265
le Louis d'or, par Isarn; la Relation des Campagnes de Rocroy & de Fribourg, (par Henry Bessé Sieur de la Chapelle;) & les Visionnaires, Comedie de Desmarets.

74 H Les Oeuvres, en Vers & en Prose, de Jacques Carpentier de Marigny. *A Paris* 1674. *in* 12°.

Oeuvres diverses de M. le Marquis d'Estoublon. *Voyez les Lettres du Voyage d'Italie de cet Auteur, ci-après n°* 210. I.

75 H Les Oeuvres de Matthieu de Montreüil, contenant ses Lettres & ses Poësies. *A Paris* 1680. *in* 12°.

Les Oeuvres de René Rapin. *A Amsterdam* 1709. *&* 1710. *in* 12°. 3. vol.

76 H   Tome 1. contient les Comparaisons des Grands Hommes de l'Antiquité qui ont le plus excellé dans les Belles-Lettres: la Comparaison de Pindare & d'Horace, par Blondel.

77 H   Tome 2. les Reflexions sur l'Eloquence, la Poëtique, l'Histoire, & la Philosophie: du Grand ou du Sublime dans les mœurs & dans les differentes conditions des hommes: & les observations sur l'éloquence des Bienséances.

78 H   Tome 3. l'esprit du Christianisme: la perfection du Christianisme: l'im-

Ll

CATALOGUE DE LIVRES, der-
portance du Salut : la Foy des derniers siecles : & la Vie des Pre-
tinez.

79 H Les Oeuvres de Vincent de Voiture,
80 H contenant ses Lettres, ses Poësies, & l'Histoire d'Alcidalis & de Zelide. *A Paris* 1681. *in* 12°. 2 *vol.*

Oeuvres de Prose & de Poësie de François Maucroix, & de Jean de la Fontaine. *A Paris* 1685. *in* 12. 2. *vol.*

81 H Tome 1. contient des Fables & des Contes en Vers, & d'autres Poësies de M. de la Fontaine.

82 H Tome 2. la traduction des Philippiques de Demosthene, d'une des Verrines de Ciceron, de l'Eutiphron, de l'Hippias, & de l'Euthidemus de Platon, par M. de Maucroix.

83 H Voyage de François le Coigneux de Bachaumont & Claude Emmanuel Loüillier de la Chapelle ; Ouvrage mêlé de Vers & de Prose ; avec un Mélange de Pieces fugitives tirées du cabinet de M. de Saint-Evremont. *A Utrecht* 1697. *in* 12°.

Réponse de Charles Coypeau d'Assoucy au Voyage de M. Chapelle. *Voyez ses Avantures, ci-devant* n° 1946.

Oeuvres mêlées du Chevalier Guillaume Temple, traduites de l'Anglois. *A Utrecht* 1693. *in* 12°. 2. *vol.*

84 H   Tome 1. contient des Confiderations generales fur l'état & les interefts de divers Etats par raport à l'Angleterre; la recherche de l'origine & de la nature du Gouvernement; la recherche des moyens d'avancer le Commerce en Irlande; de la conjoncture prefente des affaires en 1673. de l'excès des Afflictions; l'effai du Moxa pour guerir de la Goutte.

85 H   Tome 2. du Sçavoir des Anciens & des Modernes; du Jardin d'Epicure; de la Vertu heroïque; & de la Poëfie.

86 H Opufcules fur divers fujets, compofées ou traduites par Dominique Bouhours, fçavoir: la Mort de M. de Longueville, une Lettre fur la Requête des Ecclefiaftiques de Port-Royal, le Panegyrique de la B. Rofe, la Sortie d'Efpagne du P. Nitard, l'Epitre dedicatoire de la collection des Conciles du P. Labbe, le Miracle de Staniflas Koftka. *A Paris* 1684. *in* 12°.

Oeuvres de Cefar Vichard de Saint-Real: Nouvelle Edition. *A la Haye* 1722. *in* 12°. 5. *vol.*

87 H	Tome 1. contient, de l'ufage de l'Hiftoire; Hift. de la Conjuration des Gracques; Affaires de Marius & de Sylla.
88 H	Tome 2. les Confiderations fur Luculle; Cefarion ou Entretiens fur divers fujets; Reflexions fur le meurtre de Cefar; Fragmens fur Lepide; Confiderations fur Marc-Antoine; Fragmens fur Augufte; Confiderations fur Livie; Caractere de Julie; de l'infidelité des Femmes chez les Romains; Fragmens fur les Spectacles des Romains.
89 H	Tome 3. la Vie de J. C. Eclairciffement fur le Difcours de Zachée à J. C.
90 H	Tome 4. Hiftoire de Don Carlos; Conjuration des Efpagnols contre les Venitiens; Memoires de Mr. Mazarin.
91 H	Tome 5. Traitez divers de Philofophie, de Morale & de Politique; Lettres fur divers fujets de la Critique.
92 H jufqu'à 98 H	Oeuvres de Charles Marquerel de Saint-Denis Seigneur de Saint-Evremond, publiées fur les Manufcrits de l'Auteur: Nouvelle Edition augmentée de fa Vie, par M. des Maizeaux. *A Londres* 1711. *in* 12°. 7. *vol.*
	Divers Ouvrages en Profe de Nicolas Boileau Defpreaux. *Voyez fes Oeuvres tome* 2. *ci - devant n°* 12 E.

Oeuvres diverses de M. Bernard de Fontenelle : Nouvelle Edition augmentée, avec Figures. *A Paris* 1724. *in* 12°. 3. *vol.*

99 H
 Tome 1. contient les Dialogues des Morts, & le Jugement de Pluton sur ces Dialogues ; Entretiens sur la pluralité des Mondes ; l'Histoire des Oracles ; Oeuvres mêlées, sçavoir, de l'origine des Fables, du Bonheur, & les Discours à l'Academie Françoise.

100 H
 Tome 2. les Poësies pastorales ; Discours sur la nature de l'Eglogue ; Digression sur les Anciens & les Modernes ; Thetis & Pelée, & Enée & Lavinie, Tragedies pour l'Academie de Musique ; Poësies diverses ; Oeuvres mêlées, sçavoir, Réponses & Discours pour l'Academie Françoise, Lettres galantes.

101 H
 Tome 3. la Préface du Recueil de l'Academie des Sciences ; l'Histoire du renouvellement de cette Academie ; & les Eloges des Academiciens.

102 H
jusqu'à
105 H
Pensées diverses à l'occasion de la Comete qui parut en 1680. où sont traitez divers points curieux sur differentes matieres ; (par Pierre Bayle :) IVe. Edition. *A Rotterdam* 1704. *in* 12°. 4. *vol.*

106 H
jusqu'à
110 H
 Réponse aux questions d'un Provincial, ou abregé de diverses Lettres écrites sur differens sujets de Critique, d'Histoire, de Politique &c. (par le même.) *A Rotterdam* 1704. *in* 12°. 5. *vol.*

Lettres choisies du même Bayle. *Voyez ci-après, parmi les Epistolaires, n°* 151. 152. *&* 153 H.

Les Oeuvres de Jean de la Chappelle. *A Paris* 1700. *in* 12°. 2. *vol.*

111 H   Tome 1. contient les Amours de Catulle.

112 H   Tome 2. divers Discours academiques: Zaïde, Telephonte, & Cleopatre, Tragedies ; & les Carrosses d'Orleans, Comedie.

112*H Oeuvres mélées de M^e. de Gomez (Madelaine Poisson Veuve de M. de Gomez,) contenant ses Tragedies, & differens ouvrages en Vers & en Prose. *A Paris* 1724. *in* 12°.

Recueil de plusieurs pieces d'Eloquence & de Poësie, presentées à l'Academie Françoise pour les Prix, depuis l'année 1671. jusqu'en 1725. *A Paris, in* 12°. 28. *vol.*

113 H   Tome 1. contient les pieces de l'année 1671.

114 H   Tome 2. les pieces de l'année 1673.

115 H	Tome 3. les pieces de l'année 1675.
116 H	Tome 4. les pieces de 1677. & 1679.
117 H	Tome 5. les pieces de 1681. 1683. & 1685.
118 H	Tome 6. les pieces de l'année 1687.
119 H	Tome 7. les pieces de l'année 1689.
120 H	Tome 8. les pieces de l'année 1691.
121 H	Tome 9. les pieces de l'année 1693.
122 H	Tome 10. les pieces de l'année 1695.
123 H	Tome 11. les pieces de l'année 1697.
124 H	Tome 12. les pieces de l'année 1699.
125 H	Tome 13. les pieces de l'année 1701.
126 H	Tome 14. les pieces de l'année 1703.
127 H	Tome 15. les pieces de l'année 1704.
128 H	Tome 16. les pieces de l'année 1705.
129 H	Tome 17. les pieces de l'année 1707.
130 H	Tome 18. les pieces de l'année 1709.
131 H	Tome 19. les pieces de l'année 1711.
132 H	Tome 20. les pieces de l'année 1713.
133 H	Tome 21. les pieces de l'année 1714.
134 H	Tome 22. les pieces de l'année 1715.
135 H	Tome 23. les pieces de l'année 1717.
136 H	Tome 24. les pieces de l'année 1719.
137 H	Tome 25. les pieces de 1720. & 1721.
138 H	Tome 26. les pieces de l'année 1722.
139 H	Tome 27. les pieces de l'année 1723.
139*H 1	Tome 28. les pieces de l'année 1725.
139*H 2	Reflexions sur la Grammaire, la Rhetorique, la Poëtique & l'Histoi-

re : ou Memoire sur les Travaux de l'Academie Françoise ; par feu M. François de Salignac de la Mothe Fenelon Archevêque de Cambray. *A Paris* 1716. *in* 12°.

Histoire & Memoires de Litterature de l'Academie Royale des Inscriptions & Belles-Lettres, par M. Claude Gros de Boze Secretaire perpetuel de la même Academie. *A Paris de l'Imprimerie Royale*, 1717. & 1723. *in* 4°. 4. *vol.*

9 H
10 H
    Tomes 1. & 2. comprennent l'Histoire de l'Academie depuis son établissement en 1663. jusqu'à son renouvellement en 1701. & depuis jusqu'en 1710. & les Memoires pendant ce temps là ; avec les Eloges des Academiciens, sçavoir, de M. le Duc d'Aumont, d'Estienne Pavillon, de M. Duché, de Julien Pouchard, de Nicolas Barat, de Jean Foy-Vaillant, de Dom Jean Mabillon, de Jean François Foy-Vaillant, du P. François de la Chaize, du President de Lamoignon, & de Thomas Corneille.

11 H
12 H
    Tomes 3. & 4. l'Histoire & les Memoires depuis 1711. jusqu'en 1717. inclusivement ; avec les Eloges des Academiciens, sçavoir, de Nicolas Boileau Despreaux, de Marc Antoine

ne Oudinet, de Paul Tallemant, de Jacques de Tourreil, de M. de Sillery Evêque de Soiſſons, d'Antoine Galland, de Jean Marie de la Marque de Tilladet, de Ludolphe Kuſter, de Gisbert Cuper, de François Bourdelin, & de Michel Pinart.

EPISTOLAIRES.

Extrait des Lettres d'Eſchine, traduit du Grec par Jacques de Tourreil. *Voyez ſes Oeuvres, tome 3. ci-devant n° 50 D.*

140 H   Les Lettres de François Rabelais, écrites pendant ſon Voyage d'Italie; avec les Obſervations hiſtoriques de Scevole & Abel de Sainte-Marthe, & la Vie de l'Auteur: Nouvelle Edition augmentée de Remarques. *A Bruxelles 1710. in 8°.*

Lettres d'Eſtienne & Nicolas Paſquier. *Voyez leurs Oeuvres, tome 2. ci-devant n° 3 H.*

Lettres de François de Malherbe. *Voyez ſes Oeuvres, tome 2. ci-devant n°. 126 E.*

Lettres de Paul Scarron. *Voyez ſes Oeuvres, ci-devant n° 136 & 137 E.*

Lettres de M. Cyrano de Bergerac. *Voyez ſes Oeuvres, tome 1. ci devant n° 66 H.*

M m

Lettres de Guillaume de Brebeuf. *Voyez ses Oeuvres*, tome 1. *ci-devant* n° 68 H.

Lettres de René le Pays. *Voyez ses Oeuvres, ci-devant* n° 70. 71 & 72 H.

Lettres de Matthieu de Montreuil. *Voyez ses Oeuvres, ci-devant* n° 75 H.

Lettres de Vincent de Voiture. *Voyez ses Oeuvres, ci-devant* n° 79 H.

141 H
142 H
143 H
Lettres nouvelles d'Edme Boursault, accompagnées de Contes, de Fables, d'Epigrammes, de Remarques, de Bons-Mots, &c. avec treize Lettres amoureuses d'une Dame à un Cavalier: IIIe. Edition augmentée. *A Paris* 1709. *in* 12°. 3. *vol.*

144 H
jusqu'à
150 H
Lettres de Roger de Rabutin Comte de Bussy, écrites depuis l'an 1666. jusqu'en 1692. Nouvelle Edition. *A Paris* 1720. *in* 12°. 7. *vol.*

150*H
1
—
150*H
2
Lettres de Marie Rabutin-Chantal Marquise de Sevigné à la Comtesse de Grignan sa fille, écrites depuis l'an 1670. jusqu'en 1690. avec la Préface de M. de Bussy. *Imprimé en* 1726. *in* 12°. 2. *vol.*

Lettres galantes de Mc. de Villedieu. *Voyez ses Oeuvres, tome* 2. *ci-devant* n° 564 G.

MISCELLANEI. 275

Lettres fur divers fujets, par Cefar Vichard de Saint-Real. *Voyez fes Oeuvres, tome* 5. *ci-devant n°* 91 H.

Lettres en Profe de Nicolas Boileau Defpreaux. *Voyez fes Oeuvres, tome* 2. *ci-devant n°* 12 E.

151 H
152 H
153 H   Lettres choifies de Pierre Bayle, avec des Remarques (de Profper Marchand.) *A Rotterdam* 1714. *in* 12°. 3. *vol.*

Lettres galantes de M. Bernard d'Hervilliers de Fontenelle. *Voyez fes Oeuvres, tome.* 2 *ci-devant n°* 100 H.

154 H
155 H   Lettres Perfanes. *A Amfterdam* 1721. *in* 12°. 2. *vol.*

M m ij

HISTOIRE.

GEOGRAPHIE.

86 I Introduction à la Geographie, par Nicolas Sanson; avec des Figures enluminées. *A Paris* 1690. *in* 12°.

Abregé de la Geographie, par M. le Ragoys. *Voyez son Instruction sur l'Histoire de France, ci-après n°* 227 N.

L'Europe, l'Asie, l'Afrique, & l'Amerique, en plusieurs Cartes & Traitez de Geographie & d'Histoire, par Nicolas Sanson. *A Paris* 1652. *in* 4°. 4. *vol.*

11 I   Tome 1. contient l'Europe.
12 I   Tome 2. comprend l'Asie.
13 I   Tome 3. contient l'Afrique.
14 I   Tome 4. comprend l'Amerique.

La Geographie universelle, contenant les Descriptions, les Cartes, & le Blason des principaux Païs du Monde, par Pierre du Val; avec des Figures enluminées. *A Paris*

	1682. *in* 12°. 2. *vol.*
87 I	Tome 1. comprend l'Amerique, l'Afrique, l'Asie.
88 I	Tome 2. contient l'Europe.
89 I	L'A. B. C. du Monde, ou Dictionaire de toutes les Villes & Lieux du Monde, par le même du Val. *A Paris, in* 12°.
90 I	Index Geographique, par lequel sont indiquez dans un inſtant, & avec une facilité nouvelle, les Villes, Villages, Lieux, Païs, Fleuves & Rivieres que l'on ſe propoſe de trouver ſur une Carte ; par le Sieur Caſſan. *A Paris* 1705. *in* 12°.
91 I	Methode pour étudier la Geographie, dans laquelle on donne une Deſcription exacte de l'Univers tirée des meilleurs Auteurs, & formée ſur les obſervations de Mrs. de l'Academie Royale des Sciences ; avec un Diſcours préliminaire ſur l'étude de cette Science, & un Catalogue des Cartes Geographiques, des Relations, Voyages & Deſcriptions Geographiques ; (par le Sieur Nicolas Lenglet du Freſnoy.) *A Paris* 1716. *in* 12°. 4. *vol.*
92 I
93 I
94 I
94*I	Methode abregée & facile pour ap-

GEOGRAPHIE. 279

prendre la Geographie, où l'on décrit la forme du Gouvernement de chaque Païs, ses qualitez, les mœurs de ses Habitans, & ce qu'il y a de plus remarquable; avec un Abregé de la Sphere; par le Sieur A. L. F. (A. le François:) IIe. Edition. *A Paris* 1719. *in* 12°.

Description de l'Univers, contenant les differens Systémes du Monde, les Cartes de la Geographie ancienne & moderne, les Plans des Villes, les Portraits des Princes, leurs Blasons, & les Mœurs des Nations; par Allain Manesson Mallet. *A Paris* 1683. *in* 8°. 5. *vol.*

95 I	Tome 1. contient tout ce qui sert d'Introduction à la Geographie.
96 I	Tome 2. l'Asie ancienne & moderne.
97 I	Tome 3. l'Afrique ancienne & moderne.
98 I	Tome 4. l'Europe ancienne & moderne.
99 I	Tome 5. suite de l'Europe, les Terres Australes, & l'Amerique.

La Geographie ancienne, moderne, & historique, par M. Jean Baptiste d'Audiffret: avec des Cartes enluminées. *A Paris* 1689. *in* 4°. 3. *vol.*

15 I	Tome 1. comprend les Principes de la Geographie, l'Angleterre, l'Ecosse

l'Irlande, le Danemarc, la Suede, la Norvege, la Pologne, & la Moscovie.

16 I   Tome 2. la France, les Païs-Bas, les Provinces-Unies, la Suisse, & la Savoye.

17 I   Tome 3. contient l'Allemagne.

Les Plans & Profils des principales Villes & Lieux considerables des Païs-Bas, de la Lorraine & de l'Alsace, du Comté de Bourgogne, du Roussillon, & de la Catalogne; avec les Cartes generales & particulieres de chaque Gouvernement; par le Chevalier Sebastien Pontault de Beaulieu. *In 8°. 7. vol.*

100 I   Tome 1. contient les Païs-Pas, c'est-à-dire, le Comté d'Alost ou de Flandre Imperiale : les Duchez de Brabant, de Gueldres, & de Cambray: le Comté de Namur : & les Duchez de Limbourg & de Luxembourg.

101 I   Tome 2. le Comté de Flandre.

102 I   Tome 3. les Comtez d'Artois & de Haynault.

103 I   Tome 4. les Duchez de Lorraine & de Bar.

104 I   Tome 5. les Conquestes du Roy en Alsace & en Allemagne.

105 I   Tome 6. le Comté de Bourgogne : & le

GEOGRAPHIE. 281

le Comté de Roussillon, Conflant, & Cerdaigne.

106 I   Tome 7. la Principauté de Catalogne.

18 I   Memoires & Plans Geographiques des principales Places de France, d'Allemagne, d'Italie, de Hollande, & de Flandre Espagnole; presentez à Monseigneur le Comte de Toulouse par D. L. H. I. Gentilhomme Breton. *MS. in* 4°.

107 I   Les mêmes. *A Paris* 1698. *in* 12°.

108 I   Les Princes Souverains de l'Italie, ou Traité succint de leurs Etats, grandeurs, forces, familles, gouvernemens & revenus, interests &c. par Nicolas Sanson. *A Paris* 1643. *in* 8°.

Les Delices de l'Italie, contenant une Description exacte du Païs, des principales Villes, de toutes les Antiquitez & raretez qui s'y trouvent, par M. de Rogissart ; reveuës & corrigées par M. H... (Havart:) avec Figures. *A Paris* 1707. *in* 12°. 4. *vol.*

109 I   Tome 1. contient la Description generale de l'Italie, & en particulier des Villes de Trente, Feltry, Bassano, Marostica, Molvena, Trevise, Venise, Padoue, Ferrare, Boulogne, Florence, Sienne, Perouse, Pienza, Ra-

N n

dicofano, Chiufi, Monte-Pulciano, Aquapendente, Volfini, Orviete, Montefiafcone, & Viterbe.

110 I Tome 2. les Villes de Chioggia, Ravenne, Imola, Faïence, Forli, Cefena, Rimini, Urbin, S. Marin, Catholica, Pefaro, Fano, Senigaglia, Ancone, Lorette, Recanati, Foligni, Affife, Spolette, Terni, Narni, Otricoli, Caftellana, & Rome.

111 I Tome 3. les Villes de Frefcati, Velitre, Terracine, Fondi, Gaïette, Seffa, Capouë, Naples, Salerne, Reggio, Tarente, Otrante, Bari, Benevent, M. Paufipyle, Antignagno, & Pouzol.

112 I Tome 4. les Villes de Pouzol, Ligourne ou Livourne, Pife, Lucques, Genes, Tortone, Pavie, Modene, Reggio, Parme, Plaifance, Lodi, Cremone, Mantouë, Vicence, Verone, Breffe, Creme, Bergame, Come, & Milan.

113 I Defcription Geographique & Hiftorique de la Morée reconquife par les Venitiens, du Royaume de Negrepont, & autres; enrichie de Plans & de Veuës, par Vincent Coronelli. *A Paris* 1686. *in* 8º.

La Geographie Françoife, contenant les Defcriptions, les Cartes, & le Blafon de France, par Pierre du Val; avec des Figures enluminées,

GEOGRAPHIE.   283
A Paris 1682. *in* 12°. 2. *vol.*

114 I   Tome 1. contient la France entiere.
115 I   Tome 2. les Acquifitions fous Louis XIV.
116 I L'Alphabet de la France, ou Dictionnaire des Villes & Lieux de France, par le même du Val. *A Paris*, *in* 12°.

Les Delices de la France, ou Defcription des Provinces & Villes Capitales d'icelle, depuis la Paix de Ryfwick ; avec les Plans & les Veuës. *A Amfterdam* 1699. *in* 12°. 2. *vol.*

117 I   Tome 1. contient la Defcription generale de la France, de fa fituation, de fes forces, de fon gouvernement; fa Divifion generale ; la Lorraine.
118 I   Tome 2. toutes les Provinces du Royaume, hors la Lorraine comprife dans le premier tome.

Nouvelle Defcription de la France, par M. Jean Piganiol de la Force : IIe. Edition corrigée & augmentée confiderablement ; avec Figures. *A Paris* 1722. *in* 12°. 7. *tomes en* 8. *vol.*

119 I   Tome 1. comprend tout ce qui s'obferve auprès du Roy, l'état de fa Maifon, fes Titres, fes Armes, fes Prerogatives, fon Ceremonial, fes Officiers & ceux de fa Couronne ; avec le Gouvernement ecclefiaftique, civil

N n ij

& militaire de la France.

120 I Tome 2. premiere partie, la Description de Paris, ses Antiquitez, ses Curiositez, & son Gouvernement.

121 I Tome 2. deuxiéme partie, la Description des Maisons Royales, & autres belles Maisons & Chateaux des environs de Paris.

122 I Tome 3. l'Isle de France, la Picardie, la Champagne, la Bourgogne, la Bresse, la Principauté de Dombes, le Bugey, & le Païs de Gez.

123 I Tome 4. le Dauphiné, la Provence, le Languedoc, le Comté de Foix, la Navarre, le Bearn, la Guyenne & Gascogne.

124 I Tome 5. la Saintonge, l'Angoumois, le Païs d'Aunis, le Poitou, la Bretagne, la Normandie, le Havre de Grace, le Maine & le Perche.

125 I Tome 6. l'Orleannois, la Sologne, la Beausse particuliere ou le Pays Chartrain, le Dunois, le Vendômois, le Blesois, une partie du Gatinois, le Perche-Gouët, le Nivernois, le Bourbonnois, le Lyonnois, le Forez, le Beaujollois, l'Auvergne, le Limousin, la Marche, & le Berry.

126 I Tome 7. la Touraine, l'Anjou, la Flandre Françoise, le Cambresis, le Haynaut François, le Dunkerquois, le Païs Messin, le Verdunois, le Barois, le Luxembourg, le Toulois, l'Alsace, la Franche-Comté, & le Roussillon.

GEOGRAPHIE.

Memoires des Generalitez de France, contenant leur situation, leur étenduë, les Habitans, les Villes, & autres Lieux, la Milice, les Gouverneurs, les Parlemens &c. l'Etat Ecclesiastique, &c. (dressez par ordre de la Cour pour l'instruction de Monseigneur le Duc de Bourgogne par differens Auteurs, & depuis abregez & en même temps suppléez par Henry Comte de Boulainvilliers.) *M S. in* 4°. 19. *vol.*

19 I	Tome 1. comprend l'Alsace.
20 I	Tome 2. Bourdeaux.
21 I	Tome 3. Bourgogne Duché, Bresse, Gez & Bugey.
22 I	Tome 4. Bourges, Bourbonnois & Auvergne.
23 I	Tome 5. Bretagne.
24 I	Tome 6. Champagne.
25 I	Tome 7. Dauphiné.
26 I	Tome 8. Flandres.
27 I	Tome 9. Languedoc.
28 I	Tome 10. Limoges, Poitou & la Rochelle.
29 I	Tome 11. Lyon.
30 I	Tome 12. Metz, Toul & Verdun, & Franche-Comté.

31 I	Tome 13. Montauban.
32 I	Tome 14. Orleans & Tours.
33 I	Tome 15. Paris.
34 I	Tome 16. Pau & Perpignan.
35 I	Tome 17. Picardie & Soissons.
36 I	Tome 18. Provence.
37 I	Tome 19. Roüen, Alençon & Caen.
38 I	La Generalité de Paris. *M S. in* 4.
39 I	2. *vol.*
127 I	La Generalité de Paris, divisée en ses XXII. Elections, ou Description exacte de tout ce qui est contenu dans cette Generalité ; par le Sieur Chalibert Dancosse. *A Paris* 1710. *in* 12°.
	Les Delices des Païs-Bas, contenant une Description generale des XVII. Provinces : Edition nouvelle augmentée, & enrichie de Figures & de Cartes. *A Bruxelles* 1711. *in* 8°. 3. *vol.*
128 I	Tome 1. comprend les Duchez de Brabant & de Limbourg ; le Comté de Flandre ; le Marquisat du S. Empire; & la Seigneurie de Malines.
129 I	Tome 2. le Duché de Luxembourg; & les Comtez de Hainaut, d'Artois, de Namur, & de Hollande.
130 I	Tome 3. le Duché de Gueldre ; les Comtez de Zutphen & de Zelande;

les Seigneuries d'Utrecht, de Frise, d'Overiffel & de Groeningue ; le Cambrefis; le Païs de Liege ; le Dictionnaire geographique des Païs-Bas; & la Lifte des Annobliffemens.

Les Delices de la Hollande ; contenant une Defcription exacte du Païs, des mœurs & des coûtumes des Habitans ; avec un bregé hiftorique depuis l'établiffement de la Republique jufqu'en 1710. Ouvrage nouveau fur le plan de l'ancien, enrichi de Cartes & de Figures. *A la Haye*, 1710. *in* 12°. 2. *vol.*

131 I   Tome 1. comprend la Defcription de la Hollande ; & un Abregé hiftorique des diverfes formes de Gouvernemens qui ont été dans cette Province, & de ce qui s'y eft paffé jufqu'en 1672.

132 I   Tome 2. la fuite de l'Abregé hiftorique depuis 1672. jufqu'en 1710.

133 I Les Delices de la Campagne autour de la Ville de Leyde, contenant un Abregé hiftorique des anciens Bataves, de leurs mœurs, coûtumes & guerres, depuis Claude Civil jufques à nos temps ; & une Defcription exacte de la Rhinlande, des anciens Bourgs ou Boulevards, des Châteaux & Maifons de Cam-

pagne d'aujourd'hui; par Gerard Goris: avec Figures. *A Leide* 1712. *in* 12°.

Les Delices de la Suiſſe, une des principales Republiques de l'Europe; avec un Memoire inſtructif ſur les cauſes de la Guerre de Suiſſe de 1712. par le Sieur Gottlieb Kypſeler de Munſter: avec Figures. *A Leide* 1714. *in* 12°. 4. *vol.*

134 I   Tome 1. comprend l'Abregé de l'Hiſtoire de la Suiſſe, & ſon état preſent, la Deſcription des Alpes, des Montagnes, & des Rivieres de la Suiſſe; & la Deſcription des Cantons de Zurich, & de Berne.

135 I   Tome 2. la ſuite du Canton de Berne; les Cantons de Lucerne, d'Uri, de Schwits ou de Suiſſe, d'Underwald, de Zoug, de Glaris, de Bale, de Fribourg, de Soleurre, de Schaffhouſe, & d'Appenzell.

136 I   Tome 3. les Sujets des Suiſſes, ſçavoir: le Comté de Bade, les Provinces libres, le Thourgaw, le Rheintal, le Comté de Sargans, le Comté de Werdeberg, les Bailliages de Gaſter & de Gams, les Bailliages d'Italie, & le Bailliage de Locarno; les Alliez des Suiſſes, ſçavoir : la Souveraineté de Neuf-Chatel & Valengin, l'Evêque de Bale Prince de Porentru, la Ville & l'Abbaye de S. Gal; & les Griſons.

Tome

	GEOGRAPHIE.
137 I	Tome 4. les Sujets des Grisons, le Vallais, le Bas-Vallais, la Republique de Geneve, Mulhouse; & des Considerations generales sur la nature du terroir de la Suisse, les mœurs, la Religion, le Gouvernement &c. & un Memoire instructif sur les causes de la Guerre arrivée en Suisse l'an 1712.

Delices de l'Espagne & du Portugal, ou Description des Provinces, Villes & Lieux considerables de ces Royaumes, par Don Juan Alvarez de Colmenar; avec des Plans, Veuës, & Figures. *A Leide* 1707. *in* 12°. 3. *vol.*

138 I	Tomes 1. & 2. reliez ensemble, comprennent, outre l'état de l'ancienne Espagne, les Provinces de Biscaye, d'Asturie, de Galice, de Leon, & de Castille vieille, & la Castille nouvelle.
139 I	Tome 3. les Provinces d'Andalousie, de Grenade, de Murcie, de Valence, de Catalogne, d'Arragon, & de Navarre; & les Isles de Cadix, de Majorque & de Minorque.
140 I	Tomes 4. & 5. reliez ensemble, les six Provinces de Portugal; & une Description generale & abregée de toute l'Espagne, & du Portugal, des mœurs, de la Religion & du Gouvernement.

O o

Delices de la Grande Bretagne, & de l'Irlande, contenant une Description exacte du Païs, des mœurs & coûtumes, & de ce qu'il y a de plus remarquable, par James Beeverell; avec Figures. *A Leide* 1707. *in* 12°. 8. *tomes en* 9. *vol.*

141 I
142 I } Tomes 1. 2. 3. & 4. comprennent les Provinces de l'Angleterre.
143 I
144 I

145 I } Tome 5. parties 1. & 2. les principales Maisons de Campagne des Seigneurs & Gentilshommes de l'Angleterre.
146 I

147 I } Tomes 6. & 7. les Provinces de l'Ecosse.
148 I

149 I Tome 8. les Provinces de l'Irlande.

40 I Description Geographique des Provinces & Villes de l'Inde Orientale, par Marc Paule; traduite de l'Italien en François. *A Paris* 1556. *in* 4°.

150 I Description generale des Costes de l'Amerique, par le Sieur Dassié. *A Rouen* 1677. *in* 12°.

41 I Description de la France Equinoctiale, ci-devant appellée Guyanne, & par les Espagnols *el Dorado*; par

le Sieur le Febvre de la Barre. *A Paris* 1666. *in* 4°.

1 I Dictionnaire Geographique & Historique, contenant la Description & Situation de toutes les parties de l'Univers, par Michel Antoine Baudrand. *A Paris* 1705. *in fol.*

151 I Mercure Geographique, ou le Guide du Curieux des Cartes Geographiques, par Antoine Lubin. *A Paris* 1678. *in* 12°.

VOYAGES.

Voyages en differentes parties du Monde.

152 I De l'utilité des Voyages, & de l'avan-
153 I tage que la recherche des Antiquitez procure aux Sçavans, par Charles Cesar Baudelot de Dairval. *A Paris* 1686. *in* 12°. 2. *vol.*

2 I Relations de divers Voyages curieux,
3 I qui n'ont point été publiées, ou qui ont été traduites de differens Auteurs, par Melchisedech Thevenot, avec les Figures necessaires. *A Paris* 1663. *in fol.* 2. *vol.*

42 I Recueil de divers Voyages faits en Afrique & en Amerique, qui n'ont point été encore publiez, conte-

nant l'Histoire de l'Isle des Barbades, traduite de l'Anglois de Richard Ligon : une Relation de la Riviere du Nil : un Voyage aux Costes d'Afrique : une Relation des Caraïbes : une Relation de la Guyane : une Description de la Jamaïque, & des Colonies Angloises dans l'Amerique ; avec des Traitez curieux de la Haute Ethiopie, du Debordement du Nil, de la Mer Rouge, & du Prête-Jean. *A Paris* 1674. *in* 4°.

154 I Voyage de François Drach Admiral d'Angleterre autour du Monde ; (publié par François de Louvencourt Sieur de Vauchelles.) *A Paris* 1627. *in* 8°.

Nouveau Voyage autour du Monde, par Guillaume Dampier, traduit de l'Anglois ; avec Figures. *A Amsterdam* 1701. 1705. & 1712. *in* 12°. 4. *vol.*

155 I   Tome 1. comprend le Voyage aux Indes Occidentales.

156 I   Tome 2. le Retour aux Costes d'Angleterre, & un Traite des Vents.

157 I   Tome 3. un Suplement au Voyage cidessus, le Voyage de Tunquin, le Voyage de Campeche, & le Retour en Angleterre.

GEOGRAPHIE. 293

158 I   Tome 4. le Voyage aux Terres Auſtrales, & à la Nouvelle Hollande ; & le Voyage de Lionel Wafer dans l'Amerique.

159 I   Tome 5. la Suite du Voyage de Dampier à la Nouvelle Hollande ; avec le Voyage du Capitaine Wood à travers le Detroit de Magellan ; le Journal de l'Expedition du Capitaine Sharp ; le Voyage autour du Monde du Capitaine Cowley ; & le Voyage du Levant de M. Robert ; Le tout traduit de l'Anglois.

Voyage du tour du Monde, fait par Jean François Gemelli Carreri, depuis 1693. juſqu'en 1698. traduit de l'Italien par L. M. N.... avec Figures. *A Paris* 1719. *in* 12°. 6. *vol.*

160 I   Tome 1. comprend le Voyage de Turquie.
161 I   Tome 2. contient celuy de la Perſe.
162 I   Tome 3. celuy de l'Indoſtan.
163 I   Tome 4. celuy de la Chine.
164 I   Tome 5. celuy des Iſles Philippines.
165 I   Tome 6. celuy de la Nouvelle Eſpagne, & le retour de l'Auteur par l'Eſpagne & la France en Italie.

Voyage de Hieruſalem, de Rome, & de Monſeigneur S. Nicolas de Bar en Poulie, fait en 1490. par Jehan Decuchermoys. *Voyez l'Hiſtoire du Chevalier Guerin Meſquin, ci-devant n° 37* G.

43 1 Les Observations de plusieurs Singularitez trouvées en Grece, Asie, Judée, Egypte, Arabie, & autres Païs Estranges, par Pierre Belon: avec Figures *A Paris* 1588. *in* 4.

166 1 Les Voyages avantureux du Capitaine Martin de Hoyarsabal habitant de Cubiburu; contenant les regles & enseignemens necessaires à la bonne & seure Navigation: Derniere Edition augmentée de la Declinaison du Soleil, faite suivant la reformation du Calendrier. *A Bordeaux* 1633. *in* 8º.

44 1 Les Voyages fameux de Vincent le Blanc aux quatre parties du Monde, depuis l'an 1567. jusqu'en 1631. redigez sur ses Memoires, & enrichis d'Observations, par Pierre Bergeron; mis en meilleur langage & publiez par Louis Coulon. *A Paris* 1658. *in* 4º.

167 1 Les Voyages du Sieur de Villamont en 1588. 89. 90. & 91. en diverses parties d'Europe, d'Asie & d'Afrique. *A Paris*, *in* 8º.

Voyages de M M. de Mayenne & de Joyeuse au Levant, & en Poitou. *Voyez les Memoires des Troubles de*

VOYAGES. 295

France de *Villegomblain*, tome 2. ci-après n° 356 N.

45 I Le Voyage de François Pyrard, contenant sa Navigation aux Indes Orientales, aux Maldives, aux Moluques, & au Brésil, depuis 1601. jusqu'en 1611. avec les Observations Géographiques de Pierre du Val. *A Paris 1679. in 4°.*

168 I Voyages en Afrique, en Asie, & aux Indes Orientales & Occidentales, depuis 1601. jusqu'en 1615. par Jean Mocquet : avec Figures. *A Rouen, 1665. in 8°.*

Relation du Voyage d'Adam Olearius en Moscovie, Tartarie & Perse, depuis 1633. jusqu'en 1639. Nouvelle Edition augmentée de plus d'un tiers, & du Voyage de Jean Albert de Mandelslo aux Indes Orientales en 1638. 1639. & 1640. Le tout traduit de l'Allemand par Abraham de Wicquefort Résident de Brandebourg : avec Figures. *A Paris 1666. in 4°. 2. vol.*

46 I   Tome 1. contient le Voyage d'Olearius en Moscovie, Tartarie & Perse.

47 I   Tome 2. la suite du même Voyage, & celui de Mandelslo aux Indes Orientales.

48 I
jusqu'à
51 I

Les Voyages de Pietro della Valle en Turquie, Egypte, Palestine, Perse, & aux Indes Orientales, traduits de l'Italien en François par Eſtienne Carneau & Louis le Comte Celeſtins. *A Paris* 1663. *in* 4°. 4. *vol.*

52 I Relations des Voyages de François de Savary Seigneur de Breves, tant en Grece, Terre-Sainte, & Egypte, qu'à Tunis & Alger, en 1605. & 1606. enſemble un Traité fait en 1604. entre Henry IV. Roy de France & l'Empereur des Turcs; avec trois Diſcours dudit Sieur de Breves, l'un ſur l'utilité de l'Alliance du Roy de France avec le Grand Seigneur; le ſecond des moyens de ruiner la Monarchie Ottomane; & le troiſiéme du procedé que ledit Sieur de Breves a tenu lorſqu'il a remis entre les mains du Roy en 1618. la perſonne de M. le Duc d'Anjou ſon frere dont il étoit Gouverneur, où l'on voit un recit abregé des Negotiations dudit Sieur de Breves à Conſtantinople & à Rome depuis l'an 1586. juſqu'en 1614. & de l'Education de M. le Duc d'Anjou pendant les années 1615. 1616.

1616. 1617. & 1618. Le tout recueilly par Jacques du Castel. *A Paris* 1628. *in* 4°.

53 I Les Voyages & Observations du Sieur de la Boullaye-le-Gouz, contenant la Description des Religions, Gouvernemens & Situations des Royaumes d'Italie, Grece, Natolie, Syrie, Palestine, Mogol, Indes Orientales, Arabie, Egypte, Hollande, Angleterre, Danemarc, &c. avec Figures. *A Paris* 1653. *in* 4°.

54 I
55 I Journal des Voyages de Balthasar de Monconys, depuis 1628. jusqu'en 1664 contenant la Description de ce qu'il y a de plus digne de la connoissance d'un honneste homme dans les trois parties du Monde ; avec d'autres Ouvrages du même Auteur: Le tout enrichy de Figures, & publié par Gaspard de Monconys Sieur de Liergues fils de l'Auteur. *A Lyon* 1665. *in* 4°. 2. *vol.*

169 I
170 I
171 I Voyage d'Italie, de Dalmatie, de Grece, & du Levant, fait en 1675. & 1676. par Jacob Spon, & George Wheler ; décrit par le même Spon: avec Figures. *A Lyon* 1678. *in* 12°. 3. *vol.*

P p

172 1 Le même Voyage de Dalmatie, de
173 1 Grece, & du Levant, décrit par George Wheler, traduit de l'Anglois; avec Figures. *A Amsterdam 1689. in* 12°. 2. *vol.*

56 1 Les Voyages de Jean Struys en Moscovie, Tartarie, Perse, aux Indes, & autres Païs; recueillis & publiez, avec la Relation d'un Naufrage extraordinaire, par M. Glanius; avec Figures. *A Amsterdam* 1681. *in* 4°.

57 1 Voyage en divers Etats d'Europe & d'Asie, entrepris pour découvrir un nouveau chemin à la Chine, contenant plusieurs Remarques curieuses de Physique, de Geographie, d'Hydrographie, & d'Histoire; avec une Description de la grande Tartarie, & des Figures; par Philippe Avril Jesuite. *A Paris* 1692. *in* 4.

174 1 Voyages de Jean Ovington, faits à
175 1 Surate, & en d'autres lieux de l'Asie & de l'Afrique, depuis 1689. jusqu'en 1693. avec l'Histoire de la Revolution du Royaume de Golconde, & des Observations sur les Vers à Soye: Traduit de l'Anglois

VOYAGES. 299

(par le P. Niceron Barnabite.) *A Paris* 1725. *in* 12°. 2. *vol.*

Les deux premiers Voyages de Paul Lucas, depuis l'an 1699. jusqu'en 1708. avec Figures. *A Paris* 1712. *&* 1714. *in* 12°. 4. *vol.*

176 I
177 I } Tomes 1. & 2. contiennent le Voyage du Levant ; avec un Relation abregée des Troubles arrivez dans l'Empire Ottoman en 1703.

178 I
179 I } Tomes 3. & 4. le Voyage fait par ordre du Roy dans la Grece, l'Asie Mineure, la Macedoine, & l'Afrique.

180 I
181 I
182 I Le troisiéme Voyage de Paul Lucas, fait en 1714. par ordre du Roy Louis XIV. dans la Turquie, l'Asie, la Sourie, la Palestine, la Haute & Basse Egypte &c. *A Rouen* 1719. *in* 12°. 3. *vol.*

4 I
5 I Voyages de M. de la Motraye en Europe, Asie, & Afrique ; où l'on trouve une grande varieté de Recherches sur l'Italie, la Grece, la Turquie, la Tartarie, Crimée & Nogaye, la Circassie, la Suede, la Lapponie, &c. avec des Remarques instructives sur les mœurs des Peuples & des Païs où l'Auteur a voyagé, & des Particularitez remarquables touchant les Personnes & les Au-

P p ij

teurs distinguez de l'Angleterre, de la France, de l'Italie, de la Suede &c. comme aussi des Relations curieuses des Evenemens considerables arrivés pendant vingt-cinq années que l'Auteur a employées dans ses Voyages, comme de la grande Revolution en Turquie, où le Sultan fut détroné ; de la Guerre entre les Turcs & les Russiens, & de la Paix concluë sur le Pruth, où l'Auteur étoit present ; des affaires & de la conduite du Roy de Suede à Bender & en Turquie, de son retour en Suede, de ses Campagnes en Norwegue, de sa mort &c. Ouvrage enrichi d'un grand nombre de Figures. *A la Haye* 1726. *in fol.* 2. *vol.*

1831 Nouveau Voyage de Grece, d'Egypte, de Palestine, d'Italie, de Suisse, d'Alsace, & des Païs Bas, fait en 1721. 1722. & 1723. par Charles de Sainte-Maure autrement l'Abbé de Beaulieu. *A la Haye* 1724. *in* 12°.

Voyages d'Europe.

Le Voyageur d'Europe, ou Voyages de France, d'Espagne, d'Allemagne, &c. par Albert Jouvin de Rochefort. *A Paris* 1672. *in* 12°. 4. *vol.*

184 I   Tome 1. contient le Voyage de France.
185 I   Tome 2. le Voyage d'Espagne, & de Portugal.
186 I   Tome 3. le Voyage d'Allemagne, & de Pologne.
187 I   Tome 4. le Voyage d'Angleterre, de Danemarc, & de Suede.

Voyages Historiques de l'Europe, par M. Jordan. *A Paris* 1701. *in* 12°. 8. *vol.*

188 I   Tome 1. contient la France.
189 I   Tome 2. l'Espagne.
190 I   Tome 3. l'Italie.
191 I   Tome 4. l'Angleterre.
192 I   Tome 5. la Hollande.
193 I   Tome 6. l'Allemagne.
194 I   Tome 7. la Moscovie.
195 I   Tome 8. la Pologne & la Suede.

196 I Voyage de Henry Duc de Rohan en 1600. en Italie, en Allemagne, aux Païs-Bas, en Angleterre, & en Ecosse. *A Amsterdam* 1646. *in* 12°.

197 I Journal d'un Voyage de France & d'Italie, par un Gentilhomme François, en 1661. *A Paris* 1670. *in* 8°.

198 I Les Voyages de M. Payen en Angle-

terre, Flandre, Brabant, Hollande, Danemarc, Suede, Pologne, Allemagne, & Italie; vers l'année 1660. *A Paris* 1667. *in* 12°.

199 I Relation de Voyages en Allemagne, en Angleterre, en Hollande, en Boheme, en Suisse &c. ès années 1669. 70. 71. 72. & 73. par Charles Patin; avec Figures. *A Amsterdam* 1695. *in* 12°.

200 I Voyage de Suisse, d'Italie, & de quelques endroits d'Allemagne & de France, fait en 1685. & 1686. par Gilbert Burnet; avec des Remarques d'une Personne de Qualité touchant la Suisse & l'Italie : Le tout traduit de l'Anglois. *A Rotterdam* 1687. *in* 12°.

201 I Voyage d'Italie & de Grece; fait en 1691. par le Sieur Mirabal. *A Paris* 1697. *in* 12°.

Les Voyages de François du Mont en France, en Italie, en Allemagne, à Malthe, & en Turquie, ès années 1689. 90. 91. & 92. avec des Dissertations sçavantes sur l'Histoire ancienne & moderne, sur la Philosophie, & sur les Monumens antiques : Le tout enrichi de Figures. *A la Haye* 1699. *in* 12. 4. *vol.*

202 I	Tome 1. comprend les Voyages du Rhin, de France, de Provence & Languedoc, & d'Italie.
203 I	Tome 2. les Voyages de Malthe, de Conſtantinople, de l'Archipel, d'Egypte, & de Smyrne.
204 I	Tome 3. la ſuite du Voyage de Smyrne.
205 I	Tome 4. la ſuite du Voyage de Smyrne, celui de Veniſe, & celui d'Allemagne.
206 I	Voyages en Eſpagne, en Portugal, en Allemagne, en France, & ailleurs, par M. M.... avec Figures. *A Amſterdam* 1699. *in* 8°.
207 I 208 I	Remarques hiſtoriques & critiques faites dans un Voyage d'Italie en Hollande, en 1704. contenant les Mœurs, la Religion & les Coutumes de la Carniole, de la Carinthie, de la Baviere, de l'Autriche, de la Boheme, de la Saxe, & des Electorats du Rhin; avec une Relation des Differends qui partagent aujourd'huy les Catholiques Romains dans les Païs Bas, & une Préface dans laquelle on refute pluſieurs faits avancez par M. Miſſon dans ſon Voyage. *A Cologne* 1705. *in* 8°. 2. *vol.*
209 I	Voyage de M. Henry Prince de Condé en Italie, depuis ſon partement

du Camp de Montpellier jusqu'à son retour en sa maison de Mouron. *A Paris* 1634. *in* 8º.

210 I Lettres du Marquis de Robias d'Estoublon, écrites pendant son Voyage d'Italie en 1669. avec un Recueil d'Oeuvres diverses du même Auteur. *A Paris* 1676. *in* 12º.

211 I
212 I Voyage d'Italie, traduit de l'Anglois de Richard Lassels: Seconde Edition augmentée des Descriptions des Peintures. *A Paris* 1682. *in* 12º. 2. *vol.*

213 I
214 I Nouveau Voyage d'Italie, avec la Description de toutes les Particularitez, par François de Seine. *A Lyon* 1699. *in* 12º. 2. *vol.*

215 I
216 I
217 I Nouveau Voyage d'Italie, avec des Avis aux Voyageurs, par Maximilien Misson: IV. Edition avec Figures. *A la Haye* 1702. *in* 12º. 3. *vol.*

218 I Remarques sur divers endroits d'Italie, par M. Addisson; pour servir au Voyage de M. Misson. *A Paris* 1722. *in* 12º.

Refutation de plusieurs faits avancez par M. Misson dans son Voyage d'Italie. *Voyez les Remarques faites dans un Voyage d'Italie, ci-dessus* nº 207. I.

Voyage

Voyage d'Italie, par G. d'Emiliane. *Voyez l'Histoire des tromperies des Prestres & des Moines, ci-devant n°* 17*2 H.

192 I Relation du Voyage de Morée, fait en 1718. & 1719. par le Sieur Pellegrin. *A Marseille 1722. in* 12°.

220 I Nouveau Voyage de France, avec un Itineraire & des Cartes faites exprés, qui marquent exactement les Routes qu'il faut suivre pour voyager dans toutes les Provinces du Royaume ; par M. Jean Piganiol de la Force. *A Paris 1724. in* 12°. *2. tomes en 1. vol.*

221 I Le Voyage de Munster en Westphalie, & autres Lieux voisins, en 1646. & 47. par Claude Joly Chanoine de l'Eglise de Paris. *A Paris 1670. in* 12°.

58 I Le Voyage du Prince Don Fernand Infant d'Espagne & Cardinal, de Madrid à Barcelonne, & de Barcelonne à Bruxelles, en 1634. traduit de l'Espagnol de Don Diego de Aedo & Gallart, par Jule Chifflet. *A Anvers 1635. in* 4°.

222 I Voyage d'Espagne historique & politique, fait en 1655. *Imprimé en* 1666. *in* 12°.

Qq

59 I	Journal d'un Voyage d'Espagne, fait en l'année 1659. à l'occasion du Traité de Paix. *A Paris* 1669. *in* 4°.
223 I	Relation du Voyage d'Espagne, par
224 I	Madame d'Aunoy. *A Paris* 1699. *in*
225 I	12°. 3. *vol*.
226 I	Relation d'un Voyage en Angleterre, par Samuel de Sorbiere. *A Cologne* 1666. *in* 12°.
227 I	Remarques sur l'Angleterre, faites par un Voyageur les années 1710. & 1711. *A Amsterdam* 1715. *in* 12°.
227*I	Lettres sur les Anglois, & les François, & sur les Voyages, (écrites par un Voyageur.) *Imprimé en* 1725. *in* 8°.
228 I	Relation d'un Voyage fait en Danemarc, à la suite de l'Envoyé d'Angleterre, avec plusieurs extraits des Loix de Danemarc. *A Rotterdam* 1706. *in* 12°.
60 I	Histoire & Relation du Voyage de la Reine de Pologne, & du Retour de Madame la Mareschale de Guebriant Ambassadrice Extraordinaire par la Hongrie, l'Autriche, la Styrie, la Carinthie, le Frioul, & l'Italie; par Jean le Laboureur. *A Paris* 1648. *in* 4°.

229 1 Voyage en Moscovie du Baron de Mayerberg Ambassadeur de l'Empereur au Czar, en 1661. 62. & 63. *A Leide* 1688. *in* 12°.

230 1 Relation de Moscovie, par M. de la Neuville. *A Paris* 1698. *in* 12°.

231 1 Voyage des Païs Septentrionaux, par le Sieur de la Martiniere ; avec Figures. *A Vendôsme* 1671. *in* 8°.

Recueil de Voyages au Nord, contenant divers Memoires utiles au Commerce & à la Navigation. *A Amsterdam* 1715. & 1718. *in* 12°. 6. vol.

232 1 Tome 1. contient les Relations de l'Islande & du Groënland, d'Isaac de la Peyrere ; quelques Memoires pour ceux qui vont à la Pesche de la Baleine ; & une Instruction pour voyager utilement.

233 1 Tome 2. le Journal du Voyage de Frederic Martens de Hambourg au Spitzbergen, traduit de l'Allemand ; le Journal du Capitaine Wood ; avec un suplément à ces deux Voyages.

234 1 Tome 3. la Relation de Terreneuve, traduite de l'Anglois de White ; Memoire du même touchant la Navigation dans le Golfe de S. Laurent ; Lettre de M. de l'Isle sur le Japon ; Relation de la Découverte de Jesso, traduite du Hollandois ; Relation du

Japon par Caron, traduite du Hollandois ; Relation de la Tartarie Orientale, du P. Martini ; Addition & Memoire touchant le Japon ; Lettres du même de l'Isle touchant le Mississipi & la Californie ; Memoire touchant la Californie, traduit de l'Espagnol ; Relation d'une descente des Espagnols dans la Californie, traduite de l'Espagnol ; Voyage de l'Empereur de la Chine dans la Tartarie Orientale & Occidentale, par le P. Verbiest.

235 I   Tome 4. Relation du Royaume de Corée, traduite du Hollandois ; Lettre du P. Jartroux touchant le Ginseng ; le Voyage d'Antoine Jenkinson pour découvrir le chemin de Catay par la Tartarie ; Relation de la Tartarie Krimée & des Tartares Nogais, par Ferraud.

236 I   Tome 5. les deux Voyages de Jean Huyghen de Linschoten au Détroit de Nassau au Passage de Waigatz.

237 I   Tome 6. la Conqueste de la Chine par les Tartares, traduite de l'Espagnol de Palafox.

238 I   **Nouveau Voyage du Nort**, fait en 1647. dans lequel on voit les mœurs & les superstitions des Norwegiens, des Lapons, des Kilopes, des Borandiens, des Siberiens, des Moscovites, des Samojedes, des Zem-

bliens, & des Islandois ; avec Figures. *A Amsterdam, in* 12°.

239 I Relation d'un Voyage du Chevalier de Bellerive, d'Espagne à Bender, & de son séjour au Camp du Roy de Suede, en 1711. & 1712. *A Paris* 1713. *in* 12°.

61 I Relation nouvelle d'un Voyage de Constantinople, enrichie de Plans levez sur les Lieux & de Figures, par Joseph Grelot. *A Paris* 1680. *in* 4°.

Voyages d'Asie.

62 I Les Navigations, Peregrinations, & Voyages en Turquie, & autres Païs Orientaux, par Nicolas de Nicolay Seigneur d'Arfeville, en 1551. & années suivantes : avec Figures. *A Anvers* 1577. *in* 4°.

Les six Voyages de Jean Baptiste Tavernier Baron d'Aubonne, en Turquie, en Perse, & aux Indes, jusqu'en 1669. redigez par Samuel Chappuzeau : avec Figures. *A Paris* 1676. *in* 4°. 2. *vol.*

63 I   Tome 1. comprend les Voyages de Turquie, & de Perse.

64 I   Tome 2. les Voyages des Indes, & des Isles voisines.

651 Recueil de plusieurs Relations & Traitez curieux du même Tavernier, obmis dans ses six premiers Voyages : contenant une Relation du Japon ; une Relation de la Negotiation des Deputez en Perse & aux Indes pour l'établissement du Commerce en 1665. des Observations sur le Commerce des Indes Orientales ; une Relation du Royaume de Tunquin, l'Histoire de la conduite des Hollandois en Asie : Le tout avec les Figures necessaires. *A Paris* 1679. *in* 4°.

240 I Relation du Voyage du Levant en 1604. & 1605. fait & décrit par Henry de Beauvau. *A Toul* 1608. *in* 8°.

66 I Voyage de Levant, fait par le commandement du Roy en l'année 1621. par le Sieur D. C. (Jacques du Castel :) IIe. Edition, avec Figures. *A Paris* 1632. *in* 4°.

67 I Voyage du Levant du Sieur du Loir, en 1639. 40. & 41. ensemble ce qui se passa dans le Serrail à la mort du Sultan Mourat, & à l'avenement d'Ibrahim son frere à l'Empire ; avec la Relation du Siege de Babylone fait en 1639. par le même

Sultan. *A Paris* 1654. *in* 4°.

241 I Nouvelles Relations du Levant, avec
242 I une Dissertation sur le Commerce
des Anglois & des Hollandois dans
le Levant ; par le Sieur Poullet :
avec Figures. *A Paris* 1668. *in* 12°.
2. *vol.*

Voyages au Levant, en Perse, & aux
Indes, de M. de Thevenot (autre
que Melchisedech Thevenot rapporté ci-devant n° 2. & 3. I.) depuis 1655. jusqu'en 1667. *A Paris*
1665. *& suiv. in* 4°. 3. *vol.*

68 I Tome 1. contient le Voyage du Levant ; & une Relation de la Prise de
Baghdad par Sultan Amurath en
1638. traduite du Turc en François.

69 I Tome 2. le Voyage de Perse.

70 I Tome 3. le Voyage des Indes.

Voyages au Levant, en Perse & aux
Indes, depuis l'an 1674. jusqu'en
1708. par Corneille le Brun,
(ou de Bruyn ;) traduits du Flamand : Ouvrage enrichi de grand
nombre de Figures. *A Delft* 1700.
& à Amsterd. 1718. *in fol.* 3. *vol.*

6 I Tome 1. contient le Voyage au Levant,
c'est à dire, dans l'Asie Mineure, à
Chio, Rhodes, Chypre, en Egypte,
Syrie, & à la Terre-Sainte.

CATALOGUE DE LIVRES.

7 1
8 1
Tomes 2. & 3. Voyages par la Moscovie en Perse & aux Indes Orientales ; avec la Route qu'à suivie M. Isbrants Ambassadeur de Moscovie en traversant la Tartarie & la Russie pour se rendre à la Chine ; & quelques Remarques contre Mrs. Chardin & Kempfer, avec une Lettre écrite à l'Auteur sur ce sujet.

71 1
72 1
Relation d'un Voyage du Levant, fait par ordre du Roy en 1700. 1701. & 1702. contenant l'Histoire de plusieurs Isles de l'Archipel, de Constantinople, des Costes de la Mer Noire, de l'Armenie, de la Georgie, des Frontieres de Perse & de l'Asie Mineure ; enrichie d'un grand nombre de Figures de Plantes rares & d'Animaux, & d'Observations touchant l'Histoire naturelle ; par Joseph Pitton de Tournefort : avec l'Eloge de l'Auteur prononcé dans l'Academie des Sciences par M. de Fontenelle. *A Paris, de l'Imprimerie Royale*, 1717. in 4°. 2. vol.

243 1
Relation des Voyages en Tartarie de Guillaume de Rubruquis, Jean du Plan-Carpin, François Ascelin, & autres Religieux envoyez par Innocent IV. & par Saint Loüis ; avec
un

un Traité des Tartares, & une Histoire abregée des Sarrasins & des Mahometans; par P. Bergeron. *A Paris* 1634. *in* 8°.

244 I Ambassades & Voyages en Turquie & Amasie de M. Busbequius, traduits du Latin en François par le Sieur Gaudon. *A Paris* 1646. *in* 8°.

73 I Le Voyage de la Terre-Sainte, par Jean Doubdan: IIIe. Edition enrichie de Figures. *A Paris* 1666. *in* 4°.

245 I Le Voyage de Galilée, par D. S. A.... *A Paris* 1670. *in* 12°.

246 I Voyage d'Alep à Jerusalem, en 1697. par Henry Maundrell, Chapelain de la Facture Angloise à Alep; traduit de l'Anglois : avec Figures. *A Utrecht* 1705. *in* 12°.

74 I Relation d'un Voyage de Perse & des Indes Orientales en 1626. & 1627. traduite de l'Anglois de Thomas Herbert; avec une Relation des Revolutions de Siam de l'année 1647. traduite du Flamand de Jeremie van Vliet: par Abraham de Wicquefort. *A Paris* 1663. *in* 4°.

75 I L'Ambassade de Don Garcias de Silva Figueroa en Perse, traduite de

l'Espagnol en François, par le même de Wicquefort. *A Paris* 1667. *in* 4°.

Voyages du Chevalier Jean Chardin en Perse & autres Lieux de l'Orient, depuis 1671. jusqu'en 1675. (revûs & corrigez par François Charpentier:) Nouvelle Edition divisée en dix parties, & enrichie de Figures, *A Amsterdam* 1711. *in* 12°. 10. *vol.*

247 I ⎫
248 I ⎬ Tomes 1. 2. & 3. contiennent la Relation entiere du Voyage de Paris à Ispahan en 1671. 1672. & 1673.
249 I ⎭

250 I — Tome 4. la Description generale de l'Empire de Perse, de son Gouvernement, de ses forces, de ses Loix, & des coûtumes de ses Habitans.

251 I — Tome 5. la Description des Arts & des Sciences des Persans.

252 I — Tome 6. la Description de leur Gouvernement politique, militaire & civil.

253 I — Tome 7. la Description de leur Religion.

254 I — Tome 8. la Description particuliere de la Ville d'Ispahan, enrichie des Figures des Monumens de cette Ville dessinez sur les Lieux par le Sieur Grelot.

255 I ⎫
       ⎬ Tomes 9. & 10. la Relation de deux Voyages particuliers en 1674. & 1675.
256 I ⎭ d'Ispahan à Bandar-Abassi Port celebre des Persans dans le voisinage d'Ormus.

Remarques contre Mrs Chardin & Kempfer, par Corneille le Brun. *Voyez ses Voyages, tome 3. ci-devant n° 8: I.*

256*I Anciennes Relations des Indes & de la Chine, de deux Voyageurs Mahometans qui y allerent dans le neuviéme siecle ; traduites d'Arabe, avec des Remarques & des Eclaircissemens tres curieux & tres amples sur les principaux endroits de ces Relations ; par Eusebe Renaudot. *A Paris 1718. in 8°.*

Recueil des Voyages qui ont servi à l'établissement & aux progrés de la Compagnie des Indes Orientales formée dans les Provinces-Unies des Païs-Bas ; mis en ordre, traduits & publiez, avec une Preface historique de l'origine & accroissement de cette Compagnie jusqu'en l'année 1631. par le Sieur Constantin: Ouvrage enrichi de Figures. *A Amsterdam 1702. & années suiv. in 12°.* 7. vol.

257 I   Tome 1. contient trois Voyages des Hollandois par le Nord en 1594. 95. & 96. pour chercher un passage à la Chine ; la Description de la Siberie, de la Samoiede, & de la Tingoëse :

deux Voyages des Hollandois aux Indes Orientales en 1595. & 98. & un Voyage de cinq Vaisseaux au Détroit de Magellan en 1598.

258 I   Tome 2. un Voyage autour du Monde en 1598. divers Voyages aux Indes Orientales depuis 1599. jusqu'en 1607. un Voyage au Royaume d'Achin dans l'Isle de Sumatra : divers Memoires touchant les Indes Orientales.

259 I   Tome 3. divers Voyages aux Indes Orientales depuis 1603. jusqu'en 1609.

260 I   Tome 4. divers Voyages aux Indes Orientales, & au Japon l'an 1607. & années suivantes, avec une Relation de l'Isle de Borneo de ce temps-là, & une Description de l'Isle d'Amboine & des Moluques en 1627. divers Voyages au Cap-Verd, à Angola, & aux Indes Orientales depuis 1605. jusqu'en 1630. un Voyage aux Isles Moluques depuis 1614. jusqu'en 1617. une Navigation Australe en 1615. 16. & 17. un Voyage aux Indes Orientales commencé en 1623. & fini en 1626.

261 I   Tome 5. divers Voyages aux Indes Orientales depuis 1628. jusqu'en 1638. dans lesquels se trouvent l'Histoire d'une Persecution faite au Japon aux Catholiques Romains, & divers Memoires touchant le Commerce du Japon : la prise de Formose par les Chinois sur les Hollandois.

262 I	Tome 6.	le Voyage de Gautier Schouten aux Indes Orientales, commencé en 1658. & fini en 1665.
263 I	Tome 7.	

9 l. Hiſtoire de la Navigation de Jean Hugues de Linſchot aux Indes Orientales, traduite du Flamand; avec les Annotations de B. Paludanus, & des Figures. *A Amſterdam* 1638. *in fol.*

264 I Deſcription du premier Voyage fait aux Indes Orientales par les François en 1603. par François Martin de Vitré. *A Paris* 1604. *in* 8°.

265 I Relation d'un Voyage aux Indes Orientales, fait depuis 1630. juſqu'en 1636. par un Gentilhomme François; avec une Hydrographie pour l'intelligence dudit Voyage. *A Paris* 1645. *in* 8°.

266 I
267 I Journal du Voyage des Grandes Indes, contenant tout ce qui s'y eſt fait par l'Eſcadre du Roy commandée par M. Jacob de la Haye, depuis ſon départ de la Rochelle en 1670. juſqu'en 1674. redigé par François Caron. *A Paris* 1698. *in* 12°. 2. *vol.*

268 I Relation d'un Voyage des Indes Orientales, par M. Dellon; avec un Trai-

té des Maladies particulieres aux Païs Orientaux & dans la Route. *A Paris* 1685. *in* 12°.

269 I Relation d'un Voyage & Retour aux Indes Orientales en 1690. & 91. par un Garde-Marine servant sur le Bord de M. du Quesne. *A Paris* 1692. *in* 12°.

Voyages de François Bernier, contenant la Description des Etats du Grand Mogol, de l'Hindoustan, du Royaume de Kachemire &c. avec Figures. *A Amsterdam* 1699. *in* 12°. 2. *vol*.

270 I   Tome 1. comprend l'Histoire de la derniere Revolution des Etats du Grand Mogol, depuis 1655. jusqu'en 1661. ou environ ; l'Histoire particuliere de ce qui s'y est passé depuis la Revolution finie pendant cinq ans ou environ ; & une Lettre touchant l'état de l'Hindoustan.

271 I   Tome 2. la Description de Dehli & Agra Villes capitales de l'Hindoustan ; une Lettre touchant les Gentils de l'Hindoustan ; une Lettre ecrite de Chiras en Perse sur quelques points concernant la doctrine des Atômes, & sur la nature de l'Entendement humain ; & le Voyage de Kachemire.

76 I Voyage de Siam des Jesuites envoyez

par le Roy aux Indes & en la Chine, avec leurs Observations Astronomiques, & leurs Remarques de Physique, de Geographie, d'Hydrographie & d'Histoire, & des Figures, par Guy Tachard. *A Paris* 1686. *in* 4°.

271 I Second Voyage du P. Tachard & des Jesuites envoyez par le Roy à Siam, contenant diverses Remarques d'Histoire, &c. avec Figures. *A Paris* 1689. *in* 4°.

272 I Relation de l'Ambassade de M. le Chevalier de Chaumont à Siam, en 1685. & 86. *A Paris* 1687. *in* 12°.

273 I Journal du Voyage de Siam fait en 1685. & 86. par François Timoleon de Choisy. *A Paris* 1687. *in* 12°.

274 I
275 I Relation ou Voyage de l'Isle de Ceylan dans les Indes Orientales, par Robert Knox; traduit de l'Anglois: avec Figures. *A Amsterdam* 1693. *in* 12°. 2. *vol*.

276 I
277 I Voyages & Avantures de François Leguat & de ses Compagnons en deux Isles désertes des Indes Orientales; avec la Relation des choses qu'ils ont observées dans l'Isle Maurice, à Batavia, au Cap de Bonne-Espe-

rance, dans l'Isle Sainte-Helene, &c. avec Figures. *A Londres* 1708. *in* 12°. 2. *vol.*

78 I Les Voyages avantureux de Fernand Mendez Pinto en la Chine, en Tartarie, à Siam, & en d'autres Païs Orientaux ; traduits du Portugais en François par Bernard Figuier. *A Paris* 1628. *in* 4°.

79 I Divers Voyages du P. Alexandre de Rhodes Jesuite en la Chine & autres Royaumes de l'Orient, avec son Retour en Europe par la Perse & l'Armenie, depuis l'an 1618. jusqu'en 1652. *A Paris* 1666. *in* 4°.

80 I Relation de la Chine, contenant la Description des particularitez les plus considerables de ce grand Empire, en l'année 1668. traduite du Portugais de Gabriel de Magaillans Jesuite, par le Sieur B...... *A Paris* 1690. *in* 4°.

278 I Voyage fait par terre depuis Paris jusqu'à la Chine, par le Sieur de Feynes ; avec son Retour par mer. *A Paris* 1630. *in* 8°.

10 I L'Ambassade de la Compagnie Orientale des Provinces-Unies vers l'Empereur de la Chine, faite par MM.

de

de Goyer & de Keyfer, en 1655. 56. & 57. recueillie en Flamand par Jean Nieuhoff, & traduite en François par Jean le Carpentier: avec Figures. *A Leyde 1665. in fol.*

279 I Relation du Voyage de M. Evert Isbrand envoyé du Czar à l'Empereur de la Chine en 1692. 93. & 94. par Adam Brand; avec une Lettre de M*** sur l'état present de la Moscovie. *A Amsterdam 1699. in 8°.*

280 I Relation du Naufrage d'un Vaisseau Hollandois sur la Côte de l'Isle de Quelpaerts, avec la Description du Royaume de Corée, traduite du Flamand par M. Minutoli. *A Paris 1670. in 12°.*

281 I
282 I Ambassade de la Compagnie Hollandoise des Indes Orientales vers l'Empereur du Japon, traduite du Flamand; avec une Relation des Guerres Civiles de ce Païs-là. *A Leyde 1686. in 12°. 2. vol.*

Voyages d'Afrique.

283 I Relation de la captivité & liberté d'Emanuël d'Aranda jadis Esclave à Alger. *A Paris 1665. in 12°.*

284 I Relation d'un Voyage fait en Egypte

en 1672. & 73. par le P. Jean Michel Vansleb Dominicain. *A Paris* 1698. *in* 12°.

81 I Les étranges évenemens du Voyage du Prince Zaga-Chrift d'Ethiopie, avec la défaite de l'Empereur Jacob; par le Sieur de Rechac le jeune. *A Paris* 1635. *in* 4°.

285 I Voyage de Lybie au Royaume de Senega, en 1639. par Claude Jannequin. *A Paris* 1643. *in* 8°.

286 I Relation de la Nigritie, avec la Découverte de la Riviere du Senega, en 1686. par J. B. Gaby. *A Paris*, 1689. *in* 12°.

287 I Relation des Côtes d'Afrique apellées Guinée, en 1666. & 67. par le Sieur Villaut de Bellefond. *A Paris* 1669. *in* 12°.

288 I Voyage de Guinée, contenant une Defcription de cette Cofte où l'on trouve & trafique l'Or, les Dents d'Elephant, & les Efclaves; écrit en 1700. par Guillaume Bofman Sous-Commandeur de la Cofte pour la Compagnie Hollandoife: avec deux autres Lettres, l'une de David de Nyendaal, contenant la Defcription de Rio Formofa autrement de

Benin; l'autre de Jean Snoeck, contenant son Voyage le long de la Ligne Equinoctiale de Cabo Monte &c. en 1701. & 1702. avec Figures. *A Utrecht* 1705. *in* 12°.

288 I Relations veritables & curieuses de l'Isle de Madagascar & du Bresil; avec l'Histoire de la derniere Guerre du Bresil entre les Portugais & les Hollandois; trois Relations d'Egypte, & une de Perse: Le tout donné au Public, avec les Observations de Claude Morisot, par Mrs. Dupuy. *A Paris* 1651. *in* 4°.

289 I Relation du premier Voyage de la Compagnie des Indes Orientales en l'Isle de Madagascar ou Dauphine, par Urbain Souchu de Rennefort. *A Paris* 1668. *in* 12°.

290 I Les Voyages du Sieur du Bois en l'Isle Dauphine ou Madagascar, & en l'Isle Bourbon ou Mascarenne, en 1669. 70. 71. & 72. *A Paris* 1674. *in* 12°.

291 I Relation du Voyage du Cap-Verd, par le P. Alexis de Saint-Lo Capucin. *A Paris* 1637. *in* 8°.

292 I Les Voyages du Sieur le Maire aux Isles Canaries, Cap-Verd, Senegal

& Gambie, sous M. Dancourt Directeur de la Compagnie Royale d'Afrique, en l'année 1682. *A Paris* 1695. *in* 12°.

Voyages d'Amerique.

293 I
294 I Voyages de François Coreal aux Indes Occidentales depuis 1666. jusqu'en 1697. traduits de l'Espagnol; avec une Relation de la Guiane de Walter Raleigh, & le Voyage de Narbroug à la Mer du Sud par le Détroit de Magellan &c. Nouvelle Edition augmentée d'une nouvelle Découverte des Indes Meridionales & des Terres Australes. *A Paris* 1722. *in* 12°. 2. *vol.*

295 I Le grand Voyage du Païs des Hurons situé en l'Amerique vers la Mer Douce, ès derniers confins de la Nouvelle France dite Canada; avec un Dictionnaire de la Langue Huronne: par Gabriel Sagard. *A Paris* 1632. *in* 8°.

83 I Les Voyages de la Nouvelle France Occidentale, dite le Canada, par Samuel de Champlain; & les Découvertes par luy faites en ce Païs depuis l'an 1603. jusqu'en 1629. *A*

Paris 1632. *in* 4°.

84 I · Voyage de la France Equinoxiale en l'Isle de Cayenne, entrepris par les François en 1652. avec un Dictionnaire de la Langue du même Païs; par Antoine Biet. *A Paris* 1664. *in* 4°.

296 I · Relation du Voyage des François fait au Cap de Nord en Amerique, en 1652. par les soins de la Compagnie établie à Paris, & sous la conduite de M. de Royville leur General; par Jean de Laon Sieur d'Aigremont. *A Paris* 1654. *in* 8°.

297 I · Les dernieres Découvertes dans l'Amerique Septentrionale de M. Cavelier de la Sale; mises au jour par le Chevalier Tonti. *A Paris* 1697. *in* 12°.

298 I · Nouvelle Découverte d'un tres grand Païs dans l'Amerique Septentrionale entre le Nouveau Mexique & la Mer Glaciale, par le P. Louis Hennepin Recollet; avec Figures. *A Utrecht* 1697. *in* 12°.

299 I · Voyages du Baron Jean de la Hontan
300 I · dans l'Amerique Septentrionale, depuis 1683. jusqu'en 1693. qui contiennent une Relation du Gou-

vernement, du Commerce, des Coutumes & de la Religion des differens Peuples qui y habitent ; l'interest des François & des Anglois dans le Commerce qu'ils font avec ces Nations; & l'avantage que l'Angleterre peut retirer de ce Païs, étant en guerre avec la France; avec un petit Dictionaire de la Langue du Païs : Nouvelle Edition augmentée des Conversations de l'Auteur avec un Sauvage distingué, & enrichie de Figures. *A Amsterdam* 1705. *in* 12°. 2. *vol.*

301 I
jusqu'à
306 I
Nouveau Voyage aux Isles de l'Amerique, depuis 1693. jusqu'en 1705. par le Pere Jean Baptiste Labat Missionnaire de l'Ordre des Freres Prescheurs : avec Figures. *A Paris* 1722. *in* 12°. 6. *vol.*

307 I
308 I
Nouvelle Relation des Voyages de Thomas Gage dans la Nouvelle Espagne, & son Retour par la Province de Nicaragua jusqu'à la Havane, depuis l'an 1625. jusqu'en 1637. ensemble la Description de la Ville de Mexique, & des Provinces que possedent les Espagnols

dans l'Amerique : Traduction de l'Anglois par le Sieur de Beaulieu Hues O Neil (Adrien Baillet;) avec Figures. *A Amsterdam* 1695. *in* 12°. 2. *vol.*

309 I
310 I Relation de la Riviere des Amazones, traduite de l'Espagnol de Christophe d'Acuña Jesuite ; avec d'autres Relations, & une Dissertation sur cette Riviere : par Marin le Roy de Gomberville. *A Paris* 1682. *in* 12°. 2. *vol.*

311 I Histoire d'un Voyage fait en la terre du Bresil, autrement dite Amerique, en 1556. par Jean de Lery. *A Geneve* 1594. *in* 8°.

312 I Relation du Voyage de M. de Genes aux Costes de l'Afrique, au Detroit de Magellan, au Bresil, à Cayenne, & aux Antilles, en 1695. 96. & 97. par le Sieur Froger. *A Paris* 1699. *in* 12°.

85 I Relation du Voyage de la Mer du Sud aux Costes du Chily & du Perou, fait pendant les années 1712. 1713. & 1714. par M. Frezier Ingenieur ordinaire du Roy ; avec Figures. *A Paris* 1716. *in* 4°.

Voyages imaginaires.

313 1 Relation de ce qui s'eſt paſſé dans la Découverte du Royaume de Friſquemore. *A Paris* 1662. *in* 12°.

314 1 Les Avantures de Jacques Sadeur dans la Découverte de la Terre Auſtrale; (par Gabriel Foigny.) *A Paris* 1705. *in* 12°.

315 1
316 1 Hiſtoire des Sevarambes, Peuples qui habitent une partie du troiſiéme Continent, communement appellé la Terre Auſtrale; contenant une Relation du gouvernement, des mœurs, de la Religion & du langage de cette Nation inconnuë juſqu'à preſent aux Peuples de l'Europe. *A Amſterdam, in* 12°. 2. *vol.*

La Vie & les Avantures ſurprenantes de Robinſon Cruſoe, contenant entre autres evenemens, le ſejour qu'il a fait pendant vingt-huit ans dans une Iſle deſerte ſituée ſur la Coſte de l'Amerique, près de l'embouchure de la grande Riviere Oroonoque, & ſes autres Voyages: Le tout écrit par luy-même; traduit de l'Anglois, avec Figures. *A Amſterdam* 1720. *in* 12°. 2. *vol.*

Tome

VOYAGES. 329

317 I } Tomes 1. & 2. contiennent les Voyages
318 I }   & Avantures de Robinson Crusoe.

319 I } Tomes 3. & 4. les Reflexions de Ro-
320 I }   binson Crusoe, faites pendant les
           Avantures surprenantes de sa vie ;
           avec sa Vision du Monde Angelique.

SUITE DE L'HISTOIRE:

HISTOIRE UNIVERSELLE.

Reflexions sur l'Histoire, par René Rapin. *Voyez ses Oeuvres, tome 2. ci-après n°* 77 H.

De l'usage de l'Histoire, par M. de Saint-Real. *Voyez ses Oeuvres, tome 1. ci-devant n°* 87 H.

Reflexions sur l'Histoire, par M. François de Salignac de la Motte Fenelon Archevêque de Cambray. *Voyez Memoire sur les travaux de l'Académie Françoise, à la suite du Recueil de cette Academie, ci-devant n°* 139*H.

Les Elemens de l'Histoire, ou ce qu'il faut sçavoir de Chronologie, de Geographie, de Blason, de l'Histoire universelle, de l'Eglise de l'Ancien Testament, des Monarchies anciennes, de l'Eglise du Nouveau Testament, & des Monarchies nouvelles, avant que de lire l'Histoire particuliere; par M. l'Abbé de Vallemont:

	IIIe. Edition augmentée d'une suite de Medailles Imperiales depuis Jules Cefar jufqu'à Heraclius. *A Paris* 1702. *in* 12º. 3. *vol.*
39 K	Tome 1. comprend la Chronologie, la Geographie, & le Blafon.
40 K	Tome 2. l'Hiftoire univerfelle, l'Eglife de l'Ancien Teftament, & les Monarchies anciennes.
41 K	Tome 3. l'Eglife du Nouveau Teftament, & les Monarchies nouvelles.
42 K	**La Methode du Blafon**, par Claude François Meneftrier Jefuite. *A Paris* 1688. *in* 12º.
	Le grand Dictionnaire Hiftorique, ou le Melange curieux de l'Hiftoire facrée & profane &c. par Louis Moreri ; augmenté confiderablement en cette derniere Edition. *A Paris* 1725. *in fol.* 6. *vol.*
1 K	Tome 1. contient la lettre A.
2 K	Tome 2. les lettres B. & C. jufqu'à CH.
3 K	Tome 3. depuis CH. jufqu'à E. inclufivement.
4 K	Tome 4. depuis la lettre F. jufques & compris la lettre L.
5 K	Tome 5. depuis la lettre M. jufques & compris la lettre P.
6 K	Tome 6. depuis la lettre Q. jufqu'à Z. inclufivement.

Histoire Universelle. 333
Dictionnaire Historique & Critique, par Pierre Bayle : IIIe. Edition augmentée. *A Rotterdam* 1720. *in fol.* 4. *vol.*

7 K — Tome 1. comprend les lettres A. B. C.
8 K — Tome 2. depuis la lettre D. jusques & compris la lettre L.
9 K — Tome 3. depuis la lettre M. jusques & compris la lettre S.
10 K — Tome 4. depuis la lettre T. jusques & compris la lettre Z.

L'Histoire universelle de Trogue Pompée, reduite en abregé par Justin ; traduction nouvelle du Latin, avec des Remarques, par D. L. M. *A Paris* 1693. *in* 12°. 2. *vol.*

43 K — Tome 1. comprend depuis l'an du Monde 1997. avant J. C. 2055. jusqu'à l'an du Monde 3753. de Rome 452. & avant J. C. 299.
44 K — Tome 2. depuis l'an du Monde 3755. de Rome 454. avant J. C. 297. jusqu'en l'an du Monde 4034. & avant J. C. 18.

10*K 1
10*K 2 — La Mer des Histoires, depuis la creation du Monde jusqu'en l'an 1483. avec Figures. *A Paris* 1488. *in fol.* 2. *vol.*

Histoire universelle depuis le commencement du Monde jusqu'en l'an de J. C. 1598. traduite du Latin d'Horace Turſellin Jeſuite, avec des Notes ſur l'Hiſtoire, la Fable, & la Geographie, par Michel de Lagniau. *A Paris* 1706. *in* 12°. 3. *vol.*

45 K   Tome 1. contient depuis la creation du Monde juſqu'en l'an de N. S. 306.

46 K   Tome 2. depuis l'an 306. juſqu'en 1212.

47 K   Tome 3. depuis l'an 1212. juſqu'en 1598.

L'Abregé Royal de l'Alliance chronologique de l'Hiſtoire ſacrée & profane, depuis le commencement du Monde juſqu'à preſent; avec un Recueil de Pieces hiſtoriques anciennes; par Philippe Labbe Jeſuite. *A Paris* 1651. *in* 4°. 2. *vol.*

14 K   Tome 1. contient l'Hiſtoire ſacrée & profane depuis la creation du Monde juſqu'à preſent; avec le Lignage d'Outremer, les Aſſiſes de Jeruſalem, & un Recueil de Pieces anciennes.

15 K   Tome 2. les Eloges des Roys de France juſqu'à Louis XIV. avec l'Hiſtoire de leurs Chanceliers, & un Mélange de Pieces anciennes.

48 K   Diſcours ſur l'Hiſtoire univerſelle; pour expliquer la ſuite de la Religion, & les changemens des Empires, depuis le commencement du Monde juſqu'à l'Empire de Charle-

HISTOIRE UNIVERSELLE. 335
magne en l'an de J. C. 796. par M. Jacques Benigne Boſſuet Evêque de Meaux. *A Paris* 1707. *in* 12°.

49 K Suite de l'Hiſtoire univerſelle de M. l'Evêque de Meaux, depuis l'an 800. juſqu'à l'an 1700. incluſivement ; par Jean de la Barre Avocat. *A Paris* 1707. *in* 12°.

Le grand Theatre Hiſtorique, ou nouvelle Hiſtoire univerſelle, tant ſacrée que profane, depuis la creation du Monde juſqu'au commencement du XVIII. ſiecle ; par M. Gueudeville : avec Figures. *A Leide* 1703. *in fol.* 5. *tomes en* 3. *vol.*

11 K Tomes 1. & 2. reliez enſemble, comprennent l'Hiſtoire depuis la creation du Monde juſqu'à l'Empire de Charlemagne.

12 K Tomes 3. & 4. reliez enſemble, depuis le Couronnement de Charlemagne, juſqu'à la mort de l'Empereur Ferdinand III. en 1657.

13 K Tome 5. depuis l'élection de l'Empereur Leopold en 1657. juſqu'au commencement du XVIII. ſiecle.

L'Hiſtoire profane, depuis ſon commencement juſqu'à preſent ; (par Louis Ellies du Pin.) *A Paris* 1714. 1715. & 1716. *in* 12°. 6. *vol.*

50 K Tome 1. contient l'Hiſtoire des temps

CATALOGUE DE LIVRES,

obscurs ou fabuleux, & jusqu'au regne d'Alexandre le Grand.

51 K — Tome 2. l'Histoire de ce qui s'est passé depuis Alexandre le Grand, jusqu'au regne de Cesar Auguste.

52 K — Tome 3. l'Histoire de ce qui s'est passé depuis l'Empire d'Auguste, jusqu'à la fin du regne d'Arcadius & d'Honorius.

53 K — Tome 4. l'Histoire de ce qui s'est passé depuis la fin du quatriéme siecle, jusqu'à l'an 1000. ou environ.

54 K — Tome 5. l'Histoire de ce qui s'est passé depuis la fin du dixiéme siecle, jusqu'à l'an 1600. ou environ.

55 K — Tome 6. l'Histoire de ce qui s'est passé depuis Henry IV. jusqu'à Louis XV. avec les Dynasties ou Successions des Souverains dans tous les Etats & Empires du Monde.

Les Histoires de Louis Maimbourg, divisées en quatorze tomes. *A Paris 1686. & suiv. in* 4°. 14. *vol.*

16 K
17 K } Tomes 1. & 2. contiennent l'Histoire de l'Arianisme.

18 K — Tome 3. l'Histoire des Iconoclastes.

19 K — Tome 4. l'Histoire du Schisme des Grecs.

20 K
21 K } Tomes 5. & 6. l'Histoire des Croisades pour la délivrance de la Terre Sainte.

22 K — Tome 7. l'Histoire de la décadence de l'Empire après Charlemagne; & des Differends des Empereurs avec les Papes au sujet des Investitures & de l'Indépendance.

Tome

HISTOIRE UNIVERSELLE. 337

23 K	Tome 8. l'Histoire du grand Schifme d'Occident.
24 K	Tome 9. l'Histoire du Lutheranifme.
25 K	Tome 10. l'Histoire du Calvinifme.
26 K	Tome 11. l'Histoire de la Ligue.
27 K	Tome 12. le Traité historique de l'établiffement & des prérogatives de l'Eglife de Rome & de fes Evêques.
28 K	Tome 13. l'Histoire du Pontificat de S. Leon le Grand.
29 K	Tome 14. l'Histoire du Pontificat de S. Gregoire le Grand.
55*K	Hiftoire des plus illuftres Favoris anciens & modernes, recueillie par feu Mr. P. D. P. (Pierre Dupuy;) avec un Journal de ce qui s'eft paffé à la mort du Marefchal d'Ancre. *A Paris fur l'Imprimé de Leyde*, 1659. *in* 12°.
56 K jufqu'à 60 K	Hiftoire de ce Siecle de fer, contenant les miferes des derniers temps, depuis le commencement du XVII. fiecle jufqu'en 1664. par J. N. de Parival. *A Lyon* 1679. *in* 12°. 5. vol.
61 K	Hiftoire abregée du Siecle courant, depuis l'an 1600. jufqu'en 1686. avec un Catalogue des Hiftoriens du même Siecle; par Claude Bernard de Chafan. *A Paris* 1687. *in* 12°.

V u

Memoires pour servir à l'Histoire universelle de l'Europe, depuis 1600. jusqu'en 1716. avec des Refléxions & Remarques critiques. *A Paris* 1725. *in* 12°. 4. *vol.*

62 K   Tome 1. comprend depuis 1600. jusqu'en 1629.

63 K   Tome 2. depuis 1630. jusqu'en 1652.

64 K   Tome 3. depuis 1653. jusqu'en 1690.

65 K   Tome 4. depuis 1691. jusqu'à la mort de Louis XIV. en 1715.

L'Espion dans les Cours des Princes Chretiens, ou Lettres & Memoires d'un Envoyé secret de la Porte dans les Cours de l'Europe : où l'on voit les découvertes qu'il a faites dans toutes les Cours où il s'est trouvé, avec une Dissertation curieuse de leurs Forces, Politique & Religion; (traduit en François sur la version Angloise de l'Italien de Jean Paul Marana :) Nouvelle Edition, avec Figures. *A Cologne* 1700. *in* 12°. 6. *vol.*

66 K   Tome 1. comprend depuis l'an 1637. jusqu'en 1642.

67 K   Tome 2. depuis 1642. jusqu'en 1646.

68 K   Tome 3. depuis 1646. jusqu'en 1654.

69 K   Tome 4. depuis 1654. jusqu'en 1660.

70 K	Tome 5. depuis 1661. jusqu'en 1671.
71 K	Tome 6. depuis 1672. jusqu'en 1682.

Lettres choisies de Guy Patin, dans lesquelles sont contenuës plusieurs patticularitez historiques sur la vie & la mort des Sçavans du XVII. siecle, sur leurs Ecrits, & sur plusieurs autres choses curieuses, depuis l'an 1645. jusqu'en 1672. *A Amsterdam* 1707. *in* 12°. 3. *vol.*

72 K	Tome 1. comprend les Lettres écrites depuis l'an 1645. jusqu'en 1660.
73 K	Tome 2. depuis 1660. jusqu'en 1664.
74 K	Tome 3. depuis 1664. jusqu'en 1672.

Nouvelles Lettres du même Patin, écrites à Charles Spon, depuis 1642. jusqu'en 1658. *A Amsterdam* 1718. *in* 12°. 2. *vol.*

75 K	Tome 1. contient les Lettres depuis 1642. jusqu'en 1653. inclusivement.
76 K	Tome 2. depuis 1654. jusqu'en 1658.

Nouvelles ou Memoires historiques, contenant ce qui s'est passé dans l'Europe depuis 1672. jusqu'en 1679. par Catherine le Jumel de Berneville Comtesse d'Aunoy. *A Paris* 1693. *in* 12°. 2. *vol.*

77 K	Tome 1. comprend depuis 1672. jusqu'en 1677.

340   CATALOGUE DE LIVRES.

78 K   Tome 2. depuis 1677. jufqu'en 1679.

79 K   Memoires de ce qui s'eft paffé dans la Chretienté depuis le commencement de la Guerre en 1672. jufqu'à la Paix en 1679. par le Chevalier Guillaume Temple ; traduits de l'Anglois. *A la Haye* 1692. *in* 12°.

80 K   Journal hiftorique de l'Europe pour l'année 1694. contenant ce qui s'eft paffé de plus remarquable, principalement en France, pendant cette année ; par L. A. D..... *A Strasbourg* 1695. *in* 12°.

81 K jufqu'à 87 K   Lettres hiftoriques & galantes, contenant plufieurs évenemens & fingularitez arrivez dans l'Europe, & principalement en France, depuis l'année 1695. jufqu'en 1720. par M^e. de C..... (M^e. A. M. Petit du Noyer :) IVe. Edition. *A Cologne* 1714. *& fuiv. in* 12°. 7. *vol.*

Introduction à l'Hiftoire generale & politique de l'Univers, où l'on voit l'origine, les Revolutions, l'etat prefent, & les interefts des Souverains ; traduite de l'Allemand de Samuel Baron de Pufendorff par Claude Rouffel (ou Rouxel :) Nouvelle Edition, où l'on a reveu & corrigé la Traduction, & où l'on a continué tous les anciens Chapitres jusqu'à present, & ajoûté l'Histoire des principaux Souverains de l'Italie, de l'Allemagne &c. avec des Notes historiques, geographiques & critiques, des Cartes, des Figures & des Tables. *A Amsterdam* 1722. *in* 12°. 6. *vol.*

88 K   Tome 1. traite de quelques anciennes Monarchies, & particulierement de l'Empire Romain, de son démembrement, & quels nouveaux Etats s'en sont formez : de l'Espagne ; du Portugal ; de l'Angleterre ; & de la France.

89 K   Tome 2. de l'Italie ; de la Republique de Venise ; de la Toscane ; de la Maison de Savoye ; de la Republique de Genes ; du Pape ; Suite des Papes, Conciles &c. des Royaumes de Naples & de Sicile ; des Duchez de Mantouë, de Montferrat, de Parme, de Plaisance, de Castro, & de Modene ; des Cardinaux ; de l'Isle de Malthe.

90 K   Tome 3. de l'Empire d'Allemagne, & des principaux Souverains qui le composent.

91 K   Tome 4. de la Suisse ; de la Maison de Lorraine ; de la Hollande ou des sept Provinces-Unies ; du Danemarc, & des Ducs de Holstein ; de la Suede ; de la Pologne ; de la Moscovie ; de la

Turquie par raport à l'Europe.

92 K — Tome 5. contient l'Histoire particuliere de la Monarchie Suedoise depuis son origine jusqu'au regne de Charles IX.

93 K — Tome 6. la suite de la même histoire jusqu'au regne de la Reine Ulrique Eleonor.

Les Souverains du Monde, Ouvrage qui fait connoître la Genealogie de leurs Maisons, l'étenduë & le gouvernement de leurs Etats, leur Religion, leurs Forces, leurs Titres, leurs Pretentions, leurs Armoiries &c. (traduit de l'Allemand,) & conduit jusqu'au temps present ; avec un Catalogue des Auteurs qui en ont le mieux écrit. *A Paris* 1718. *in* 12°. 4. *vol.*

94 K — Tome 1. ⎱ comprennent l'Empereur &
95 K — Tome 2. ⎰ les Princes, Etats & Villes de l'Empire.

96 K — Tome 3. la Republique des Suisses, & celle de Geneve ; le Pape, & les Princes & Etats d'Italie ; le Roy de Portugal ; le Roy d'Espagne, le Roy de France, le Duc de Lorraine, le Roy d'Angleterre, la Republique de Hollande, le Roy de Danemarc, & le Roy de Suede.

97 K — Tome 4. le Czar de Moscovie, le Roy de Pologne, le Duc de Curlande, le

Roy de Pruſſe, le Roy de Hongrie, l'Empereur des Turcs, le Cham des Tartares, le Roy de Perſe, le Grand Mogol, le Roy de Siam, l'Empereur de la Chine, l'Empereur du Japon, le Royaume d'Egypte, la Barbarie, le Roy des Abyſſins; & les Ordres de Chevalerie.

Recueil des Traitez de Paix, de Treve, de Neutralité, de Confederation, d'Alliance & de Commerce, faits par les Rois de France avec tous les Princes & Etats de l'Europe depuis près de trois ſiecles; mis en ordre & imprimez par Frederic Leonard; avec le Suplement contenant les Traitez conclus depuis le preſent Recueil. *A Paris* 1693. *& ſuiv. in* 4°. 9. *vol.*

30 K   Tome 1. contient des Obſervations hiſtoriques & politiques de M. Amelot de la Houſſaie ſur les Traitez des Princes: & les Traitez du XV. ſiecle.

31 K   Tome 2. les Traitez du XVI. ſiecle.

32 K   Tome 3. les Traitez du XVII. ſiecle avec l'Allemagne & la Lorraine.

33 K   Tome 4. les Traitez avec la Suiſſe, l'Italie, l'Eſpagne & le Portugal.

34 K   Tome 5. les Traitez avec l'Angleterre, la Hollande, le Nord, l'Aſie, l'Afrique, & l'Amerique.

35 K   Tome 6. les Actes qui ont ſervi à faire les

CATALOGUE DE LIVRES.

Traitez de Paix pendant le XVII. siecle, les Arrefts de la Chambre de Mets & autres pour la réünion des trois Evêchez.

36 K — Tome 7. les Traitez de Paix de Turin & de Ryfwick en 1696. & 1697. avec le Teftament de Charles II. Roy d'Efpagne en 1700. & Pieces qui y ont raport.

37 K — Tome 8. les Traitez de Sufpenfion d'Armes & de Paix d'Utrecht en 1713. & 1714.

38 K — Tome 9. les Traitez de Paix de Raftatt, de Bade, de la Haye, de Lorraine & de Londres, depuis 1714. jufqu'en 1718.

98 K jufqu'à 101 K — Actes & Memoires des Negotiations de la Paix de Nimegue, depuis 1674. jufqu'en 1679. (recueillis par Adrien Moetjens.) A Amfterdam 1680. in 12°. 4. vol.

102 K jufqu'à 105 K — Actes & Memoires des Negotiations de la Paix de Ryfwick, recueillis (par le même.) A la Haye 1699. in 12°. 4. vol.

106 K jufqu'à 111 K — Actes, Memoires & autres Pieces authentiques concernant la Paix d'Utrecht: IIe. Edition augmentée. A Utrecht 1714. & 1715. in 12°. 6. vol.

EXTRAITS

EXTRAITS HISTORIQUES.

112 K — Mélanges historiques, & Recueils de diverses matieres paradoxales & neantmoins vrayes, par Pierre de Saint-Julien. *A Lyon* 1588. *in* 8º.

Memoires historiques, politiques, critiques & litteraires ; par Abraham Nicolas Amelot de la Houssaie : Ouvrage imprimé sur le propre MS. de l'Auteur. *A Amsterdam* 1722. *in* 12º. 2. *vol.*

113 K — Tome 1. comprend les lettres A. & B.
114 K — Tome 2. les lettres C. D. E. & F.

Diversitez historiques, contenant plusieurs Histoires admirables. *In* 8º. Relié avec les Nouvelles Françoises, ci-devant nº 127 G.

115 K jusqu'à 121 K — Histoires tragiques, extraites des Oeuvres Italiennes de Bandel, & mises en langue Françoise par Pierre Boaistuau surnommé Launay, & François de Belleforest. *A Paris* 1567. *& années suiv. in* 16º. 7. *vol.*

122 K — Des Procés tragiques, contenant cinquante cinq Histoires, avec les accusations, demandes & défenses d'icelles ; ensemble quelques Poësies morales ; par Alexandre van-

den Buſſche dit le Sylvain. *A An-*
vers 1580. *in* 16°.

123 K
juſqu'à
126 K

Threſor d'Hiſtoires admirables & memorables de noſtre temps, recueillies de pluſieurs Autheurs, Memoires & Avis de divers endroits mi-
ſes en lumiere par Simon Goulart.
A Geneve 1620. & 1628. *in* 8°. 4.
vol.

SUITE DE L'HISTOIRE:
HISTOIRE ECCLESIASTIQUE.

HISTOIRE DE L'EGLISE
generale & particuliere.

2 L   Histoire de l'Ancien Testament, tirée de l'Ecriture Sainte par Robert Arnauld d'Andilly. *A Paris* 1675. *in* 4º.

3 L   L'Histoire du Vieux & du Nouveau Testament, representée avec Figures & des Explications tirées des SS. Peres, par M. de Royaumont (Louis Isaac le Maistre de Sacy.) *A Paris* 1687. *in* 4º.

Histoire Sacrée en Tableaux, pour Monseigneur le Dauphin, avec leur Explication suivant le texte de l'Ecriture, & quelques Remarques Chronologiques; par Oronce Finé de Brianville : avec des Figures gravées par le Clerc. *A Paris* 1693. *in* 12º. 3. *vol.*

67 L	Tome 1. ⎫ contiennent l'Ancien Testa-
68 L	Tome 2. ⎬ ment.
69 L	Tome 3. le Nouveau Testament.

Histoire de l'Ancien & du Nouveau Testament, par Dom Augustin Calmet. *A Paris* 1718. *in* 4°. 2. *vol.*

4 L	Tome 1. contient depuis la Creation du Monde jusqu'à l'an 3566. avant J. C. 434.
5 L	Tome 2. depuis l'an du monde 3580. avant J. C. 420. jusqu'à l'an de J. C. 75.
70 L	Les Mœurs des Israëlites, par Claude Fleury. *A Paris* 1682. *in* 12°.
71 L	Les Mœurs des Chrétiens, par le même Auteur. *A Paris* 1683. *in* 12°.

Histoire de l'Eglise, écrite en Grec par Eusebe, Socrate, Sozomene, Theodoret, Evagre, Philostorge, & Theodore Lecteur: traduite en François par Louis Cousin. *A Paris* 1676. *in* 4°. 4 *vol.*

6 L	Tome 1. contient l'Histoire d'Eusebe depuis la Naissance de J. C. jusqu'en l'an 325. & la Vie de Constantin par le même Eusebe.
7 L	Tome 2. l'Histoire de Socrate depuis l'an 304. jusqu'en 439.
8 L	Tome 3. l'Histoire de Sozomene depuis l'an 324. jusqu'en 423.
9 L	Tome 4. l'Histoire de Theodoret depuis

l'an 325. jufqu'en 407. celle d'Evagre depuis l'an 429. jufqu'en 591. l'Abregé de Philoftorge, par Photius ; & l'Abregé de Theodore Lecteur, par Nicephore Callifte.

Memoires pour fervir à l'Hiftoire Ecclefiaftique des fix premiers fiecles, juftifiez par les citations des Auteurs originaux ; avec une Chronologie Ecclefiaftique & des Notes ; par Louis Sebaftien le Nain de Tillemont. *A Paris* 1701. *& années fuivantes in* 4°. 16. *vol.*

10 L	Tome 1. contient le temps de N. S. & des Apôtres, avec une Differtation fur S. Jacques le Mineur.
11 L	Tome 2. comprend les Difciples de N. S. & des Apôtres, la fuite de l'Hiftoire de l'Eglife jufqu'à l'an 177. avec une Lettre au P. Lamy fur la derniere Pâque de J. C.
12 L	Tome 3. depuis l'an 177. jufqu'à 253.
13 L	Tome 4. l'Hiftoire de Saint Cyprien, & le refte du III. fiecle depuis l'an 253.
14 L	Tome 5. la perfecution de Diocletien, celle de Licinius, & les Martyrs dont on ignore l'Epoque.
15 C	Tome 6. l'Hiftoire des Donatiftes jufqu'à l'Epifcopat de S. Auguftin ; celle des Arriens jufqu'à Theodofe le Grand ; celle du Concile de Nicée, &c.

16 L	Tome 7. les Histoires particulieres depuis l'an 328. jusqu'en 357. hors Saint Athanase.
17 L	Tome 8. les Vies de S. Athanase & des SS. morts depuis 378. jusqu'en 394. & les Histoires des Priscillianistes & des Messaliens.
18 L	Tome 9. les Vies de S. Basile, de S. Gregoire de Nazianze, de S. Gregoire de Nysse, & de S. Amphiloque.
19 L	Tome 10. les Vies de S. Ambroise, de S. Martin, de S. Epiphane, & des autres SS. morts à la fin du IV. siecle & au commencement du V.
20 L	Tome 11. la Vie de S. Chrysostome, celles de Constance Prêtre, de Ste. Olympiade Veuve, de Theophile Patriarche d'Alexandrie, de Pallade d'Helenople, &c.
21 L	Tome 12. l'Histoire de S. Jerôme, & des autres SS. ou Grands Hommes morts depuis 420. jusqu'en 430.
22 L	Tome 13. la Vie de S. Augustin, & l'Histoire des Donatistes de son temps, & des Pelagiens.
23 L	Tome 14. les Histoires de S. Paulin, de S. Celestin Pape, de Cassien, de S. Cyrille d'Alexandrie, & du Nestorianisme &c.
24 L	Tome 15. les Histoires de S. Germain d'Auxerre, de S. Hilaire d'Arles, de Theodoret, de S. Leon Pape, & de quelques autres Saints ou Grands Hommes morts depuis 448. jusqu'en 461.

Histoire Ecclesiastique. 351

25 L — Tome 16. l'Histoire de S. Prosper, de S. Hilaire Pape, de S. Sidoine, d'Acace de CP. de S. Eugene de Carthage, & de la persecution de l'Eglise d'Afrique par les Vandales; d'Eupheme & de S. Macedone Patriarches de C P. & de divers autres SS. & Saintes ou Grands Hommes morts depuis l'an 463. jusqu'en 513.

Histoire des Empereurs & des autres Princes qui ont regné durant les six premiers siecles de l'Eglise, des persecutions qu'ils ont faites aux Chrétiens &c. justifiée par les citations des Auteurs originaux, avec des Notes ; par le même de Tillemont. A Paris 1690. & suiv. in 4°. 5. vol.

26 L — Tome 1. comprend depuis Auguste jusqu'à Vitellius & à la ruine des Juifs.
27 L — Tome 2. depuis Vespasien jusqu'à la mort de Pertinax.
28 L — Tome 3. depuis Severe jusqu'à l'élection de Diocletien.
29 L — Tome 4. depuis Diocletien jusqu'à Jovien.
30 L — Tome 5. depuis Valentinien I. jusqu'à Honoré.

Histoire Ecclesiastique, depuis J. C. jusqu'en 1414. par Claude Fleury; avec la continuation depuis l'an 1401. jusqu'en 1455. (par le P. Jean Claude Fabre de l'Oratoire) A Paris 1691. & années suiv. in 4°. 22. vol.

31 L	Tome 1. contient les deux premiers siécles.
32 L	Tome 2. le troisiéme siecle.
33 L	Tome 3. depuis l'an 313. jusqu'en 361.
34 L	Tome 4. depuis l'an 361. jusqu'en 395.
35 L	Tome 5. depuis l'an 395. jusqu'en 429.
36 L	Tome 6. depuis l'an 429. jusqu'en 483.
37 L	Tome 7. depuis l'an 483. jusqu'en 590.
38 L	Tome 8. depuis l'an 590. jusqu'en 678.
39 L	Tome 9. depuis l'an 679. jusqu'en 794.
40 L	Tome 10. depuis l'an 795. jusqu'en 859.
41 L	Tome 11. depuis l'an 858. jusqu'en 925.
42 L	Tome 12. depuis l'an 925. jusqu'en 1053.
43 L	Tome 13. depuis l'an 1053. jusqu'en 1099.
44 L	Tome 14. depuis l'an 1099. jusqu'en 1153.
45 L	Tome 15. depuis l'an 1153. jusqu'en 1197.
46 L	Tome 16. depuis l'an 1198. jusqu'en 1230.
47 L	Tome 17. depuis l'an 1230. jusqu'en 1260.
48 L	Tome 18. depuis l'an 1260. jusqu'en 1300.
49 L	Tome 19. depuis l'an 1300. jusqu'en 1339.
50 L	Tome 20. depuis l'an 1339. jusqu'en 1414.
50*L	Tome 21. depuis l'an 1401. jusqu'en 1431.
50**L	Tome 22. depuis l'an 1431. jusqu'en 1455.
72 L	Tablettes chronologiques, contenant avec ordre l'état de l'Eglise en Orient & en Occident, les Conciles, les Auteurs Ecclesiastiques, les Schismes, Heresies &c. par G. Marcel. *A Paris* 1709. *in* 8°.

Histoire

73 L Histoire de tous les Archevêchez & Evêchez de l'Univers, par Tables geographiques & chronologiques; où l'on voit l'état ancien & present tant de l'Eglise Latine que de l'Eglise Grecque & des autres Communions de la Chrétienté, la situation & la distribution des Provinces Ecclesiastiques, les noms des Archevêchez & Evêchez, leurs érections, unions, translations, suppressions, prérogatives &c. avec un Dictionnaire des Noms Latins, l'explication de ce qu'il y a de plus curieux de chaque Archevêché ou Evêché, & une Table de leurs Noms vulgaires, & de leurs Revenus : par Jean Echard de Commanville. *A Paris* 1700. *in* 8°.

74 L Etat des Missions de Grece, depuis 1583. jusqu'à present, presenté au Clergé de France en 1695. par le P. Charles Fleuriau Jesuite. *A Paris* 1695. *in* 12°.

75 L Relation de ce qui s'est passé à Santerini Isle de l'Archipel, depuis l'établissement des Jesuites en 1613. par le P. François Richard. *A Paris* 1657. *in* 8°.

76 L	La Turquie Chretienne sous la protection de Louis le Grand, contenant l'état present des Nations & des Eglises Grecque, Armenienne & Maronite dans l'Empire Ottoman; par Claude Pétis de la Croix. *A Paris* 1695. *in* 12°.
77 L 78 L 79 L 80 L	Nouveaux Memoires des Missions de la Compagnie de Jesus dans le Levant. *A Paris* 1715. *& suiv. in* 12°. 4. *vol.*
81 L jusqu'à 93 L	Lettres edifiantes & curieuses, écrites des Missions Etrangeres par quelques Missionnaires de la Compagnie de Jesus. *A Paris* 1703. *& années suiv. in* 12°. 15. *tomes en* 13. *vol.*
94 L	Relation de la Mission des Jesuites établie dans le Royaume de Perse par le P. Alexandre de Rhodes en 1654. dressée & mise au jour par un Pere de la même Compagnie. *A Paris* 1659. *in* 8°.
95 L	Histoire des Isles Marianes, nouvellement converties à la Religion Chretienne, & de la mort glorieuse des premiers Missionnaires qui y ont prêché la Foy; par Charles le Gobien Jesuite. *A Paris* 1700. *in* 12°.

HISTOIRE DES CONCILES, des Papes, & des Cardinaux.

Histoire des Conciles, ensemble les Canons de l'Eglise, & l'abregé chronologique de la Vie des Papes & leurs Decisions, avec des Notes; & les Declarations des Assemblées du Clergé de France sur les points de Discipline, & celles du Roy sur la même matiere; par M. Hermant: IIIe. Edition augmentée & mise dans un nouvel ordre. *A Rouen* 1716. *in* 12°. 4. *vol.*

96 L   Tome 1. comprend les Conciles & les Papes des cinq premiers siecles.

97 L   Tome 2. ceux des 6e. 7e. 8e. 9e. 10e. & 11e. siecles.

98 L   Tome 3. ceux des 11e. 12e. 13e. 14e. 15e. & 16e. siecles.

99 L   Tome 4. ceux des 16e. & 17e. siecles.

51 L
52 L   Histoire du Concile de Pise, & de ce qui s'est passé de plus memorable depuis ce Concile jusqu'au Concile de Constance; par M. Jacques Lenfant: avec Figures. *A Amsterdam* 1724. *in* 4°. 2. *vol.*

53 L
54 L   Histoire du Concile de Constance; par le même Auteur: avec Figures.

A Amsterdam 1714. *in* 4°. 2. *vol.*

55 L Histoire du Concile de Trente, écrite en Italien par Fra Paolo Sarpi Theologien du Senat de Venise, & traduite en François, avec des Remarques historiques, par Abraham Nicolas Amelot de la Houssaie. *A Amsterdam* 1686. *in* 4°.

56 L Instructions & Lettres des Rois Tres-Crétiens & de leurs Ambassadeurs, & autres Actes concernant le Concile de Trente, pris sur les Originaux : IVe. Edition augmentée de plusieurs Actes tirez des Memoires de Pierre Dupuy. *A Paris* 1654. *in* 4°.

100 L Lettres & Memoires de François de Vargas, de Pierre de Malvenda, & de quelques Evêques d'Espagne, touchant le Concile de Trente : traduits de l'Espagnol, avec des Remarques, par Michel le Vassor. *A Amsterdam* 1700. *in* 8°.

Traité historique de l'établissement & des prérogatives de l'Eglise de Rome & de ses Evêques, par Louis Maimbourg. *Voyez ses Histoires, tome* 12. *ci-devant* n° 27 K.

Histoire du Pontificat de S. Leon le

HISTOIRE ECCLESIASTIQUE. 357
Grand, par le même. *Voyez ses Histoires*, tome 13. *ci-devant n°* 28 K.

Histoire du Pontificat de S. Gregoire le Grand, par le même. *Voyez ses Histoires*, tome 14. *ci-devant n°* 29 K.

L'Histoire du Schisme des Papes tenant le Siege en Avignon, par Pierre Dupuy. *Voyez son Histoire des Templiers, ci-après n°* 271 N.

Histoire du grand Schisme d'Occident, par Louis Maimbourg. *Voyez ses Histoires*, tome 8. *ci-devant n°* 23 K.

57 L   Histoire des Conclaves, depuis Clement V. jusqu'à present. *A Paris* 1689. *in* 4°.

Relation du Conclave pour l'élection de Gregoire XV. *Voyez les Memoires de la Regence de Marie de Medicis, ci-après n°* 449 N.

101 L   Ceremonial de l'Election des Papes, dressé par l'ordre de Gregoire XV. traduit en François, avec le Latin ensuite ; & un Traité de l'Election des Papes, par M. B. (Jerome Bignon ;) & le Plan du Conclave gravé en taille douce. *A Paris* 1655. *in* 8°.

La Vie du Pape Sixte V. traduite de

CATALOGUE DE LIVRES.
l'Italien de Gregorio Leti : Nouvelle Edition corrigée, aumentée, & enrichie de Figures. *A Paris* 1714. *in* 12°. 2. *vol.*

102 L   Tome 1. comprend depuis la naissance de Sixte V. en 1521. jusqu'en 1585.

103 L   Tome 2. depuis 1585. jusqu'à sa mort en 1590.

104 L   Histoire de Donna Olympia Maldachini, Belle-sœur du Pape Innocent X. & de ses intrigues sous ce Pontificat ; traduite de l'Italien de l'Abbé Gualdi. *A Leide* 1666. *in* 12°.

105 L   Le Syndicat du Pape Alexandre VII. avec son Voyage en l'autre monde; traduit de l'Italien. *Imprimé en* 1669. *in* 12°.

106 L
107 L   La Vie du Cardinal Commendon, mort en 1584. traduite du Latin d'Antoine Maria Gratiani Evêque d'Amelia, par M. Esprit Flechier Evêque de Nismes. *A Paris* 1701. *in* 12°. 2. *vol.*

HISTOIRE DES ORDRES Monastiques, Religieux, & Militaires.

Histoire des Ordres Religieux, & des Congregations Regulieres & Seculieres de l'Eglise, avec le Catalogue de toutes les Maisons & Convents de France, &c. par M. Hermant. A Rouen 1710. in 12°. 4. vol.

108 L Tome 1. comprend l'origine & les commencemens de la Vie Monastique; les premiers Hermites & Cenobites; l'Histoire des Ordres de S. Basile, de S. Augustin, de S. Benoist, de Ste. Scholastique, de S. Colomban, des Chanoines Reguliers, des Camaldules, des Moines de Font-Avellan, de Val-Ombreuse, de Grandmont, des Chartreux, de S. Antoine, de Citeaux, & de Clairvaux; & l'établissement de l'Abbaye de Cluny.

109 L Tome 2. les Ordres de Fontevrault, de S. Ruf, de Premontré, de S. Guillaume, des Gilbertins, des Guillemites nommez Blancs-Manteaux, des Chanoines Reguliers de Ste. Croix de Conimbre, de la Congregation de Flore, des Servites, & de l'Annonciade, des Religieux de Ste. Croix, des Beguines, des Humiliez, des Trinitaires, du Mont-Carmel, des Freres Mineurs, des Freres Prescheurs, des Chanoines Reguliers du Val des Ecoliers, de ceux de Ste. Genevieve, de ceux de Chancelade, de l'Ordre du Val-des-Choux, de la Mercy, des Celestins, de la Charité de la Ste. Vierge, des Sylvestrins, des Prêtres du bon Jesus, du Mont-Olivet, des

Religieux du S. Sacrement, de S. Sauveur, des Jesuates, des Cellites, des Clercs de Windesem, des Hermites de S. Jerôme, de la Congregation de Fiesole, des Chanoines Reguliers de S. Georges, de Ste. Justine, de S. Sauveur de Bologne, des Reformes de l'Ordre de S. François, des Freres de S. Ambroise.

110 L   Tome 3. les Ordres des Minimes, de la Conception, des Filles Penitentes ou Magdelonnettes, l'Histoire du Cardinal Ximenez Fondateur des Monasteres d'Alcala, la Fondation des Dames de S. Cyr, des Theatins, des Somasques, des Barnabites, des Jesuites, des Carmelites & des Carmes Déchaussez, de la Doctrine Chretienne, de la Charité de S. Jean de Dieu, de l'Oratoire, des Feüillans, des Ursulines, des Peres du bien mourir, des Clercs Reguliers Mineurs, des Oblats, de N. D. du Calvaire, de la Congregation de N. D. & des Chanoines Reguliers de Nôtre-Sauveur, de la Visitation, & l'Histoire du Cardinal de Berulle Fondateur de l'Oratoire de Jesus.

111 L   Tome 4. les Congregations de la Mission, des Filles de la Charité, de S. Maur, de S. Gabriel, des Filles de l'Union Chretienne ou Nouvelles-Catholiques, de l'Adoration perpetuelle du S. Sacrement, de Jesus & Marie,

des Religieuses de Charité, de S. Sulpice, des Clercs Seculiers de la Vie commune, des Maisons de Retraite, des Reformes de l'Abbaye de la Trappe & quelques autres de l'Ordre de Citeaux, des Filles des Ecoles charitables, des Filles de Ste. Genevieve, & de la Maison du Bon-Pasteur.

112 L Les Moines empruntez, où l'on retablit en leur veritable état les Grands Hommes qu'on a voulu faire Moines après leur mort : par Pierre Joseph. *Imprimé en 1698. in 12°. 2. tomes en 1. vol.*

58 L Description du Plan en relief de l'Abbaye de la Trappe, presenté au Roy par le Frere Pacome Religieux Solitaire ; avec Figures. *A Paris 1708. in 4°. en grand papier.*

113 L Histoire des Diables de Loudun, ou de la Possession des Religieuses Ursulines & de la condamnation & du supplice d'Urbain Grandier Curé de la même Ville, depuis l'an 1629. jusqu'en 1638. *A Amsterdam 1694. in 12°.*

Le Theatre d'Honneur & de Chevalerie, ou l'Histoire des Ordres Militaires des Roys & Princes de la Chretienté, par André Favyn :

avec Figures. *A Paris* 1620. *in* 4°. 2. *vol.*

59 L Tome 1. contient le premier livre où il est traité des Armes & Blasons & de leur antiquité; des Ecus, Boucliers, Heaumes, Cimiers, Roys & Heraux d'Armes, des Honneurs & Recompenses Militaires, Couronnes, Colliers &c. & des Ceremonies observées en donnant les Armes aux Ecuyers & l'Ordre aux Chevaliers: le 2ᵉ. qui traite de l'Ordre de la Ste. Ampoule institué pour le Sacre des Roys de France, & de l'ancienne origine des François, excellence & préséance des Roys & Royaume de France: le 3ᵉ. qui traite des Ordres de Chevalerie, instituez par les Roys de France & Princes de leur Sang.

60 L Tome 2. comprend les 4ᵉ. 5ᵉ. 6ᵉ. 7ᵉ. 8ᵉ. & 9ᵉ. livres qui traitent des Ordres de Flandres, & des Païs d'enbas; de ceux d'Angleterre & d'Ecosse; de ceux des Royaumes d'Espagne; de ceux des Royaumes & Seigneuries d'Allemagne; de ceux des Potentats d'Italie; de ceux de la Terre Ste. du Levant, & des Indes Orientales & Occidentales: le 10ᵉ. livre qui contient les traitez des neuf Preux; des Duels & Combats à outrance; des Joustes & Tournois; des Peines Militaires, & Degradations de Noblesse; des Funerailles des Roys, Princes &

Chevaliers de l'Ordre : deux Tables, l'une des Matieres; l'autre des Royaumes, Provinces, Villes, Peuples & Familles, dont les Armes font blafonnées dans cet Ouvrage : & au commencement de ce 2e. tome un fommaire Difcours du même Auteur, intitulé, Maxime d'Etat que Pharamond a été le feptiéme Roy des François & non pas le premier, & fa Genealogie.

114 L Hiftoire des Religions ou Ordres Militaires de l'Eglife, & des Ordres de Chevalerie ; par M. Hermant. *A Rouen* 1698. *in* 12°.

1 L Hiftoire des Chevaliers de l'Ordre de S. Jean de Hierufalem, ci devant écrite par le S. D. B. S. D. L. augmentée de Sommaires fur chaque livre & d'Annotations, enfemble d'une Traduction des Etabliffemens & Statuts de la Religion, par Jean Baudoin : Derniere Edition, où l'on a joint les Ordonnances du Chapitre general de 1632. les Eloges des Grands-Maiftres, les Privileges de l'Ordre &c. par F. A. de Naberat. *A Paris* 1659. *in fol.*

60*L
1
jufqu'à
60*L
4

Hiftoire des Chevaliers Hofpitaliers de S. Jean de Jerufalem, appellez depuis les Chevaliers de Rhodes, & aujourd'hui les Chevaliers de Malte; par M. l'Abbé René d'Aubert de Vertot: avec un Catalogue des Chevaliers, & les Blasons de leurs Armes. *A Paris 1726. in 4°. 4. vol.*

VIES DES SAINTS, des Bienheureux &c.

Vies des Apôtres, de leurs Disciples, & des Saints des six premiers siecles, par Sebastien le Nain de Tillemont. *Voyez son Histoire Ecclesiastique, ci-devant n° 10 jusqu'à 22 L.*

61 L   Antonii Gallonii liber de SS. Martyrum Cruciatibus; cum Figuris æneis Antonii Tempestæ: accedunt Hieronymi Magii liber de Equuleo, & alia ejusdem argumenti; edente Raphaële Tricheto du Fresne. *Parisiis 1660. in 4°.*

La Gloire des Martyrs & des Confesseurs, la Vie de S. Martin, & la Vie des Peres, par S. Gregoire Evêque de Tours; traduite de Latin en François par Michel de Marolles. *Voyez l'Histoire des François du même Auteur, tome 2. ci-après n°. 230 N.*

La Vie des Saints pour tous les jours de l'année, avec des Reflexions chretiennes ; (par Nicolas Fontaine.) *A Paris* 1683. *in* 8º. 4. *vol.*

115 L — Tome 1. comprend les mois de Janvier, Fevrier, & Mars.
116 L — Tome 2. les mois d'Avril, May, & Juin.
117 L — Tome 3. les mois de Juillet, Aouft, & Septembre.
118 L — Tome 4. les mois d'Octobre, Novembre & Decembre.

Les Vies des Saints, compofées fur ce qui nous eft refté de plus authentique & de plus affûré, avec l'Hiftoire de leur culte, & celle des autres Feftes de l'année : par Adrien Baillet. *A Paris* 1704. *in* 8º. 17. *vol.*

119 L — Tome 1. contient l'Hiftoire des Feftes Mobiles de l'année, depuis la Septuagefime jufqu'à la veille de Pafques.
120 L — Tome 2. depuis le jour de Pafques jufqu'au fixiéme Dimanche après l'Epiphanie.
121 L — Tome 3. les Vies des Saints de l'Ancien Teftament.
122 L — Tome 4. la Chronologie des Saints, où les points principaux de leur vie & de leur mort fe trouvent rangez felon l'ordre des temps.
123 L — Tome 5. la Topographie des Saints, où l'on rapporte les Lieux devenus celebres par la naiffance, la demeure, la mort, la fepulture & le culte des Saints.

124 L	Tome 6. le Discours sur l'Histoire de la Vie des Saints, & les Vies des Saints du mois de Janvier.
125 L	Tome 7. les Vies des SS. du mois de Fevrier.
126 L	Tome 8. les Vies des SS. du mois de Mars.
127 L	Tome 9. les Vies des SS. du mois d'Avril.
128 L	Tome 10. les Vies des SS. du mois de May.
129 L	Tome 11. les Vies des SS. du mois de Juin.
130 L	Tome 12. les Vies des SS. du mois de Juillet.
131 L	Tome 13. les Vies des SS. du mois d'Aoust.
132 L	Tome 14. les Vies des SS. du mois de Septembre.
133 L	Tome 15. les Vies des SS. du mois d'Octobre.
134 L	Tome 16. les Vies des SS. du mois de Novembre.
135 L	Tome 17. les Vies des SS. du mois de Decembre.
	La Vie de S. Cyprien, par M. Lombert. *Voyez les Oeuvres de ce S. Pere, ci-devant n°* 38 A.
136 L	La Vie de S. Ignace, Fondateur de la Compagnie de Jesus; par Domini-

que Bouhours : IIe. Edition. *A Paris* 1680. *in* 12°.

137 L   La Vie de S. François Xavier Jesuite,
138 L   par le même Auteur. *A Paris* 1683.
in 12°. 2. *vol.*

62 L   La Vie de Dom Barthelemy des Martyrs, Religieux de l'Ordre de S.
Dominique, Archevêque de Bra-
gue en Portugal; tirée de cinq Auteurs qui l'ont écrite en Espagnol
& en Portugais. *A Paris* 1664.
in 4°.

139 L   La Vie de Dom Jean Armand le Bou-
140 L   thillier de Rancé, Abbé & Refor-
141 L   mateur de l'Abbaye de la Trappe,
par Dom Pierre le Nain. *Imprimé
en* 1715. *in* 12°. 3. *vol.*

142 L   Relation de la Mort de quelques Religieux de la Trappe. *A Paris* 1683.
in 12°.

143 L   ⎰ Carte de Visite faite à l'Abbaïe de
N. D. des Clairets, par Dom
Jean Armand le Bouthillier de
Rancé Abbé de la Trappe, en
1690. *A Paris* 1690. *in* 12°.
Instruction sur la Mort de Dom Mu-
ce Religieux de la Trappe, par
le même Auteur. *A Paris* 1690.
in 12°.

144 L La Vie de Madame de Bellefont, Fondatrice du Monastere des Benedictines de N. D. des Anges à Rouen ; par Dominique Bouhours. *A Paris* 1686. *in* 8°.

HISTOIRE DES HERESIES.

Histoire des Donatistes, des Arriens, des Priscillianistes, des Messaliens, des Pelagiens, & du Nestorianisme; par Sebastien le Nain de Tillemont. *Voyez son Histoire Ecclesiastique, tomes* 6. 8. *&* 13. *ci-devant n°* 15. 17 *&* 22 L.

Histoire de l'Arianisme, par Louis Maimbourg. *Voyez ses Histoires, tomes* 1. *&* 2. *ci-devant n°* 16 *&* 17 K.

Histoire des Iconoclastes, par le même Maimbourg. *Voyez ses Histoires, tome* 3. *ci-devant n°* 18 K.

Histoire du Schisme des Grecs, par le même. *Voyez ses Histoires, tome* 4. *ci-devant n°* 19 K.

L'Histoire des Religions de tous les Royaumes du Monde, reveuë, augmentée & mise dans un meilleur ordre ; par le Sieur Jovet. *A Paris* 1724. *in* 12°. 6. *vol.*

145 L   Tome 1. traite de la Religion de l'Europe

HISTOIRE ECCLESIASTIQUE. 369
rope en general, & de la Religion Catholique; & en particulier des Religions de l'Italie, de Geneve, de la France, de l'Espagne & du Portugal.

146 L   Tome 2. des Religions d'Angleterre, d'Ecosse & d'Irlande, des Pays-Bas, de la Suisse, de l'Allemagne, & des Pays du Nord.

147 L   Tome 3. des Religions des Tartares, & des Turcs d'Europe, de la Grece, Morée, Dalmatie, Archipel &c. & de l'Asie.

148 L   Tome 4. ⎫ la suite des Religions de
149 L   Tome 5. ⎭   l'Asie.

150 L   Tome 6. des Religions de l'Afrique & de l'Amerique.

151 L   Histoire de la Religion ancienne & moderne des Moscovites; avec Figures. *A Amsterdam 1698. in* 8°.

Histoire des Revolutions arrivées dans l'Europe en matiere de Religion, par Antoine Varillas. *A Paris 1686. in* 12°. 12. vol.

152 L   Tome 1. contient depuis l'an 1374. jusqu'en 1448.
153 L   Tome 2. depuis 1517. jusqu'en 1522.
154 L   Tome 3. depuis 1523. jusqu'en 1530.
155 L   Tome 4. depuis 1530. jusqu'en 1535.
156 L   Tome 5. depuis 1536. jusqu'en 1540.
157 L   Tome 6. depuis 1542. jusqu'en 1545.
158 L   Tome 7. depuis 1547. jusqu'en 1549.

159 L   Tome 8. depuis 1549. jusqu'en 1554.
160 L   Tome 9. depuis 1554. jusqu'en 1559.
161 L   Tome 10. depuis 1560. jusqu'en 1563.
162 L   Tome 11. depuis 1563. jusqu'en 1568.
163 L   Tome 12. depuis 1568. jusqu'en 1569.
164 L   Critique du IX. livre de l'Histoire de l'Heresie de M. Varillas, où il traite des Revolutions d'Angleterre; traduite de l'Anglois de M. Gilbert Burnet. *A Amsterdam* 1686. *in* 12°.
165 L   Critique des III. & IV. volumes de l'Histoire de l'Heresie de M. Varillas, traduite de l'Anglois du même M. Burnet. *A Amsterdam* 1688. *in* 12°.
166 L   Réponse du même Varillas à la Critique de M. Burnet sur les deux premiers tomes de l'Histoire de l'Heresie. *Imprimé en* 1687. *in* 12°.
167 L   Nouvelles Accusations contre M. Varillas, ou Remarques critiques contre une partie du I. livre de l'Histoire de l'Heresie, par Mathieu Larroque. *A Amsterdam* 1687. *in* 12°.

Histoire du Lutheranisme, par Louis Maimbourg. *Voyez ses Histoires, tome* 9. *ci devant n°* 24 K.

Histoire du Calvinisme, par le même.

Voyez ses *Histoires*, tome 10. *ci-devant* n° 25 K.

Histoire de l'Edit de Nantes, par Elie Benoist. *Voyez ci-devant n° 43. jusqu'à 47* A.

Histoire des Variations des Eglises Protestantes, par M. Jacques Benigne Bossuet Evêque de Meaux. *A Paris* 1688. *in* 4°. 2. *vol.*

63 L   Tome 1. comprend depuis l'an 1517. jusqu'à 1561.

64 L   Tome 2. depuis 1561. jusqu'à la fin du XVII. siecle.

Histoire du Schisme d'Angleterre, traduite du Latin de Nicolas Sanderus; avec les Vies des Cardinaux Polus & Campege, traduites du Latin de Becatel Archevêque de Ravenne & de Sigonius; par François de Maucroix. *A Paris* 1701. *in* 12°. 2. *vol.*

168 L   Tome 1. comprend l'Histoire de Sanderus depuis 1529. jusqu'en 1585.

169 L   Tome 2. les Vies des Cardinaux Polus & Campege.

Histoire de la Reformation de l'Eglise d'Angleterre, traduite de l'Anglois de M. Gilbert Burnet par M. de Rosemond. *A Londres* 1683. *in* 4°. 2. *vol.*

65 L	Tome 1. contient depuis l'avenement de Henry VIII. à la Couronne en 1509. jufqu'à fa mort en 1547.
66 L	Tome 2. contient le progrez de la Reformation fous Edouard VI. fon renverfement fous Marie, & fon retabliffement par Elizabeth ; depuis 1547. jufqu'en 1559.

Défenfe de l'Hiftoire du Schifme d'Angleterre, de Sanderus ; avec la Refutation de deux premiers livres de l'Hiftoire de la Reformation de M. Burnet ; par M. Joachim le Grand. *Voyez l'Hiftoire du Divorce de Henry VIII. tome 2. ci-après* n° 121.0

170 L Hiftoire des Anabaptiftes, contenant leur doctrine, leurs diverfes opinions, les troubles qu'ils ont caufez ; & tout ce qui s'eft paffé à leur égard depuis l'an 1521. jufques à prefent ; (par le P. François Catrou Jefuite.) *A Amfterdam* 1699. *in* 12°.

171 L Hiftoire de l'Inquifition & de fon origine, (par Jacques Marfolier.) *A Cologne* 1693. *in* 12°.

172 L
173 L Memoires hiftoriques pour fervir à l'Hiftoire des Inquifitions : avec Figures. *A Cologne* 1716. *in* 12°. 2. *vol.*

174 L Relation de l'Inquisition de Goa, par M. Dellon: avec Figures. *A Paris* 1688. *in* 12°.

SUITE DE L'HISTOIRE:

HISTOIRE ANCIENNE,
OU
JUDAIQUE, GRECQUE, ROMAINE, ET BYZANTINE.

HISTOIRE JUDAIQUE.

Histoire des Juifs, contenant les Antiquitez Judaïques tirées des Livres de l'Ancien Testament & continuées jusqu'à l'Empire de Neron, & la Guerre des Juifs contre les Romains depuis la prise de Jerusalem jusqu'à la défaite entiere des Juifs ; ensemble les autres Ouvrages de Flavius Joseph : Le tout traduit du Grec par Robert Arnauld d'Andilly. *A Paris* 1672. *in* 12°. 5. *vol.*

38 M   Tome 1. comprend depuis la creation du Monde jusqu'à la mort de David.

39 M   Tome 2. depuis le commencement du Regne de Salomon jusqu'à la prise de

CATALOGUE DE LIVRES,
Jerufalem par Herode.

40 M — Tome 3. le Regne d'Herode en Judée jufqu'à la douziéme année de l'Empire de Neron.

41 M — Tome 4. l'Hiftoire de la Guerre des Juifs contre les Romains, depuis la prife de Jerufalem par Antiochus jufqu'à la défaite des Juifs par Vefpafien; & la Vie de Jofeph écrite par luy-même.

42 M — Tome 5. le Regne de Tite & Vefpafien jufqu'à la défaite entiere des Juifs; la Réponfe à Appion; le Martyre des Machabées; & l'Ambaffade de Philon à Caligula.

1 L — Les mêmes Oeuvres de Jofeph, de la même traduction: Nouvelle Edition enrichie de Figures. *A Amfterdam 1700. in fol.*

La Vie de David, par François Timoleon de Choify. *Voyez l'Interpretation des Pfeaumes du même Auteur, ci-devant n°* 82 A.

42*M — La Vie de Salomon, par le même Auteur. *A Paris 1687. in 8°.*

43 M
jufqu'à
57 M
— Hiftoire des Juifs depuis J. C. jufqu'à prefent, pour fervir de continuation à l'Hiftoire de Jofeph, par Jacques Bafnage : Nouvelle Edition augmentée. *A la Haye 1716. 9. tomes en 15. vol. in 12°.*

HSITOIRE

HISTOIRE GRECQUE.

58 M La Cyropedie, ou l'Histoire de Cyrus
59 M depuis sa naissance jusqu'à sa mort,
avec l'Eloge d'Agesilaüs Roy de
Sparte: Le tout traduit du Grec
de Xenophon par François Charpentier. *A la Haye* 1717. *in* 8°. 2.
vol.

60 M La Retraite des dix mille, de Xenophon, ou l'Expedition de Cyrus
contre Artaxerxes; traduite du
Grec par Nicolas Perrot Sieur d'A-
blancourt. *A Paris* 1665. *in* 12°.

61 M Les Histoires d'Herodote, contenant
62 M depuis le regne de Cyrus jusqu'à la
fuite de Xerxes; traduites du Grec
par Pierre du Ryer. *A Paris* 1660.
in 12°. 2. *vol.*

Apologie pour Herodote, par Henry
Estienne. *Voyez l'Introduction au
Traité de la conformité des Merveilles anciennes & modernes*, ci-devant
n° 17* I. H.

63 M Les Histoires de Dictis de Crete, traitant des Guerres de Troyes, & du
retour des Grecs en leur Pays après
Ilion ruiné; traduites du Latin par
Jean de la Lande. *A Paris* 1556. *in* 8°.

378. CATALOGUE DE LIVRES.

64 M
65 M
66 M
L'Histoire de Thucydide de la Guerre du Peloponese, avec la Continuation de Xenophon jusqu'à la Bataille de Mantinée : Le tout traduit du Grec avec des Remarques ; & un Extrait du Traité de Lucien comment il faut écrire l'Histoire, traduit en François par Nicolas Perrot Sieur d'Ablancourt. *A Paris* 1671. *in* 12°. 3. *vol.*

2 M
Les Histoires de Diodore Sicilien, depuis le passage de Xerxes en Europe jusqu'à la mort d'Alexandre ; traduites du Grec, partie par Robert Macault, partie par Jacques Amyot ; avec un Appendix, & les Annotations marginales de Louis le Roy dit Regius. *A Paris* 1585. *in fol.*

67 M
Les Guerres d'Alexandre, traduites du Grec d'Arrian avec des Remarques ; ensemble un Extrait du Livre des Indes du même Auteur ; un Jugement de cet Ecrivain, tiré du Traité des Historiens Grecs & Latins de François de la Mothe-le-Vayer ; & la Vie d'Alexandre traduite du Grec de Plutarque, & ses Apophtegmes aussi traduits du Grec:

Le tout par Nicolas Perrot Sieur d'Ablancourt. *A Paris* 1664. *in* 12°.

68 M
69 M
Quinte-Curce de la Vie & des Actions d'Alexandre le Grand, traduit de Latin en François, par Claude Favre Sieur de Vaugelas ; avec les Supplémens de Jean Freinshemius, traduits par Pierre du Ryer. *A Paris* 1702. *in* 12°. 2. *vol.*

HISTOIRE ROMAINE.

Instruction sur l'Histoire Romaine, par M. le Ragoys. *Voyez son Instruction sur l'Histoire de France*, ci-après n° 227 N.

6 M
7 M
Les Antiquitez Romaines de Denis d'Halicarnasse, depuis la fondation de Rome, jusqu'à l'an 312. traduites avec des Notes historiques, geographiques, chronologiques & critiques ; (par M. Bellanger.) *A Paris* 1723. *in* 4°. 2. *vol.*

Histoire des Revolutions arrivées dans le Gouvernement de la Republique Romaine, par M. l'Abbé René d'Aubert de Vertot : IIe. Edition reveuë & augmentée par l'Auteur. *A Paris* 1720. *in* 12°. 3. *vol.*

70 M   Tome 1. comprend depuis la fondation de Rome jufqu'à l'an de Rome 299.

71 M   Tome 2. depuis l'an 300. jufqu'en 649.

72 M   Tome 3. depuis l'an 650. jufqu'en 723.

3 M
4 M   **Les Decades de Tite-Live**, depuis la naiffance de Rome jufqu'à la reduction de la Macedoine, avec les Supplémens de Freinshemius: traduits du Latin en François par Pierre du Ryer. *A Paris* 1653. *in fol.* 2. *vol. en grand papier.*

Traduction du XXXIIIe. livre de Tite-Live, par François de Malherbe. *Voyez fes Oeuvres, tome* 2. *ci-devant n*° 126 E.

73 M   Epitome de l'Hiftoire Romaine depuis la fondation de Rome jufqu'à l'Empire d'Augufte, par L. Annæus Florus, mis de Latin en François fur les traductions de Monfieur (Philippe de France) Frere unique du Roy, par François de la Mothe-le-Vayer ; avec le texte Latin, & des Remarques. *A Paris* 1656. *in* 8°.

74 M   Abregé de l'Hiftoire Romaine & Grecque, traduit du Latin de Velleius Paterculus, & tiré d'autres Auteurs pour fervir de Supplément; comprenant depuis l'an du Monde

1280. jufqu'à l'an de Rome 791. avec une Chronologie ; par Jean Doujat. *A Paris* 1672. *in* 12°.

75 M Abregé de l'Hiftoire Romaine par Eutrope, depuis la fondation de Rome jufqu'à la mort de l'Empereur Jovien en l'an de Rome 1117. traduction nouvelle, avec le texte Latin à côté, & des Notes critiques, hiftoriques & chronologiques ; & une Differtation qui donne une idée generale du genie des Romains & de leur Empire, depuis fa fondation jufqu'à fa divifion par Theodofe le Grand ; par M. l'Abbé Lezeau. *A Paris* 1717. *in* 12°.

Hiftoire Romaine, depuis la fondation de Rome; avec des notes hiftoriques, geographiques & critiques, des Figures en taille-douce, des Cartes geographiques & plufieurs Medailles ; par les PP. François Catrou & Julien Roüillé, Jefuites. *A Paris* 1725. *in* 4°. 4. *vol.*

8 M   Tome 1. comprend depuis la premiere année du Regne de Romulus, jufqu'à l'an de Rome 244.

9 M   Tome 2. depuis l'année de Rome 244. jufqu'à l'année 286.

10 M   Tome 3. depuis l'an de Rome 286. juſqu'à l'an 362.

11 M   Tome 4. depuis l'année de Rome 362. juſqu'à l'année 416. & les Faſtes Conſulaires, c'eſt-à-dire, la ſuite chronologiques des Rois, des Conſuls, des Tribuns du Peuple, des Cenſeurs, des Queſteurs, des Triomphes, & des Luſtres, depuis Romulus juſqu'à l'an 415.

12 M   Tome 5.

13 M   Tome 6.

14 M   Tome 7.

15 M   Tome 8.

16 M   Tome 9.

17 M   Tome 10.

18 M   Tome 11.

19 M   Tome 12.

Abregé chronologique de l'Hiſtoire Romaine, depuis la fondation de Rome ſous les Rois, les Conſuls,

HISTOIRE ANCIENNE. 383
les Decemvirs, & fous les Empereurs tant d'Orient que d'Occident
jufqu'à Leopold Ignace; par le Sr.
du Verdier. *A Paris* 1672. *in* 12°.
8. *vol.*

76 M	Tome 1. comprend Rome fous les Rois jufqu'à Tarquin le Superbe, & enfuite fous les Confuls, les Decemvirs, & les Tribuns Militaires jufqu'en l'an de fa fondation 330.
77 M	Tome 2. fous les Confuls & les Tribuns Militaies depuis l'an 331. jufqu'en 535.
78 M	Tome 3. fous les Confuls depuis l'an 536. jufqu'en 647.
79 M	Tome 4. fous les Confuls depuis l'an 648. jufqu'en 723. fous l'Empire d'Augufte.
80 M	Tome 5. fous les Empereurs depuis l'an 725. de Rome & 28. avant J.C. fous Augufte, jufqu'à l'Empire de Conftance en l'an 1057. & de Grace 305.
81 M	Tome 6. fous les Empereurs depuis l'an 1059. de Rome & de Grace 307. fous Conftance, jufqu'à la divifion des deux Empires en l'an 1552. & de J. C. 800.
82 M	Tome 7. fous les Empereurs depuis l'an de Grace 800. fous Charlemagne premier Empereur d'Occident, & Nicefore Empereur d'Orient, jufqu'à la mort de Rodolphe I. Empereur d'Occident en 1288. avec une fuite des Empereurs d'Orient depuis Baudouin II.

jusqu'à la prise de Constantinople par les Turcs sous Constantin Paleologue dernier Empereur d'Orient en 1453.

83 M   Tome 8. sous les Empereurs depuis l'an 1291. sous Adolphe de Nassau, jusqu'à Leopold Ignace en 1664. & la Table des matieres.

Histoire de la Conjuration des Gracques, & autres Traitez sur l'Histoire Romaine ; par Cesar Vichard de Saint-Real. *Voyez ses Oeuvres*, tome 1. & 2. ci-devant n°. 87. & 88. H.

84 M
85 M
86 M   Les Histoires de Polybe, depuis la seconde Guerre Punique jusqu'à celle de Macedoine ; avec les Fragmens ou Extraits du même Auteur, contenant la plûpart des Ambassades: traduit de Grec en François par Pierre du Ryer. *A Paris* 1670. *in* 12°. 3. *vol.*

[5 M   Appian Alexandrin des Guerres des Romains, contenant les Guerres de Lybie, de Syrie, contre les Parthes, contre Mithridates, les Guerres civiles, & les commencemens des Guerres de Gaule & d'Illyrie ; traduit du Grec en François, par Odet Philippe Sieur des Mares: avec une Carte de l'Empire Romain, & un Parallele de la Geographie

phie ancienne & nouvelle pour l'intelligence de cette Carte, par Pierre du Val. *A Paris* 1660. *in fol. en grand papier.*

87 M Histoire de la Guerre des Romains contre Jugurta Roy des Numides, & l'Histoire de la Conjuration de Catilina; traduites du Latin de Saluste, avec une ample Préface sur l'Art historique, & un Jugement sur les Oeuvres de Saluste; par M. l'Abbé Masson. *A Paris* 1713. *in* 12°.

88 M Les Commentaires de Jules César, comprenant la Guerre des Gaules, la Guerre Civile, la Guerre d'Alexandrie, la Guerre d'Afrique, & la Guerre d'Espagne : traduits de Latin en François par Nicolas Perrot Sieur d'Ablancourt; avec des Remarques sur la Carte de l'ancienne Gaule tirée des Commentaires de César, par Nicolas Sanson. *A Paris* 1672. *in* 12°.

89 M Le parfait Capitaine, ou l'Abregé des Guerres des Commentaires de César; avec un Traité de l'Interest des Princes : par Henry Duc de Rohan. *A Paris* 1667. *in* 12°.

Histoire des deux Triumvirats ; (par le S^r. Citri de la Guette:) Nouvelle

Edition augmentée de l'Histoire d'Auguste écrite par Isaac de Larrey. *A Amsterdam* 1720. *in* 12°. 3. *vol.*

90 M   Tome 1. contient le premier Triumvirat depuis la mort de Catilina jusqu'à celle de Cesar.

91 M   Tome 2. le deuxiéme Triumvirat depuis la mort de Cesar jusqu'à celle de Brutus, & depuis celle de Brutus jusqu'à celle d'Antoine.

92 M   Tome 3. l'Histoire d'Auguste.

Les Oeuvres de Tacite, traduites de Latin en François, avec des Remarques, par Nicolas Perrot Sieur d'Ablancourt. *A Paris* 1688. *in* 12°. 3. *vol.*

93 M   Tome 1. contient les VI. premiers livres des Annales, qui comprennent l'Histoire de la Republique après le bannissement des Tarquins, le Regne d'Auguste, & celui de Tibere.

94 M   Tome 2. les XI. XII. & XIII. livres des Annales, qui comprennent les Regnes de Claudius & de Neron.

95 M   Tome 3. l'Histoire ou la suite des Annales, qui commence à la mort de Galba, & finit peu après celle de Vitellius au commencement du Regne de Vespasien; la Germanie; & la Vie d'Agricola.

Les Annales de Tacite, traduites de Latin en François, & illustrées de

Notes historiques & politiques, & d'un Discours critique des Auteurs modernes qui ont traduit ou commenté Tacite ; par Abraham Nicolas Amelot de la Houssaie. *A Amsterdam* 1716. 12°. 4. *vol.*

96 M — Tome 1. contient le Discours critique des Traducteurs & des Commentateurs de Tacite; & les deux premiers livres des Annales, qui comprennent l'état de la Republique Romaine après le bannissement des Tarquins, l'Abregé du Regne d'Auguste, & celui de Tibere depuis l'an de Rome 767. jusqu'en 772.

97 M — Tome 2. les 3. 4. 5. & 6e. livres depuis l'an 773. jusqu'à la mort de Tibere en 790.

98 M — Tome 3. les 11. & 12e. livres comprenant le Regne de Claudius depuis environ l'an 800. jusqu'à sa mort en 807.

99 M — Tome 4. le livre 13e. comprenant le Regne de Neron depuis l'an 807. jusqu'en 811.

100 M — Tibere, Discours politique sur Tacite, par le même Amelot de la Houssaie. *A Paris* 1685. *in* 8°.

101 M — La Morale de Tacite, extraite de ses Annales & Histoires; premier essai de la Flaterie; par le même Auteur. *A la Haye*, 12°.

102 M   L'Histoire des Empereurs Romains, depuis Jules Cesar l'an de Rome 670. jusqu'à Domitien en 849. traduite du Latin de Suetone par D. B.... *A Paris* 1688. *in* 12°.

103 M
104 M   Histoire de Dion Cassius de Nicée, abregée par Xiphilin, depuis le Grand Pompée jusqu'à Alexandre Severe ; traduite de Grec en François. *A Paris* 1674. *in* 12°. 2. *vol.*

105 M   Histoire Romaine, écrite en Grec par Herodien, contenant depuis l'Empire de Marc-Antonin le Philosophe, jusqu'à celuy du jeune Gordien ; traduite en François par M. de Boisguilbert. *A Paris* 1675. *in* 12°.

106 M   L'Histoire Auguste des six Auteurs anciens, Spartien, Capitolin, Lampride, Gallican, Pollion, & Vopiscus, contenant les Vies des Empereurs Romains depuis Adrien jusqu'à Carin, depuis l'an de J. C. 117. jusqu'en 284. traduite de Latin en François avec des Remarques par Michel de Marolles. *A Paris* 1667. *in* 8°.

    Histoire Romaine, depuis le commencement de l'Empire d'Auguste jufqu'à celuy de Licinius ; par Nicolas Coëffeteau : avec l'Epitome de Florus depuis la fondation de Rome jufqu'à la fin de l'Empire d'Augufte, traduit du Latin par le même Coëffeteau. *A Paris* 1664. *in* 12°. 3. *vol.*

107 M   Tome 1. contient l'Epitome de Florus, & le Regne d'Augufte.

108 M   Tome 2. le Regne de Tibere jufqu'à Domitien.

109 M   Tome 3. le Regne de Domitien & des autres Empereurs jufqu'à Licinius.

110 M
111 M
112 M   L'Hiftoire d'Ammian Marcellin depuis l'an de J. C. 354. jufqu'en 378. traduite de Latin en François par Michel de Marolles. *A Paris* 1672. *in* 12°. 3. *vol.*

20 M   Hiftoire Romaine, écrite en Grec par Xiphilin, contenant 67. ans avant J. C. jufqu'à l'an de N. S 229. par Zonare depuis l'an de J. C. 223. jufqu'à 523. & par Zofime depuis l'an de N. S. 226. jufqu'à 409. traduite en François par Louis Coufin. *A Paris* 1678. *in* 4°.

Hiftoire des Empereurs qui ont regné pendant les fix premiers fiecles de l'Eglife, par Sebaftien le Nain de

CATALOGUE DE LIVRES.

Tillemont. *Voyez à la suite de son Hiſtoire Eccleſiaſtique*, ci-devant n° 26. juſqu'à 30. L.

Vie de l'Empereur Conſtantin, par Euſebe; traduite par Louis Couſin. *Voyez l'Hiſtoire Eccleſiaſtique d'Euſebe*, ci-devant n° 6. L.

13 M   Hiſtoire de Theodoſe le Grand, par M. Eſprit Flechier Evêque de Niſmes. *A Paris* 1699. *in* 12°.

HISTOIRE BYZANTINE.

Hiſtoire de Conſtantinople, depuis le Regne de l'ancien Juſtin juſqu'à la fin de l'Empire; traduite ſur les Originaux Grecs par Louis Couſin. *A Paris* 1672. *in* 4°. 8. *vol.*

21 M   Tome 1. contient l'Hiſtoire de la Guerre contre les Perſes, de celle contre les Vandales, & de celle contre les Goths, écrite par Procope.

22 M   Tome 2. l'Hiſtoire mêlée, l'Hiſtoire ſecrete, & les ſix livres des Edifices, de Procope : & l'Hiſtoire de l'Empereur Juſtinien, par Agathias.

23 M   Tome 3. les Ambaſſades des Empereurs Juſtinien, Juſtin le Jeune, & Tibere, écrites par Menandre : l'Hiſtoire de l'Empereur Maurice, par Theophylacte Simocatte : l'Hiſtoire abregée

Histoire Ancienne.

par Nicephore Patriarche de Constantinople : les Vies des Empereurs, par Leon le Grammairien : l'Histoire de Constantin Ducas, de Romain Diogene, de Michel Ducas, & de Nicephore Botaniate, écrite par Nicephore Bryenne Cesar.

24 M — Tome 4. l'Histoire de l'Empereur Alexis, par Anne Comnene.

25 M — Tome 5. l'Histoire depuis l'Empire de Jean Comnene jusqu'à la prise de Constantinople, & ce qui arriva depuis jusqu'à la mort de Baudouin premier Empereur François, par Nicetas.

26 M — Tome 6. l'Histoire des Empereurs Michel & Andronique, par Pachymere.

27 M — Tome 7. l'Histoire des Empereurs Androniques, & celle des Empereurs Jean Paleologue & Jean Cantacuzene, par Cantacuzene.

28 M — Tome 8. la suite de l'Histoire des Empereurs Jean Paleologue & Jean Cantacuzene, par Cantacuzene : celle des Empereurs Jean, Manuel, Jean & Constantin Paleologues, par Ducas : & la Table chronologique pour servir à l'Histoire de Constantinople.

Histoire de la Conqueste de Constantinople par les François & les Venitiens en 1204. par Geoffroy de Villehardoin. *Voyez l'Histoire de l'Em-*

CATALOGUE DE LIVRES:
pire de Constantinople sous les Empereurs François, ci-après n° 13. N.

VIES DES HOMMES ILLUSTRES Grecs, & Romains.

Les Vies des Hommes illustres, de Plutarque, reveuës sur les MSS. & traduites en François, avec des Remarques historiques & critiques, & le Suplement des Comparaisons qui ont été perdues ; par André Dacier : avec Figures. *A Paris 1721. in 4°. 8. vol. en grand papier.*

29 M	Tome 1. comprend les Vies de Thesée, Romulus, Lycurgue, Numa, Solon, Publicola.
30 M	Tome 2. les Vies de Themistocle, Camillus, Pericles, Fabius Maximus, Alcibiade, Coriolan, Paul Emile.
31 M	Tome 3. les Vies de Timoleon, Pelopidas, Marcellus, Aristide, Caton le Censeur, Philopœmen, Flaminius, Pyrrus.
32 M	Tome 4. les Vies de Marius, Lysandre, Sylla, Cimon, Lucullus, Nicias.
33 M	Tome 5. les Vies de Crassus, Sertorius, Eumenes, Agesilas, Pompée, Agis & Cleomene, Tiberius & Caius Graccus.
34 M	Tome 6. les Vies d'Alexandre, Cesar, Phocion, Caton d'Utique.

Tome

HISTOIRE ANCIENNE. 393

35 M   Tome 7. les Vies de Demosthene, Ciceron, Demetrius, Antoine, Dion, Brutus.

36 M   Tome 8. les Vies d'Artaxerxe, Aratus, Galba, Othon, Plutarque; la Chronologie des Vies de Plutarque, & la Table generale des matieres.

114 M   Les Vies des illustres Capitaines Grecs & Romains, traduites du Latin de Cornelius Nepos par le Sieur de Claveret. *A Paris 1663. in 12°.*

Eloge d'Agesilaus Roy de Sparte, traduit de Xenophon par François Charpentier. *Voyez la Cyropedie, ci-devant n° 58 & 59 M.*

115 M
116 M   Histoire des sept Sages, Thales, Pittacus, Bias, Solon, Cleobule, Myson, & Chilon; par Isaac de Larrey. *A Rotterdam 1713. in 8°. 2. vol.*

Les Comparaisons des Grands Hommes de l'Antiquité qui ont le plus excellé dans les Belles-Lettres, par René Rapin. *Voyez ses Oeuvres tome 1. ci-après n° 76 H.*

Vie de Pythagore & d'Hierocles, par André Dacier. *Voyez les Symboles de Pythagore, ci-devant n° 79 C.*

Vie d'Epictete, par André Dacier. *Voyez le Manuel d'Epictete, ci-devant n° 94 C.*

CATALOGUE DE LIVRES.

Vie de Marc Antonin, par le même Auteur. *Voyez les Reflexions morales, ci-devant n° 96* C.

117 M Histoire des quatre Cicerons, dans laquelle on fait voir par les Historiens Grecs & Latins que le Fils du grand Ciceron étoit aussi illustre que son Pere. *A la Haye* 1715. *in* 12°.

118 M Histoire de l'Exil de Ciceron, par M. Jacques Morabin. *A Paris* 1725. *in* 12.

Vie d'Atticus, par Jean François Sarasin. *Voyez les Oeuvres, ci-devant n°* 65 H.

ANTIQUITEZ GRECQUES & Romaines.

De l'avantage que la recherche des Antiquitez procure aux Sçavans, par Charles Cesar Baudelot de Dairval. *Voyez son Traité de l'utilité des Voyages, ci-devant n°* 152 & 153 I.

119 M Les Mœurs & Coutumes des anciens Peuples, contenant la diversité du culte des faux Dieux, de la célébration des Mariages, du Jurement,

de l'education des Enfans, &c. par le Sieur Berain. *A Paris* 1668. *in* 12°.

37 M Discours de la Religion des anciens Romains, de la Castrametation & Discipline militaire d'iceux, des Bains & antiques Exercitations Grecques & Romaines; par Guillaume du Choul : illustré de Medailles & Figures tirées des Marbres antiques. *A Lyon* 1567. *in* 4°.

L'Antiquité expliquée, par Dom Bernard de Montfaucon : & autres Livres d'Antiquitez. *Voyez parmi les grands Livres de Figures, ci-après n°* 47 *jusqu'à* 70 Q.

SUITE DE L'HISTOIRE:
HISTOIRE DE FRANCE.

HISTOIRE GENERALE de France.

1 N

BIBLIOTHEQUE Historique de la France, contenant le Catalogue de tous les Ouvrages tant imprimez que manuscrits, qui traitent de l'Histoire de France; avec des Notes critiques & historiques : par Jacques le Long. *A Paris* 1719. *in fol.*

Methode facile pour apprendre l'Histoire de France, depuis la naissance de la Monarchie jusqu'à present, par demandes & par réponses ; par M. D.... *A Paris* 1691. *in* 12°. 3. *vol.*

223 N   Tome 1. contient depuis Faramond jusques & compris Louis V.

224 N   Tome 2. depuis Hugues Capet jusques & compris Charles VII.

225 N   Tome 3. depuis Louis XI. jusques & compris Louis XIV.

226 N Abregé methodique de l'Histoire de France, par demandes & par réponses, à l'usage de Monseigneur le Dauphin ; par Oronce Finé de Brianville. *A Paris* 1699. *in* 12º.

227 N Instruction sur l'Histoire de France, & sur l'Histoire Romaine, avec un Abregé de la Geographie, & des Metamorphoses d'Ovide ; par M. le Ragoys. *A Paris* 1705. *in* 12º.

Les Recherches de la France, par Estienne Pasquier. *Voyez ses Oeuvres tome* 1. *ci-devant* nº 2 H.

228 N Les Recherches des Recherches & autres Oeuvres d'Estienne Pasquier, par François Garasse Jesuite. *A Paris* 1622. *in* 8º.

2 N La Guerre des Suisses pour la conqueste des Gaules, traduite du premier livre des Commentaires de Cesar, par LOUIS XIV. Roy de France & de Navarre ; avec Figures. *A Paris, de l'Imprimerie Royale,* 1651. *in fol.*

L'Histoire des François, de S. Gregoire Evêque de Tours, contenant l'Histoire sacrée & profane dès l'origine du Monde jusqu'à la fin du Regne de Childebert environ l'an

595. avec le Suplement de Fredegaire Scholaſtique juſqu'à la mort du Roy Pepin en 768. Plus la Gloire des Martyrs & des Confeſſeurs, la Vie de S. Martin, & la Vie des Peres, par le même Auteur : traduits de Latin en François avec des Remarques, par Michel de Marolles. *A Paris* 1668. *in* 8°. 2. *vol.*

229 N   Tome 1. contient l'Hiſtoire de France.
230 N   Tome 2. les autres Ouvrages.
231 N Les Rois de France de la premiere & ſeconde Race, depuis Faramond juſques & compris Louis V. par Charles de Flavigny. *Imprimé en* 1593. *in* 8°.
100 N Les Antiquitez Gauloiſes & Françoiſes, recueillies par Claude Faucher; contenant les choſes avenuës en Gaule & en France juſqu'à la mort de Louis le Feineant en 987. les Origines des Dignitez & Magiſtrats de France ; les Origines des Chevaliers, Armoiries & Heraux, & de l'Ordonnance, Armes & Inſtrumens des François en leurs Guerres; l'Origine de la Langue & Poëſie Françoiſe, Ryme & Romans, plus les noms & ſommaire des Oeuvres

CATALOGUE DE LIVR...
de CXXVII. Poëtes François vivans avant l'an 1300. Traité des Libertez de l'Eglise Gallicane ; de la Ville de Paris, & pourquoy les Rois l'ont choisie pour leur Capitale ; des Armes & Batons des Chevaliers ; pour le Couronnement de Henry IV. & que pour n'être sacré il ne laisse d'être Roy & legitime Seigneur. *A Paris* 1610. *in* 4°.

Histoire de France, depuis l'origine des Gaulois jusques & compris les Rois de la seconde Race ; par Geraud de Cordemoy. *A Paris* 1685. *in fol.* 2. *vol.*

3 N   Tome 1. comprend l'Histoire des Gaulois & des Francs, & depuis Faramond jusques & compris Charlemagne.

4 N   Tome 2. depuis Louis le Debonnaire, jusques & compris Louis le Faineant.

101 N
102 N   Memoires abregez contenant l'Histoire du Gouvernement dez le commencement de la Monarchie, jusqu'à Hugues Capet ; par Henry Comte de Boulainvilliers. *Manuscrit*, *in* 4°. 2. *vol.*

103 N   Histoire des Gaules, & Conquestes des Gaulois en Italie, Grece & Asie, jusqu'au regne du Roy Jean; par

par Antoine de Leſtang Seigneur de Beleſtang. *A Bordeaux* 1618. *in* 4°

5 N La Toiſon d'Or, qui contient les faits tant des Tres-Chrétiennes Maiſons de France, Bourgogne & Flandres, que d'autres Rois & Princes de l'Ancien & Nouveau Teſtament juſqu'à Charles VII. par Guillaume (Filaſtre,) Evêque de Tournay, Abbé de S. Bertin, & Chancellier de la Toiſon d'Or. *A Troyes* 1530. *in fol.*

232 N La Chronique des faits, geſtes & vies des Rois de France, depuis Faramond juſqu'à Henry III. avec un Catalogue des Rois d'Angleterre, & le progrès de leurs Guerres avec la France ; plus les Noms des Archevêchez & Evêchez de France ; & les Antiquitez de l'Egliſe de S. Denys. *A Paris* 1575. *in* 8°.

233 N Hiſtoire abregée de tous les Rois de France, d'Angleterre & d'Ecoſſe, miſe en ordre par forme d'harmonie juſqu'à Henry III. en 1577. avec un brief Diſcours de l'ancienne alliance & mutuel ſecours entre la France & l'Ecoſſe ; plus l'épitome de l'Hiſtoire des Papes & Empereurs : Le tout illuſtré de la recher-

che des Singularitez plus remarquables concernant l'état d'Ecosse, & sur la succession des femmes au gouvernement des Empires & Royaumes ; par David Chambre. *A Paris* 1579. *in* 8°.

104 N Recueil des Rois de France, leur Couronne & Maison, jusqu'à Henry IV. ensemble le Rang des Grands de France ; & les Guerres & Traitez entre les Rois de France & d'Angleterre ; **par Jean** du Tillet Sr de la Bussiere Greffier du Parlement: Plus la Chronique abregée des Rois de France, par Jean du Tillet Evêque de Meaux son frere; & des Memoires sur les Privileges de l'Eglise Gallicane; par le même du Tillet Greffier. *A Paris* 1607. *in* 4°.

Histoire de France, depuis Faramond jusqu'au Regne de Louis XIII. avec la Vie des Reines ; enrichie des Porteraits au naturel & des Medailles de chaque Roy & Reine ; par François Eudes de Mezeray: Nouvelle Edition augmentée de l'Origine des François. *A Paris* 1685. *in fol.* 3. *vol.*

6 N Tome I. contient l'Origine des François, & depuis Faramond jusques & compris Louis le Faineant.

7 N	Tome 2. depuis Hugues Capet jufques & compris Henry II.
8 N	Tome 3. depuis François II. jufques & compris Henry IV.

Abregé chronologique, ou Extrait de l'Hiftoire de France, depuis Faramond jufqu'à la fin du Regne de Henry IV. par le même de Mezeray. *A Paris* 1676. *in.* 12. 8. *vol.*

234 N	Tome 1. contient depuis Faramond jufqu'à la fin du Regne de Charlemagne.
235 N	Tome 2. depuis Louis I. jufques & compris Philippe I.
236 N	Tome 3. depuis Louis VI. jufqu'à la mort de Charles IV.
237 N	Tome 4. depuis Philippe VI. jufques & compris Louis XI.
238 N	Tome 5. depuis Charles VIII. jufqu'à la fin du Regne de Henry II.
239 N	Tome 6. les Regnes de François II. Charles IX. & Henry III.
240 N	Tome 7. ⎫
241 N	Tome 8. ⎭ le Regne de Henry IV.
242 N	Obfervations critiques fur l'Hiftoire de France de Mezeray, (par le Sieur le Clerc.) *A Paris* 1700. *in* 12°.

Hiftoire de France, depuis l'établiffement de la Monarchie Françoife dans les Gaules ; par le P. Gabriel Daniel Jefuite : Nouvelle Edition augmentée par l'Auteur, & enrichie de Medailles. *A Paris* 1722. *in* 4°. 7. *vol. en grand papier.*

105 N — Tome 1. contient une Préface historique sur l'Histoire de France ; & l'Histoire des Regnes depuis Clovis l'an 486. jusqu'à la mort de Charlemagne en 814.

106 N — Tome 2. depuis Louis le Debonnaire en 814. jusqu'à la mort de Louis VII. en 1180.

107 N — Tome 3. depuis Philippe Auguste en 1180. jusqu'à la mort de Jean II. en 1364.

108 N — Tome 4. depuis Charles V. en 1364. jusqu'à la mort de Louis XI. en 1483.

109 N — Tome 5. depuis Charles VIII. en 1483. jusqu'à la mort de François I. en 1547.

110 N — Tome 6. depuis Henry II. en 1547. jusqu'à la mort de Henry III. en 1589.

111 N — Tome 7. le Regne de Henry IV. le Journal historique de celui de Louis XIII. les Fastes de Louis XIV. jusqu'à sa mort en 1715.

Abregé de l'Histoire de France depuis l'établissement de la Monarchie Françoise dans les Gaules ; par le même P. Daniel. *A Paris* 1724. *in* 12. 9. *vol.*

243 N — Tome 1. contient une Préface historique sur l'Histoire de France ; & l'Histoire

des Regnes depuis Clovis en l'an 486. jusqu'en 840.

244 N — Tome 2. depuis 840. jusqu'en 1270.

245 N — Tome 3. depuis 1270. jusqu'en 1380.

246 N — Tome 4. depuis 1380. jusqu'en 1461.

247 N — Tome 5. depuis 1461. jnsqu'en 1514.

248 N — Tome 6. depuis 1514. jusqu'en 1560.

249 N — Tome 7. depuis 1560. jusqu'en 1589.

250 N — Tome 8. depuis 1589. jusqu'à la mort de Louis XIII. en 1643.

251 N — Tome 9. un Journal historique du Regne de Louis XIV. jusqu'à sa mort en 1715.

9 N — Histoire universelle de toutes Nations & specialement des Gaulois ou François, contenant diverses Singularitez historiques & toutes autres choses les plus remarquables, avenuës depuis la creation du Monde jusqu'à Louis XIII. en 1621. avec une Apologie pour quelques Auteurs qu'aucuns Modernes rejettent comme fabuleux & supposez, & deux Tables; par Jacques de Charron. *A Paris* 1621. *in fol.*

Histoire generale des Rois de France, contenant les choses arrivées pendant douze cens ans jusqu'à Louis XI. par Bernard de Girard Seigneur du Haillan : continuée jusqu'à Louis XIII. *A Paris* 1627. *in fol.* 2. *vol.*

10 N Tome 1. contient depuis Faramond jusques & compris Charles VII.

11 N Tome 2. depuis Louis XI. jusques & compris Louis XIII.

252 N Le Thresor des Histoires de France, par Gilles Gorrozet; contenant le Catalogue des Rois & Reines de France jusqu'à Louis XIII. & traitant des Titres & Excellences des Rois de France, des Chevaleries, des Hommages, des Etats &c. *A Paris* 1633. *in* 8°.

Eloges des Rois de France jusqu'à Louis XIV. *Voyez l'Alliance de l'Histoire sacrée & profane du P. Labbe, tome* 2. *ci-devant n°* 15. K.

Abregé de l'Histoire de France, depuis Faramond jusqu'à present, par Gilbert Saunier Sieur du Verdier. *A Paris* 1673. *in* 12°. 4. *vol.*

253 N Tome 1. contient depuis Faramond jusqu'à la mort de Louis le Jeune.

Histoire de France. 407

254 N   Tome 2. depuis Philippe Auguste jusques & compris Henry II.

255 N   Tome 3. depuis François II. jusqu'à la fin du Regne de Louis XIII.

256 N   Tome 4. le Regne de Louis XIV.

257 N Abregé de l'Histoire de France, depuis Faramond jusqu'à present, en Vers François, par le Sieur de Berigny. *A Paris* 1679. 12°.

258 N Les Fastes des Rois des Maisons d'Orleans & de Bourbon, depuis 1497. jusqu'à 1697. par J. Estienne du Londel Jesuite. *A Paris* 1697. *in* 8°.

Annales de la Monarchie Françoise, depuis Faramond jusqu'à la Majorité de Louis XV. par M. de Limiers. *Voyez ci-après* n° 34. Q.

Les memorables Journées des François, contenant leurs grandes Batailles & Victoires depuis le commencement de la Monarchie Françoise jusqu'à present, par Antoine Girard Jesuite ; avec des Figures de Chauveau. *A Paris* 1682. *in* 12°. 2. vol.

259 N   Tome 1. contient depuis la Journée de Tolbiac en 498. jusques & compris celle de Serizoles en 1534.

260 N   Tome 2. depuis la Journée de Renty en 1554. jusques & compris celle de Rocroy en 1643.

CATALOGUE DE LIVRES.

12 N La France Metallique, contenant les Actions célebres des Rois & Reines de France depuis Faramond jusqu'à Louis XIII. remarquées en leurs Medailles, avec l'Explication; par Jacques de Bie. *A Paris* 1636. *in fol.*

HISTOIRE PARTICULIERE DE FRANCE

sous chaque Regne.

12 N De la Sainteté du Roy Louis dit Clovis, avec les Preuves & Autoritez, & un abregé de sa Vie remplie de miracles ; par Jean Savaron. *A Lyon* 1622. *in* 4°.

Vie de Suger, Abbé de S. Denys, Ministre d'Etat & Regent du Royaume, sous le Regne de Louis le Jeune, avec des Dissertations ; (par Nicolas Gervaise.) *A Paris* 1721. *in* 12°. 3. *vol.*

261 N Tome 1. contient quatre Dissertations, sur le tems de la Fondation de l'Abbaye de S. Denys, sur l'année de la mort de Suger, sur ses ouvrages, & sur l'Heresie des Investitures ; & les deux premiers livres de l'Histoire depuis

puis l'an 1091. ou environ jusques en 1111.

262 N   Tome 2. les trois livres suivans depuis l'an 1112. jusqu'en 1137..

263 N   Tome 3. le sixiéme livre depuis 1137. jusqu'en 1152.

264 N   L'Heritiere de Guyenne, ou Histoire d'Eleonor fille de Guillaume dernier Duc de Guyenne, femme de Louis VII. Roy de France, & ensuite de Henry II. Roy d'Angleterre; par Isaac de Larrey. *A Roterdam* 1691. *in* 8°.

Histoire de Philippe Auguste Roy de France, (par Nicolas Baudot de Juilly.) *A Paris* 1702. *in* 12°. 2 *vol.*

265 N   Tome 1. comprend depuis l'an 1165. jusqu'en 1205.

266 N   Tome 2. depuis 1204. jusqu'en 1223.

13 N   Histoire de l'Empire de Constantinople sous les Empereurs François, divisée en deux parties: dont la I. contient la Conqueste de Constantinople par les François & les Venitiens en 1204. écrite par Geoffroy de Villehardoin, avec la suite de cette Histoire jusqu'en 1240. tirée du MS. de Philippe Mouskes; & la

II. contient une Histoire des actions plus memorables des François dans cet Empire depuis la Conqueste de Constantinople jusqu'à l'Empire des Turcs : le tout avec des Observations de Charles du Fresne Sieur du Cange. *A Paris, de l'Imprimerie Royale*, 1657. *in fol.*

267 N Histoire de la Ligue sainte sous la conduite de Simon de Montfort contre les Albigeois tenant le Bearn, le Languedoc, la Gascogne & le Dauphiné, laquelle donna la paix à la France sous Philippe Auguste & S. Louis : traduite du Latin de Pierre Religieux de l'Abbaye des Vaux-de-Sernay, par Arnaud Sorbin. *A Paris* 1569. *in* 8º.

268 N La Minorité de Saint Louis Roy de France, avec l'Histoire de Louis XI. & de Henry II. par Antoine Varillas. *A Amsterdam* 1687. *in* 12º.

269 N Memoires de Jean Sire de Joinville, temoin oculaire de la Vie de Saint Louis ; avec la Genealogie de la Maison de Bourbon. *A Paris* 1666. *in* 12º.

14 N Histoire de S. Louis IX. du nom Roy de France, par le même Jean Sire

HISTOIRE DE FRANCE. 411

de Joinville; avec les Additions & Obſervations de Charles du Freſne Sieur du Cange. *A Paris* 1668. *in fol.*

Hiſtoire de S. Louis Roy de France, (par Jean Filleau de la Chaiſe.) *A Paris* 1688. *in* 4°. 2. *vol.*

113 N   Tome 1. comprend depuis 1226. juſqu'à l'an 1250.

114 N   Tome 2. depuis 1250. juſqu'à la mort de S. Louis en 1270.

115 N   La Vie de Saint Louis Roy de France, par François Timoleon de Choiſy. *A Paris* 1689. *in* 4°.

Journal de la Vie de Saint Louis, par Antoine Aubery; avec une Préface critique pour ſervir d'avant propos, par Henry Comte de Boulainvilliers. *MS. in* 4°. 2. *vol.*

116 N   Tome 1. contient la Préface de M. de Boulainvilliers.

117 N   Tome 2. le Journal de la Vie de Saint Louis.

15 N   Hiſtoire du Differend d'entre le Pape Boniface VIII. & Philippe le Bel Roy de France, & de ce qui s'eſt paſſé à ce ſujet depuis l'an 1296. juſqu'en 1311. enſemble le Procez criminel fait à Bernard Evêque de Pamiez en 1295. avec les Preuves;

Fff ij

CATALOGUE DE LIVRES.
par Pierre Dupuy. *A Paris* 1655. *in fol.*

270 N Histoire des Demeslez du Pape Boniface VIII. avec Philippe le Bel Roy de France, par Adrien Baillet : avec une Addition aux Preuves de l'Histoire de M. Dupuy. *A Paris* 1718. *in* 12°.

271 N Traitez concernant l'Histoire de France : sçavoir, la Condamnation des Templiers en 1313. l'Histoire du Schisme d'Avignon : & les Procez criminels de Jean II. Duc d'Alençon en 1458. & 1474. du Connétable de Bourbon en 1532. d'Oudart du Biez Maréchal de France, & de Jacques de Coucy en 1549. avec les Actes : par le même P. Dupuy. *A Bruxelles* 1700. *in* 12°.

118 N Histoires de Philippe de Valois, & de Jean Rois de France ; par François Timoleon de Choisy. *A Paris* 1688. *in* 4°.

119 N Histoire de Charles V. par le même Auteur. *A Paris* 1689. *in* 4°.

Entreveuë de Charles IV. Empereur & de Charles V. Roy de France à Paris en 1378. par Theodore Godefroy. *Voyez Entreveuë de Louis*

XII. & de Ferdinand Roy d'Arragon, ci-après n° 128. N.

120 N Histoire de Bertrand du Guesclin Connétable de France, sous Charles V. mort en 1380. contenant les Guerres & Conquestes sous les Rois Jean & Charles V. écrite par un Auteur contemporain, & publiée par Claude Menard. *A Paris* 1618. *in* 4°.

Histoire du même Bertrand du Guesclin. *Voyez le Triomphe des neuf Preux*, ci-devant n° 4 G.

16 N Histoire du même Bertrand du Guesclin, avec les Preuves; par Paul Hay Seigneur du Chastelet. *A Paris* 1666. *in fol.*

Histoire & Chronique de Jehan Froissart depuis l'an 1326. jusqu'en 1400. reveuë & corrigée par Denys Sauvage. *A Lyon* 1559. *in fol.* 2. *vol.*

17 N Tome 1. comprend depuis 1326. jusqu'en 1383.

18 N Tome 2. depuis 1384. jusqu'en 1400.

121 N Histoire de Jean le Meingre dit de Boucicault Maréchal de France sous Charles V. & Charles VI. jusqu'en 1408. écrite du vivant de ce Maréchal, & mise à present en lu-

miere avec des Preuves par Theodore Godefroy. *A Paris* 1620. *in* 4°.

272 N Histoire de la Vie de Louis III. Duc de Bourbon, arriérefils de Robert Comte de Clermont Baron de Bourbon fils de S. Louis, mort en 1419. contenant les Guerres des François sous la conduite de ce Duc sous les Regnes de Jean, de Charles V. & de Charles VI. écrite par un Auteur anonyme, & mise au jour par Jean Masson. *A Paris* 1612. *in* 8°.

19 N Histoire de Charles VI. Roy de France, & des choses arrivées pendant les quarante deux années de son Regne depuis 1380. jusqu'en 1422. par Jean Juvenal des Ursins Archevêque de Rheims; avec plusieurs Memoires & Journaux du même Regne; sçavoir, l'Abregé d'Histoire chronologique du même Roy depuis 1400. jusqu'en 1467. par un Auteur anonyme; l'Histoire du même Roy depuis 1402. jusqu'en 1455. par Jacques le Bouvier surnommé Berry premier Herault d'Armes de Charles VII. les Memoires de Pierre de Fenin Pannetier de Charles

VI. depuis 1407. jusqu'en 1422. recueillis par Gerard de Tieulaine Sieur de Graincour lez-Duisans; & le Journal d'un Bourgeois de Paris, Partisan de Bourgogne, depuis 1409. jusqu'en 1449. le tout illustré d'Observations & de Preuves par Denis Godefroy. *A Paris, de l'Imprimerie Royale*, 1653. *in fol.*

Histoire du même Roy Charles VI. depuis l'an 1380. jusqu'à la fin de l'année 1415. écrite en Latin sur les Memoires de Guy de Monceaux & de Philippe de Villette Abbez de S. Denys, par un Auteur contemporain Religieux de cette Abbaye, traduite en François; avec l'Histoire de Jean le Févre Seigneur de S. Remy, commençant en 1408. & finissant en 1422. le tout illustré de Commentaires, par Jean le Laboureur. *A Paris* 1663. *in fol.* 2. *vol.*

Tome 1. contient l'Introduction à l'Histoire de Charles VI. l'Histoire des quatre Princes Gouverneurs du Royaume pendant la minorité de Charles VI. l'Histoire de Charles VI. depuis l'an 1380. jusqu'en 1406. & la Table Genealogique des Descendans de Charles VI.

21 N   Tome 2. l'Hiſtoire de Charles VI. depuis 1407. juſqu'en 1415. & l'Hiſtoire de Jean le Févre depuis 1408. juſqu'en 1422.

122 N   Hiſtoire du même Roy Charles VI. par François Timoleon de Choiſy. *A Paris* 1695. *in* 4°.

    Le Traité, par lequel les Genois ſe ſont donnez à Charles VI. & à ſes ſucceſſeurs Rois de France, en 1396. *Voyez la Relation de l'Etat de Genes*, ci-après n° 440.

123 N   Hiſtoire d'Artus III. Duc de Bretagne & Connétable de France, contenant ſes faits memorables depuis l'an 1413. juſqu'à 1457. miſe en lumiere par Theodore Godefroy. *A Paris* 1622. *in* 4°.

124 N   Les Oeuvres d'Alain Chartier Secretaire des Rois Charles VI. & Charles VII. contenant l'Hiſtoire de ſon temps depuis 1402. juſqu'en 1460. la Genealogie des Rois de France depuis S. Louis juſqu'à Charles VII. & ſes Opuſcules de Morale & de Poëſie ; avec les Annotations d'André du Cheſne. *A Paris* 1617. *in* 4°.

22 N   Hiſtoire de Charles VII. Roy de France

ce, depuis l'an 1422. jufqu'en 1461. écrite par Jean Chartier, Jacques le Bouvier, Mathieu de Coucy, & autres Auteurs du temps; illuftrée de Preuves par Denys Godefroy. *A Paris, de l'Imprimerie Royale,* 1661. *in fol.*

Hiftoire du Roy Charles VII. (par Nicolas Baudot de Juilly.) *A Paris* 1697. *in* 12°. 2. *vol.*

273 N   Tome 1. comprend depuis l'an 1417. jufqu'en 1432.
274 N   Tome 2. depuis 1433. jufqu'en 1461.

275 N Hiftoire du Siege d'Orleans en 1428. & de la Pucelle Jeanne; enfemble des Guerres contre les Anglois jufqu'à leur entiere expulfion du Royaume en 1452. traduite du Latin d'un Auteur contemporain, par le *Sieur du Breton. A Paris* 1631. *in* 8°.

276 N Hiftoire de la Vie de Jeanne d'Arc, dite la Pucelle d'Orleans; extraite des Interrogatoires du Procez de fa Condamnation, & des Dépofitions des Témoins oüis pour fa juftification, en 1455. par Jean Maffon. *A Paris* 1612. *in* 8°.

277 N La Pucelle d'Orleans reftituée, par François Beroalde de Verville. *A Tours* 1599. *in* 12°.

125 N Recueil de plufieurs Infcriptions pour les Statuës du Roy Charles VII. & de la Pucelle d'Orleans, élevées fur le pont d'Orleans dés l'an 1458. & de diverfes Poëfies faites à la louange de la même Pucelle. *A Paris* 1613. *in* 4°.

Arreft donné contre Jacques Cueur, en 1453. *Voyez le Recueil de Memoires, ci-après n°.* 148 N.

23 N Chroniques d'Enguerran de Monftrelet, depuis l'an 1400. où finit Jean Froiffart, jufqu'en 1467. *A Paris,* 1603. *in fol.*

Le Procez Criminel de Jean II. Duc d'Alençon, en 1458. & 1474. avec les Actes; par Pierre Dupuy. *Voyez l'Hiftoire de la Condamnation des Templiers, ci-devant n°* 271 N.

Hiftoire de Louis XI. Roy de France, & des chofes memorables de fon Regne depuis 1461. jufqu'en 1483. autrement dite la Chronique Scandaleufe; (écrite par Jean de Troyes, Greffier de l'Hôtel de Ville de Paris; ou felon d'autres, par Denys

Heffelin, depuis Prevoſt des Marchands.) *Voyez les Memoires de Comines, tome 2. ci-après n°* 283 N.

Hiſtoire de Louis XI. Roy de France, par Antoine Varillas. *A Paris* 1689. *in* 12°. 4. *vol.*

278 N   Tome 1. comprend depuis l'an 1461. juſqu'en 1464.

279 N   Tome 2. depuis 1464. juſqu'en 1472.

280 N   Tome 3. depuis 1472. juſqu'en 1477.

281 N   Tome 4. depuis 1478. juſqu'en 1483.

Remarques critiques ſur l'Hiſtoire de Louis XI. de Varillas. *Voyez le Supplement aux Memoires de Comines, ci-après n°* 285 N.

Memoires de Philippe de Comines, Seigneur d'Argenton, contenant l'Hiſtoire des Rois Louis XI. & Charles VIII. depuis l'an 1464. juſqu'en 1498. augmentez de pluſieurs Traitez, Actes & Obſervations par Denys Godefroy: Nouvelle Edition diviſée en trois tomes, enrichie de Figures, & augmentée de la Chronique Scandaleuſe; (par les ſoins de M. Jean Godefroy.) *A Bruxelles* 1706. *in* 8°. 3. *vol.*

282 N   Tome 1. contient les VI. premiers livres des Memoires, depuis l'an 1464. juſqu'en 1483.

283 N Tome 2. les deux derniers livres comprenans depuis 1484. jusqu'en 1498. la Table des Memoires, & la Chronique Scandaleuse.

284 N Tome 3. divers Traitez, Actes, & Observations servans de Preuves & Illustrations aux Memoires de Comines.

285 N Supplement aux Memoires de Philippe de Comines, contenant l'Addition à l'Histoire de Louis XI. par Gabriel Naudé ; le Cabinet de Louis XI. recueilli par Jean Baptiste Tristan l'Hermite de Soliers; l'Eloge de Charles VIII. tiré de Brantome ; la Comparaison du Regne de Louis XII. à celuy de Louis XI. par Claude de Seyssel ; l'Extrait d'une ancienne Chronique de France & de Bourgogne jusqu'à la mort de Charles le Hardy ; & les Remarques critiques sur l'Histoire de Louis XI. de Varillas : Le tout par les soins du même M. Jean Godefroy ; avec plusieurs Pieces, Lettres, Memoires, & Remarques critiques & historiques. *A Bruxelles* 1713. *in* 8°.

286 N Le Rosier des Guerres, composé par le Roy Louis XI. pour le Dauphin Charles son fils; mis en lumiere avec un Traité de l'Institution du jeune

HISTOIRE DE FRANCE. 421
Prince; par le Président d'Espagnet.
A Paris 1616. *in* 8º.

24 N   Histoire de Charles VIII. Roy de France, depuis 1483. jusqu'en 1498. par Guillaume de Jaligny, André de la Vigne, & autres Auteurs contemporains; avec l'Histoire de Louis de la Trimoüille, dit le Chevalier sans reproche, par Jean Bouchet: Le tout illustré de Preuves & d'Observations, par Denys Godefroy. *A Paris, de l'Imprimerie Royale*, 1684. *in fol.*

Histoire de Charles VIII. Roy de France, par Antoine Varillas. *A Paris* 1691. *in* 12º. 3. *vol.*

287 N   Tome 1. contient depuis l'an 1484. jusqu'en 1488.
288 N   Tome 2. depuis 1488. jusqu'en 1493.
289 N   Tome 3. depuis 1495. jusqu'en 1498.
290 N   L'Ordre tenu aux Etats de Tours sous Charles VIII. en 1483. où sont contenuës les Harangues, & les Réponses du Roy, sur les Cahiers des Etats. *A Paris* 1558. *in* 8.
126 N   Histoire de Louis XII. Roy de France, & des choses memorables de son Regne ès années 1499. 1500. & 1501. par Jean d'Auton : mise en

lumiere par Theodore Godefroy. *A Paris* 1620. *in* 4°.

127 N Histoire de Louis XII. Roy de France, & des choses arrivées depuis l'an 1498. jusqu'en 1515. par Claude de Seyssel, & Jean d'Auton: mise en lumiere par le mesme Theodore Godefroy. *A Paris* 1615. *in* 4°.

128 N Entrevûe de Louis XII. Roy de France & de Ferdinand Roy d'Arragon à Savonne en 1507. Plus l'Entrevûe de Charles IV. Empereur & de Charles V. Roy de France à Paris en 1378. avec un Discours sur l'Origine des Rois de Portugal issus de la Maison de France ; & des Memoires touchant la Dignité des Rois de France : Le tout par Theodore Godefroy. *A Paris* 1614. *in* 4°.

Histoire de Louis XII. Roy de France, par Antoine Varillas. *A Paris* 1688. *in* 12°. 6. *vol.*

291 N   Tome 1. comprend depuis l'an 1498. jusqu'en 1501.
292 N   Tome 2. depuis 1501. jusqu'en 1503.
293 N   Tome 3. depuis 1503. jusqu'en 1509.
294 N   Tome 4. depuis 1509. jusqu'en 1510.
295 N   Tome 5. les années 1511. & 1512.
296 N   Tome 6. le reste de l'an 1512. & les années 1513. & 1514.

129 N Hiſtoire de l'Adminiſtration du Cardinal George d'Amboiſe Miniſtre d'Etat en France ſous Louis XII. par Michel Baudier. *A Paris* 1634. *in* 4°.

La Vie du Cardinal George d'Amboiſe, premier Miniſtre de Louis XII. avec un Paralelle des Cardinaux celebres qui ont gouverné des Etats; par M. Louis le Gendre Chanoine de l'Egliſe de Paris. *A Rouen* 1724. 2. *vol. in* 12°.

296*N 1 — Tome 1. contient depuis ſa naiſſance en 1460. juſqu'à ſa mort en 1510.

296*N 2 — Tome 2. le Paralelle de ce Cardinal avec les autres qui ont été Miniſtres; & un Recueil de Pieces concernant cette Hiſtoire.

Lettres du Roy Louis XII. & du Cardinal d'Amboiſe, avec pluſieurs autres Lettres, Memoires & Inſtructions, écrites depuis l'an 1504. juſqu'en 1514. Le tout recueilly & publié, avec des Notes, & des Figures, (par M. Jean Godefroy.) *A Bruxelles* 1712. *in* 8°. 4. *vol*.

197 N — Tome 1. comprend les Lettres & Pieces, depuis l'an 1504. juſqu'en 1510.

298 N — Tome 2. celles de 1510. & 1511.

299 N — Tome 3. celles de 1511. & 1512.

300 N — Tome 4. celles de 1512. 1513. & 1514.

130 N Histoire du Chevalier Bayard, Lieutenant General en Dauphiné, & des choses avenuës sous les Regnes de Charles VIII. Louis XII. & François I. depuis 1489. jusquen 1524. (écrite par son Secretaire;) mise en lumiere, avec des Annotations, par Theodore Godefroy. *A Paris* 1616. *in* 4°.

301 N La mesme Histoire du Chevalier Bayard; avec le Suplement de Claude Expilly President de Grenoble, & les Annotations de Theodore Godefroy augmentées par Louis Videl. *A Grenoble* 1650. *in* 8°.

302 N Nouvelle Histoire du même Chevalier Bayard, par N. Aimar. *A Lyon* 1699. *in* 12°.

25 N Les Memoires de Martin du Bellay, Seigneur de Langey, depuis l'an 1513. jusqu'à la mort de François I. en 1547. avec quelques Fragmens de Guillaume du Bellay son Frere: mis en lumiere par René du Bellay Baron de la Lande. *A Paris* 1572. *in fol.*

303 N Les mêmes Memoires. *A Paris* 1573. *in* 8°.

Histoire de François I. Roy de France, avec la Comparaison de ce Prince & de Charles-Quint ; par Antoine Varillas. *A la Haye 1684. in 12°. 3. vol.*

304 N   Tome 1. contient depuis l'an 1515. jusqu'en 1526.

305 N   Tome 2. depuis 1527. jusqu'en 1543.

306 N   Tome 3. depuis 1543. jusqu'en 1547. & la Comparaison de François I. & de Charles-Quint.

Le Procez Criminel du Connêtable de Bourbon, en 1532. avec les Actes ; par Pierre Dupuy. *Voyez l'Histoire de la Condamnation des Templiers, ci-devant n°. 271 N.*

307 N   Relation du Siege memorable de la Ville de Peronne par l'Armée de l'Empereur Charles-Quint, en 1536. par Pierre Fenier Minime. *A Paris 1682. in 12°.*

26 N   Le Procez du Chancelier Poyet, en l'an 1544. *MS. in fol.*

Histoire de Henry II. Roy de France, par Antoine Varillas. *A Paris 1692. in 12°. 3. vol.*

308 N   Tome 1. contient depuis l'an 1547. jusqu'en 1552.

309 N   Tome 2. depuis 1552. jusqu'en 1555.

310 N   Tome 3. depuis 1556. jusqu'en 1559.

426   Catalogue d'e Livres.

        Le Procez Criminel d'Oudart du Biez Marêchal de France, & de Jacques de Coucy, en 1549. avec les Actes ; par M. Dupuy. *Voyez l'Histoire de la Condamnation des Templiers, ci-devant n°.* 271 N.

311 N   L'Enterrement de Claude de Lorraine Duc de Guise en 1550. par Edmond du Boullay Roy d'Armes de Lorraine. *A Paris* 1620. *in* 8°.

131 N   Le Siege de Metz en 1552. par Bertrand de Salignac de la Mothe-Fenelon. *A Paris* 1553. *in* 4°.

132 N   Commentaires sur le fait des Guerres en la Gaule Belgique entre Henry II. & Charles V. Empereur, depuis l'an 1551. jusqu'en 1554. par François de Rabutin. *A Paris* 1555. *in* 4°.

312 N   Continuation de l'Histoire de notre temps, depuis 1550. jusqu'en 1556. par Guillaume Paradin. *A Paris* 1575. *in* 8°.

        ⎧ Histoire de la Bataille Navale entre les Dieppois & les Flamans, & de la Victoire remportée sur ces derniers en l'an 1555. *A Paris* 1557. *in* 8°.

313 N   ⎨ Discours sur la rupture de la Treve, en l'an 1556.(par Charles de Ma-

rillac Archevêque de Vienne.) *A A Paris* 1556. *in* 8°.

133 N Traité de Paix fait à Château-Cambresis en 1559. & ce qui se passa en la negociation de ladite Paix : Ensemble la Remonstrance faite sur l'injuste occupation de la Navarre par les Rois d'Espagne ; à quoy a été ajoûté l'Instruction & Ambassade de Jacques Savary de Lancosme en Turquie pour Henry III. en 1585. (Le tout recueilly & publié par Jean Camusat Libraire.) *A Paris* 1637. *in* 4°.

134 N Le Trépas & Ordre des Obseques du Roy Henry II en 1559. par François de Signac Seigneur de la Borde, Roy d'Armes de Dauphiné ; avec les deux Sermons funebres de Jerôme de la Rovere. *A Paris* 1559. *in* 4°.

Lettres & Memoires d'Etat des Rois, Princes, Ambassadeurs, & autres Ministres sous les Regnes de François I. Henry II. & François II. depuis 1537. jusqu'en 1560. recueillis & rangez selon l'ordre des temps, par Guillaume Ribier ; avec une Préface & des Notes (de Michel

CATALOGUE DE LIVRES.

Nyon Jesuite :) Le tout donné au Public sous le nom de Michel Belot neveu du Collecteur. *A Paris 1666. in fol. 2. vol.*

27 N   Tome 1. comprend depuis l'an 1537. jusqu'en 1547.

28 N   Tome 2. depuis 1547. jusqu'en 1560.

314 N   Histoire de François II. Roy de France, par Antoine Varillas. *A Paris 1692. in 12°.*

315 N   Memoires de François de Boyvin Chevalier Baron du Villars, sur les Guerres de Piémont, Montferrat, & Milan, sous le Maréchal de Brissac, depuis 1550. jusqu'en 1561. *A Lyon 1610. in 8°.*

316 N   La Vie de François de Lorraine Duc de Guise, tué devant Orleans en 1563. (composée par M. J. B. Henry du Trousset de Valincour.) *A Paris 1681. in 12°.*

Histoire de Jacques Auguste de Thou, des choses arrivées de son temps, depuis 1543. jusqu'à la mort de Charles IX. en 1574. traduite de Latin en François par Pierre du Ryer. *A Paris 1659. in fol. 3. vol.*

29 N   Tome 1. comprend depuis l'an 1543. jusqu'en 1559.

Histoire de France.

30 N   Tome 2. depuis 1559. jusqu'en 1567.
31 N   Tome 3. depuis 1567. jusqu'en 1574.

Histoire de Charles IX. Roy de France, par Antoine Varillas. *A Paris 1684. in 12°. 2. vol.*

317 N   Tome 1. contient depuis l'an 1560. jusqu'en 1563.
318 N   Tome 2. depuis 1564. jusqu'en 1574.

319 N Histoire de George Bosquet sur les Troubles de Toulouse en 1562. traduite du Latin en François; avec les Articles de la Penitence du Comte Raimond. *A Toulouse 1595. in 12°.*

320 N Recueil des choses memorables pour le fait de la Religion & Etat de la France sous Charles IX. passées depuis 1560. jusqu'en 1563. *A Strasbourg 1566. in 8°.* [*C'est une partie des Memoires appellez vulgairement de M. le Prince de Condé, contenant plusieurs Pieces qui regardent Louis de Bourbon Prince de Condé, frere d'Antoine Roy de Navarre.*]

(Discours sur le Congé impétré par M. le Cardinal de Lorraine de faire porter armes défendües à ses gens pour la sûreté de sa personne, & sur ce qui lui avint à cette occasion à son arrivée à Paris le 8. Janvier 1565. (par Jacques Paul Spifame.)

321 N La Réponse faite par M. le Maréchal de Montmorency, quand on luy presenta le Congé cy-dessus; ensemble le Discours du Voyage fait à Paris par M. l'Admiral au mois de Janvier 1565.

Du grand & loyal devoir, fidelité & obéissance de Mrs de Paris envers le Roy & Couronne de France ; adressé aux Prevost des Marchands & Eschevins ; (par Louis Regnier Sr de la Planche.) *Imprimé en* 1565. *in* 8.

135 N Recueil des choses notables arrivées à Bayonne à l'Entrevûe du Roy Charles IX. & de la Royne sa mere, avec la Royne Catholique sa sœur, en 1565. *A Paris* 1566. *in* 4º.

322 N Memoires de la troisiéme Guerre Civile & des derniers Troubles de France sous Charles IX. depuis l'Edit de Pacification de 1568. jusqu'à la fin de 1569. (par Jean de Serres.) *Imprimé en* 1571. *in* 8º.

Memoires de l'Etat de France sous Charles IX. depuis l'Edit de Pacification de 1570. jufqu'à la mort de ce Roy en 1574. avec plufieurs Pieces & Traitez. *A Meidelbourg* 1578. *in* 8°. 3. *vol.*

323 N — Tome 1. comprend les Memoires & Pieces hiftoriques, depuis le troifiéme Edit de Pacification de 1570. jufqu'à la fin de 1572.

324 N — Tome 2. depuis la fin de 1572. jufqu'en Septembre 1573.

325 N — Tome 3. depuis le mois de Septembre 1573. jufqu'à la mort de Charles IX. en 1574. & depuis fous la Regence de Catherine de Medicis en l'abfence du Roy Henry III.

136 N Recueil de ce qui a été fait à l'Entrée du Roy Charles IX. à Paris, & au Couronnement & Entrée d'Elizabeth d'Auftriche fon époufe, en 1571. (par Simon Bouquet Echevin de Paris.) *A Paris* 1572. *in* 4°.

326 N Hiftoire du Siege de Sancerre, en 1572. par Jean de Lery. *Imprimé en* 1574. *in* 8°.

Traduction d'une Epiftre Latine (de Guy du Faur Sr de Pybrac) fur aucunes chofes depuis peu de temps avenuës en France, (la S. Barthelemy.) *A Paris* 1573. *in* 4°. Relié avec l'Entrevûe de Charles IX. & de

CATALOGUE DE LIVRES.
la Royne Catholique à Bayonne, ci-devant n°. 135 N.

327 N La vraye & entiere Histoire des Troubles & Guerres Civiles avenuës en France pour le fait de la Religion jusqu'en l'année 1574 par Jean le Frere de Laval. *A Paris* 1575. *in* 8°.

L'Oraison de Jean de Zamoscie Ambassadeur de Pologne à Henry élu Roy de Pologne, traduite du Latin en François par Louis le Roy, dit Regius. *A Paris* 1574. *in* 4°. Relié avec l'Entreveuë de Charles IX. & de la Royne Catholique à Bayonne, ci-devant n° 135 N.

Histoire de Henry III. Roy de France, par Antoine Varillas. *A Paris* 1695. *in* 12°. 6. *vol.*

328 N   Tome 1. comprend les années 1574. & 1575.
329 N   Tome 2. les années 1576. & 1577.
330 N   Tome 3. les années 1578. & 1579.
331 N   Tome 4. les années 1580. & 1581.
332 N   Tome 5. depuis l'an 1582. jusqu'en 1588.
333 N   Tome 6. le reste de l'année 1588. & l'année 1589. jusquà la mort de Henry III. avec les Anecdotes de ce Prince.

Journal des choses memorables advenuës durant le Regne de Henry III.

III. par Pierre de l'Eſtoile : Edition nouvelle, augmentée de pluſieurs Pieces curieuſes, & de Notes, par M. le Duchat : avec Figures. *A Cologne 1720. in 8°. 2. tomes en 4. vol.*

334 N — Tome 1er. 1ere. partie contient le Journal du Regne de Henry III. depuis 1574. juſqu'en 1589. & deux pieces ſur la mort de Henry III. le Procez Verbal de Nicolas Poulain, contenant l'Hiſtoire de la Ligue depuis le 2. Janvier 1585. juſqu'aux Barricades en May 1588. le Divorce Satyrique, ou les Amours de la Reine Marguerite, (par Pierre Victor Palma Cayet;) l'Hiſtoire des Amours du grand Alcandre (Henry le Grand), attribuée à Louiſe Marguerite de Lorraine Princeſſe de Conty; avec des Annotations, & la Clef de cette Hiſtoire.

335 N — Tome 1er. 2e. partie, les Lettres de Henry IV. à Meſdames de Beaufort & de Verneüil; Additions au Journal de Henry III. les Sorcelleries de Henry de Valois; l'Apologie pour Henry IV. par Mᵉ de Rohan mere de Henry Duc de Rohan; Diſcours merveilleux de la Vie, actions & déportemens de Catherine de Medicis; la veritable Fatalité de S. Cloud; & le Diſcours veritable de la mort de Henry de Valois, par un Jacobin.

336 N
337 N
Tome 2. 1ere. & 2e. partie, la Confession Catholique du Sr. de Sancy, par Theodore Agrippa Sr. d'Aubigné, avec des Remarques; le Manifeste de Pierre du Jardin sur la découverte qu'il avoit faite à Naples en 1608. touchant la mort de Henry IV. & l'Abregé de la Vie dudit Pierre du Jardin.

337*N Description de l'Isle des Hermaphrodites nouvellement découverte : (Satyre ingenieuse sur les desordres de la Cour du Roy Henry III. par Artus Thomas ;) avec le Discours de Jacophile à Limne ; les Privileges, Franchises & Libertez de la Ville Capitale de Bois-Belle ; la Bibliotheque de Madame de Montpensier (Catherine de Lorraine femme de Louis de Bourbon Duc de Montpensier ;) des Remarques sur cette Bibliotheque, (par M. Jean Godefroy ;) & un Discours sur la Vie de Henry III. par Jean le Laboureur : le tout recueilly en cette nouvelle Edition (par le mesme M. Godefroy :) pour servir de Suplement au Journal d'Henry III. *A Cologne* 1724. in 8.

Memoires pour servir à l'Histoire de France, contenant ce qui s'est

HISTOIRE DE FRANCE. 435
passé de plus remarquable dans ce Royaume depuis 1515. jusqu'en 1611. par le même Pierre de l'Estoile ; avec les Notes critiques & genealogiques (de M. Jean Godefroy ;) & des Figures. *A Cologne 1719. in* 8°. 2. *vol.*

338 N   Tome 1. comprend depuis 1515. jusqu'en 1589.

339 N   Tome 2. depuis 1589. jusqu'en 1611.

340 N Memoires de Marguerite de Valois Reine de Navarre, ensuite de France, depuis l'an 1565. jusqu'en 1581. Nouvelle Edition, avec l'Eloge de cette Princesse, & celui du Sr Bussy d'Amboise, tirez de Brantome ; ensemble la Fortune de la Cour, ou Entretien sur le bonheur ou le malheur des Favoris, entre le même Bussy & le Sr de Neufville, tiré des Memoires des principaux Conseillers du Duc d'Alençon par le Sr. Dampmartin Procureur General de ce Prince : le tout illustré de nouveau, avec des notes, (par M. Jean Godefroy.) *A Liege* 1713. *in* 8°.

341 N Memoires de Henry de la Tour-d'Auvergne Duc de Boüillon, contenant ce qui s'est passé de son temps depuis 1560. jusqu'au Siege de Mont-

436   Catalogue de Livres.
segur en Auvergne en 1586. *A Paris* 1666. *in* 12°.

137 N   L'Entrée de Henry III. Roy de France & de Pologne à Mantouë en 1564. décrite par Blaise de Vigenere. *A Paris* 1576. *in* 4°.

342 N   ⎧ La France Turquie, c'est-à-dire, Conseils & moyens tenus par les Ennemis de la France pour réduire le Royaume en tel état que la Tyrannie Turquesque ; contenant l'Antipharmaque du Chevalier Poncet, & les Lunettes de christal de roche pour servir de contrepoison. *A Orleans* 1576. *in* 8°.

⎩ La Legende de Charles Cardinal de Lorraine, & de ses freres de la Maison de Guyse; par François de l'Isle. *A Reims* 1576. *in* 8°.

342 *   Legende de Domp Claude de Guyse, Abbé de Cluny, contenant ses faits & gestes depuis sa nativité jusqu'à la mort du Cardinal de Lorraine; & des moyens tenus pour faire mourir le Roy Charles IX. ensemble plusieurs Princes, Grands Seigneurs, & autres, durant ledit temps : (attribué à Dagonneau Sʳ de Vaux Juge de

Cluny.) *Imprimé en* 1581. *in* 8°.

32 N **Commentaires de Blaise de Montluc** Maréchal de France, mort en 1577. commençant à la Guerre entre François I. & Charles Quint pour le Duché de Milan en 1521. jusqu'aux Guerres de Guyenne sous Henry III. *A Bordeaux* 1592. *in fol.*

343 N Les mesmes Memoires. *A Paris* 1607. *in* 8°.

Remonstrance aux Etats de France pour la Paix, (par Philippe de Mornay Sieur du Plessis-Marly.) *Imprimé en* 1577. *in* 8°. Relié avec le Discours sur l'état de France, ci-après n° 352 N.

Histoire de France, depuis l'an 1550. jusqu'en 1580. par Lancelot du Voisin Sieur de la Popeliniere. *Imprimé en* 1581. *in fol.* 2. *vol.*

33 N Tome 1. contient depuis l'an 1550. jusqu'en 1570.

34 N Tome 2. depuis 1570. jusqu'en 1580.

138 N Les Lettres de Paul de Foix Archevêque de Toulouse, & Ambassadeur de France auprès du Pape Gregoire XIII. écrites au Roy Henry III. en 1581. & 82. avec l'Oraison funebre Latine de ce Prélat, prononcée par

Marc Antoine Muret, traduite par A. de M. (Auger de Mauleon Sieur de Granier.) *A Paris* 1628. *in* 4°.

139 N   La Vie de Louis de Bourbon premier Duc de Montpenfier fous François I. Henry II. François II. Charles IX. & Henry III. mort en 1582. par Nicolas Couftureau ; augmentée de Pieces fervant à l'Hiftoire par Jean du Bouchet. *A Paris* 1642. *in* 4°.

344 N   Le Cabinet du Roy de France, dans lequel il y a trois Perles précieufes d'ineftimable valeur, par le moyen defquelles le Roy s'en va le premier Monarque du monde, & fes Sujets du tout foulagez : (ou Détail fatyrique de la France fous Henry III. attribué à Nicolas Froumenteau.) *Imprimé en* 1582. *in* 8°.

345 N   Le Miroir des François, contenant l'état de la France fous Henry III. par Nicolas de Montaud. *Imprimé en* 1582. *in* 8.

⎧ Remonftrance fur l'état de la Chrétienté, & des moyens de fa confervation ; par un Gentilhomme Allemand. *Imprimé en* 1583. *in* 8°.
⎨ Difcours au Peuple de Paris & au-

tres Catholiques de France sur les nouvelles Entreprises des Rebelles & Seditieux. *A Paris* 1585. *in* 8º.

Discours du Voyage de M. de Joyeuse Admiral de France en Auvergne, Givodan & Roüergue; & de la prise des Villes de Malziou, Marveges & Peire. *A Paris* 1585. *in* 8º. Relié avec le Catholique Lorrain; ci-après nº 353 N.

Sermon funebre aux Obseques du Duc d'Alençon frere du Roy Henry III. prononcé en 1584. par M. Renaud de Beaune Archevêque de Bourges. *A Paris* 1584. *in* 4º. Relié avec l'Entrevûë de Charles IX. & de la Reine Catholique à Bayonne, ci-devant nº 135 N.

346 N Le Boutefeu des Calvinistes, envoyé par le Roy de Navarre pour troubler la Religion, & rallumer les guerres civiles; traduit du Latin en François : (ou Recueil de Lettres & Instructions concernant l'Ambassade de Jacques de Segur de Pardaillan de la part du Roy en Allemagne en 1583. & 1584.) *A Francfort* 1584. *in* 8º.

Discours de ce qui se passa au cabinet du Roy de Navarre, lorsque M. d'Epernon fut vers luy en 1584. *A Francfort* 1585. *in* 8°.

347 N Remonstrance à Henry III. par un de ses Officiers sur les miseres & desordres du Royaume, (par Nicolas Rolland.) *Imprimé en* 1588. *in* 8°.

Instruction & Ambassade de Jacques Savary Sieur de Lancosme en Turquie pour Henry III. en 1585. *Voyez le Traité de Château-Cambresis, ci-devant n°* 133 N.

348 N Premier & second Avertissemens des Catholiques Anglois aux François Catholiques, & à la Noblesse qui suit le Roy de Navarre; (par Louis d'Orleans.) *A Paris* 1590. *in* 8°.

349 N Réponse d'un Gentilhomme François à l'Avertissement des Catholiques Anglois. *Imprimé en* 1587. *in* 8°.

350 N Réponse des vrais Catholiques François à l'Avertissement des Catholiques Anglois, pour l'exclusion du Roy de Navarre de la Couronne de France. *Imprimé en* 1588. *in* 8°.

351 N Traité sur la Declaration du Roy Henry III. pour les droits de prérogative de M. le Cardinal de Bourbon

bon. *A Paris* 1588. *in* 8º.

Requeste au Roy, des Cardinaux, Princes, Seigneurs & Deputez de la Ville de Paris & autres Villes Catholiques, associez & unis pour la défense de la Religion. *A Paris* 1588. *in* 8º. Relié avec le Catholique Lorrain, ci-après nº 353 N.

352 N
{
Discours sur l'état de France, contenant ce qui s'est passé depuis 1585. jusqu'en 1588. avec la copie des Lettres Patentes du Roy depuis qu'il s'est retiré de Paris; ensemble la copie de deux Lettres du Duc de Guise. *Imprimé en* 1588. *in* 8.

Memoires de la Negotiation de M. de Savoye avec ceux du Dauphiné; ensemble le Discours veritable de ce qui s'est passé à Toulouse depuis la Tréve entre les Maréchaux de Montmorency & de Joyeuse jusqu'au commencement d'Octobre 1589. avec deux Avertissemens sur lesdits deux Ecrits. *Imprimé en* 1589. *in* 8º.
}

{ Le Catholique Lorrain au Catholique François. *A Paris* 1589. *in* 8º.

442

353 N 〉 Réponſe d'un Politique de Paris aux Memoires à luy envoyez de Blois par un de ſes amis. *Imprimé en 1589. in 8°.*

140 N Recueil de Memoires & Inſtructions ſervans à l'Hiſtoire de France depuis l'an 1586. juſqu'en 1591. commençant par les Lettres du Duc d'Epernon à Henry III. (appellez vulgairement Memoires du Duc d'Epernon.) *A Paris 1626. in 4°.*

35 N Memoires de Gaſpard de Saulx Seigneur de Tavanes, Maréchal de France, depuis 1530. juſqu'à ſa mort en 1573. dreſſez par Guillaume de Saulx Vicomte de Tavanes ſon fils ; avec ceux de ce dernier depuis 1560. juſqu'en 1596. (Le tout recueilly par Charles de Neuvechaiſe neveu de Gaſpard de Saulx.) *In fol.*

354 N L'Hiſtoire des cinq Rois, ou des choſes avenuës en France depuis l'an 1547. juſqu'en 1597. ſous Henry II. François II. Charles IX. Henry III. & Henry IV. (par Jean de Serres.) *Imprimé en 1599. in 8°.*

36 N Hiſtoire de Jacques de Matignon, Maréchal de France, & de ce qui

HISTOIRE DE FRANCE. 443
s'eſt paſſé depuis la mort de François I. juſqu'à la fin des Guerres civiles ſous Henry IV. en 1597. par J. de Cailliere. *A Paris* 1661. *in fol.*

141 N Hiſtoria delle Guerre civili di Francia ſotto li Regni di Franceſco II. Carlo IX. Henrico III. & Henrico IV. ſin'all'anno 1598. da Henrico Caterino Davila. *In Venetia* 1642. *in* 4°.

Hiſtoire des Guerres civiles de France ſous les Regnes de François II. Charles IX. Henry III. & Henry IV. écrite en Italien par Henry Caterin Davila, & traduite en François par Jean Baudoin. *A Paris* 1647. *in fol.* 2. *vol.*

37 N Tome 1. contient depuis l'an 1559. juſqu'en 1589.

38 N Tome 2. depuis 1589. juſqu'en 1598.

39 N Hiſtoria de las Guerras civiles de Francia debaxo los Reyes Franciſco II. Carlos IX. Henrique III. y Henrique IV. haſta el año de 1598. traduzida del Toſcano de Enrico Caterino Davila en Lengua Caſtellana por Baſilio Varen de Soto. *En Madrid* 1651. *in fol.*

Memoires des Troubles arrivez en France ſous Charles IX. Henry III.

Kkk ij

CATALOGUE DE LIVRES.

& Henry IV. depuis l'an 1562. jufqu'à la Paix en 1598. avec les Voyages de MM. de Mayenne & de Joyeufe au Levant & en Poitou ; par François de Racine Sieur de Villegomblain. *A Paris* 1668. *in* 12°. 2. *vol.*

355 N   Tome 1. comprend depuis l'an 1562. jufqu'en 1591.

356 N   Tome 2. depuis 1592. jufqu'en 1598. & les Voyages de MM. de Mayenne & de Joyeufe.

357 N   Hiftoire des derniers Troubles de France fous Henry III. & Henry IV. depuis les premiers mouvemens de la Ligue en 1585. jufqu'au Siege de la Fere en 1591. (par Pierre Matthieu :) Nouvelle Edition, avec une Addition. *A Lyon* 1597. *in* 8°.

358 N   { La même Hiftoire des derniers Troubles de France fous Henry III. & Henry IV. avec une fuite jufqu'en 1598. *A Lyon* 1604.
Recueil des Edits accordez par Henry IV. pour la réunion de fes Sujets, par le même Matthieu.
Hiftoire des Guerres entre les Maifons de France & d'Efpagne fous François I. Henry II. François II.

Charles IX. Henry III. & Henry IV. depuis l'an 1514. jusqu'en 1598. avec la Genealogie de la Maison de Bourbon ; par le mesme Matthieu. *Imprimé en 1603. in 8°.*

Histoire de la Ligue depuis l'an 1576. jusqu'en 1598. par Louis Maimbourg. *Voyez ses Histoires, tome* 11. *ci-devant n°* 26 K.

358 *
1
jusqu'à
358 *
6

Les Memoires de la Ligue sous Henry III. & Henry IV. comprenans en six volumes ou Recueils distincts, infinies particularités memorables des affaires de la Ligue, depuis l'an 1576. jusqu'en 1598. *Imprimé en 1602. in 8°. 6. vol.*

359 N

Memoires très particuliers pour servir à l'Histoire d'Henry III. & d'Henry IV. sçavoir, ceux de Charles de Valois Duc d'Angoulesme, contenant ce qui s'est passé depuis la mort d'Henry III. le 1. Aoust 1589. jusqu'au 3. Novembre suivant ; avec d'autres Memoires qui contiennent un Journal des Negociations de la Paix de Vervins en 1598. Le tout publié par Jacques Bineau. *A Paris 1667. in* 12°.

342 N Memoires d'Etat de Philippe Hurault Comte de Cheverny, Chancelier de France., contenant plusieurs choses passées sous Charles IX. Henry III. & Henry IV. depuis l'an 1564. ou environ, jusqu'en 1599. avec la suite jusqu'à sa mort arrivée en la mesme année, écrite par l'Abbé de Pontlevoy son fils; (depuis Evêque de Chartres:) ensemble les Instructions de ce Chancelier à ses enfans; & la Genealogie de la Maison des Huraults: Le tout publié par J. D. M. S. L. M. Herault d'Armes du Roy. *A Paris* 1636. *in* 4°.

343 N Memoires de la Vie de Jacques Auguste de Thou, depuis l'an 1553. jusqu'en 1601. écrits en Latin par lui-mesme; avec la Préface qu'il a mise au devant de sa grande Histoire: Le tout traduit avec des Remarques, (par le Sieur Disf.) *A Rotterdam* 1711. *in* 4°.

360 N L'Histoire de Philippe Emanuel de Lorraine Duc de Mercœur, mort en 1602. *A Cologne* 1689. *in* 12°.

Lettres du Cardinal d'Ossat, écrites aux Rois Henry III. & Henry IV.

HISTOIRE DE FRANCE. depuis l'an 1584. jufqu'en 1604. Nouvelle Edition augmentée de Pieces non encore veues, de la Vie de ce Cardinal, & de Notes hiftoriques & politiques, par Abraham Nicolas Amelot de la Houffaie. *A Paris* 1698. *in* 4°. 2. *vol.*

144 N   Tome 1. contient depuis l'an 1584. jufqu'en 1598.

145 N   Tome 2. depuis 1599. jufqu'en 1604.

Hiftoire Univerfelle de Theodore Agrippa Sieur d'Aubigné, qui comprend ce qui s'eft paffé depuis l'an 1550. jufqu'à la mort de Henry IV. en 1610. *A Maillé* 1616. *in fol.* 2. *vol.*

40 N   Tome 1. & 2. reliez enfemble contiennent depuis 1550. jufqu'en 1585.

41 N   Tome 3. depuis 1585. jufqu'en 1610.

Memoires de Louis de Gonzague Duc de Nevers, fous Henry III. & Henry IV. publiez & enrichis de plufieurs Pieces du temps, par Marin le Roy Sieur de Gomberville. *A Paris* 1665. *in fol.* 2. *vol.*

42 N   Tome 1. contient les Memoires depuis l'an 1574. jufqu'en 1589.

43 N   Tome 2. la fuite des Memoires depuis 1589. jufqu'en 1595. & les Pieces ajoûtées jufqu'en 1610.

CATALOGUE DE LIVRES.

44 N. Decade contenant la Vie de Henry IV. depuis le Traité de Cambray en 1559. jusqu'à sa mort en 1610. par Baptiste le Grain. *A Paris* 1614. *in fol.*

146 N. Histoire du Roy Henry le Grand, par M. Hardouin de Perefixe Evêque de Rhodez, (depuis Archevêque de Paris.) *A Paris* 1662. *in* 4°.

361 N. {
Harangue prononcée par le Pape Sixte V. en plein Consistoire, contenant le jugement de S. S. touchant la mort de feu Henry de Valois, & l'acte de Jacques Clement; en Latin & en François. *A Paris* 1589. *in* 8°.

Réponse à l'Anti-Espagnol semé ces jours passez à Lyon de la part des Conjurez qui avoient conspiré de livrer la Ville aux Heretiques. *A Paris* 1590. *in* 8°.

Discours sur l'état de la France, contenant l'Histoire de ce qui est advenu depuis 1588. jusqu'en 1591. *Imprimé en* 1591. *in* 8°.
}

362 N. Philippiques contre les Bulles & autres pratiques de la faction d'Espagne, pour le Roy Henry IV. (par François de Clari.) *A Tours* 1592. *in* 8°.

Discours

363 N Discours de la Conference tenue entre les Deputez des Etats de Paris, & les Deputez du party du Roy Henry IV. en 1593. (par Honoré du Laurens.) *A Troyes* 1593. *in* 8°.

Satyre Menippée de la vertu du Catholicon d'Espagne, & de la tenue des Etats de Paris de l'an 1593.(par Pierre le Roy Chanoine de Rouen, auparavant Aumônier de M. le Cardinal de Bourbon;) avec des Notes, & les Remarques de Pierre Dupuy, augmentées par M. le Duchat : Nouvelle Edition augmentée (par M. Jean Godefroy,) & enrichie de Figures. *A Ratisbone* 1709. *in* 8°. 3. *vol.*

364 N   Tome 1. contient l'abregé de l'Histoire de la Ligue depuis 1576. jusqu'en 1594. le Discours de Henry Duc de Rohan sur l'affaire de la Ligue ; la Satyre Menippée, avec les Remarques de M. Dupuy au bas des pages, & des Notes en marge ; le Regret en Vers sur le trépas d'un Asne Ligueur ; le Supplement du Catholicon ou Nouvelles des Regions de la Lune ; l'Histoire des Singeries de la Ligue ; & diverses autres Pieces tirées la plûpart des Memoires de la Ligue.

365 N   Tome 2. divers Avertissemens, Préfaces

CATALOGUE DE LIVRES.
& Avis préliminaires aux Remarques; les Remarques de M. le Duchat sur la Satyre ; autres Remarques tirées du 2ᵉ tome des Mélanges d'Histoire & de Litterature ; la Fatalité de S. Cloud près Paris, attribuée au P. Guyard Jacobin; & autres Pieces diverses.

366 N. Tome 3. les Preuves de la Satyre Menippée, c'est-à-dire, plusieurs & diverses Pieces publiées du temps de la Ligue, & tirées pour la plûpart des Memoires de la Ligue, & illustrées de Notes en marge.

Pour le Couronnement de Henry IV. & que pour n'estre sacré il ne laisse d'estre Roy & legitime Seigneur, par Claude Fauchet. *Voyez ses Antiquitez Gauloises & Françoises, ci-devant n°* 100 N.

147 N. Ceremonies observées au Sacre du Roy Henry IV. à Chartres en 1594. *A Paris* 1594. *in* 4°.

{ Réponse d'un Bourgeois de Paris à un Ecrit envoyé d'Amiens, par laquelle les calomnieuses prédications de Jean Boucher sont refutées, & les Habitans d'Amiens admonestez de reconnoître leur Souverain. *A Paris* 1594. *in* 8°.
Edit du Roy Henry IV. sur la reü-

nion de M. le Duc de Guise & de Mᴹˢ ses Freres, de la Ville de Reims, & autres, en l'obéïssance de S. M. *A Paris* 1595. *in* 8°. Relié avec la Harangue de Sixte V. ci-devant n° 361 N.

367 N Dialogue d'entre le Maheustre & le Manant sur les Troubles presens de la France, (par L. Morin dit Cromé Conseiller au Grand Conseil.) *Imprimé en* 1595. *in* 16°.

Discours de la Negotiation de MM. de Boüillon & de Sancy en Angleterre pour le fait de la Ligue contre le Roy d'Espagne en 1596. par Guillaume du Vair. *Voyez cette piece dans le Recueil des Oeuvres de M. du Vair*, ci-devant n° 1 H.

Chronologie novennaire, contenant l'Histoire de la Guerre sous Henry IV. depuis 1589. jusqu'en 1598. par Pierre Victor Palma Cayet. *A Paris* 1608. *in* 8°. 3. *vol.*

368 N Tome 1. contient depuis l'an 1589. jusqu'à la fin de 1590.
369 N Tome 2. depuis 1591. jusqu'en 1593.
370 N Tome 3. depuis 1594. jusqu'en 1598.

Lettres de Jacques de Bongars, Ambassadeur pour Henry IV. depuis l'an 1589. jufqu'en 1598. en Latin avec la Traduction Françoife (d'Oronce Finé de Brianville.) *A Paris* 1668. *in* 12°. 2. *vol.*

371 N   Tome 1. comprend depuis 1589. jufqu'en 1593.

372 N   Tome 2. depuis 1593. jufqu'en 1598.

373 N
374 N   Memoires & Negotiations de MM. de Belliévre & de Sillery de la Paix de Vervins en 1598. avec le Traité de Paix, les Ratifications, & autres Pieces : enfemble le Journal de cette Paix dreffé par le Secretaire du Cardinal de Florence Legat à cette Conference, traduit de l'Italien. *A Paris* 1700. *in* 12°. 2. *vol.*

375 N   L'Entrée de la Reine Marie de Medicis à Lyon en 1600. décrite par Pierre Matthieu. *A Lyon*, *in* 8°.

376 N   Hiftoire de la Conquefte des païs de Breffe & de Savoye par le Roy Henry IV. par Lancelot du Voifin Sieur de la Popeliniere. *A Paris* 1601. *in* 8°.

377 N   Chronologie feptennaire, ou l'Hiftoire de la Paix entre les Rois de France & d'Efpagne, contenant les chofes memorables depuis l'an 1598. jufqu'en 1604. par Pierre Victor Palma

Cayet. *A Paris* 1606. *in* 8°.

378 N { Le Cavalier de Savoye, ou Réponse au Soldat François ; (par Marc Antoine du Buttet:) Ensemble l'Apologie Savoysienne. *Imprimé en* 1606.
Traité de Paix de Saint-Julien entre la Savoye & la Seigneurie de Geneve, en 1603. *In* 8°.

379 N { Le Cavalier de Savoye, ou Réponse au Soldat François; (par le même du Buttet:) Plus un Discours servant d'Apologie contre le Cavalier de Savoye. *Imprimé en* 1606. *in* 8°.
Le Citadin de Geneve, ou Réponse au Cavalier de Savoye. *A Paris* 1606. *in* 8°.

Traité entre Henry IV. Roy de France & l'Empereur des Turcs en 1604. *Voyez les Voyages de M. de Breves*, ci-devant n° 531.

Lettres & Ambassades de Philippe Canaye Sieur de Fresne, depuis l'an 1601. jusqu'en 1607. avec le Récit du Procez criminel fait au Marechal de Biron, composé par Jacques de la Guesle. *A Paris* 1645. *in fol.* 3. *vol.*

45 N	Tome 1. comprend depuis l'an 1601. jufqu'en 1603. & le Procez criminel du Maréchal de Biron.
46 N	Tome 2. depuis 1603. jufqu'en 1605.
47 N	Tome 3. depuis 1606. jufqu'en 1607.
380 N	Memoires de plufieurs chofes arrivées en France depuis le commencement de l'an 1607. où finit l'Hiftoire de M. de Thou, jufqu'en 1609. par Charles Faye Sieur d'Efpeffes. *A Paris* 1634. *in* 8º.
48 N	Negotiations du Prefident Pierre Jeannin pour la Treve avec les Etats Generaux, depuis l'an 1607. jufqu'en 1610. avec fes Oeuvres meflées, contenant plufieurs Avis, Difcours politiques, Lettres &c. Le tout recueilly par l'Abbé Nicolas de Caftille fon petit fils, (& mis au jour par René de Cerifiers.) *A Paris* 1656. *in fol.*
148 N	Recueil de divers Memoires, Harangues, Remonftrances & Lettres fervans à l'Hiftoire de nôtre temps; commençant à l'Arreft donné contre Jacques Cueur en 1453. & finiffant en 1614. *A Paris* 1623. *in* 4º.
	Memoires d'Eftat fervant à l'Hiftoire de noftre temps, depuis l'an 1567.

HISTOIRE DE FRANCE. 455
jufqu'en 1604. fous les Regnes de Charles IX. Henry III. & Henry IV. par Nicolas de Neufville Seigneur de Villeroy Secretaire d'Etat; (publiez par Auger de Mauleon Sr de Granier:) avec d'autres Memoires recueillis enfuite de ceux de M. de Villeroy, commençant en 1572. jufqu'à fa mort en 1617. & depuis jufqu'en 1620. publiez par le Sr du Mefnil Bafire. *A Paris 1636. in 8°. 4. vol.*

381 N   Tome 1. comprend les Memoires de M. de Villeroy depuis 1567. jufqu'en 1604.

382 N   Tome 2. contient la Journée de la S. Barthelemy; l'Hiftoire de la Ligue; les Depefches de Louis de Revol Secretaire d'Etat; & autres Pieces jufqu'au Siege de Paris en 1590.

383 N }
384 N }   Tomes 3. & 4. contiennent diverfes Lettres du Roy Henry IV. des Depefches & des Inftructions jufqu'en 1620.

385 N   Remarques d'Etat & d'Hiftoire fur la vie & les fervices de M. de Villeroy, par Pierre Matthieu. *A Lyon* 1618. *in* 12°.

  Difcours du procedé tenu par François de Savary Seigneur de Breves en remettant entre les mains du Roy en 1618. la personne de M. le Duc d'Anjou son frere dont il étoit Gouverneur, où l'on voit un recit abregé de ses Negotiations à Constantinople & à Rome depuis 1586. jusqu'en 1614. & de l'Education de M. le Duc d'Anjou pendant les années 1615. 16. 17. & 18. *Voyez ses Voyages*, ci-devant n° 531.

49 N   Ambassades & Negotiations de Jacques Davy Cardinal du Perron, depuis l'an 1590. jusqu'en 1618. recueillies par Cesar de Ligny son Secretaire. *A Paris 1633. in fol.*

Histoire de Henry de la Tour d'Auvergne Duc de Boüillon, par Jacques Marsollier. *A Paris 1719. in 12°. 3. vol.*

386 N   Tome 1. contient depuis sa naissance en 1555. jusqu'en 1589.

387 N   Tome 2. depuis 1590. jusqu'en 1614.

388 N   Tome 3. depuis 1614. jusqu'à sa mort en 1623.

Memoires de Philippe de Mornay, Seigneur du Plessis-Marly, Gouverneur de Saumur, contenant ses Discours, Instructions, Lettres & Depesches

Histoire de France.

Depesches, depuis l'an 1572. jusqu'en 1599. (mis en lumiere par Jean Daillé.) *A la Forest* 1624. *in* 4°. 2. *vol.*

149 N   Tome 1. comprend depuis l'an 1572. jusqu'en 1589.

150 N   Tome 2. depuis 1589. jusqu'en 1599.

Memoires du mesme M. de Mornay, depuis l'an 1600. jusqu'en 1623. avec un Supplement aux deux premiers tomes ci-dessus énoncez. *A Amsterdam* 1652. *in* 4°. 2. *vol.*

151 N   Tome 1. contient depuis l'an 1600. jusqu'en 1617.

152 N   Tome 2. depuis 1618. jusqu'en 1623. & le Supplement.

153 N Histoire de la Vie de Philippe de Mornay, Seigneur du Plessis Marly, contenant plusieurs Evenemens notables, & divers Avis politiques & militaires sur beaucoup de mouvemens importans de l'Europe; (dressée sur un Journal de Charlotte Arbalestre sa femme depuis 1549. jusqu'en 1606. & continuée jusqu'en 1623. par David de Liques ; publiée avec une Préface de Valentin Conrart par Jean Daillé.) *A Leyde* 1647. *in* 4°.

50 N	Histoire du Connestable de Lesdiguieres, depuis l'an 1543. jusqu'à sa mort en 1626. par Louis Videl son Secretaire. *A Paris* 1638. *in fol.*
	Memoires des sages & royales œconomies d'Henry le Grand, & des servitudes & administrations loyales de Maximilian de Bethune Duc de Sully, depuis l'an 1572. jusqu'en 1610. avec une Suite jusqu'à la prise de la Rochelle en 1628.) publiée par Jean le Laboureur.) *A Paris* 1664. *in fol.* 2. *vol.*
51 N	Tome 1. comprend depuis 1572. jusqu'en 1605.
52 N	Tome 2. depuis 1606. jusqu'en 1610. & & la Suite jusqu'en 1628.
	Les mesmes Memoires de M. de Sully. *A Paris* 1663. *in* 12°. 8. *vol.*
389 N	Tome 1. contient depuis 1572. jusqu'en 1596.
390 N	Tome 2. depuis 1597. jusqu'en 1600.
391 N	Tome 3. depuis 1601. jusqu'en 1604.
392 N	Tome 4. depuis 1604. jusqu'en 1606.
393 N	Tome 5. depuis 1606. jusqu'en 1608.
394 N	Tome 6. depuis 1608. jusqu'à la mort de Henry IV. en 1610.
395 N	Tome 7. ⎫ la Suite de ces Memoires de
396 N	Tome 8. ⎭ puis 1610. jusqu'en 1628.

HISTOIRE DE FRANCE.

Memoires de François de Baſſompierre Marechal de France, depuis l'an 1598. juſqu'à ſon entrée à la Baſtille en 1631. (publiez par les ſoins de Claude de Malleville ſon Secretaire.) *Imprimé en Hollande en* 1692. *in* 12°. 2. *vol.*

397 N — Tome 1. contient depuis 1598. juſqu'en 1621.

398 N — Tome 2. depuis 1621. juſqu'en 1631.

154 N — Memoires pour ſervir à l'Hiſtoire, depuis l'an 1596. juſqu'en 1636. tirez du cabinet de Leon du Chaſtelier Barlot Premier Marechal de Camp des Armées du Roy. *A Fontenay* 1643. *in* 4°.

53 N — Hiſtoire du Marechal de Toiras, mort en 1636. enſemble ſa Genealogie ; par Michel Baudier : avec Figures. *A Paris* 1644. *in fol.*

399 N — Memoires d'un Favory de Monſieur le Duc d'Orleans, (le Sr de Bois-d'Annemets ;) depuis la naiſſance de ce Prince en 1608. juſqu'à ſa retraite à Bruxelles en 1626. *A Leide* 1669. *in* 12°.

400 N — Memoires de ce qui s'eſt paſſé en France, depuis l'an 1608. juſqu'en 1636. (appellez vulgairement, Memoi-

res de Monsieur, commençant à sa naissance & contenant plusieurs choses qui le concernent;) publiez par Estienne Algay de Martignac. *A Paris* 1685. *in* 12°.

401 N Memoires du Marquis de Montbrun, contenant quelques Evenemens particuliers arrivez depuis le commencement du dix-septiéme siecle jusqu'en 1632. ou environ; (dressez par Gatien de Courtilz.) *A Amsterdam* 1702. *in* 12°.

54 N Histoire du Duc d'Epernon, où l'on voit ce qui s'est passé depuis l'an 1570. jusqu'à sa mort en 1642. par Guillaume Girard son Secretaire. *A Paris* 1655. *in fol.*

La mesme Histoire. *A Paris* 1673. *in* 12°. 3. *vol.*

402 N Tome 1. comprend depuis l'an 1570. jusqu'en 1596.
403 N Tome 2. depuis 1597. jusqu'en 1622.
404 N Tome 3. depuis 1623. jusqu'en 1642.

55 N Histoire du Marechal de Guebriant, mort en 1643. avec l'Histoire Genealogique de la Maison des Budes; par Jean le Laboureur. *A Paris* 1656. *in fol.*

Le Mercure François, ou la Suite de

HISTOIRE DE FRANCE. 461

l'Histoire de la Paix ou Chronologie septennaire, (raportée ci-devant n° 377 N) commençant en 1605. & continué jusqu'en 1644. (par Jean Richer Libraire & autres.) *A Paris* 1619. *& années suiv. in* 8°. 25. *vol.*

405 N	Tome 1. comprend depuis 1605. jusqu'en 1610.
406 N	Tome 2. depuis 1610. jusqu'en 1612.
407 N	Tome 3. depuis 1612. jusqu'en 1615.
408 N	Tome 4. depuis 1615. jusqu'en 1617.
409 N	Tome 5. depuis 1617. jusqu'en 1619.
410 N	Tome 6. depuis 1619. jusqu'en 1621.
411 N	Tome 7. la suite de l'année 1621.
412 N	Tome 8. le reste de 1621. & l'année 1622.
413 N	Tome 9. depuis 1622. jusqu'en 1624.
414 N	Tome 10. depuis 1623. jusqu'en 1625.
415 N	Tome 11. les années 1625. & 1626.
416 N	Tome 12. la suite de 1626. jusqu'en 1627.
417 N	Tome 13. depuis 1626. jusqu'en 1628.
418 N	Tome 14. la suite de 1627. & de 1628.
419 N	Tome 15. la suite de 1628. jusqu'en 1629.
420 N	Tome 16. la suite de 1629. jusqu'en 1630.
421 N	Tome 17. l'année 1631.

CATALOGUE DE LIVRES.

422 N — Tome 18. les années 1632. & 1633.
423 N — Tome 19. la continuation de 1633.
424 N — Tome 20. les années 1634. & 1635.
425 N — Tome 21. depuis 1635. jufqu'en 1637.
426 N — Tome 22. la fuite de 1637. jufqu'en 1638.
427 N — Tome 23. les années 1639. & 1640.
428 N — Tome 24. depuis 1641. jufqu'en 1643.
429 N — Tome 25. la fuite de 1643. jufqu'en 1644.

Triomphes du Roy Louis le Jufte. *Voyez ci-après n° 35 Q.*

Hiftoire du Regne de Louis XIII. où font contenues les chofes les plus remarquables arrivées en France & en Europe durant le Regne de ce Prince; par Michel le Vaffor : IVe Edition revûe & corrigée. *A Amfterdam* 1712. *in* 12°. 10. tomes en 18. vol.

430 N — Tome 1. comprend depuis l'année 1610. jufqu'en 1614.
431 N — Tome 2. partie 1. les années 1614. & 1615.
432 N — Tome 2. partie 2. les années 1615. 1616. & 1617.
433 N — Tome 3. partie 1. les années 1617. 1618. & 1619.

434 N Tome 3. partie 2. les années 1619. & 1620.
435 N Tome 4. depuis 1621. jusqu'en 1624.
436 N Tome 5. partie 1. les années 1624. 1625. & 1626.
437 N Tome 5. partie 2. les années 1627. & 1628.
438 N Tome 6. partie 1. les années 1629. & 1630.
439 N Tome 6. partie 2. les années 1630. & 1631.
440 N Tome 7. partie 1. les années 1631. 1632. & 1633.
441 N Tome 7. partie 2. les années 1633. & 1634.
442 N Tome 8. partie 1. les années 1634. & 1635.
443 N Tome 8. partie 2. les années 1635. & 1636.
444 N Tome 9. partie 1. les années 1636. 1637. & 1638.
445 N Tome 9. partie 2. les années 1638. & 1639.
446 N Tome 10. partie 1. les années 1640. & 1641.
447 N Tome 10. partie 2. les années 1641. 1642. & 1643.

448 N {
Arreſt du Parlement contre le parricide Ravaillac, en 1610. *A Paris* 1610. *in* 8°.

La Séance du Roy Louis XIII. au Parlement ſéant aux Auguſtins le 16. May 1610. après le meurtre d'Henry IV. avec l'Arreſt pour la Regence. *In* 8°.

Les Ceremonies du Sacre & Couronnement du Roy Louis XIII. & ſon Entrée à Reims, & ſon retour à Paris, en 1610. *A Paris* 1610. *in* 8°.
}

155 N Le Roman des Chevaliers de la Gloire, contenant les Avantures des Courſes faites à la Place Royale pour les Alliances de France & d'Eſpagne en 1612. avec la Deſcription de leurs Entrées, Deviſes, Armes, & Blaſons; par François de Roſſet. *A Paris* 1612. *in* 4°.

156 N Recueil de tout ce qui s'eſt paſſé en l'Aſſemblée des Etats tenus à Paris en 1614. avec le Cahier du Tiers-Ordre, & autres Pieces; par Florimond Rapine. *A Paris* 1651. *in* 4°.

HISTOIRE DE FRANCE. 465

157 N
⎧ Le Thresor des Thresors de France
⎜ vollé à la Couronne par les fauſ-
⎜ ſetez & artifices des principaux
⎜ Officiers de Finance, découvert
⎨ & preſenté à Louis XIII. aux Etats
⎜ de 1615. par Jean de Beaufort.
⎜ *Imprimé en* 1615. *in* 4°.
⎜ La Chaſſe aux Larrons, ou Avant-
⎜ coureur de l'Hiſtoire de la Cham-
⎜ bre de Juſtice pour la recherche
⎜ des Financiers, par Jean Bour-
⎩ goin. *A Paris* 1618. *in* 4°.

56 N Decade commençant l'Hiſtoire du Roy Louis XIII. depuis l'an 1610. juſqu'en 1617. par Baptiſte le Grain. *A Paris* 1618. *in fol. en grand papier.*

57 N Negotiation de Philippe Comte de Bethune, & de François Cardinal de la Rochefoucault, avec la Reine Marie de Medicis, en 1619. *A Paris, in fol. en grand papier.*

449 N Memoires de la Regence de Marie de Medicis, depuis l'an 1610. juſqu'à la mort du Marechal d'Ancre en 1617. avec la Relation du Conclave pour l'élection de Gregoire XV. en 1621 & celle du Siege de Mantouë en 1629. (par François Hannibal

CATALOGUE DE LIVRES

Duc d'Estrées depuis Marechal de France;) & une Lettre préliminaire du P. L. M. (Pierre le Moyne) sur ces Memoires & leur Auteur. *A Paris* 1666. *in* 12°.

Journal de ce qui s'est passé à la mort du Marechal d'Ancre en 1617. *Voyez l'Histoire des Favoris, ci-devant* n°. 55 K.

450 N Histoire Universelle de nôtre temps, pendant les années 1619. & 1620. (par Claude Malingre.) *A Paris* 1621. *in* 8°.

451 N Recueil des Pieces les plus curieuses faites pendant le regne du Connêtable de Luynes mort en 1621. *Imprimé en* 1624. *in* 8°.

452 N Histoire du Siege de Montauban, en 1621. *Imprimé en* 1624. *in* 8°.

453 N Le nouveau Cynée, ou Discours des moyens d'établir une Paix generale & la liberté du Commerce. *A Paris* 1623. *in* 8°.

454 N Histoire des Guerres, & choses memorables arrivées sous le Regne de Louis XIII. depuis 1610. jusqu'en 1624. *A Rouen* 1624. *in* 8°.

Les Ambassades de François Marechal de Bassompierre, en Espagne

HISTOIRE DE FRANCE. 467
en 1621. en Suisse en 1625. & 26.
& en Angleterre en 1626. *A Cologne
1668. in 12°. 2. vol.*

455 N. Tome 1. contient l'Ambassade en Suisse.
456 N Tome 2. les Ambassades en Espagne, &
en Angleterre.

457 N Histoire de nôtre temps des années
1624. 25. & 26. *A Paris 1626. in
8°.*

458 N Histoire de la Rebellion des Roche-
lois, & de leur Reduction en 1628.
traduite du Latin d'Abel de Sainte-
Marthe par Jean Baudoin. *A Paris
1629. in 8°.*

459 N Le Journal du dernier Siege de la Rochelle en 1628. par P. Mervault.
A Rouen 1671. in 12°.

58 N Eloges & Discours sur la triomphante
Reception du Roy Louis XIII. en
sa Ville de Paris après la Reduction
de la Rochelle, en 1628. (par Jean-
Baptiste de Machault.) *A Paris
1629. in fol.*

Memoires de Henry Duc de Rohan,
& des choses arrivées en France depuis la mort de Henry IV. jusqu'à
la Paix des Reformez en 1629.
avec des Discours politiques, & le
Voyage du mesme Seigneur en Ita-

Nnn ij

468   Catalogue de Livres.

lie, Allemagne, Angleterre & E-cosse en 1600. *A Paris 1661. in 12°. 2. vol.*

460 N   Tome 1. contient les Memoires.

461 N   Tome 2. les Discours politiques, & le Voyage.

462 N   Recueil de plusieurs Pieces concernant le Duc de Rohan, & les Guerres de Languedoc de son temps en 1627. 28. & 29. *In 8°.*

463 N   Histoire de Henry Duc de Rohan, mort en 1638. publiée par Antoine Fauvelet du Toc. *A Paris 1666. in 12°.*

464 N   Discours sur l'Affaire de la Valteline & des Grisons, traduit d'Italien en François. *A Paris 1625. in 8°.*

465 N   La Valteline, ou Memoires, Discours, Traitez, & Negotiations au sujet des Troubles de la Valteline & des Grisons, depuis l'an 1620. jusqu'en 1629. *A Geneve 1631. in 8°.*

Relation du Siege de Mantouë en 1629. (par François Hannibal Duc d'Estrées.) *Voyez les Memoires de la Regence de Marie de Medicis,* ci-devant n° 449 N.

466 N   La premiere & seconde Savoysienne, où l'on voit comment les Ducs de

HISTOIRE DE FRANCE.

Savoye ont usurpé plusieurs Etats des Rois de France, & comme plusieurs de ces Princes ont été ennemis de la France &c. (la premiere par Antoine Arnauld Avocat, la seconde par Paul Hay Sr du Chastelet.) *A Grenoble* 1630. *in* 8°.

467 N Relation de ce qui s'est passé en Italie pour le fait de Pignerol. *Imprimé en* 1631. *in* 8°.

468 N Journal d'Armand Jean du Plessis Car-
469 N dinal de Richelieu pendant les années 1630. & 1631. les Procez des Marechaux de Marillac & de Montmorency, & autres Pieces. *A Troyes* 1652. *in* 12°. 2. *vol*.

470 N Histoire de Henry II. dernier Duc de Montmorency, decapité à Toulouse en 1632. *A Paris* 1699. *in* 12°.

59 N Recueil de diverses Pieces pour servir à l'Histoire de Louis XIII. (par Paul Hay Seigneur du Chastelet.) *Imprimé en* 1635. *in fol. en grand papier.*

60 N Diverses Pieces pour la défense de la Reine Mere, ou Réponse au Recueil ci-dessus, par Matthieu de Morgues Sieur de Saint-Germain. *In fol.*

461 N. Histoire du Ministere du Cardinal de Richelieu, depuis 1624. jusqu'en 1633. avec des Reflexions politiques, & diverses Lettres des Negotiations des Affaires de Piémont & du Montferrat, (par Charles Vialart, dit de Saint-Paul, Evêque d'Avranches.) *A Paris* 1650. *in fol.*

471 N. Veritez Françoises opposées aux Calomnies Espagnoles, ou Refutation des impostures contenuës en la Declaration du Cardinal Infant; (par le Sr de Beinville.) *A Beauvais* 1636. *in* 8º.

472 N.
473 N. Histoire de la Vie du P. Joseph le Clerc du Tremblay Capucin, employé sous Louis XIII. dans les Affaires de l'Etat, mort en 1639. par M. René Richard. *A Paris* 1702. *in* 12º. 2. *vol.*

474 N. Le veritable P. Joseph Capucin nommé au Cardinalat, contenant l'Histoire anecdote du Cardinal de Richelieu; (attribué au même Abbé Richard.) *A S. Jean de Maurienne* (*Rouen*) 1704. *in* 12º.

475 N. Lettres du Cardinal de Richelieu, où l'on voit le secret de ses Negotia-

HISTOIRE DE FRANCE. 471
tions depuis l'année 1624. jusqu'en
1640. *A Cologne* 1695. *in* 21°.

62 N Histoire du Cardinal Duc de Richelieu, mort en 1642. par Antoine Aubery. *A Paris* 1660. *in fol.*

Memoires pour l'Histoire du même Cardinal de Richelieu, par le même Aubery. *A Paris* 1660. *in fol.* 2. *vol.*

63 N   Tome 1. comprend les Pieces historiques depuis 1616. jusqu'en 1636.

64 N   Tome 2. depuis 1636. jusqu'en 1642.

476 N Testament politique du Cardinal de Richelieu. *A Amsterdam* 1696. *in* 12°.

Anecdotes du Ministere du Cardinal de Richelieu & du Regne de Louis XIII. avec quelques Particularitez du commencement de la Regence d'Anne d'Austriche, tirées & traduites de l'Italien du Mercurio de Vittorio Siri par M. de V...(Valdory.) *A Amsterdam* 1717. *in* 12°. 2. *vol.*

477 N   Tome 1. comprend depuis l'entrée du Cardinal dans le Ministere jusqu'à la Bataille de Sedan.

478 N   Tome 2. depuis la Bataille de Sedan jusqu'au commencement de la Regence d'Anne d'Austriche.

458 N Le Tableau du Gouvernement, ou Eloges du Cardinal de Richelieu. *MS. in* 4°.

Le Soldat Piémontois, racontant la Campagne d'Italie de 1640. par Michel Baudier. *A Paris* 1641. *in* 8°. Relié avec la Relation d'Italie pour le fait de Pignerol, ci-devant n° 467 N.

459 N Histoire de tout ce qui s'est passé en la Catalogne, depuis qu'elle a secoué le joug de l'Espagnol : contenant le progrez de la Guerre de Catalogne en 1640. & 41. avec la Victoire de Monjuique, les Secrets publics de la Catalogne, &c. Le tout traduit de l'Espagnol (de Gaspar Salas.) *A Rouen* 1642. *in* 4°.

479 N Recueil de diverses Pieces servant à l'Histoire moderne, contenant la Trahison tramée contre Henry IV. en 1604. la Retraite de Monsieur en Flandre en 1632. & l'Affaire de MM. de Cinqmars & de Thou en 1642. *A Cologne* 1663. *in* 12°.

480 N
481 N Memoires de François de Bourdeille Comte de Montresor, commençant à la Retraite de Monsieur en Flandres en 1632. & finissant à la mort

HISTOIRE DE FRANCE. 473
mort de Louis XIII. avec une Addition de diverses Pieces durant le Ministere du Cardinal de Richelieu. *A Leide* 1665. *in* 12°. 2. *vol.*

La Vie de Jean de Gassion Marechal de France, mort en 1647. par Michel de Pure. *A Paris* 1673. *in* 12°. 4. *vol.*

482 N   Tome 1. ⎱ contiennent depuis 1609. jusqu'à la mort de Louis XIII.
483 N   Tome 2. ⎰ en 1643.
484 N   Tome 3. depuis 1644. jusqu'en 1646.
485 N   Tome 4. depuis 1646. jusqu'en 1647.

486 N
487 N   Memoires de Louis de Pontis, sous Henry IV. Louis XIII. & Louis XIV. depuis 1596. jusqu'en 1652. (redigez par Pierre Thomas Sr du Fossé.) *A Rouen* 1676. *in* 12°. 2. *vol.*

488 N   Memoires de M. L. C. D. R. (le Comte de Rochefort,) contenant ce qui s'est passé de plus particulier sous le Ministere du Cardinal de Richelieu, & du Cardinal Mazarin, jusqu'en l'an 1650. ou environ : (redigez par Gatien de Courtilz.) *A la Haye* 1691. *in* 12°.

489 N   Memoires de la Vie de Frederic Mau-

rice de la Tour d'Auvergne Duc de Boüillon, mort en 1652. avec quelques Particularitez de la Vie d'Henry de la Tour d'Auvergne Vicomte de Turenne : (compofez par Jacques de Langlade Baron de Sauvieres.) *A Paris* 1692. *in* 12°.

Memoires de Jacques de Chaftenet Seigneur de Puyfegur, Lieutenant General des Armées fous Louis XIII. & Louis XIV. depuis l'an 1617. jufqu'en 1658. avec les Inftructions militaires du même : Le tout donné au public par François du Chefne. *A Paris* 1690. *in* 12°. 2. vol.

490 N   Tome 1. comprend depuis 1617. jufqu'en 1643.

491 N   Tome 2. depuis 1644. jufqu'en 1658. & les Inftructions militaires.

Memoires d'Henry Augufte de Lomenie Comte de Brienne Miniftre & premier Secretaire d'Etat, contenant les Evenemens les plus remarquables du Regne de Louis XIII. depuis l'an 1613. & de celui de Louis XIV. jufqu'à la mort du Cardinal Mazarin en 1661. avec quelques Remarques. *A Amfterdam* 1719. 3. *vol. in* 8°.

492 N   Tome 1. comprend depuis 1613. jufqu'en 1628.
493 N   Tome 2. depuis 1629. jufqu'en 1647. avec quelques Traitez & Pieces, fervant de preuves & d'éclairciffement.
494 N   Tome 3. depuis 1648. jufqu'en 1661.

Hiftoire du Cardinal Jules Mazarin, mort en 1661. par Antoine Aubery. *A Paris* 1688. *in* 12°. 2. *vol.*

495 N   Tome 1. contient depuis fa naiffance en 1602. jufqu'en 1649.
496 N   Tome 2. depuis 1649. jufqu'à fa mort en 1661.

65 N Eclairciffement fur quelques difficultez touchant l'Adminiftration du Cardinal Mazarin, par Jean de Silhon. *A Paris, de l'Imprimerie Royale,* 1650. *in fol.*

Memoires de Roger de Rabutin Comte de Buffy, depuis 1634. jufqu'en 1666. *A Paris* 1704. *in* 12°. 3. *vol.*

497 N   Tome 1. comprend depuis l'an 1634. jufqu'en 1652.
498 N   Tome 2. depuis 1652. jufqu'en 1657.
499 N   Tome 3. depuis 1658. jufqu'en 1666.

Lettres, Memoires & Negotiations de Godefroy Comte d'Eftrades, Ambaffadeur en Italie, en Angleterre & en Hollande, (depuis Marechal de

France;) dans lesquelles sont compris l'Achat de Dunkerque fait en 1662. & plusieurs autres Pieces curieuses: avec son Eloge tiré de l'Histoire Genealogique du P. Anselme. *A la Haye* 1719. *in* 12°. 6. *vol.*

500 N — Tome 1. contient depuis 1637. jusqu'à 1662. inclus.

501 N — Tome 2. les années 1663. & 1664.

502 N — Tome 3. l'année 1665.

503 N — Tome 4. l'année 1666.

504 N — Tome 5. l'année 1667. jusqu'au dernier Juillet.

505 N — Tome 6. depuis le 1. Aoust 1667. jusqu'à l'année 1668. inclus.

506 N — Remarques generales sur le Livre précedent. *Imprimé en* 1709. *in* 12°.

507 N — Memoires de Philippe de Montault de Benac Marechal Duc de Navaille, depuis 1635. jusqu'en 1683. *A Amsterdam* 1701. *in* 12°.

66 jusqu'à 70 — Memoires de MADEMOISELLE (Anne Marie-Louise d'Orleans Duchesse de Montpensier, fille de Gaston de France Duc d'Orleans,) depuis 1640. ou environ, jusqu'en 1688. *MS.* 5. *vol. in fol.*

508 N — Memoires de Jean Baptiste de la Fontaine Seigneur de Savoye, Inspec-

HISTOIRE DE FRANCE.

teur des Armées du Roy, depuis 1636. juſqu'en 1697. (dreſſez par Gatien de Courtilz.) *A Cologne* 1699. *in* 12°.

509 N
510 N Memoires de Gaſpard Comte de Chavagnac, depuis 1624. juſqu'en 1695. *A Beſançon* 1699. *in* 12°. 2. *vol.*

Les Conqueſtes de Louis le Grand, depuis la Bataille de Rocroy juſqu'en 1692. par le Chevalier de Beaulieu. *Voyez ci-après n°* 36 & 37 Q.

511 N Hiſtoire en abregé de Louis le Grand, depuis 1638. juſqu'en 1692. par Roger de Rabutin Comte de Buſſy. *A Paris* 1699. *in* 12°.

Hiſtoire de la Monarchie Françoiſe ſous Louis XIV. depuis 1643. juſqu'en 1692 (par Simon de Riencourt :) IVe Edition revûe & augmentée juſqu'en 1696. par Thomas Corneille. *A Paris* 1697. *in* 12°. 3. *vol.*

512 N Tome 1. comprend depuis 1643. juſqu'en 1652.
513 N Tome 2. depuis 1653. juſqu'en 1680.
514 N Tome 3. depuis 1681. juſqu'en 1696.
515 N Hiſtoire du Regne de Louis le Grand, depuis 1638. juſqu'à la Paix de Ryſ-

wick en 1679. par M. Louis le
Gendre Chanoine de l'Eglife de
Paris. *A Paris* 1701. *in* 12°.

Hiftoire de Louis le Grand, par les
Medailles &c. par le P. Meneftrier.
Voyez ci-après n° 38 Q.

Medailles fur les principaux Evenemens du Regne de Louis le Grand.
Voyez ci-après n° 39 *&* 40 Q.

Hiftoire du Regne de Louis XIV. par
H. P. D. L. D. E. D. (Henry Philip-
pe de Limiers Docteur en Droit.) *A
Amfterdam* 1717. *in* 12°. 7. *vol.*

516 N   Tome 1. comprend depuis 1638. jufqu'en
1653. inclufivement.

517 N   Tome 2. depuis 1654. jufqu'en 1668.

518 N   Tome 3. depuis 1668. jufqu'en 1679.

519 N   Tome 4. depuis 1679. jufqu'en 1696.

520 N   Tome 5. depuis 1696. jufqu'en 1704.

521 N   Tome 6. depuis 1704. jufqu'en 1711.

522 N   Tome 7. depuis 1711. jufqu'en 1715.
inclufivement.

Hiftoire de France fous le Regne de
Louis XIV. par Ifaac de Larrey :
III.e Edition. *A Rotterdam* 1724. *in*
8°. 9. *vol.*

523 N   Tome 1. contient depuis fa Naiffance en
1638. jufqu'en 1648. incluf.

524 N   Tome 2. depuis 1649. jufqu'en 1656.

HISTOIRE DE FRANCE.

525 N   Tome 3. depuis 1557. jusqu'en 1668.
526 N   Tome 4. depuis 1668. jusqu'en 1679.
527 N   Tome 5. depuis 1679. jusqu'en 1691.
528 N   Tome 6. depuis 1692. jusqu'en 1697.
529 N   Tome 7. depuis 1698. jusqu'en 1701.
530 N   Tome 8. depuis 1701. jusqu'en 1706.
531 N   Tome 9. depuis 1706. jusqu'en 1715.
532 N   Relation des Campagnes de Rocroy, & de Fribourg, en 1643. & 44. (par Henry Bessé Sieur de la Chapelle.) *A Paris* 1673. *in* 12°.
533 N
534 N
535 N
536 N   Memoires & Negotiations secretes de la Cour de France touchant la Paix de Munster, contenant les Lettres, Réponses, Memoires & Avis secrets envoyez de la part du Roy, du Cardinal Mazarin & du Comte de Brienne Secretaire d'Etat aux Plenipotentiaires de France à Munster, afin de leur servir d'Instruction pour la Paix generale, avec les Depêches & les Réponses desdits Plenipotentiaires, pendant les années 1646. 1647. & 1648. ensemble les Lettres de MM. d'Avaux & Servien contenant leurs differends, & les Réponses de part & d'autre chacun pour sa justification, écrites en 1644. suivant la Copie imprimée en 1650.

CATALOGUE DE LIVRES.
A Amsterdam 1710. in 8°. 4. vol.

557 N L'Histoire du temps, ou Recit de ce qui s'est passé au Parlement en 1647. & 48. durant les Troubles de Paris; avec la Continuation jusqu'à la Paix en 1649. (par Nicolas Johannes Sr de Portal.) In 8°.

560 N Journal contenant ce qui s'est fait & passé au Parlement de Paris toutes les Chambres assemblées, & autres lieux, sur le sujet des affaires du temps present, ès années 1648. & 1649. A Paris 1649. in 4°.

561 N Recueil de diverses Pieces qui ont paru durant les mouvemens de l'année 1649. Imprimé en 1650. in 4°.

562 N Jugement de tout ce qui a été imprimé contre le Cardinal Mazarin, depuis le 6. Janvier jusqu'à la Declaration du 1. Avril 1649. (par Gabriel Naudé.) In 4°. IIe Edition de 717. pages.

563 N Journal de l'Assemblée de la Noblesse tenuë à Paris en l'année 1651. (au sujet de la détention des Princes, & pour obtenir la convocation des Etats Generaux.) In 4°.

564 N Histoire de la Prison & de la Liberté de

HISTOIRE DE FRANCE. 481
de Monsieur le Prince (& des Prince de Conty & Duc de Longueville.) *Imprimé en* 1651. *in* 4º.

538 N Recueil de Maximes veritables pour l'Institution du Roy, contre la pernicieuse politique du Cardinal Mazarin pretendu Surintendant de l'éducation de S. M. (par Claude Joly.) *A Paris* 1652. *in* 8º.

539 N Memoires de la Minorité de Louis XIV. contenant les Memoires d'Edme de la Chastre Colonel General des Suisses; ceux de François VI. Duc de la Rochefoucault; & plusieurs autres Pieces; avec des Notes & une Preface (d'Abraham Nicolas Amelot de la Houssaie) *A Villefranche* 1690. *in* 12º.

540 N Recueil de Pieces pour servir à l'Histoire, contenant, la Réponse aux Memoires de M. de la Chastre, par Henry Auguste de Lomenie Comte de Brienne; la Conjuration sur Barcelone en 1645. la Relation de la Mort du Marquis Monaldeschi en 1657. écrite par le P. le Bel Ministre de Fontainebleau; une Lettre (de M. de Saint Evremond) sur la Paix des Pyrenées; la Relation de la

Ppp

CATALOGUE DE LIVRES.

Confpiration de Valftein, (par Jean-François Sarafin ;) &c. *A Cologne* 1664. *in* 12°.

541 N Memoires de M. L. D. D. N. (attribuez à Madame Marie d'Orleans Duchefſe de Nemours,) contenant ce qui s'eſt paſſé de plus particulier pendant la Guerre de Paris, juſqu'à la Priſon du Cardinal de Retz arrivée en 1652. avec des Remarques & une Préface. *A Cologne* 1709. *in* 12°.

542 N Memoires de Jacques de Saulx Comte de Tavanes, contenant ce qui s'eſt paſſé de plus remarquable depuis la Priſon des Princes en 1650. juſqu'en 1653. *A Paris* 1691. *in* 12°.

543 N
544 N
545 N
Memoires de Jean François Paul de Gondy Cardinal de Retz, depuis la fin du Miniſtere du Cardinal de Richelieu juſqu'en 1655. *A Nancy* 1717. *in* 8°. 3. *vol.*

Memoires de Guy Joly, pour ſervir d'éclairciſſement & de ſuite aux Memoires du Cardinal de Retz. *A Rotterdam* 1718. *in* 12° 2. *vol.*

546 N Tome I. comprend depuis 1648. juſqu'en 1652.

547 N   Tome 2. depuis 1652. jufqu'à la mort du Cardinal de Retz en 1679.

Hiſtoire du Siege de Dunkerke en 1646. par Jean François Sarafin. *Voyez ſes Oeuvres, ci-devant n°* 65 H.

548 N   Le Sacre de Louis XIV. à Reims le 7. Juin 1654. *A Paris* 1720. *in* 12.

165 N   Negotiations de Paix des Electeurs de Cologne & de Mayence faites à Francfort entre le Marechal de Grammont & M. de Lionne Plenipotentiaires de France, & le Comte de Pegnaranda Plenipotentiaire d'Eſpagne, en 1658. (dreſſées par le même Hugues de Lionne Secretaire d'Etat.) *In* 4°.

549 N   Lettres du Cardinal Mazarin, contenant la Negotiation de la Paix des Pyrenées en 1659. & autres Pieces à ce ſujet. *A Amſterdam* 1693. *in* 12°.

550 N   Hiſtoire du Traité de Paix concluë entre les deux Couronnes en 1659. enſemble la Lettre (de M. de Saint-Evremond) ſur cette Paix, & la Harangue de M. Amelot Premier Preſident de la Cour des Aydes ; avec un Recueil de diverſes matieres concernant le Duc de Lorraine, la

Cession de ses Etats au Roy en 1662. & son Contrat de Mariage avec Marie Antoinette Françoise Pajot. *A Cologne* 1665. *in* 12°.

166 N Traité de Paix entre les Couronnes de France & d'Espagne, avec le Contrat de Mariage du Roy & de l'Infante d'Espagne, du 7. Novembre 1659. verifiez en Parlement. *A Paris* 1660. *in* 4°.

Lettre sur le Voyage de la Cour vers la Frontiere d'Espagne en 1660. *Voyez Recueil de Pieces ci-devant n°* 73 H.

167 N Histoire des Demelez de la Cour de France avec la Cour de Rome, au sujet de l'affaire des Corses en 1662. avec les Preuves ; par François Seraphin Regnier Desmarais. *Imprimé en* 1707. *in* 4°.

551 N Recueil historique, contenant le Projet pour l'entreprise d'Alger ; la Relation des Voyages du Sieur Bricard à Tunis ; l'Expedition de Gigery en 1664. (écrite par le Sr de Castellan ;) les Campagnes de Hongrie ; le Voyage de Naples de M. le Duc de Guise, en 1654. décrit

HISTOIRE DE FRANCE. 485
par luy-même; &c. *A Cologne* 1666. *in* 12°.

552 N Memoires de Henry de Lorraine Duc
553 N de Guise mort en 1664. écrits par luy-même, & publiez par le Sr de Saint-Yon son Secretaire. *A Cologne* 1668. *in* 12°. 2. *vol.*

554 N Suite des Memoires de M. le Duc de Guise, ou Relation de ce qui s'est passé au Voyage de l'Armée Navale de France au Royaume de Naples en 1654. *A Paris* 1687. *in* 12°.

Memoires pour servir à l'Histoire d'Anne d'Austriche épouse de Louis XIII. depuis l'an 1615. jusqu'à la mort de cette Reine en 1666. par Made de Motteville (Françoise Bertaut épouse de Nicolas Langlois Sr de Motteville President au Parlement de Roüen.) *A Amsterdam* 1723. *in* 12°. 5. *vol.*

555 N   Tome 1. comprend depuis l'an 1615. jusqu'en 1647.
556 N   Tome 2. depuis le commencement de 1648. jusqu'à celuy de 1649.
557 N   Tome 3. depuis le commencement de 1649. jusqu'à la fin de 1650.
558 N   Tome 4. depuis le commencement de 1651. jusqu'à la fin de 1658.

559 N   Tome 5. depuis le commencement de 1659. jusqu'à celuy de 1666.

560 N Relation de la Guerre de Flandre, en l'année 1667. par le Sieur de Vandeuvres. *A Paris* 1668. *in* 12°.

561 N Histoire de Madame Henriette d'Angleterre premiere femme de Philippe de France Duc d'Orleans, jusqu'à sa mort en 1670. par Marie Madeleine de la Vergne Comtesse de la Fayette. *A Amsterdam* 1720. *in* 12°.

562 N
563 N
564 N Memoires de M. d'Artagnan Capitaine-Lieutenant de la premiere Compagnie des Mousquetaires du Roy, contenant plusieurs choses secretes & particulieres passées sous le Regne de Louis le Grand jusqu'au Siege de Mastricht en 1673. (dressez par Gatien de Courtilz.) *A Cologne* 1701. *in* 12°. 3. *vol*.

565 N Le Comte de Soissons, ou Abregé de la Vie de Maurice Eugene de Savoye Comte de Soissons, mort en 1673. par le Sr de Montfalcon. *A Paris* 1680. *in* 12°.

565*N La Vie de Henry de la Tour d'Auvergne Vicomte de Turenne, mort en 1675. par M. du Buisson (Gatien de Courtilz.) *A la Haye* 1688. *in* 12°.

Particularitez de la Vie du Vicomte de Turenne. *Voyez les Memoires de Frederic Maurice Duc de Boüillon*, ci-devant nº 489 N.

566 N Memoires des divers emplois & actions du Marechal du Plessy (Cesar Duc de Choiseul Marechal du Plessis-Praslain,) mort en 1675. (redigez par Gilbert de Choiseul Evêque de Comminges son frere.) *A Paris* 1676. *in* 12º.

567 N Relation de ce qui s'est passé en Catalogne depuis 1672. jusqu'en 1678. *A Paris, in* 12º.

Le Mercure Hollandois, contenant les Conquestes du Roy sur les Provinces-Unies du Païs-Bas, avec un abregé de l'Histoire de cette Republique; la Reduction de la Franche-Comté, & les autres Conquêtes de Louis XIV. depuis l'an 1672. jusqu'en 1679. avec un Recueil des Actions solemnelles, des Naissances, Mariages, Morts illustres, & autres choses memorables arrivées pendant le même temps; comme aussi le Mariage de Mgr le Dauphin en 1680. par Pierre Louvet. *A Lyon* 1674. *& suiv. in* 12º. 9. *vol.*

CATALOGUE DE LIVRES.

568 N — Tome 1. contient l'Histoire de la Republique des Provinces-Unies des Païs-Bas, depuis son établissement en 1566. jusqu'en 1671.

569 N — Tome 2. comprend les Conquestes du Roy Louis XIV. sur les Provinces-Unies, en 1672. & 1673.

570 N — Tome 3. la Marche des Troupes Françoises dans l'Allemagne depuis la prise de Maestricht, & la reduction de l'Alsace; avec la Conqueste de la Franche-Comté en 1673. & 1674. ensemble un abregé de l'Histoire de la Franche-Comté, depuis l'an 1200. jusqu'en 1668.

571 N — Tome 4. les avantages remportez sur les Imperiaux, les Espagnols & les Hollandois dans l'Allemagne, dans la Sicile, dans la Catalogne & aux Païs-Bas, en 1674. 1675. & 1676.

572 N — Tome 5. ce qui s'est passé de plus considerable dans les Païs-Bas, en Alsace & dans la Mediterranée, &c. en 1676. & 1677. avec un Recueil des Actions solemnelles, des Naissances, des Mariages & des Morts illustres, &c. arrivées durant le même temps.

573 N — Tome 6. la suite de l'Histoire contenue au Tome précedent jusqu'à la fin de 1677.

574 N
575 N } Tomes 7. & 8. la suite de la même Histoire pendant l'année 1678.

576 N — Tome 9. la suite pendant l'année 1679. avec

Histoire de France.

avec un Recueil des Actions solemnelles, Mariages, Naissances, Morts, &c. comme aussi le Mariage de Monseigneur le Dauphin en 1680.

577 N
578 N Histoire des Negotiations de Nimegue, depuis 1676. jusqu'en 1679. par Alexandre Toussaint de Limojon Sieur de Saint-Didier. *A Paris 1680. in 12. 2. vol.*

579 N Vie de Jean-Baptiste Colbert, Ministre d'Etat sous Louis XIV. mort en 1683. *A Cologne 1695. in 12°.*

580 N Testament politique de M. Colbert, où l'on voit ce qui s'est passé jusqu'à la fin de l'année 1683. (attribué à Gatien de Courtilz.) *A la Haye 1694. in 12°.*

581 N
582 N Memoires pour servir à l'Histoire de Louis de Bourbon Prince de Condé, mort en 1686. (attribuez à Pierre Coste.) *A Cologne 1693. in 12°. 2. vol.*

Comparaison d'Alexandre, de Cesar, & de M. le Prince, par Jean de la Fontaine. *Voyez ses Oeuvres postumes, ci-devant n°* 165 E.

168 N Relation de ce qui s'est passé à l'érection de la Statuë du Roy à Poitiers en 1687. *A Poitiers, in 4°.*

490   Catalogue de Livres.

583 N Proteftation de Henry Charles de Beaumanoir Marquis de Lavardin Ambaffadeur à Rome en 1687. pour la Franchife des Quartiers ; avec l'Acte d'Appel au futur Concile, & autres Pieces à ce fujet. *A Paris* 1688. *in* 12°.

584 N Teftament politique de M. de Louvois Miniftre d'Etat fous Louis XIV. mort en 1691. (attribué à Gatien de Courtilz.) *A Cologne* 1695. *in* 12°.

71 N Relation de ce qui s'eft paffé au Siege de Namur en 1692. avec les Plans des Attaques, &c. *A Paris* 1692.

585 N Journal des Marches, Campemens, Batailles, Sieges, & mouvemens des Armées du Roy en Flandre, & de celles des Alliez, depuis 1690. jufqu'en 1693. par le Sr Vaultier. *A Paris* 1694. *in* 12.

Journal hiftorique de ce qui s'eft paffé de plus remarquable principalement en France, pendant l'année 1694. *Voyez Journal hiftorique de l'Europe*, ci-devant n° 80 K.

Memoires de Jean Herauld Sieur de Gourville, concernant les Affaires ausquelles il a été employé par la Cour, depuis 1642. jusqu'en 1698. *A Paris* 1724. *in* 12. 2. *vol.*

586 N   Tome 1. comprend depuis 1642. jusqu'en 1664.

587 N   Tome 2. depuis 1665. jusqu'en 1698.

588 N
589 N   Annales de la Cour & de Paris pour les années 1697. & 1698. (attribuez à Gatien de Courtilz.) *A Cologne* 1701. *in* 8º. 2. *vol.*

590 N   Recueil des Vertus de Louis de France Duc de Bourgogne & ensuite Dauphin, mort en 1712. par le P. Martineau Jesuite son Confesseur. *A Paris* 1712. *in* 12º.

591 N   Histoire des dernieres Campagnes de M. le Duc de Vendosme, depuis la fin de l'année 1710. jusqu'à sa mort en 1712. avec son Eloge sur ses autres Campagnes; par le Chevalier de Bellerive Capitaine de Dragons, Temoin oculaire. *A Paris* 1714. *in* 12º.

592 N   Campagne du Marechal de Villars de l'année 1712. par le Sieur François Gayot de Pitaval. *A Paris* 1713. *in* 12º.

593 N   Memoires & Reflexions sur les principaux Evenemens du Regne de

Louis le Grand, & sur le caractere de ceux qui y ont eu la principale part ; par M. L. M. D. L. F. (M. le Marquis de la Fare.) *A Rotterdam* 1716. *in* 8º.

Lettres historiques, contenant plusieurs Evenemens arrivez principalement en France, depuis 1695. jusqu'en 1720. par Mᵉ de C..... Mᵉ A. M. Petit du Noyer. *Voyez ci-devant* nº 81 *jusqu'à* 87 K.

HISTOIRE PARTICULIERE des Provinces de France.

594 N
595 N Antiquitez & Recherches des Villes, Châteaux, & Places remarquables de la France, par André du Chesne ; augmentées par François du Chesne son fils. *A Paris* 1668. *in* 12º. 2. *vol.*

596 N
597 N Les Rivieres de France, ou Description geographique & historique du cours & debordement des Fleuves, Rivieres, Fontaines, Lacs & Estangs qui arrosent les Provinces de France ; avec un un dénombrement des Villes, Ponts, Passages, Batailles données sur leurs rivages, & autres curiositez remarquables dans cha-

que Province ; par Louis Coulon.
A Paris 1644. *in* 8°. 2. *vol.*

Description & Plans de Paris, par Nicolas de Lamare. *Voyez son Traité de la Police*, tome 1. ci-devant n° 19 B.

Description de la Ville de Paris, & de tout ce qu'elle contient de plus remarquable ; par M. Germain Brice : Nouvelle Edition augmentée & enrichie de nouveaux Plans & de nouvelles Figures. *A Paris* 1713. *in* 12°. 3. *vol.*

598 N   Tome 1. contient un Abregé préliminaire de l'Histoire de Paris en general ; & la Description des Quartiers du Louvre, de S. Honoré, & de la Butte S. Roch.

599 N   Tome 2. les Quartiers de la Greve, du Marais, de la Ruë & Fauxbourg S. Antoine, des Celestins, de l'Isle N. Dame, de S. Victor, de S. Marceau, & de l'Université.

600 N   Tome 3. les Quartiers de S. Germain des Prez, & de l'Isle du Palais.

Description de Paris, ses Antiquitez, ses Curiositez, son Gouvernement ; ensemble des Maisons Royales, & autres belles Maisons & Châteaux des environs de Paris; par M. Jean Piganiol de la Force. *Voyez sa Des-*

cription de la France, tome 2. 1ʳᵉ & 2ᵉ partie, ci-devant n° 120 & 121 I. Histoire & Recherches des Antiquitez de la Ville de Paris, par Henry Sauval Avocat au Parlement. *A Paris 1724. in fol. 3. vol.*

72 N   Tome 1. contient un Avant-propos touchant l'ancien Paris & les premiers Parisiens ; & les six premiers livres, où il est traité de la situation, des differens noms, & des Religion & mœurs anciennes de Paris, de ses agrandissemens, limites, & Portes, Ruës, Rivieres, Fontaines, Ponts, Ports & Quais ; des Eglises, Monasteres, Hôpitaux, Couvens & Communautez ; des Places, Boucheries, Halles, Marchez & Foires ; des Remparts & Cours de promenade.

73 N   Tome 2. les sept livres suivans, où il est traité des Palais, Hôtels & autres Edifices publics, avec des Remarques & des Recherches historiques & curieuses ; des Monumens antiques & modernes de Paris ; de l'Université, & des Colleges ; de la Justice & des Cours Souveraines & autres Jurisdictions de Paris ; des Fiefs, Domaines & Redevances ; des six Corps des Marchands ; de l'Hôtel de Ville ; des Assemblées, Conciles, Etats, & Assemblées du Clergé ; des Academies ; des Manufactures ; des

Juifs & des Heretiques ; des Prodiges, des Jugemens superstitieux, des Sermens, des Duels, & des Supplices; des Coutumes, & des Ceremonies; des Spectacles, des Entrées, des Mariages des Rois, des Tournois, des Ballets, des Comedies, & des Divertissemens; des Croisades, des Ordres de Chevalerie créez à Paris, & des anciennes Enseignes & Etendarts de France.

74 N — Tome 3. le livre 14e. où il est traité des Curiositez de divers endroits de Paris; & de l'Histoire des Tontines, Lotteries, & Blanque Royale: les Preuves des Antiquitez de Paris: les Comptes & Ordinaires de la Ville de Paris, qui contiennent tout ce qui regarde les Comptes de la Prevôté de Paris, le Domaine muable, la Vente de Cens, les Oeuvres & Reparations publiques, les Recettes & Depenses communes, &c. une Table generale des matieres des Antiquitez & des Preuves; & une Table des matieres des Comptes.

74*N — Tome 4. ou partie separée, contient un Suplement, où il est traité des Amours des Rois de France sous plusieurs Races; & d'autres Remarques de choses scandaleuses & critiques.

Histoire de la Ville de Paris, composée par Dom Michel Felibien; reveuë, augmentée & mise au jour

CATALOGUE DE LIVRES: par Dom Guy Alexis Lobineau, tous deux Religieux Benedictins de la Congregation de S. Maur; justifiée par des Preuves autentiques, & enrichie de Plans, de Figures, & d'une Carte topographique. *A Paris* 1725. *in folio* 5. *vol. en grand papier.*

74 * N / 1

Tome 1. contient une Dissertation sur l'origine de l'Hôtel-de-Ville de Paris, par le Sr le Roy Controlleur des Rentes, avec les Pieces justificatives; une Dissertation ou Observations sur les restes d'un ancien Monument trouvez dans le Chœur de l'Eglise de N. D. de Paris le 16. Mars 1711. le Sommaire des matieres contenuës dans la 1ere & 2e partie de l'Histoire de Paris, servant de Table chronologique; un Discours préliminaire; le Plan de Paris; & les XIII. premiers livres de l'Histoire de Paris qui comprennent depuis son origine jusqu'en l'an 1374.

74 * N / 2

Tome. 2. les XIVe livre & suivans jusqu'au XXXe & dernier inclusivement de l'Histoire de Paris, qui comprennent depuis l'an 1374. jusqu'en 1721. la Suite chronologique des Rois de France; les Listes chronologiques des Premiers Presidens du Parlement de Paris, des Premiers Presidens de la Chambre des Comptes; des Gouverneurs

Histoire de France. 497.

neurs de Paris, Lieutenans Generaux au Gouvernement & Commandans dans la Ville, des Prevosts des Marchands & Eschevins de Paris depuis l'an 1411. & des Procureurs du Roy, Greffiers & Receveurs de la Ville; & la Table alphabetique des Noms & des Matieres des deux tomes de l'Histoire de Paris.

74 * / 3 — Tome 3. la Table chronologique des Actes & principaux Faits contenus dans les trois volumes des Pieces justificatives de l'Histoire de Paris; deux Glossaires l'un Latin l'autre François des Mots hors d'usage, pour l'intelligence des Pieces; la premiere partie du Recueil des Pieces justificatives pour l'Histoire de Paris, commençant par une Dissertation de M. Moreau de Mautour sur Isis & sur Cybele au sujet du nom de la Ville de Paris.

74 * / 4 & 5 — Tomes 4. & 5. les 2e & 3e parties des Pieces justificatives; & la Table alphabetique des Noms & Matieres de ces trois parties de Pieces.

De la Ville de Paris, & pourquoy les Rois l'ont choisie pour leur Capitale; par Claude Fauchet. *Voyez ses Antiquitez Gauloises & Françoises, ci-devant n° 100 N.*

Annales de la Cour & de Paris pour

R rr

CATALOGUE DE LIVRES.

les années 1697. & 1698. *Voyez ci-devant* n° 588 N.

601 N
602 N
Nouvelle Description des Châteaux & Parcs de Versailles & de Marly, contenant une explication historique de toutes les Peintures, Tableaux, Statues, Vases & Ornemens qui s'y voyent &c. par M. Jean Piganiol de la Force; avec Figures : IIIe Edition. *A Paris* 1713. *in* 12°. 2. *vol.*

169 N
170 N
Versailles immortalisé par les Merveilles parlantes des Bâtimens, Jardins, Statues, Vases, Tableaux, &c. composé en Vers libres François, par Jean-Baptiste de Monicart; avec une Traduction en Prose Latine par Romain le Testu : Ouvrage orné d'Estampes. *A Paris* 1720. *in* 4°. 2. *vol.*

Britannia, ou Recherche de l'Antiquité d'Abbeville; par Nicolas Sanson. *A Paris* 1636. *in* 8°. Relié avec les Princes d'Italie, ci-devant n° 108 I.

Relation du Siege de Peronne, en 1536. *Voyez ci-devant* n° 307 N.

L'Achat de Dunkerque, fait en 1662.

Voyez les Lettres d'Estrades, tome 1. ci-devant n° 500 N.

Le Siege de Metz, en 1552. Voyez ci-devant n° 131 N.

75 N Le Thresor des Merveilles de la Maison Royale de Fontainebleau, contenant la Description de son Antiquité, de ses Bâtimens, Peintures, & Tableaux, de ses Jardins, Fontaines & autres singularitez; ensemble les Evenemens remarquables, les Entrées, Naissances, Mariages, Ceremonies & autres choses qui s'y sont faites depuis le temps de S. Louis jusqu'en 1633. par Pierre Dan Religieux de l'Ordre de la Sainte Trinité: avec Figures. *A Paris* 1642. in fol.

Histoire du Siege d'Orleans, en 1428. Voyez ci-devant n° 275 N.

Histoire de la Bataille Navale entre les Dieppois & les Flamans, en 1555. Voyez-ci-devant n° 313 N.

76 N Histoire de Bretagne, jusqu'en l'année 1458. avec les Chroniques des Maisons de Vitré & de Laval; par Pierre le Baud: ensemble quelques autres Traitez servans à l'Histoire de la mesme Province, & un Recueil

500   CATALOGUE DE LIVRES.
Armorial des anciennes Maisons de Bretagne : Le tout mis en lumiere par Pierre d'Hozier. *A Paris* 1638. *in fol.*

77 N   Histoire de Bretaigne, des Rois, Ducs, Comtes & Princes d'icelle ; & l'établissement du Royaume, mutation en Duché continué jusqu'au temps que par le Mariage de Madame Anne derniere Duchesse il passa en la Maison de France, & depuis jusqu'en l'an 1532. par Bertrand d'Argentré. *A Paris* 1588. *in fol.*

603 N   Abregé de l'Histoire de Bretagne de Bertrand d'Argentré, par le Sieur Lesconvel. *A Paris* 1695. *in* 12°.

Histoire de Bretagne, depuis l'an 251. jusqu'à Henry II. dernier Duc en 1536. composée sur les Titres & les Auteurs originaux par Dom Guy Alexis Lobineau Religieux Benedictin ; & enrichie de Portraits, de Tombeaux, & de Sceaux gravez en taille douce. *A Paris* 1707. *in fol.* 2. *vol.*

78 N   Tome 1. contient l'Histoire.
79 N   Tome 2. les Preuves, & les Sceaux.
604 N   Traité historique de la Mouvance de la Bretagne, dans lequel on justi-

fie que cette Province a toûjours relevé de la Couronne de France ; pour Réponſe au P. Lobineau; (par M. l'Abbé René d'Aubert de Vertot:) avec les Titres juſtificatifs. *A Paris* 1710. *in* 12°.

Réponſe au Traité de la Mouvance de la Bretagne, où l'on fait voir que la Bretagne n'a point été ſoumiſe aux Rois de France dès le commencement de la Monarchie, & que la Mouvance de cette Province n'a point été cedée par Charles le Simple aux Ducs de Normandie ; & l'on refute tout ce qui a été rapporté pour ſoûtenir Dudon Doyen de S. Quentin ; (par le même Dom Guy Alexis Lobineau.) *A Nantes* 1712.

Lettre (du même) à M. de Brilhac Premier Preſident du Parlement de Bretagne, pour ſervir de Réponſe aux Diſſertations de la Mouvance de la Bretagne imprimées en 1711. *A Nantes* 1712.

Contr'Apologie ou Reflexions ſur l'Apologie des Armoricains ; (par le même Dom Lobineau.) *A Nantes* 1712. *in* 8°.

Description des Réjoüissances faites à Rennes pour la Naissance de Louis de France Duc de Bretagne en 1704. & de la Ceremonie de ses Funerailles en 1705. *Voyez ci-après n.º 42 Q.*

605 N Traité des Pays & Comté de Charollois, & des droits de Souveraineté que la Couronne de France a eu de tout temps sur iceux; par Emanuel Philibert de Rymon. *A Paris* 1619. *in* 8º.

Histoire du Siege de Sancerre, en 1572. *Voyez ci-devant n° 326 N.*

Relation de ce qui s'est passé à l'érection de la Statue du Roy à Poitiers en 1687. *Voyez ci-devant n° 168 N.*

Histoire de la Rebellion des Rochellois, & du Siege de la Rochelle, en 1628. *Voyez ci-devant n° 458 & 459 N.*

Histoire des Troubles de Toulouse, en 1562. *Voyez ci-devant n° 319 N.*

Histoire du Siege de Montauban, en 1621. *Voyez ci-devant n° 452 N.*

Histoire de ce qui s'est passé en Catalogne, en 1640. & 41. *Voyez ci-devant n° 159 N.*

Relation de ce qui s'est passé en Catalogne, depuis 1672. jusqu'en 1678. *Voyez ci-devant n°* 567 N.

Histoire de la Conqueste des Pays de Bresse & de Savoye par Henry IV. *Voyez ci-devant n°* 376 N.

TRAITEZ DES PRE'EMINENCES, *Prérogatives, &c. du Royaume, des Rois, & de la Maison Royale de France.*

606 N   Traité de l'origine, progrez & excellence du Royaume & Couronne de France, par Charles du Moulin. *A Paris* 1561. *in* 8°.

607 N   La grande Monarchie de France, avec la Loy Salique; par Claude de Seyssel. *A Paris* 1557. *in* 8°.

608 N   Les Antiquitez & Recherches de la Grandeur & Majesté des Rois de France, par André du Chesne. *A Paris* 1609. *in* 8°.

     Memoires touchant la Dignité des Rois de France, par Theodore Godefroy. *Voyez l'Entreveuë de Louis XII. & de Ferdinand Roy d'Arragon, ci-devant n°* 128 N

     Des Titres & Excellences des Rois de France, des Chevaleries, des Hom-

504 CATALOGUE DE LIVRES.
mages, des Etats &c. par Gilles Corrozet. *Voyez son Thresor des Histoires de France*, ci-devant n° 252 N.

609 N Traitez sur les Droits & Prérogatives des Rois de France, tirez des Memoires de Charles Sorel. *A Paris 1666. in* 12°.

Traité de la Preéminence des Rois de France, par Claude Malingre Sieur de Saint-Lazare. *Voyez l'Histoire des Dignitez honoraires de France*, ci-après n° 634 N.

171 N De la Preéminence de nos Rois, & de leur Préseance sur l'Empereur & le Roy d'Espagne, par Antoine Aubery. *A Paris* 1649. *in* 4°.

610 N Raisons & causes de Préséance entre la France & l'Espagne, proposées par Augustin Cranato pour l'Espagne : traduites d'Italien en François, & refutées par Nicolas Vignier. *A Paris* 1608. *in* 8°.

611 N Critique de l'origine de la Maison de France, par Adrien Jourdan Jesuite. *A Paris* 1683. *in* 12°.

172 N Discours historique concernant le Mariage d'Ansbert & de Blithilde prétenduë fille du Roy Clotaire I. ou II.

HISTOIRE DE FRANCE. 505

II. par Louis Chantereau le Febvre. *A Paris* 1647. *in* 4°.

80 N La veritable Origine de la seconde & troisiéme Lignée de la Maison Royale de France, justifiée par Preuves ; par Jean du Bouchet. *A Paris* 1646. *in fol.*

612 N Histoire de la veritable Origine de la troisiéme Race des Rois de France, par Jean Baptiste Goth Marquis de Roüillac Duc d'Espernon, publiée par Jean le Royer Sieur de Prade. *A Paris* 1679. *in* 12°.

173 N ⎧ Le vray Childebrand, ou Réponse au Traité de Jean Jacques Chifflet contre le Duc Childebrand frere puisné de Charles Martel, Chef de la Maison de Hugues Capet ; avec une Apologie pour la Maison de France servant de Préface, & des Remarques pour la vraye Origine de la Maison d'Austriche, & autres Preuves servant d'éclaircissement à ladite Préface; par A. D. C. (Auteüil de Combault ou Charles de Combault d'Auteüil.) *A Paris* 1659. *in* 4°.
⎩ Le faux Childebrand relégué aux Fables, ou Réponse au Livre ci-

CATALOGUE DE LIVRES.

dessus, par Jean Jacques Chifflet. *A Bruxelles* 1659. *in* 4°.

174 N Les Grandeurs de la Maison de France, par M. D. L. de Montigny. *A Paris* 1667. *in* 4°.

81 N
82 N Histoire Genealogique de la Maison de France, avec les illustres Familles sorties des Reines & Princesses du Sang ; par Scevole & Louis de Sainte-Marthe. *A Paris* 1647. *in fol.* 2. *vol.*

Genealogie des Rois de France, depuis S. Louis jusqu'à Charles VII. par Alain Chartier. *Voyez ses Oeuvres*, ci-devant *n°* 124 N.

Discours sur l'Origine des Rois de Portugal, issus de la Maison de France, par Theodore Godefroy. *Voyez l'Entreveuë de Louis XII. & de Ferdinand Roy d'Arragon*, ci-devant *n°* 128 N.

613 N Examen du Discours publié contre la Maison Royale de France, & particulierement contre la Branche de Bourbon, sur la Loy Salique & succession du Royaume ; (par Pierre de Belloy.) *Imprimé en* 1587. *in* 8°.

L'Histoire de la Maison de Bourbon, par Antoine de Laval. *Voyez les*

HISTOIREDEFRANCE. 507
Deſſeins de profeſſions nobles & publiques, ci-devant n° 8 H.

Genealogie de la Maiſon de Bourbon, par Pierre Matthieu. *Voyez les Guerres entre les Maiſons de France & d'Eſpagne, ci-devant n° 358* N.

83 N   Genealogie de la Maiſon Royale de Bourbon, avec les Eloges des Princes qui en ſont ſortis; par Charles Bernard. *A Paris 1646. in fol.*

Autre Genealogie de la Maiſon de Bourbon. *Voyez les Memoires de Joinville, ci devant n° 269* N.

175 N   Explication de la Genealogie du Roy Henry IV. traduite du Latin de Joſeph Texere par Claude de Heris. *A Paris 1595. in 4°.*

614 N   Hiſtoire Genealogique des Dauphins de Viennois, depuis Guigues I. en 889. juſques à Louis V. fils de Louis le Grand, par L. de Gaya. *A Paris 1697. in 12°.*

176 N   Le renouvellement des anciennes Alliances & Confederations des Maiſons & Couronnes de France & de Savoye, en la pacification des troubles d'Italie & au Mariage de Victor Amedée Prince de Piémont avec Madᵉ Chreſtienne ſœur de

Sſſ ij

CATALOGUE DE LIVRES.

Louis XIII. par Scipion Guilliet. *A Paris* 1619. *in* 4°.

177 N Traité de la Majorité de nos Rois, & des Regences du Royaume, avec les Preuves : ensemble un Traité des Prééminences du Parlement de Paris; par Pierre Dupuy. *A Paris* 1655. *in* 4°.

178 N L'Apanage de Monsieur Gaston Duc d'Orleans, fils de France, oncle du Roy : ou Recueil de Pieces qui confirment le droit dudit Apanage; (par M. Roger ; augmenté par Germain Pietre. (*A Paris* 1656. *in* 4°.

614*N 1 Si le Chevalier de Vendôme a dû pretendre la droite à la Cour de Savoye; quel rang doivent tenir les Cardinaux ; & en quoi consiste la Principauté ; pour les Enfans naturels de nos Rois contre les Cardinaux François & les Regnicoles, les Officiers de la Couronne, & les Princes Etrangers ; par le Sr. Bonair Stuart. *MS.* 1671. *in* 8°.

614*N 2 Les Trophées & les Disgraces des Princes de la Maison de Vendôme, jusqu'en 1675. par le même Bonair Stuart. *MS. in* 8°.

179 N Declarations & Pieces pour M. le Duc

HISTOIRE DE FRANCE. 509
du Maine & M. le Comte de Toulouse ; & autres Ecrits. *In 4°.*

84 N — Recueil de Pieces & Memoires concernant l'Affaire des Princes, avec des Notes & une Table MS. *In fol.*

615 N jusqu'à 618 N — Recueil general des Pieces touchant l'Affaire des Princes Legitimes & Legitimez, mises en ordre. *A Rotterdam 1717. in 12°. 4. vol.*

TRAITEZ DE LA SOUVERAINETÉ & autres Droits du Roy de France.

619 N
{
Traité de la Souveraineté du Roy & de son Royaume, par Jean Savaron. *A Paris 1615. in 8°.*

Examen du Traité de Savaron de la Souveraineté du Roy & de son Royaume. *Imprimé en 1615. in 8°.*

Les erreurs & impostures de l'Examen ci-dessus, par le mesme Savaron. *A Paris 1616. in 8°.*

De la Souveraineté du Roy, & que S. M. ne la peut soûmettre à qui que ce soit, ni aliener son Domaine à perpetuité ; par le mesme Savaron. *A Paris 1620. in 8°.*
}

180 N — Censure de la Replique du Sieur Savaron sur l'Examen fait de son Trai-

té de la Souveraineté du Roy; par Jean le Coq. *A Milan* 1617. *in* 4°.

181 N De la Souveraineté du Roy, par Cardin le Bret. *A Paris* 1632. *in* 4°.

85 N Recherches curieuses des Monnoyes de France, depuis le commencement de la Monarchie jusqu'à la seconde Race de nos Rois : avec leurs Figures, & une Introduction où il est traité des Monnoyes des Juifs, des Gaulois, & des Romains; par Claude Bouteroüe. *A Paris* 1666. *in fol. en grand papier.*

182 N Traité historique des Monnoyes de France, depuis le commencement de la Monarchie jusqu'à present, avec leurs Figures ; par François le Blanc. *A Paris* 1690. *in* 4°.

183 N Dissertation historique sur quelques Monnoyes de Charlemagne, de Louis le Debonnaire, de Lothaire, & de leurs successeurs, frappées dans Rome ; avec les Preuves : pour refuter l'opinion de ceux qui prétendent que ces Princes n'ont jamais eu d'autorité dans cette Ville que du consentement des Papes ; par le même le Blanc. *A Paris* 1689. *in* 4°.

184 N La Recherche des Droits du Roy & de

HISTOIRE DE FRANCE. 515
la Couronne de France sur les Etats & Païs occupez par les Etrangers; ensemble de leurs Droits sur l'Empire, & des Devoirs & Hommages dûs à leur Couronne par divers Princes Etrangers: par Jacques Cassan. *A Paris 1634. in 4°.*

86 N Traitez touchant les Droits du Roy Très-Chrétien sur plusieurs Etats possedez par divers Princes voisins; & pour prouver qu'il tient à juste titre plusieurs Provinces contestées par les Princes Etrangers, &c. avec les Preuves; par Pierre Dupuy. *A Paris 1655. in fol. en grand papier.*

87 N Memoires & Instructions pour servir dans les Negotiations & Affaires concernant les Droits du Roy de France; (par Denys Godefroy.) *A Paris 1665. in fol.*

185 N Des justes Prétentions du Roy sur l'Empire, par Antoine Aubery. *A Paris 1667. in 4°.*

Remonstrance sur l'injuste occupation de la Navarre par les Rois d'Espagne; (par Jean Jacques de Mesme Conseiller d'Etat.) *Voyez le Traité de Château-Cambresis, ci-devant n°* 133 N.

88 N Memoires pour l'Histoire de Navarre & de Flandre, contenant le Droit du Roy au Royaume de Navarre & sur la Comté de Flandre, avec les Preuves, & l'Histoire des Guerres entre la France & la Flandre depuis l'an 1180. jusqu'en 1331. par Auguste Galland. *A Paris* 1648. *in fol.*

620 N Declaration du Droit de legitime succession au Royaume de Portugal, appartenant à la Royne Catherine de Medicis mere du Roy Henry III. avec la Réponse & les Consultations sur ce faites : Ensemble la Défense contre les impostures & calomnies d'Antoine de Nebride pour l'usurpation du Royaume de Navarre; & Discours veritable du reste des illegitimes détentions du Castillan, tant sur la Maison & Couronne de France qu'autres Princes François, notamment d'Arragon, de Valence & du Pays de Catalogne, avec les Duchez de Gueldres sur les Princes de la Maison de Lorraine : par M. P. BE. JU. TH. (M. Pierre de Belloy Jurisconsulte Tholosain.) *A Anvers* 1582. *in* 8°.

Les

HISTOIRE DE FRANCE.

621 N   Les Affaires qui font aujourd'huy entre les Maifons de France & d'Auftriche, en 1648. *In* 12°.

186 N   Traité des Droits de la Reine Très-Chretienne fur divers Etats de la Monarchie d'Efpagne, (par Antoine Billain.) *A Paris, de l'Imprimerie Royale,* 1667. *in* 4°.

622 N   Bouclier d'Etat & de Juftice contre les Droits de la Reine de France fur les Païs Bas, (par François Baron de Lifola.) *A Bruxelles* 1668. *in* 12°.

187 N   Reflexions & confiderations fur le Memoire des formalitez neceffaires pour valider la Renonciation de Philippe V. Roy d'Efpagne à la Couronne de France, par Henry Comte de Boulainvilliers. *MS. in* 4°.

623 N
624 N   La France dans fa fplendeur, tant par la reünion de fon ancien Domaine alienè, que par les Traitez de Munfter, des Pyrenées, & d'Aix-la-Chapelle, & par les Conqueftes du Roy; par Pierre Louvet. *A Lyon* 1674. *in* 12°. 2. *vol.*

  Recueil des Traitez de Paix des Rois de France avec les Princes & Potentats de l'Europe. *Voyez ci-de-*

TRAITEZ DE LA POLITIQUE
& du Gouvernement de la France.

625 N Des Affaires d'Etat, des Finances, du Prince & de sa Noblesse; par le Président François de Laloüette. *A Mets* 1597. *in* 8°.

626 N Traité de la Politique de France, (par Paul Hay Marquis du Chatelet.) *A Utrecht* 1670. *in* 12°.

627 N Le Mars François, ou la Guerre de France, en laquelle sont examinées les raisons de la justice prétenduë des Armes & des Alliances du Roy de France; traduit du Latin d'Alexandre Patricius Armacanus (Corneille Jansenius depuis Evêque d'Ypres) par C. H. D. P. D. E. T. B. (Charles Hersent, de Paris, Docteur en Theologie, Beneficier.) *Imprimé en* 1637. *in* 8°.

628 N Histoire secrete des Intrigues de la France en diverses Cours de l'Europe, où l'on voit que l'accroissement du pouvoir de cette Couronne est dû au succez de ses Intrigues plûtôt qu'à ses propres forces & à l'habileté de ses Ministres; le tout

HISTOIRE DE FRANCE. 515
extrait fidelement de plusieurs Memoires autentiques, & traduit de l'Anglois. *A Londres* 1715. *in* 8°. 3. *parties ou tomes en* 1. *vol.*

629 N Projet d'une Dixme Royale, qui suprimant la Taille, les Aydes, les Doüanes d'une Province à l'autre, les Decimes du Clergé, les Affaires extraordinaires, & tous autres Impôts onereux & non volontaires, & diminuant le prix du Sel de moitié & plus, produiroit au Roy un Revenu certain & suffisant sans frais, &c. (par Sebastien le Prestre de Vauban Marechal de France) *Imprimé en* 1707. *in* 12°.

630 N Le Détail de la France sous le Regne présent, où l'on voit la cause de la diminution de ses biens, & la facilité du remede, en fournissant en un mois tout l'argent dont le Roy a besoin, & enrichissant tout le monde; (par Pierre le Pesant Sieur de Boisguillebert:) Nouvelle Edition augmentée de plusieurs Memoires & Traitez sur la même matiere. *Imprimé en* 1707. *in* 12°. 2. *tomes en* 1. *vol.*

188 N jusqu'à 195 N	Memoires de M. Jean-Baptiste Colbert sur les Ordonnances en general. *MS. in* 4°. 8. *vol.*
196 N	Memoire presenté à M. le Duc d'Orleans au commencement de sa Regence, par Henry Comte de Boulainvilliers. *MS. in* 4°.

HISTOIRE DES ETATS GENERAUX, & des Dignitez & Offices du Royaume.

631 N	Chronologie des Etats Generaux, depuis l'an 1615. jusques à l'an 422. par Jean Savaron. *A Paris* 1615. *in* 8°.
197 N	Recueil general des Etats tenus en France sous Charles VI. Charles VIII. Charles IX. Henry III. & Louis XIII. *A Paris* 1651. *in* 4°. Les Etats de Tours sous Charles VIII. en 1483. *Voyez ci-devant n°* 290 N. Les Etats de Paris sous Louis XIII. en 1614. *Voyez ci-devant n°* 156 N.
198 N 199 N	Reflexions sur l'Histoire de France des Etats Generaux & des Parlemens; par Henry Comte de Boulainvilliers. *MS. in* 4°. 2. *vol.*
200 N 201 N	Origine des Parlemens de France & des Etats Generaux, justifiée par ordre des temps depuis la premiere &

HISTOIRE DE FRANCE. 517
deuxiéme Race de nos Rois, & juſqu'où s'étend leur pouvoir ; par le meſme Comte de Boulainvilliers. MS. in 4°. 2. vol.

202 N De l'etabliſſement & du pouvoir des
203 N Parlemens du Royaume; par le même Auteur. MS. in 4°. 2. vol.

204 N Etabliſſement du Parlement de Paris; par le même Auteur. MS. in 4°.

632 N Des Dignitez, Magiſtrats & Offices du Royaume de France ; (traduit du Latin de Vincent de la Loupe ou Lupanus par luy-même.) À Paris 1564. in 8°.

Origine des Dignitez & Magiſtrats de France ; des Chevaliers, Armoiries & Heraux ; & de l'Ordonnance, Armes & Inſtrumens des François en leurs Guerres ; des Armes & Bâtons des Chevaliers; par Claude Fauchet. Voyez ſes Antiquitez Gauloiſes & Françoiſes, ci-devant n° 100 N.

633 N Diſcours des Etats & Offices de France, par Charles de Figon. A Paris 1608. in 8°.

634 N Hiſtoire des Dignitez honoraires de France, & de l'erection de pluſieurs Maiſons en Duchez, Comtez, &c.

avec un Traité de la Preéminence des Rois de France ; par Claude Malingre Sr de Saint-Lazare. *A Paris* 1635. *in* 8°.

89 N Preuves du Memoire des Pairs de France contre l'Arreſt du 2. Septembre 1715. contenant leurs Proteſtations, & leurs Requeſtes à ce ſujet; les Memoires reſpectifs des Pairs & des Preſidens à Mortier ſur leur differend terminé par le Roy Louis XIV. en 1664. & les Requeſtes & Memoire des Pairs pour obtenir le jugement du Duc de Richelieu par d'autres Juges que le Parlement de Paris. *A Paris* 1716. *in fol.*

Hiſtoire genealogique & chronologique de la Maiſon Royale de France, & des Grands Officiers de la Couronne & de la Maiſon du Roy ; par le P. Anſelme de la Vierge Marie Auguſtin Déchauſſé, (nommé dans le monde Pierre de Guibours;) & continuée après ſa mort par Honoré Caille Sieur du Fourny. *A Paris* 1712. *in fol.* 2. *vol.*

90 N Tome 1. contient les Maiſons Royales de France, & celles qui en ſont ſorties ; les Senechaux, les Connetables, les

HISTOIRE DE FRANCE. 519

Chanceliers, & les Maréchaux de France.

91 N   Tome 2. les Amiraux; les Generaux des Galeres; les Grands-Maîtres des Arbaletriers; les Grands-Maîtres de l'Artillerie; les Porte-Oriflames; les Colonels Generaux de l'Infanterie; les Grands Aumôniers; les Grands Chambriers; les Grands Chambellans; les Grands Escuyers; les Grands Bouteillers & Echansons; les Grands Pannetiers; les Grands Veneurs; les Grands Fauconniers; les Grands Louvetiers; les Grands Queux; les Grands-Maîtres des Eaux & Forests; & les Chevaliers, Commandeurs & Officiers de l'Ordre du S. Esprit.

92 N   Histoire des Connetables; des Chanceliers & Gardes des Sceaux; des Marechaux; des Amiraux, Surintendans de la Navigation, & Generaux des Galeres; des Grands-Maîtres de la Maison du Roy; & des Prevosts de Paris; depuis leur origine, avec leurs Armes & Blasons; par Jean le Feron: continuée & illustrée de Pieces curieuses par Denis Godefroy. *A Paris, de l'Imprimerie Royale,* 1658. *in fol.*

205 N Histoire de la Milice Françoise, & des
206 N changemens qui s'y sont faits de-

puis l'établissement de la Monarchie dans les Gaules jusqu'à la fin du Regne de Louis le Grand ; par le P. Gabriel Daniel Jesuite : avec Figures. *A Paris* 1721. *in* 4°. 2. *vol. en grand papier.*

207 N Memoires & Avis concernant les Charges des Chanceliers & Gardes des Sceaux de France, par Jacques Ribier. *A Paris* 1629. *in* 4°.

Histoire des Chanceliers de France. *Voyez l'Alliance de l'Histoire sacrée & profane du P. Labbe, tome* 2. *ci-devant n°* 15 K.

208 N L'Admiral de France, & par occasion de celuy des autres Nations tant vieilles que nouvelles ; par Lancelot du Voisin Sieur de la Popeliniere. *A Paris* 1584. *in* 4°.

93 N Les noms, armes, & qualitez des Amiraux de France, avec les Blasons enluminez. *MS. in fol.*

209 N Presentation de M. de Montmorency en l'Office d'Admiral de France, en 1612. par Antoine Arnauld. *In* 4°.

635 N Le Grand Aumônier de France, par Sebastien Roulliard. *A Paris* 1607. *in* 8°.

210 N Les Statuts de l'Ordre du S. Esprit, établi

établi par Henry III. en 1578. avec une Addition contenant les Ordonnances posterieures, & plusieurs Edits & Arrests concernans les Privileges dudit Ordre. *A Paris, de l'Imprimerie Royale*, 1703. *in* 4°.

Recherches historiques de l'Ordre du S. Esprit, avec les noms, qualitez, Armes & Blasons de tous les Commandeurs, Chevaliers & Officiers, depuis son institution jusqu'à present, &c. par François du Chesne ; continuées par le Sieur Haudicquer de Blancourt. *A Paris* 1695. *in* 12°. 2. *vol.*

636 N   Tome 1. contient depuis l'institution de l'Ordre par Henry III. en 1578. jusqu'à la fin du Regne de Louis XIII. en 1643. & les Statuts & Ordonnances dudit Ordre.

637 N   Tome 2. le Regne de Louis XIV.

211 N   Creation des Chevaliers de l'Ordre du S. Esprit, faits par Louis le Grand, ou Armorial historique des Chevaliers de l'Ordre jusqu'en 1711. par F. de la Pointe. *A Paris, in* 4°. *gravé.*

94 N   Histoire des Ministres d'Etat, qui ont servi sous les Rois de France de la

troisiéme Lignée, avec le Sommaire des Regnes aufquels ils ont vefcu, & les Preuves; par Charles de Combault d'Auteüil : enrichie de leurs Portraits gravez. *A Paris* 1642. *in fol.*

212 N Hiftoire des Secretaires d'Etat, avec leurs Armes & Genealogies; par Antoine Fauvelet du Toc. *A Paris* 1668. *in* 4°.

95 N Eloges des Premiers Prefidens du Parlement de Paris, depuis qu'il a été rendu fedentaire jufqu'à prefent, avec leurs Genealogies & Blafons; par Jean-Baptifte de l'Hermite-Souliers, & François Blanchard. *A Paris* 1645. *in fol.*

96 N Les Prefidens au Mortier du Parlement de Paris, depuis l'an 1331. jufqu'à prefent : enfemble un Catalogue de tous les Confeillers depuis l'an 1260. avec les Blafons de leurs Armes ; par François Blanchard. *A Paris* 1647. *in fol.*

L'Etat de la France, contenant les Princes, le Clergé, les Ducs & Pairs, les Marechaux de France, & les Grands Officiers de la Couronne & de la Maifon du Roy : les Chevaliers

HISTOIRE DE FRANCE.

des Ordres: les Officiers d'Armée: les Conseils: les Gouverneurs des Provinces: toutes les Cours Superieures du Royaume: les Generalitez & Intendances: les Universitez & Academies, &c. avec les noms des Officiers de la Maison du Roy, &c. par le P. Ange (François Raffart) Religieux Augustin Déchaussé. *A Paris 1722. in 12°. 5. vol.*

638 N
639 N } Tomes 1. & 2. comprennent generalement tous les Officiers qui servent près du Roy, ou dans les Maisons Royales: les Officiers de Madame, & de M. & Me. d'Orleans: les Morts des Princes & Princesses de France: les Princes du Sang, & les Princes Legitimez: les Princes Etrangers: & le Clergé de France.

640 N   Tome 3. les Pairs de France: les Duchez: les Ordres du Roy & autres: les Marechaux de France, & autres Officiers de Guerre: les Grand Maître & Officiers de l'Artillerie: l'Amiral & les Officiers de Marine: & le General & Officiers des Galeres.

641 N   Tome 4. les Conseils du Roy; les Gouvernemens des Provinces: les Parlemens, Cours & Jurisdictions: les Generalitez & les Intendans: les Universitez, Academies & Bibliotheques publiques: les Ambassadeurs, Envoyez & Residens.

CATALOGUE DE LIVRES.

Tome 5. ou Suplement, contient la Maison de Madame Infante : les changemens, additions & corrections pour les quatre premiers tomes : & une Table alphabetique très-ample.

Description de tout ce qui s'observe près du Roy, de l'Etat de sa Maison, ses Titres, ses Armes, ses Prérogatives, son Ceremonial, ses Officiers & ceux de sa Couronne ; avec le Gouvernement civil & militaire de la France ; par M. Jean Piganiol de la Force. *Voyez sa Description de la France, tome* 1. *ci-devant n°* 119 I.

HISTOIRE DE LA NOBLESSE & des Maisons illustres de France.

643 N Le Tableau des Armoiries de France, contenant les origines des Armoiries, des Herauts d'Armes, & des marques de Noblesse ; (par Philippe Moreau.) *A Paris* 1609. *in* 8°.

Origine des Chevaliers, des Armoiries, & des Heraux ; par Claude Fauchet. *Voyez ses Oeuvres, ci-devant n°* 100 N.

Theatre d'Honneur & de Chevalerie,

par André Favyn. *Voyez ci-devant* n° 59 & 60 L.

213 N   Traité de la Nobleſſe, de ſes differentes eſpeces, de ſon origine, &c. par Gilles André de la Roque. *A Paris* 1678. *in* 4°.

214 N   Traité de la Nobleſſe Françoiſe, par Henry Comte de Boulainvilliers. *MS. in* 4°.

644 N   Traité du Ban & Arriereban, de ſon origine & de ſes convocations anciennes & nouvelles : avec pluſieurs anciens Rolles des Princes, Seigneurs, Gentilshommes & autres qui s'y ſont trouvez; par Gilles André de la Roque. *A Paris* 1676. *in* 12°.

215 N   Le Palais de l'Honneur, contenant les Genealogies hiſtoriques des illuſtres Maiſons de Lorraine & de Savoye, & de pluſieurs nobles Familles de France; enſemble l'origine & explication des Armes, Deviſes & Tournois, l'inſtitution des Ordres militaires, & des principales Charges & Dignitez de la Couronne, les Ceremonies des Sacres, Entrées, &c. & un traité du Blazon; par

CATALOGUE DE LIVRES.

le P. Anselme (Pierre de Guibours:) avec Figures. *A Paris* 1663. *in* 4°.

216 N Naples Françoise, ou les Eloges genealogiques & historiques des Princes, Seigneurs & Capitaines du Royaume de Naples affectionnez à la France, & des François qui ont suivi le parti des Princes de la Maison d'Anjou & fait branche au Royaume de Naples, avec leurs Armes; par Jean Baptiste l'Hermite de Soliers dit Tristan. *A Paris* 1663. *in* 4°.

217 N La Toscane Françoise, contenant les Eloges historiques & genealogiques des Princes, Seigneurs & grands Capitaines de la Toscane, qui ont été affectionnez à la Couronne de France, avec leurs Armes; par le même l'Hermite de Soliers dit Tristan. *A Paris* 1661. *in* 4°.

218 N Histoire des choses plus memorables advenuës depuis l'an 1130. jusqu'à nôtre Siecle, digerées selon les temps qu'ont dominé les Seigneurs d'Enghien terminez ès Familles de Luxembourg & de Bourbon; par Pierre Colins. *A Mons* 1634. *in* 4°.

219 N Histoire de la Maison de Luxembourg,

Histoire de France. 527

par Nicolas Vignier; illustrée de Notes, avec une Continuation jusques à present, par Nicolas George Pavillon. *A Paris* 1619. *in* 4°.

97 N Histoire Genealogique de plusieurs Maisons illustres de Bretagne, avec leurs Armes & Blasons; diverses Fondations d'Abbayes & de Prieurez, & plusieurs Recherches très utiles; ensemble l'Histoire chronologique des Evêques de Bretagne; par Augustin du Paz. *A Paris* 1619. *in fol.*

Memoires sur l'état du Clergé & de la Noblesse de Bretagne, par Toussaint de Saint-Luc. *A Paris* 1691. *in* 8°. 3. *tomes en* 2. *vol.*

645 N Tomes 1. & 2. reliez ensemble, comprennent l'état du Clergé & des Abbayes & Monasteres de Bretagne; & traitent des differentes especes de la Noblesse, & des Reformations de la Noblesse & de la Coutume de Bretagne.

646 N Tome 3. contient un Recueil alphabetique des Noms & des Armes de plusieurs Gentilshommes de la mesme Province, avec les Figures des Blasons & Armoiries.

220 N Histoire Genealogique de la Maison
221 N de Gondi, avec les Preuves; par

CATALOGUE DE LIVRES.
M. de Corbinelli, (ou plutoſt par Antoine Pezay Herault d'Armes :) enrichie de Portraits & de Figures. *A Paris* 1705. *in* 4°. 2. *vol.*

VIES DES HOMMES ILLUSTRES de France.

Vies de pluſieurs Hommes illuſtres & grands Capitaines de France, depuis le commencement de la Monarchie juſqu'à preſent ; (par M. l'Abbé de Bellegarde :) avec Figures. *A Paris* 1726. *in* 12°. 2. *vol.*

646*N
1

Tome 1. contient les Vies de l'Abbé Suger, de Simon Comte de Montfort, du Connetable de Chaſtillon, du Connetable du Gueſclin, du Connetable de Cliſſon, du Marechal Boucicault, du Comte de Dunois, du Cardinal d'Amboiſe, de Louis de la Trimoüille, de Gaſton de Foix Duc de Nemours, du Chevalier Bayard, du Marechal de Briſſac, du Connetable de Montmorency, de François de Lorraine Duc de Guiſe, du Cardinal de Lorraine, du Marèchal de Montluc, du Marechal de Biron, du Connetable de Leſdiguieres, du Marechal de Boüillon, du dernier Marechal de Montmorency, du Marechal de Grammont

mont, du Prince de Condé, & du Marechal de Catinat.

646*N 2
Tome 2. les Vies du Cardinal de Richelieu, du Marechal de Fabert, du Cardinal Mazarin, du Vicomte de Turenne, du Marechal de Luxembourg, & du Duc de Vendôme.

647 N Hiſtoire chronologique de pluſieurs Grands Capitaines, Princes, Seigneurs, Magiſtrats, Officiers de la Couronne, & Hommes illuſtres qui ont paru en France depuis 175. ans juſqu'à preſent, ſous Louis XI. Charles VIII. Louis XII. François I. Henry II. François II. Charles IX. Henry III. Henry IV. & Louis XIII. par Claude Malingre. *A Paris* 1617. *in* 8°.

648 N juſqu'à 651 N
Memoires de Pierre de Bourdeille Seigneur de Brantome, contenant les Vies des Hommes illuſtres, & grands Capitaines François de ſon temps. *A Leyde* 1699. *in* 12° 4. *vol.*

652 N 653 N
Autres Memoires du meſme Auteur, contenant les Vies des Hommes illuſtres, & grands Capitaines Etrangers de ſon temps. *A Leide* 1699. *in* 12. 2. *vol.*

654 N Autres Memoires du meſme Auteur,

	contenant les Vies des Dames illustres de son temps. *A Leide* 1699. *in* 12°.
655 N	Autres Memoires du mesme Auteur,
656 N	contenant les Vies des Dames galantes de son temps. *A Leide* 1699. *in* 12°. 2. *vol*.
657 N	Autres Memoires du mesme Auteur, contenant les Anecdotes de la Cour de France sous Henry II. François II. Henry III. & Henry IV. touchant les Duels. *A Leide* 1722. *in* 12.

Vie de Suger sous Louis VI. & Louis VII. *Voyez ci-devant* n° 261 N.

Histoire de Bertrand du Guesclin sous les Rois Jean & Charles V. *Voyez ci-devant* n° 16. & 120 N.

Histoire du Marechal de Boucicault sous Charles V. & Charles VI. *Voyez ci-devant* n° 121 N.

Histoire de Louis III. Duc de Bourbon sous les mesmes Regnes. *Voyez ci-devant* n° 172 N.

Histoire d'Artus III. Duc de Bretagne sous Charles VI. & Charles VII. *Voyez ci-devant* n° 123 N.

Histoire de la Pucelle d'Orleans sous Charles VII. *Voyez ci-devant* n° 276 & 277 N.

Histoire de Louis de la Trimoüille, dit le Chevalier sans reproche, sous Charles VIII. par Jean Bouchet. *Voyez l'Histoire de Charles VIII. ci-devant n°* 24 N.

Histoire du Cardinal d'Amboise sous Louis XII. *Voyez ci-devant n°* 129. *&* 296 * N.

Histoire du Chevalier Bayard sous Charles VIII. Louis XII. & François I. *Voyez ci-devant n°* 130. 301. *&* 302 N.

Vie de François de Lorraine Duc de Guise sous Henry II. & Charles IX. *Voyez ci-devant n°* 316 N.

Legende de Charles Cardinal de Lorraine & de ses freres de la Maison de Guise. *Voyez ci-devant n°* 342 N.

Legende de Domp Claude de Guise. *Voyez ci-devant n°* 342 * N.

Discours merveilleux de la Vie, actions & deportemens de Catherine de Medicis. *Voyez le Journal d'Henry III. tome* 1. 2^e *partie, ci-devant n°* 335 N.

Vie de Louis de Bourbon Duc de Montpensier sous François I. Henry II. & Charles IX. *Voyez ci-devant n°* 139 N.

Histoire du Marechal de Matignon sous Henry II. III. & IV. *Voyez ci-devant n° 36* N.

Memoires de la Vie de Jacques Auguste de Thou sous Henry II. III. & IV. *Voyez ci-devant n°* 143 N.

Histoire de Philippe Emanuel de Lorraine Duc de Mercœur sous Henry III & IV. *Voyez ci-devant n°* 360 N.

Vie du Cardinal d'Ossat sous Henry III. & IV. par Abraham Nicolas Amelot de la Houssaye. *Voyez les Lettres de ce Cardinal, ci-devant n°* 144 N.

Remarques d'Etat & d'Histoire sur la Vie & les Services de M. de Villeroy sous Charles IX. Henry III. & IV. *Voyez ci-devant n°* 385 N.

Histoire de Henry de la Tour d'Auvergne Duc de Boüillon sous Charles IX. Henry III. & IV. & Louis XIII. *Voyez ci-devant n°* 386 N.

Histoire de la Vie de Philippes de Mornay, Seigneur du Plessis-Marly, sous les mesmes Regnes. *Voyez ci-devant n°* 153 N.

Histoire du Connetable de Lesdiguieres sous les mesmes Regnes. *Voyez ci-devant n°* 50 N.

Histoire du Marechal de Toiras sous les mesmes Regnes. *Voyez ci-devant* n° 53 N.

Histoire du Duc d'Epernon sous les mesmes Regnes. *Voyez ci-devant* n° 54 & 402 N.

Histoire du Marechal de Guebriant sous Henry IV. & Louis XIII. *Voyez cidevant* n° 55 N.

Histoire de Henry Duc de Rohan sous Henry IV. & Louis XIII. *Voyez cidevant* n° 463 N.

Histoire de Henry Duc de Montmorency sous Louis XIII. *Voyez ci-devant* n° 470 N.

Histoire de la Vie du P. Joseph le Clerc du Tremblay Capucin, employé dans les affaires d'Etat sous Louis XIII. *Voyez ci-devant* n° 472 & 474 N.

Histoire du Cardinal de Richelieu sous Louis XIII. *Voyez ci-devant* n° 61. 62. 63. 64. 477. 478. & 158 N.

La Vie du Marechal de Gassion, sous Louis XIII. & Louis XIV. *Voyez ci-devant* n° 482 N.

Memoires de la Vie de Frederic Maurice de la Tour d'Auvergne Duc de Boüillon sous les mesmes Regnes.

CATALOGUE DE LIVRES.

Voyez ci-devant n° 489 N.

Histoire du Cardinal Mazarin sous les mesmes Regnes. Vyez ci-devant n° 495. 496. & 65 N.

Histoire d'Henriette d'Angleterre Duchesse d'Orleans sous Louis XIV. Voyez ci-devant n° 561 N.

Vie de Maurice Eugene de Savoye Comte de Soissons sous Louis XIV. Voyez ci-devant n° 565 N.

Vie du Vicomte de Turenne sous Louis XIV. Voyez ci-devant n° 489 & 565 * N.

Memoires des emplois & actions du Marechal du Plessy sous Louis XIV. Voyez ci-devant n° 566 N.

Vie de Jean Baptiste Colbert, Ministre sous Louis XIV. Voyez ci-devant n° 579 N.

Memoires pour l'Histoire de Louis de Bourbon Prince de Condé sous Louis XIV. Voyez ci-devant n° 581 N.

Comparaison de ce Prince avec Alexandre & Cesar, par Jean de la Fontaine. Voyez ses Oeuvres postumes, ci-devant n° 165 E.

Les Hommes illustres qui ont paru en France pendant le XVIIe Siecle.

Histoire de France.

Voyez ci-après n° 43 & 44 Q.

Recueil des Vertus de Louis de France Duc de Bourgogne & ensuite Dauphin. *Voyez ci-devant n° 590 N.*

Histoire des Campagnes du Duc de Vendosme, & son Eloge. *Voyez ci-devant n° 591 N.*

HISTOIRE DES SOLENNITEZ de France.

122 N   Le Ceremonial de France, ou Description des Ceremonies, Rangs & Seances observées aux Couronnemens, Entrées & Enterremens des Rois & Reines de France; & autres Actes & Assemblées solennelles, depuis l'an 1467. jusqu'en 1594. recueilly par Theodore Godefroy. *A Paris 1619. in 4°.*

Le Ceremonial François, (autre que le précedent) contenant les Ceremonies observées en France aux Sacres & Couronnemens, Entrées & Mariages, Naissances & Baptêmes, Majoritez des Rois, Etats Generaux & Particuliers, Lits de Justice, Hommages, Sermens de Fidelité, Receptions & Entreveuës, Sermens pour l'observation des Traitez,

CATALOGUE DE LIVRES.
Proceſſions, & *Te Deum*; depuis l'an 752. juſqu'en 1648. recueilly par Theodore Godefroy, & mis en lumiere par Denis Godefroy ſon fils. *A Paris* 1649. *in fol.* 2. *vol.*

98 N   Tome 1. contient les Sacres, & les Entrées.

99 N   Tome 2. les Mariages, Baptêmes, Majoritez, Etats generaux, Lits de Juſtice, Hommages, Sermens, Proceſſions, & *Te Deum.*

Entreveuë de Charles V. & de l'Empereur Charles IV. en 1378. *Voyez ci-devant n°* 128 N.

Entreveuë de Louis XII. & de Ferdinand Roy d'Arragon en 1507. *Voyez ci devant n°* 128 N.

Enterrement de Claude de Lorraine Duc de Guiſe en 1550. *Voyez ci-devant n°* 311 N.

Ordre des Obſeques de Henry II. en 1559. *Voyez ci-devant n°* 134 N.

Entreveuë de Charles IX. & de la Reine Catholique ſa ſœur, en 1565. *Voyez ci-devant n°* 135 N.

L'Entrée de Charles IX. à Paris, & le Couronnement & Entrée d'Elizabeth d'Auſtriche ſon épouſe, en 1571. *Voyez ci-devant n°* 136 N.

Entrée

Histoire de France. 537
Entrée de Henry III. à Mantouë en 1574. *Voyez ci-devant* n° 137 N.
Sacre de Henry IV. à Chartres en 1594. *Voyez ci-devant* n° 147 N.
Entrée de la Reine Marie de Medicis à Lyon en 1600. *Voyez ci-devant* n° 375 N.
Séance de Louis XIII. au Parlement en 1610. *Voyez ci-devant* n° 448 N.
Sacre & Couronnement de Louis XIII. à Reims en 1610. *Voyez ci-devant* n° 448 N.
Le Roman des Chevaliers de la Gloire, contenant les Courses faites à la Place Royale pour les Alliances de France & d'Espagne, en 1612. *Voyez ci-devant* n° 155 N.
Entrée de Louis XIII. à Paris, après la Reduction de la Rochelle, en 1628. *Voyez ci devant* n° 58 N.
Sacre de Louis XIV. à Reims en 1654. *Voyez ci devant* n° 548 N.
Entrée de Louis XIV. & de la Reine à Paris en 1660. *Voyez ci après* n° 41 Q.
Ceremonial du Couronnement des Ducs de Bretagne. MS. *Voyez la Description des Rejoüissances faites à Rennes pour la Naissance du Duc de Bretagne, ci-après* n° 42 Q.

Yyy

SUITE DE L'HISTOIRE:

HISTOIRE ETRANGERE EN EUROPE.

HISTOIRE D'ITALIE.

Histoire des Guerres d'Italie, depuis l'an 1490. jusqu'en 1534. écrite en Italien par François Guicciardin, & traduite en François par Jerôme Chomedey. *A Paris* 1577. *in fol.*

Memoires du Cardinal Guido Bentivoglio, avec la Relation des Guerres de Flandre, la Negotiation de la Treve d'Anvers, &c. où l'on voit les plus memorables évenemens arrivez sous les Pontificats de Clement VIII. de Paul V. de Gregoire XV. & d'Urbain VIII. traduits de l'Italien par M. l'Abbé de Vayrac. *A Paris* 1713. *in* 12°. 2. *vol.*

Tome 1. contient les Memoires depuis

l'an 1594. jufqu'à la Legation du Cardinal Aldobrandin en France en 1600.

25 O — Tome 2. la fuite des Memoires jufqu'à la Conclufion du Traité de Lyon en 1601. la Relation des Guerres de Flandre en 1614. à l'occafion de l'Entreprife fur Juliers; & la Relation de la Negotiation de la Tréve de Flandre de 1609.

Defcription de la Ville de Rome, en faveur des Etrangers, par François de Seine. *A Lyon* 1690. *in* 12°. 4. *vol.*

26 O — Tome 1. contient l'Explication des Antiquitez.

27 O — Tome 2. ⎱ la Defcription des Eglifes, Palais, Colleges, Biblio-
28 O — Tome 3. ⎰ teques, Cimetieres, & autres Edifices.

29 O — Tome 4. la Relation du Gouvernement & des Ceremonies.

30 O Le Gouvernement de Rome, où il eft traité de la Religion, de la Juftice, de la Police, & de tout ce qui s'y paffe de plus remarquable dans le cours de l'année; par Michel de Saint-Martin : IIe Edition augmentée par l'Auteur. *A Caën* 1659. *in* 8°.

31 O Hiftoire des Reines Jeanne I. & Jeanne II. Reines de Naples & de Sicile,

HISTOIRE D'ITALIE. 541
Comtesses de Provence. *A Paris*
1700. *in* 12°.

32 O La Vie de Don Pedro Giron, Duc
33 O d'Ossonne, Viceroy de Sicile & de
34 O Naples sous Philippe III. & Philippe IV. mort en 1624. traduite de l'Italien de Gregorio Leti. *A Amsterdam* 1701. *in* 12°. 3. *vol.*

Entreprise de M. le Duc de Guise sur le Royaume de Naples en 1647. *Voyez ses Memoires, ci-devant n°* 552 *&* 553 N.

34*O L'Etat de la Republique de Naples sous le Gouvernement de M. le Duc de Guise ; traduit de l'Italien du P. Capece son Confesseur par Marie Turge-Loredan (Marguerite Leonard.) *A Paris* 1679. *in* 12°.

35 O Histoire de la derniere Conjuration de Naples en 1701. traduite du Latin. *A Paris* 1706. *in* 12°.

Histoire du Gouvernement de Venise, par Abraham Nicolas Amelot de la Houssaie : Derniere Edition revûe, corrigée, & augmentée par l'Auteur. *A Paris* 1685. *in* 8°. 3. *vol.*

36 O Tome 1. contient les quatre premieres parties de l'Histoire du Gouvernement de Venise, dont la I. est la

Description du Grand-Conseil, du College, & du Senat; la II. traite des Magistrats & Tribunaux, des Recteurs des Villes, & des Officiers Generaux de Mer; la III. est une Description de l'Inquisition de Venise; & la IV. est un Recueil de diverses Pieces concernant l'Interdit de Venise des années 1605. 1606. & 1607.

370 Tome 2. la Ve partie, qui explique les vraies causes de la decadence de cette Republique, & décrit les Maximes des Nobles; les Remarques sur cette Histoire; le Catalogue historique des Maisons Nobles de Venise; le Memoire pour la défense de cette Histoire contre les plaintes des Venitiens; & l'Examen de la Liberté originaire de Venise, traduit de l'Italien d'Alfonse de la Cueva Ambassadeur d'Espagne; avec la Harangue de Louis Helian Ambassadeur de France à l'Empereur, traduite du Latin.

380 Tome 3. le Suplement, contenant la Relation du Different de la Republique avec le Pape Paul V. avec des Observations, & la Traduction des principales Pieces de cette affaire.

390 Histoire des Differends entre le Pape Paul V. & la Republique de Venise en 1605. 1606. & 1607. traduite de l'Italien. *A Paris* 1688. *in* 8°.

Histoire d'Italie. 543

Histoire de la Conjuration des Espagnols contre les Venitiens, par Cesar Vichard de Saint-Real. *Voyez ses Oeuvres, tome 4. ci-devant n° 90* H.

40 O Histoire de la Vie & faits d'Ezzelin III. Tyran de Padoüe, traduite de l'Italien de Pietro Gerardo par Jacques Cortaud. *A Paris* 1644. *in* 8°.

Histoire abregée de l'Origine, du Gouvernement & des Guerres de Florence, jusqu'en 1455. tirée de Leonard Aretin, de Pogge & d'autres Auteurs ; (par M. Jacques Lenfant.) *Voyez le Poggiana, tome 2. ci-devant n°* 28 * 2 H.

41 O Histoire Florentine de Nicolas Machiavel, jusqu'en 1492. à la mort de Laurent de Medicis ; traduite de l'Italien par le Seigneur de Brinon. *A Paris* 1577. *in* 8°.

42 O Les Anecdotes de Florence, ou l'Histoire secrete de la Maison de Medicis, par Antoine Varillas. *A la Haye* 1687. *in* 12°.

43 O Histoire secrete de la Conjuration des Pazzi contre les Medicis ; par Eustache le Noble. *A Paris* 1698. *in* 12°.

CATALOGUE DE LIVRES.

44 O Relation de l'Etat de Genes ; avec le Traité par lequel les Genois se sont donnez à Charles VI. & à ses successeurs Rois de France en 1396. par le même le Noble. *A Paris* 1685. *in* 12°.

45 O La Conjuration du Comte Jean Louis de Fiesque en 1547. (par Jean François Paul de Gondi Cardinal de Rets.) *A Paris* 1665. *in* 12°.

HISTOIRE D'ALLEMAGNE.

Histoire de l'Empire d'Occident, depuis Charlemagne ; traduite sur des Auteurs originaux par Louis Cousin. *A Paris* 1683. *in* 12°. 2. *vol.*

46 O Tome 1. contient la Vie de Charlemagne, & les Annales d'Eginard : la Vie de Louis le Debonnaire, par Tegan : & la Vie du mesme Prince, par un autre Auteur.

47 O Tome 2. l'Histoire de l'Empire, de Luitprand : l'Ambassade de Luitprand vers Phocas Empereur de Constantinople : & l'Histoire de Saxe, de Witichind.

Histoire de l'Empire, contenant son origine, son progrès, ses Revolutions, la forme de son Gouvernement,

ment, sa Politique, ses Alliances, ses Negotiations, & les nouveaux Reglemens faits par les Traitez de Westphalie & autres; par le Sieur Heiss: Nouvelle Edition continuée depuis l'an 1648. jusqu'à present, & augmentée de plusieurs Remarques, par le Sieur Bourgeois du Chastenet. *A Paris* 1711. *in* 12°. 5. vol.

480   Tome 1. comprend l'Histoire des Princes qui ont possedé l'Empire depuis Charlemagne jusqu'aux Empereurs de la Maison d'Austriche, c'est-à-dire jusqu'à la mort de Sigismond en 1437.

490   Tome 2. l'Histoire des Empereurs de la Maison d'Austriche depuis Albert II. Duc d'Austriche, Gendre de l'Empereur Sigismond, en 1437. jusqu'à la mort de Joseph en 1711.

500   Tome 3. l'état & le gouvernement present de l'Empire, selon qu'il a été reglé par les Traitez de Westphalie & autres.

510   Tome 4. l'état particulier des Electeurs, Princes, Villes & autres Membres de l'Empire, ainsi qu'ils sont à present.

520   Tome 5. la Bulle d'Or, les Traitez de Westphalie, les Capitulations des Empereurs Leopold & Joseph, & autres Pieces servant de Preuves à l'Histoire de l'Empire.

Histoire de la décadence de l'Empire après Charlemagne, & des Differends des Empereurs avec les Papes au sujet des Investitures & de l'Indépendance, depuis la mort de Charlemagne en 814. jusqu'en 1356. par Louis Maimbourg. *Voyez ses Histoires, tome 7. ci-devant n° 22* K.

La pratique de l'Education de Charles-Quint, ou l'Histoire des premieres années de l'Empereur Charles-Quint, & de M. de Chievres son Gouverneur ; par Antoine Varillas. *A Paris* 1689. *in* 12°. 2. *vol.*

53 O   Tome 1. comprend les trois premiers livres depuis l'an 1506. jusqu'en 1515.

54 O   Tome 2. les trois derniers livres depuis 1516. jusqu'en 1521.

La Vie de l'Empereur Charles V. traduite de l'Italien de Gregorio Leti; avec Figures. *A Bruxelles* 1710. *in* 12°. 4. *vol.*

55 O   Tome 1. comprend depuis l'an 1500. jusqu'en 1530.

56 O   Tome 2. depuis 1531. jusqu'en 1541.

57 O   Tome 3. depuis 1541. jusqu'en 1552.

58 O   Tome 4. depuis 1552. jusqu'en 1558.

Comparaison de Charles-Quint & de François I. par Antoine Varillas.

Voyez l'Histoire de François I. tome 3. ci-devant n° 306 N.

Histoire de la Conspiration de Valstein contre l'Empereur Ferdinand II. en 1634. par Jean François Sarasin. Voyez ses Oeuvres, ci devant n° 65 H.

59 O
60 O Memoires du Comte de Vordac, General des Armées de l'Empereur, où l'on voit ce qui s'est passé de plus remarquable dans toute l'Europe, depuis l'année 1680. jusqu'en 1700. (dressez par le Sieur Covard Curé dans le Puy au Velay.) A Paris 1723. in 12°. 2. vol.

61 O La Politique de la Maison d'Austriche, par Antoine Varillas. A Paris 1688. in 12°.

Discours historique de l'Election de l'Empereur & des Electeurs, par Abraham de Wicquefort. Voyez l'Ambassadeur du mesme Auteur, ci-devant n° 21 C.

62 O
63 O Interests des Princes d'Allemagne, où l'on voit ce que c'est que cet Empire, la Raison d'Etat suivant laquelle il devroit être gouverné, les fautes qui s'y commettent contre la Politique, & les moyens de le rétablir en son ancienne splendeur, &

de l'y conferver; traduit du Latin d'Hippolitus à Lapide (Joachim de Tranfée Ambaffadeur de Suede en Brandebourg,) par le Sieur Bourgeois du Chaftenet. *A Freiftade (Trevoux)* 1712. *in* 2°. 2. *vol.*

HISTOIRE DE LORRAINE.

64 O Memoires de Henry Marquis de Beauvau, pour fervir à l'Hiftoire de Charles I.V. Duc de Lorraine. *A Cologne* 1687. *in* 12°.

65 O Hiftoire de l'Emprifonnement de Charles IV. Duc de Lorraine, detenu par les Efpagnols au Château de Tolede ; avec les Negotiations faites pour fa Liberté par le Marquis du Châtelet Marechal de Lorraine, & Nicolas du Bois Ambaffadeur de ce Prince en Efpagne : (compofée par le mefme du Bois.) *A Cologne* 1688. *in* 12°.

Recueil de diverfes matieres concernant le Duc de Lorraine. *Voyez l'Hiftoire du Traité de Paix des Pyrenées, ci-devant n°* 550 N.

66 O La Vie de Charles V. Duc de Lorraine & de Bar, mort en 1690. (par Jean

de la Brune.) *A Amsterdam* 1691. *in* 12°.

670 Testament politique de Charles V. Duc de Lorraine : (attribué à Henry de Straatman Conseiller Aulique de l'Empereur.) *A Lipsic* 1696. *in* 8°.

HISTOIRE DE SUISSE.

Abregé de l'Histoire de la Suisse, & son état present, par le Sieur Gottlieb Kypseler. *Voyez les Delices de la Suisse*, tome 1. ci-devant n° 134 I.

Memoire instructif sur les causes de la Guerre de Suisse de 1712. par le mesme Auteur. *Voyez les Delices de la Suisse*, tome 4. ci-devant n° 137 I.

HISTOIRE DES PAYS-BAS.

2O Chronique de Flandres, depuis Liedric de Harlebec premier Comte de Flandres en 792. jusqu'en 1384. anciennement composée par un Auteur incertain ; & mise en lumiere avec des Annotations & une Continuation jusqu'en 1435. par Denys Sauvage. *A Lyon* 1562. *in fol.*

550   Catalogue de Livres.

        Les Faits des Maisons de Bourgogne & de Flandres, par Guillaume (Fillastre) Evesque de Tournay, Abbé de S. Bertin. *Voyez la Toison d'Or, ci-devant n° 5* N.

        Extrait d'une ancienne Chronique de Bourgogne jusqu'à la mort de Charles le Hardy. *Voyez le Suplement aux Memoires de Comines, ci-devant n°* 285 N.

15 O   Les Memoires d'Olivier de la Marche, contenant l'Histoire des Ducs de Bourgogne Philippes le Bon & Charles le Hardy, de l'Empereur Maximilien, & de l'Archiduc Philippes le Bel, depuis l'an 1435. jusqu'en 1492. avec les Annotations de J. L. D. G. (Jean Lautens de Gand:) IIIe Edition augmentée d'un Etat particulier de la Maison du Duc Charles le Hardy, du même Auteur Olivier de la Marche. *A Bruxelles* 1616. *in* 4°.

        Histoire de la Guerre de Flandre, depuis l'an 1555. jusqu'en 1590. traduite du Latin de Famian Strada par Pierre du Ryer. *A Paris* 1644. *in fol.* 2. *vol.*

3 O   Tome 1. contient la I. Decade depuis 1555. jusqu'en 1578.

Histoire des Pays-Bas.

40   Tome 2. la II. Decade depuis 1578. jufqu'en 1590.

Les Relations de Flandre, du Cardinal Guido Bentivoglio, contenant la Negotiation de la Treve de 1609. & la Guerre de 1614. à l'occafion de l'Entreprife des Provinces-Unies fur Juliers; traduites de l'Italien par M. l'Abbé de Vayrac. *Voyez les Memoires du Cardinal Bentivoglio, tome 2. ci-devant n°* 25 O.

Hiftoire des anciens Bataves, de leurs mœurs, coutumes & guerres, depuis Claude Civil jufqu'à nos temps. *Voyez les Delices de Leyde, ci-devant n°* 1331.

Hiftoire de l'établiffement de la Republique de Hollande, jufqu'à la Treve de 1609. par Euftache le Noble. *A Paris* 1690. *in* 12°. 2. *vol*.

68 O   Tome 1. contient depuis l'année 1559. jufqu'en 1582.

69 O   Tome 2. depuis l'année 1583. jufqu'en 1609.

70 O Memoires pour fervir à l'Hiftoire de Hollande, & des autres Provinces-Unies; par Louis Aubery Seigneur du Maurier. *A Paris* 1688. *in* 8°.

5 O Hiftoire des Provinces-Unies des Pays-Bas, par M. Jean le Clerc: Tome I.

CATALOGUE DE LIVRES.
contenant ce qui s'eſt paſſé depuis l'an 1560. juſqu'à l'an 1618. avec les principales Medailles & leur explication, depuis le commencement juſqu'au Traité de Barriere conclu en 1716. *A Amſterdam 1723. in fol.*

Abregé hiſtorique depuis l'établiſſement de la Republique de Hollande juſqu'en 1710. *Voyez les Delices de la Hollande*, ci-devant n° 131 & 132 I.

60 Annales des Provinces-Unies, depuis les Negotiations pour la Paix de Munſter en 1646. juſqu'à l'année 1667. avec la Deſcription hiſtorique de leur Gouvernement : par Jacques Baſnage. *A la Haye* 1719. *in fol.*

Hiſtoire Metallique de la Republique de Hollande *Voyez ci-après* n° 45 Q.

71 O Pierre de touche des veritables Intereſts des Provinces-Unies, & des intentions des deux Couronnes ſur les Traitez de Paix. *Imprimé en* 1647. *in* 8°.

72 O Hiſtoire des Princes d'Orange de la Maiſon de Naſſau, depuis Guillaume I. juſqu'à Guillaume III. en 1692.

HISTOIRE DES PAYS-BAS. 553
1692. avec Figures. *A Amsterdam*
1693. *in* 12°.

Histoire de la Vie de Jean Guillaume Friso, Prince d'Orange & de Nassau, mort en 1711. par J. Lamigue : avec Figures. *A Lewarde* 1715. *in* 8° 2. vol.

73 O Tome 1. comprend depuis la naissance de ce Prince en 1687. jusqu'à sa majorité en 1706.

74 O Tome 2. depuis l'année 1707. jusqu'à sa mort en 1711.

Lettres & Negotiations entre Jean de Wit Pensionnaire & Garde des Sceaux de Hollande, & les Plenipotentiaires des Provinces-Unies des Pays-Bas aux Cours de France, d'Angleterre, de Suede, de Danemarc, de Pologne &c. depuis l'année 1652. jusqu'à l'an 1669. inclusivement ; traduites du Hollandois. *A Amsterdam* 1725. *in* 12°. 4. *vol*.

74*O 1 Tome 1. contient les Negotiations de Guillaume Boreel en France, depuis 1653. jusqu'en 1659.

74*O 2 Tome 2. les Negotiations du même Boreel & de C. van Béuninge en France, depuis 1660. jusqu'en 1664.

74*O 3 Tome 3. les Negotiations du mesme van Beuninge en France, depuis 1664. jusqu'en 1667.

      Aaaa

554 CATALOGUE DE LIVRES.

74*O 4 — Tome 4. les Negotiations de G. Boreel & de P. de Groot en France & en Suede, depuis 1664. jusqu'en 1669.

74*O 5 — Resolutions importantes des Etats de Hollande & de West-Frise, pendant le Ministere du Pensionnaire Jean de Wit; traduites du Hollandois. *A Amsterdam* 1725. *in* 12°.

75 O Memoires de Jean de Wit Grand Pensionnaire de Hollande; traduits du Hollandois par M. de ...... *A Ratisbone* 1709. *in* 12°.

75*O 1
75*O 2 — Histoire de la Vie & de la Mort des deux illustres Freres Corneille & Jean de Wit; enrichie de plusieurs Memoires qui n'avoient point paru jusques ici, concernant ce qui s'est passé depuis l'année 1650. jusqu'en 1674. *A Utrecht* 1709. *in* 12°. 2. *vol.*

76 O La Vie de Michel Ruyter, Admiral des Provinces-Unies. *A Rouen* 1678. *in* 12°.

7 O La Vie du mesme Ruyter, où est comprise l'Histoire maritime des Provinces-Unies depuis l'an 1652. jusqu'à 1676. traduite du Hollandois de Gerard Brandt par le Sieur Aubin; avec Figures. *A Amsterdam* 1698. *in fol.*

HISTOIRE D'ESPAGNE.

770 Memoires de la Famille & de la Vie de Made...... contenant plusieurs particularitez du Gouvernement de la Republique de Hollande, & plusieurs intrigues de cette Province, & de la Cour du Prince d'Orange, & de quelques Princes d'Allemagne; le tout jusqu'en 1704. *A la Haye* 1710. *in* 12°.

Genealogies des Maisons des Pays-Bas.

80 Genealogie des Comtes de Flandre,
90 depuis Baudouin Bras-de-Fer jusqu'à Philippe IV. Roy d'Espagne; representée par les Sceaux, & verifiée par Chartes; traduit du Latin d'Olivier de Wrée: avec Figures. *A Bruges* 1642. *in fol.* 2. *vol.*
780 Memoire apologetique pour la Branche aînée de la Maison de Hornes, par le Sieur Gobbé. *A Paris* 1722. *in* 8°.

HISTOIRE D'ESPAGNE,
& de Portugal.

Historia general de España, desde la venida de Tubal hijo de Japhet à

Aaa ij

CATALOGUE DE LIVRES.
España hasta l'año 1621. por Juan de Mariana. *En Leon de Francia* 1719. *in* 12°. 11. *vol.*

79 0   Tomo 1. contiene los libros 1. 2. & 3.
80 0   Tomo 2. los libros 4. 5. & 6.
81 0   Tomo 3. los libros 7. 8. & 9.
82 0   Tomo 4. los libros 10. 11. & 12.
83 0   Tomo 5. los libros 13. 14. & 15.
84 0   Tomo 6. los libros 16. 17. & 18.
85 0   Tomo 7. los libros 19. 20. & 21.
86 0   Tomo 8. los libros 22. 23. & 24.
87 0   Tomo 9. los libros 25. 26. & 27.
88 0   Tomo 10. los libros 28. 29. & 30.
89 0   Tomo 11. el Sumario de lo que acontecio desde l'año 1515. hasta l'año 1621. la Lista de los Emperadores y de los Reyes Godos que fueron Señores de España ; de los Reyes de Leon, Condes y Reyes de Castilla ; de los Reyes de Portugal, de los de Navarra, de los de Aragon ; de los Condes de Barcelona ; de los Reyes de Mallorca, Sicilia, y Napoles ; & las Tablas generales.

Histoire generale d'Espagne, de Jean Mariana Jesuite ; traduite en François, avec des Notes & des Cartes, par le P. Joseph Nicolas Charenton de la même Compagnie : avec une Dissertation historique sur les Monnoyes antiques d'Espagne, par

Histoire d'Espagne.

M. Mahudel. *A Paris* 1725. *in* 4°. 5. tom. en 6. vol.

16 0 — Tome 1. comprend depuis l'an 131. après le Deluge, jusqu'en l'an 715. de J. C.
17 0 — Tome 2. depuis l'an 716. jusqu'en 1238.
18 0 — Tome 3. depuis l'an 1238. jusqu'en 1393.
19 0 — Tome 4. depuis l'an 1394. jusqu'en 1483.
20 0 — Tome 5. 1ère partie, depuis l'an 1483. jusqu'en 1506.
21 0 — Tome 5. 2e partie, depuis l'an 1506. jusqu'en 1516. avec un Suplement ou Sommaire des choses arrivées depuis l'an 1515. jusqu'en 1621. traduit de l'Espagnol, & une suite depuis 1621. jusqu'en 1660. par le Traducteur : Et la Dissertation de M. Mahudel sur les Monnoyes d'Espagne.

Histoire des Revolutions d'Espagne, où l'on voit la décadence de l'Empire Romain, l'établissement de la Domination des Goths, des Vandales, des Sueves, des Alains, des Silinges, des Maures, des François, & la division des Etats tels qu'ils ont été depuis le commencement du Ve. siecle jusqu'à present ; (par M. l'Abbé de Vayrac.) *A Paris* 1724. *in* 12°. 5. vol.

90 0 — Tome 1. comprend l'irruption des Vandales, des Goths, &c. en Espagne ;

l'établissement de la Monarchie, & les Revolutions arrivées jusqu'à l'invasion des Maures ; depuis l'an de J. C. 409. jusqu'en 717.

910 Tome 2. l'établissement & les Revolutions du Royaume d'Oviedo & de Leon, depuis 718. jusqu'en 1229.

920 Tome 3. les Revolutions sous les Rois Maures, depuis 716. jusqu'en 1492. qu'ils furent entierement chassez d'Espagne ; les Revolutions de la Navarre depuis 733. jusqu'en 1521. & celles de Catalogne depuis 759. jusqu'en 1162.

930 Tome 4. les Revolutions de Mayorque, Minorque, & autres Isles connues sous le nom de Baleares, depuis 1117. jusqu'en 1176. les Revolutions d'Aragon depuis 1035. jusqu'en 1472. celles de Portugal depuis 1089. jusqu'en 1680. & celles de Castille depuis 1230. jusqu'en 1504.

940 Tome 5. les Revolutions d'Espagne depuis 1504. jusqu'en 1714.

950
960 Histoire de la Conqueste d'Espagne par les Maures, qui comprend la Vie du Roy Don Rodrigue & celle du Roy Almanzor, depuis l'an 712. jusqu'en 761. traduite par le Sieur le Roux sur la Version Espagnole faite de l'Arabe d'Abulcacim Tariff Abentariq par Michel de Luna. *A Paris* 1680. *in* 12°. 2. *vol.*

970 Histoire des deux Conquestes d'Espagne par les Mores, la premiere faite par Tarif & Mussa sur les Chrétiens, la seconde par Abdalasis sur les Mores revoltez; & des Revolutions arrivées dans l'Empire des Califes pendant près de cinquante ans; écrite en Arabe par Abulcacim Tarif Abentarique; avec la Description de l'Espagne, du mesme Auteur; ensemble la Vie d'Almansor par Ali Abensufian; & quelques Lettres & Pieces originales: Le tout traduit de nouveau en François sur la Version Espagnole de Miguel de Luna, par D. G. A. L. P. & R. B. de la C. de S. M. (Dom Guy Alexis Lobineau Prestre & Religieux de la Congregation de S. Maur.) *A Paris* 1708. *in* 12°.

Historia de los Vandos de los Zegries y Abencerrages, Cavalleros Moros de Granada, y las civiles Guerras que huvo en ella, hasta que el Rey Don Fernando el Quinto la ganò. *Voyez ci-devant n°* 370 G.

980 La Politique de Ferdinand le Catholique Roy d'Espagne, par Antoine Varillas. *A Amsterdam* 1688. *in* 12°.

CATALOGUE DE LIVRES.

22 O — Histoire du Cardinal François Ximenés, Ministre d'Etat en Espagne sous Ferdinand, mort en 1517. par M. Esprit Flechier Evêque de Nismes. *A Paris* 1693. *in* 4º.

99 O
100 O — La même Histoire, par Jacques Marsolier. *A Paris* 1704. *in* 12º. 2. *vol.*

Histoire de la Conjuration des Espagnols contre les Venitiens, par Cesar Vichard de Saint-Real. *Voyez ses Oeuvres, tome* 4. *ci-devant* nº 90 H.

101 O — Le Ministre parfait, ou le Comte Duc d'Olivarès durant les sept premieres années de sa faveur sous Philippe IV. avec des Reflexions, par le Sieur de Galardi. *A la Haye* 1675. *in* 12º.

La Sortie d'Espagne du P. Nitard, par Dominique Bouhours. *Voyez ses Opuscules, ci-devant* nº 86 H.

102 O
103 O — Memoires de la Cour d'Espagne, contenans plusieurs choses secretes & particulieres qui se sont passées depuis l'an 1679. jusqu'en 1681. par Catherine le Jumel de Berneville Comtesse d'Aunoy. *A Lyon* 1693. *in* 12. 2º. *vol.*

Histoire des Combats d'Almenar & de Pennalva, des Batailles de Sarragosse

Histoire d'Espagne.

ragoſſe & de Villavicioſa, & du Siege de Gironne en 1710. par le Sieur François Gayot de Pitaval. *A Paris* 1712. *in* 12°. Relié avec la Campagne de M. de Villars, ci-devant n° 592 N.

1040 Hiſtoire publique & ſecrete de la Cour de Madrid, dès l'avenement de Philippe V. à la Couronne en 1701. juſqu'en 1719. avec des Conſiderations ſur l'état preſent de la Monarchie Eſpagnole. *A Cologne* 1719. *in* 12°.

1050 Hiſtoire du Cardinal Alberoni, depuis ſa naiſſance en 1664. juſqu'au commencement de l'année 1719. traduite de l'Eſpagnol de J. R... avec le Manifeſte du Cardinal del Giudice, & la Réponſe des Miniſtres d'Eſpagne, en Italien & en François. *A la Haye* 1719. *in* 12°.

1060 Lettres de M. Filtz-Moritz ſur les affaires du temps, écrites en 1716. & 1717. (au ſujet de la Renonciation de Philippe V.) traduites de l'Anglois par M. de Garneſai. *A Roterdam* 1718. *in* 12°.

Etat preſent de l'Eſpagne, où l'on voit une Geographie hiſtorique du

CATALOGUE DE LIVRES.
Pays ; l'établissement, les Revolutions, la décadence, le rétablissement & les accroissemens de la Monarchie ; les Prérogatives de la Couronne ; le Rang des Princes & des Grands ; l'institution & les fonctions des Officiers ; le Ceremonial du Palais ; la forme du Gouvernement ; & les mœurs & usages des Espagnols ; par M. l'Abbé de Vayrac. *A Paris* 1718. *in* 12°. *3. tomes en 4. vol.*

1070 Tome 1. divisé en 2. volumes, comprend une Critique préliminaire des Auteurs qui ont traité des mœurs des Espagnols ; & la Geographie historique de l'Espagne.
1080

1090 Tome 2. l'établissement de la Monarchie, & une succession chronologique des Rois jusqu'à present ; les prérogatives du Roy, & des Princes ; l'institution & les fonctions des Officiers ; le Ceremonial du Palais ; & l'établissement, & le progrez des Eglises d'Espagne.

1100 Tome 3. l'érection & les changemens des Grandesses ; & la forme du Gouvernement.

1110 Etat present d'Espagne, & l'origine des Grands ; avec un Voyage d'Angleterre en 1713. par M. D.... *A Villefranche* 1717. *in* 12°.

HISTOIRE D'ANGLETERRE. 563
Discours sur l'origine des Rois de Portugal issus de la Maison de France, par Theodore Godefroy. *Voyez l'Entreveuë de Louis XII. & de Ferdinand Roy d'Arragon, ci-devant n°* 128 N.

1120 Les Voyages & Conquêtes des Rois de Portugal ès Indes d'Orient, Ethiopie, Mauritanie, Afrique, & Europe; avec l'origine, succession & descente de leurs Maisons jusqu'au Roy Sebastien naguerres atterré en la Bataille contre le Roy de Fez en 1578. ensemble l'entier Discours de ladite Bataille: Le tout traduit du Portugais de Joachim de Centellas. *A Paris* 1578. *in* 8°.

1130 Histoire des Revolutions de Portugal, depuis celle qui arriva sous le Regne de Dom Sebastien en 1578. jusqu'à la derniere sous Alphonse VI. & l'abdication de ce Roy en 1668. par M. l'Abbé René d'Aubert de Vertot. *A Paris* 1711. *in* 12°.

HISTOIRE D'ANGLETERRE.

Catalogue des Rois d'Angleterre, & le progrès de leurs Guerres avec la

Bbbbb ij

CATALOGUE DE LIVRES.

France. *Voyez la Chronique des Rois de France*, ci-devant n° 232 N.

Histoire abregée des Rois d'Angleterre & d'Ecosse ; avec un brief Discours de l'ancienne alliance & mutuel secours entre la France & l'Ecosse, & les singularitez plus remarquables sur l'état d'Ecosse ; par David Chambre. *Voyez l'Histoire abregée des Rois de France*, ci-devant n° 233 N.

Les Guerres & Traitez entre les Rois d'Angleterre & de France, par Jean du Tillet. *Voyez le Recueil des Rois de France*, ci-devant n° 104 N.

Histoire d'Angleterre, d'Ecosse & d'Irlande, depuis le commencement de la Monarchie jusqu'à la mort de Guillaume III. en 1702. par Isaac de Larrey : avec Figures. *A Rotterdam* 1697. *& suiv. in fol.* 4. vol.

10 O — Tome 1. contient l'ancien Regne des Bretons ; celui des Romains, des Saxons, des Danois, & des Normands depuis Guillaume I. dit le Conquerant jusqu'à Richard III. en 1485. inclusivement ; avec une Dissertation sur les Parlemens.

11 O — Tome 2. depuis Henry VII. jusqu'à Marie en 1558. inclusivement.

HISTOIRE D'ANGLETERRE.

110   Tome 3. les Regnes d'Elizabeth & de Jacques I.

130   Tome 4. depuis Charles I. jusqu'à Guillaume III. en 1702. inclusivement.

Histoire des Revolutions d'Angleterre, depuis le commencement de la Monarchie jusqu'à present; par P. Joseph d'Orleans Jesuite: avec Figures. *A la Haye* 1719. *in* 12°. 3 *vol.*

114 O   Tome 1. comprend depuis l'an 449. jusqu'en 1335.

115 O   Tome 2. depuis 1326. jusqu'en 1603.

116 O   Tome 3. depuis 1603. jusqu'en 1691.

117 O   Histoire de la Conqueste d'Angleterre par Guillaume II. Duc de Normandie en 1066. (par Nicolas Baudot de Juilly.) *A Paris* 1701. *in* 12°.

Histoire d'Eleonor de Guyenne femme de Henry II. Roy d'Angleterre, par Isaac de Larrey. *Voyez l'Heritiere de Guyenne, ci-devant* n° 264 N.

Histoire de Henry VII. Roy d'Angleterre, surnommé le Sage & le Salomon d'Angleterre; par Jacques de Marsollier. *A Paris* 1725. *in* 12°. 2. *vol.*

118 O   Tome 1. comprend depuis 1437. jusqu'en 1493.

119 O   Tome 2. depuis 1493. jusqu'en 1508.

CATALOGUE DE LIVRES.

Histoire du Divorce de Henry VIII. & de Catherine d'Arragon, en 1533. avec la Défense de l'Histoire de Sanderus ; la Refutation des deux premiers livres de l'Histoire de la Reformation de M. Burnet ; & les Preuves : par M. l'Abbé Joachim le Grand. *A Paris* 1688. *in* 12°. 3. *vol.*

1200   Tome 1. contient l'Histoire du Divorce.

1210   Tome 2. la Défense de Sanderus ; & la Refutation des deux premiers livres de l'Histoire de la Reformation de M. Burnet.

1220   Tome 3. les Preuves.

Vie d'Elisabeth Reine d'Angleterre, traduite de l'Italien de Gregorio Leti. *A Amsterdam* 1704. *in* 12°. 2. *vol.*

1230   Tome 1. comprend sa naissance en 1533. jusqu'en 1572. inclusivement.

1240   Tome 2. depuis 1573. jusqu'à sa mort en 1603.

Memoires & Instructions pour les Ambassadeurs, ou Lettres & Negotiations de François Walsingham Secretaire d'Etat sous la Reine Elizabeth ; avec les Maximes politiques de ce Ministre, & des Remarques sur la Vie des principaux Mi-

HISTOIRE D'ANGLETERRE. 567
nistres & Favoris de cette Princesse: Le tout traduit de l'Anglois, par Louis Boulesteys de la Contie: IIe Edition. *A Amsterdam* 1717. *in* 12°. 4. *vol.*

125 O   Tome 1. contient les Remarques sur la Vie des Ministres & Favoris d'Elizabeth; & les Lettres de Walsingham des années 1570. & 1571.

126 O   Tome 2. les Lettres de 1571. & de 1572.

127 O   Tome 3. la suite de l'année 1572. & l'année 1573.

128 O   Tome 4. la suite de 1573. & l'année 1581. & les Maximes politiques.

129 O
130 O   Memoires historiques contenant plusieurs Evenemens importans, principalement par raport à l'Angleterre & à l'Ecosse sous Elizabeth, Marie & Jacques I. par Jacques Melvil; traduits de l'Anglois. *A Lyon* 1694. *in* 12°. 2. *vol.*

Histoire de la Rebellion & des Guerres Civiles d'Angleterre, depuis l'an 1641. jusqu'au rétablissement du Roy Charles II. en 1660. traduite de l'Anglois d'Edoüard Comte de Clarendon. *A la Haye* 1704. & 1709. *in* 12°. 6. *vol.*

CATALOGUE DE LIVRES.

131 O
132 O
133 O
134 O } Tomes 1. 2. 3. & 4. contiennent l'Histoire depuis l'an 1641. jusqu'en 1645.

135 O   Tome 5. depuis 1645. jusqu'à la fin de 1649.

136 O   Tome 6. depuis 1650. jusqu'en 1660.

137 O   Histoire entiere & veritable du Procez de Charles Stuart Roy d'Angleterre, recueillie de Pieces autentiques, & traduite de l'Anglois. *A Londres* 1650. *in* 8º.

138 O
139 O } La Vie d'Olivier Cromwel, traduite de l'Italien de Gregorio Leti. *A Amsterdam* 1696. *in* 12º. 2. *vol.*

140 O   La Vie du General Monck Duc d'Albemarle, Restaurateur de Charles II. traduite de l'Anglois de Thomas Gumble, par Guy Miege. *A Londres* 1672. *in* 12º.

141 O   Recherche & découverte de l'assassinat du dernier Comte d'Essex, où l'on fait voir qu'il ne s'est point tué soi-mesme ; traduite de l'Anglois. *Imprimé en* 1684. *in* 8º.

142 O   Histoire de la Conspiration faite contre Charles II. & Jacques II. son frere auparavant Duc d'York. *A Paris* 1685. *in* 12º.

Memoires

Histoire d'Angleterre.

142*O 1 ― 142*O 2 Memoires de la derniere Revolution d'Angleterre, depuis 1685. jufqu'en 1689. contenant l'Abdication de Jacques II. l'avenement de Guillaume III. à la Couronne, & plufieurs chofes arrivées fous fon Regne ; par Mr. L. B. T.... *A la Haye* 1702. *in* 12°. 2. *vol.*

143 O La Conduite du Prince & Duc de Marlborough en la prefente Guerre ; avec plufieurs Pieces originales : Le tout traduit de l'Anglois. *A Amfterdam* 1712. *in* 8°.

144 O Le Chevalier de Saint-Georges rehabilité dans fa qualité de Jacques III. par de nouvelles preuves ; avec un autre Ecrit intitulé, *Qui complote le mieux des Wighs ou des Toris ?* Le tout traduit de l'Anglois, avec des Remarques. *A Whitehall* 1713. *in* 12°.

145 O
146 O
147 O L'Etat prefent de la Grande Bretagne, avec un Etat de l'Irlande, fous le Regne de Georges I. traduit de l'Anglois. *A Amfterdam* 1723. *in* 8°. 3. *vol.*

148 O Hiftoire du Droit des Parlemens de la Grande Bretagne, touchant la fucceffion à la Couronne, depuis le commencement de la Monarchie jufqu'à la Séance du Parlement

Cccc

570   Catalogue de Livres:
convoquée pour le 28. Mars 1715.
A Londres 1715. *in* 8°.

HISTOIRE DES PAYS
Septentrionaux.

149 O   Memoires de Danemarc, contenans la Vie & le Regne de Chriſtierne V. avec une Relation des Differends qui ſont aujourd'hui entre les deux Maiſons de Danemarc & de Holſtein-Gottorp; traduits de l'Anglois. *A Utrecht* 1701. *in* 12°.

150 O   Etat du Royaume de Danemark, tel qu'il eſtoit en 1692. traduit de l'Anglois (de M. Moleſworth.) *A Amſterdam* 1695. *in* 12°.

Extrait des Hiſtoires tragiques de Bandel traduites par Belleforeſt, contenant des circonſtances curieuſes ſur l'origine des Vandales; par M.ᶜ Durand. *Voyez Henry Duc des Vandales*, *ci-devant n°* 557 G.

Hiſtoire particuliere de la Monarchie Suedoiſe, traduite de l'Allemand de Samuel Baron de Pufendorf; avec une Addition juſqu'à la Reine Ulrique Eleonor. *Voyez l'Introduc-*

HIST. DES PAYS SEPTENT. 571
tion à l'Histoire, du même *Pufendorf*, tomes 5. & 6. ci-devant n° 92 & 93 K.

Histoire des Revolutions de Suede, où l'on voit les changemens qui sont arrivez dans ce Royaume au sujet de la Religion & du Gouvernement; par M. l'Abbé René d'Aubert de Vertot. *A Paris* 1695. *in* 12°. 2. *vol.*

151 O   Tome 1. comprend l'Histoire depuis l'an 1350. jusqu'en l'an 1521. sous Christierne II.

152 O   Tome 2. depuis l'an 1521. sous Gustave jusqu'à sa mort en 1560. & un abregé chronologique de l'Histoire de Suede.

153 O   Les Campagnes de Charles XII. Roy
154 O   de Suede, depuis l'année 1700. jus-
155 O   qu'à la Declaration de Guerre du
156 O   Sultan contre le Czar & le Roy Auguste; par Jean Leonor le Gallois Sr de Grimarest. *A Paris* 1705. 1706. 1708. & 1711. *in* 12°. 4. *vol.*

Histoire de Suede sous le Regne de Charles XII. où l'on voit aussi les Revolutions arrivées en differens temps dans ce Royaume, toute la Guerre du Nord, & l'avenement de la Reine & du Roy regnans à la Cou-

Cccc ij

CATALOGUE DE LIVRES:

ronne jufqu'à prefent ; par M. Henry Philippe de Limiers: avec Figures. *A Amfterdam* 1721. *in* 12°. 12. *tomes en* 6. *vol.*

1570 ○ $\left\{\begin{array}{l}\text{Tome 1.}\\\text{Tome 2.}\end{array}\right\}$ contiennent l'abregé des Revolutions qui ont rendu la Couronne de Suede hereditaire.

1580 ○ $\left\{\begin{array}{l}\text{Tome 3.}\\\\\text{Tome 4.}\end{array}\right\}$ la Minorité de Charles XII. l'heureux fuccès de fa Mediation au Traité de Rifwick, &c. jufqu'au Traité de Travendal.

1590 ○ $\left\{\begin{array}{l}\text{Tome 5.}\\\text{Tome 6.}\end{array}\right\}$ les moyens employez par ce Prince pour depofer le Roy Augufte, & pour faire élire le Roy Staniflas.

1600 ○ $\left\{\begin{array}{l}\text{Tome 7.}\\\text{Tome 8.}\end{array}\right\}$ ce qui s'eft paffé de plus memorable pendant le fejour du Roy de Suede en Saxe.

1610 ○ $\left\{\begin{array}{l}\text{Tome 9.}\\\\\text{Tome 10.}\end{array}\right\}$ la Bataille de Pultowa, & fes fuites, avec le fejour du Roy à Bender, jufqu'à fon retour à Stralfund.

1620 { Tome 11. } { la derniere Campagne de Charles XII. sa mort, & la Revolution par laquelle le Pouvoir absolu a été aboli en Suede. } { Tome 12. }

Diverses particularitez des affaires & de la conduite du Roy de Suede depuis sa retraite à Bender jusqu'à sa mort en 1718. par le Sr de la Motraye. *Voyez ses Voyages, ci-devant n$_o$ 4 & 5 I.*

1630 Relation historique de la Pologne, contenant le pouvoir de ses Rois, leur élection & leur couronnement, les privileges de la Noblesse, la Religion, les mœurs des Polonois &c. par le Sieur de Hauteville. *A Paris 1686. in 12°.*

1640 Histoire des Dietes de Pologne pour les élections des Rois, depuis la mort de Sigismond Auguste en 1572. jusqu'à celle de Jean Sobieski en 1696. par Michel David Sr de la Bizardiere. *A Paris 1697. in 12.*

1650 Les Memoires du Chevalier de Beaujeu, contenant ses Voyages en Pologne, en Allemagne, & en Hongrie; avec des Relations particulieres des affaires de ces Païs-là, depuis l'année 1679. jusqu'en 1683. *A Paris* 1698. *in* 12°.

L'Histoire du grand Sobieski Roy de Pologne, par le Sieur de Chassepol. *Voyez l'Histoire des Grands Visirs, tome* 3. *ci-après n°* 51 P.

166 O
167 O Les Anecdotes de Pologne, ou Memoires secrets du regne de Jean Sobieski III. du nom. *A Paris* 1699. *in* 12°. 2. *vol*.

167*O Histoire de la Scission ou Division arrivée en Pologne en 1697. au sujet de l'élection d'un Roy, par Michel David Sr de la Bizardiere. *A Paris* 1699. *in* 12°.

168 O Memoires sur les dernieres Revolutions de la Pologne depuis 1699. jusqu'en 1704. où l'on justifie le Retour du Roy Auguste; par un Gentilhomme Polonois. *A Rotterdam* 1710. *in* 8°.

169 O Description de la Livonie; avec une Relation de l'origine, progrez, & decadence de l'Ordre Teutonique, des Revolutions arrivées en ce Païs jusqu'à nostre temps, & des Guerres entre les Polonois, les Suedois, & les Moscovites pour cette

Province : ensemble une Description des Duchez de Courlande & de Semigalle, & de la Province de Pilten : & le Voyage de l'Auteur de Livonie en Hollande l'an 1698. *A Utrecht* 1705. *in* 12°.

170 O Etat de l'Empire de Russie & grande Duché de Moscovie, avec ce qui s'y est passé depuis 1590. jusqu'en 1606. par le Capitaine Margeret. *A Paris* 1669. *in* 12°.

171 O Relation de l'Etat present de la Russie, traduite de l'Anglois : avec l'Histoire des Revolutions sous Boris & Demetrius Empereurs de Moscovie ; par Antoine des Barres. *A Paris* 1679. *in* 12°.

172 O Relation de tout ce qui regarde la Moscovie, ses Habitans, son gouvernement, &c. *A Paris* 1687. *in* 12°.

Lettre sur l'Etat présent de la Moscovie. *Voyez le Voyage de M. Evert Isbrand à la Chine*, ci-devant n° 279. I.

Nouveaux Memoires sur l'Etat présent de la Grande Russie ou Moscovie, depuis Janvier 1714. jusqu'en Août 1720. inclusivement ;

576 CATALOGUE DE LIVRES: traduits de l'Allemand d'un Gentilhomme Resident en Moscovie : avec diverses Pieces ajoutées à ces Memoires, traduites en François. *A Paris* 1725. *in* 12°. 2. *vol.*

173 O Tome 1. contient les Memoires depuis 1714. jusqu'en 1720.

174 O Tome 2. comprend la Description de Petersbourg & de Cronslot ; le Journal du Voyage de M. Laurent Lange à la Chine en 1715. les Mœurs & Usages des Ostiackes, & la maniere dont ils furent convertis en 1712. à la Religion Chrétienne du Rit Grec ; avec plusieurs Remarques sur le Royaume de Siberie, & le Detroit de Weygatz ou de Nassau ; par Jean Bernard Muller : & le Manifeste du Procès criminel du Czarewitz Alexis Petrowitz jugé à Petersbourg le 25. Juin 1718. traduit sur l'Original Russien publié par ordre du Czar.

23 O Histoire de la Laponie, traduite du Latin de Jean Scheffer par Augustin Lubin ; avec Figures. *A Paris* 1678. *in* 4°.

175 O Memoires de la Guerre de Transilvanie & de Hóngrie entre Leopold I. & Mahomet IV. Georges Ragostki & autres Princes de Transilvanie, depuis l'an 1656. jusqu'à la Tréve entre

HIST. DES PAYS SEPTENT. 577
entre l'Empereur & le Grand-Seigneur. *A Amsterdam* 1680. *in* 12°.

1760 Histoire du Ministere du Cardinal Martinusius, Regent du Royaume de Hongrie, où l'on voit l'origine des Guerres de ce Royaume & de celles de Transilvanie; par M. A. Bechet Chanoine d'Usez. *A Paris* 1715. *in* 12°.

1770 Histoire d'Emeric Comte de Tekeli, ou Memoires pour servir à sa Vie jusqu'en 1691. *A Cologne* 1693. *in* 12°.

1740 Journal de la Campagne de Hongrie de 1717. *MS. in fol.*

SUITE DE L'HISTOIRE:
HISTOIRE ETRANGERE
HORS L'EUROPE.

HISTOIRE DES TURCS.

1 P LA Bibliotheque Orientale, ou Dictionnaire universel contenant tout ce qui regarde la connoissance des Peuples de l'Orient; par Barthelemy d'Herbelot: publiée avec la Preface d'Auguste Galland. *A Paris* 1697. *in fol.*

Histoire abregée des Sarasins & des Mahometans, par Pierre Bergeron. *Voyez ses Voyages en Tartarie*, ci-devant n° 2431.

9 P De la Republique des Turcs, & par occasion des mœurs & loix de tous Muhamedistes; par Guillaume Postel. *A Poitiers, in* 4°.

10 P L'Histoire Mahometane, ou les XLIX.

Califes du Macine, contenant un Abregé de l'Histoire Mussulmane depuis Mahomet jusqu'au Regne des François en la Terre-Sainte; traduit de l'Arabe (de Georges le Macine:) avec un Sommaire de l'Histoire des Sarrasins en Espagne extrait de Rodrigue Ximenés Archevêque de Tolede & verifié sur le Macine: Le tout par Pierre Vattier. *A Paris* 1657. *in* 4°.

Histoire generale des Turcs, contenant l'Histoire de Chalcondyle traduite du Grec par Blaise de Vigenere, avec les Illustrations du mesme Auteur, & continuée jusqu'en 1612. par Thomas Artus, & en cette Edition par François Eudes de Mezeray jusqu'en 1661. ensemble l'Histoire du Serrail par Michel Baudier; les Figures & Descriptions des principaux Officiers & autres Personnes de l'Empire Turc, par Nicolas Nicolaï; les Tableaux prophetiques sur la ruine du mesme Empire, avec l'exposition par Arthus Thomas; & la Traduction des Annales des Turcs de Jean Leunclavius, mise de Latin en François par le mesme de Meze-

HISTOIRE DES TURCS.

ray. *A Paris 1662. in fol. 2. vol.*

2 P   Tome 1er comprend l'Histoire depuis 1310. jusqu'en 1609.

3 P   Tome 2. depuis 1611. jusqu'en 1661. l'Histoire du Serrail ; les Illustrations de Vigenere sur l'Histoire de Chalcondyle ; les Figures & Descriptions des Accoustremens des Officiers & autres Personnages de l'Empire Turc ; les Tableaux prophetiques de la ruine de cet Empire; & les Annales des Sultans, de Leunclavius.

11 P   Histoire de Mahomet & de ses pre-
12 P   miers Successeurs, par Henry Comte de Boulainvilliers. *MS. in 4°. 2. vol.*

42* P   La Vie de Mahomet, où l'on découvre amplement la verité de l'imposture ; traduite de l'Anglois de M. Humphrey Prideaux : avec Figures. *A Amsterdam 1699. in 12°.*

Anecdotes ou Histoire secrete de la Maison Ottomane. *A Amsterdam 1722. in 12°. 4. tomes en 2. vol.*

43 P   Tomes 1. & 2. reliez ensemble, comprennent depuis Ottoman Fondateur de l'Empire Turc en 1258. jusqu'à Soliman II. en 1566.

44 P   Tomes 3. & 4. reliez ensemble, depuis Selim en 1566. jusqu'à Mustafa II. en 1699.

45 P	Histoire du Regne de Mahomet II.
46 P	Empereur des Turcs, par G. Guillet. *A Paris* 1681. *in* 12°. 2. *vol.*

Relation de la prise de Bagdad par Sultan Amurath en 1638. traduite du Turc par le Sr Thevenot. *Voyez ses Voyages*, tome 1. ci-devant n° 68 I.

Relation de la Mort du Sultan Mourat & de l'avenement à l'Empire d'Ibrahim son frere, & du Siege de Babylone par le même Sultan en 1639. par le Sr du Loir. *Voyez son Voyage au Levant*, ci-devant n° 67 I.

Histoire des trois derniers Empereurs Turcs, depuis 1623. jusqu'à 1677. traduite de l'Anglois de Paul Ricaut. *Imprimé en Hollande* 1684. *in* 12°. 4. *tomes en* 2. *vol.*

47 P	Tomes 1. & 2. reliez ensemble, contiennent les Regnes d'Amurat IV. & d'Ibrahim, & celui de Mahomet IV. depuis son commencement en 1649. jusqu'en 1662.
48 P	Tomes 3. & 4. reliez ensemble, la suite du Regne de Mahomet IV. jusqu'à 1677.
49 P	Histoire des Grands-Vizirs Mahomet
50 P	Coprogli Pacha, & Achmet Co-
51 P	progli Pacha ; & celle des trois der-

niers Grands Seigneurs Amurat IV. Ibrahim & Mahomet IV. de leurs Sultanes & principales Favorites, avec les plus secretes intrigues du Serrail, & plusieurs autres particularitez des Guerres de Dalmatie, Transilvanie, Hongrie, Candie & Pologne &c. & l'Histoire du Grand Sobieski Roy de Pologne : par le Sieur de Chassepol. *A Paris 1676. & 1679. in 12°. 3. vol.*

Relation des Troubles arrivez dans l'Empire Ottoman en 1703. par Paul Lucas. *Voyez son premier Voyage, ci-devant n° 176 & 177 I.*

52 P Histoire de deux Turcs, le P. Ottoman pretendu Fils d'Ibrahim, & Mahomet Bei ou Jean Michel Cigala pretendu Prince Ottoman ; & d'un Juif Sabatei Levi pretendu Messie, en 1666. avec le Discours de l'entier Bannissement des Juifs du Royaume de Perse ; traduit de l'Anglois de T. E.... *A Paris 1673. in 12°.*

53 P Le Theatre de la Turquie, où sont representées les choses memorables qui s'y passent aujourd'huy ; traduit d'Italien en François par Michel

CATALOGUE DE LIVRES.
le Févre. *A Paris* 1688. *in* 4°.

53 P Histoire de l'Etat présent de l'Empire Ottoman, traduite de l'Anglois de Paul Ricaut par Pierre Briot; avec des Figures de S. le Clerc. *A Paris* 1670. *in* 12°.

54 P
55 P Memoires de Claude Pétis de la Croix, contenant diverses Relations curieuses de l'Empire Ottoman. *A Paris* 1684. *in* 12°. 2. *vol.*

56 P
57 P
58 P Etat general de l'Empire Ottoman, depuis sa fondation jusques à present; & l'Abregé des Vies des Empereurs, par un Solitaire Turc, traduit en François: Le tout par le même Pétis de la Croix. *A Paris* 1695. *in* 12°. 3. *vol.*

59 P L'Etat présent de la Turquie, où il est traité des vies & mœurs des Ottomans & autres Peuples de leur Empire; par Michel le Févre. *A Paris* 1675. *in* 12°.

60 P L'Etat présent de la Puissance Ottomane, avec les causes de son accroissement, & celles de sa decadence; par le Sieur du Vignau. *A Paris* 1687. *in* 12°.

61 P
62 P Le Miroir de l'Empire Ottoman, ou l'Etat present de la Cour & de la Milice

HISTOIRE DES TURCS. 585
Milice du Grand Seigneur ; avec un Recit de la Guerre des Turcs en Pologne jusqu'en 1677. *A Paris* 1678. *in* 12°. 2. *vol.*

63 P La Cour Ottomane, ou l'Interprete de la Porte, qui explique toutes les Charges du Serrail, de la Milice, de la Religion, & du Gouvernement des Turcs. *A Paris* 1673. *in* 12°.

64 P Histoire generale de la Religion des Turcs ; avec la Vie de leur Prophete Mahomet, & des quatre premiers Califes &c. Plus le Livre de la Theologie de Mahomet, traduit de l'Arabe: Le tout par Michel Baudier. *A Paris* 1636. *in* 8°.

65 P L'Etat présent de la Religion Mahometane, par Michel Nau Jesuite. *A Paris* 1688. *in* 12°.

66 P Histoire generale du Serrail & de la Cour du Grand Seigneur, par Michel Baudier. *A Paris* 1633. *in* 8°.

HISTOIRE D'ASIE.

4 P Description des Isles de l'Archipel, & de quelques autres adjacentes ; traduite du Flamand d'O. Dapper:

Eeee

586   CATALOGUE DE LIVRES;
avec Figures. *A Amsterdam* 1703.
in fol.

67 P   Histoire des anciens Ducs, & autres Souverains de l'Archipel, avec la Description de ses principales Isles, par le Sr R... *A Paris* 1698. *in* 12°.

68 P   L'Etat présent de l'Archipel, par M. D. L... publié par Antoine des Barres. *A Paris* 1678. *in* 12°.

14 P   Histoire de la Guerre de Chypre en 1570. traduite du Latin d'Antoine Maria Gratiani Evêque d'Amelia par l'Abbé le Peletier. *A Paris* 1685. *in* 4°.

15 P   Histoire de Pierre d'Aubusson, Grand Maître de Rhodes, mort en 1503. par Dominique Bouhours Jesuite. *A Paris* 1676. *in* 4°.

69 P   Athenes ancienne & nouvelle, & l'Etat present de l'Empire des Turcs, contenant la Vie du Sultan Mahomet IV. le Ministere de Coprogli Achmet Pacha Grand Vizir, & son Campement devant Candie; avec le Plan de la Ville d'Athenes; par G. Guillet de la Guilletiere: IIIe Edition augmentée. *A Paris* 1676. *in* 12°.

70 P   Lacedemone ancienne & nouvelle,

71 P où l'on voit les mœurs & les coutumes des Grecs modernes, des Mahometans, & des Juifs du Pays, & quelques particularitez du séjour que Mahomet IV. a fait dans la Thessalie; par le même de la Guilletiere. *A Paris* 1684. *in* 12°. 2. *vol.*

72 P Relations nouvelles du Levant, ou Traitez de la Religion, Gouvernement, & Coutumes des Perses, des Armeniens, & des Gaures: publiez par Louis Morery. *A Lyon* 1671. *in* 12°.

16 P Histoire generale des Royaumes de Jerusalem, Cypre, Armenie, & lieux circonvoisins, & de tout ce qui y est avenu depuis l'an 142. après le Deluge universel jusqu'en l'an 1572. par le P. Estienne de Lusignan. *A Paris* 1604. *in* 4°.

17 P Histoire de la Terre Sainte conquise par les Chrétiens sur les Barbares, sous la conduite de plusieurs Princes & grands Seigneurs de France: par Guillaume Aubert. *A Paris* 1562. *in* 4°.

Histoire des Croisades pour la délivrance de la Terre Sainte, depuis l'an 1093. jusqu'en 1571. par Louis

Maimbourg. *Voyez ses Histoires,* tomes 5. & 6. *ci-devant* n° 20 & 21 K.

73 P Histoire de la Conquête du Royaume de Jerusalem sur les Chrétiens par Saladin, en l'an 1187. traduite (ou plûtost corrigée pour le langage) sur un ancien MS. *A Paris* 1679. *in* 12°.

18 P Les Beautez de la Perse, ou Description de ce qu'il y a de plus curieux dans ce Royaume, enrichie de la Carte du Pays & de plusieurs Estampes dessinées sur les lieux, par A. D. D. V. (Antoine Daulier Deslandes;) avec une Relation des Avantures maritimes de L. M. P. R. D. G. D. F. (Louis Marot Pilote Real des Galeres de France.) *A Paris* 1673. *in* 4°.

74 P Le Couronnement de Soleïman III. Roy de Perse, & ce qui s'est passé pendant les deux premieres années de son Regne; par le Chevalier Jean Chardin. *A Paris* 1671. *in* 12°.

75 P Etat present du Royaume de Perse, par le Sieur Sanson. *A Paris* 1694. *in* 12°.

L'Histoire du Grand Tamerlan, tra-

HISTOIRE D'ASIE. 589

duite de l'Arabe d'Achamed fils de Guerapfe par Pierre Vattier. *A Paris* 1658. *in* 4°. Relié avec l'Hiftoire Mahometane, ci devant n° 10 P.

76 P
77 P
78 P
79 P Hiftoire de Timur-Bec, connû fous le nom du Grand Tamerlan Empereur des Mogoles & Tartares, en forme de Journal hiftorique de fes Victoires & Conqueftes dans l'Afie & dans l'Europe jufqu'à fa mort en 1415. traduite du Perfan de Cherefeddin Ali Auteur contemporain, par Claude Petis de la Croix; avec des Notes hiftoriques, & des Cartes geographiques. *A Paris* 1722. *in* 12°. 4. *vol.*

L'Hiftoire de la derniere Revolution des Etats du Grand Mogol, depuis 1655. jufqu'en 1661. ou environ; par François Bernier. *Voyez fes Voyages, tome* 1. *ci devant n°* 270 I.

Extrait du Livre des Indes d'Arrian, traduit du Grec par Nicolas Perrot Sr d'Ablancourt. *Voyez les Guerres d'Alexandre du mefme Arrian, ci devant n°* 67 M.

80 P Hiftoire naturelle & morale des Indes tant Orientales qu'Occidentales, traduite de l'Efpagnol de Jofeph

Acosta par Robert Regnauld. *A Paris* 1606. *in* 8°.

19 P L'Histoire des Indes Orientales & Occidentales, traduite du Latin de Jean Pierre Maffée par Michel de Pure. *A Paris* 1665. *in* 4°.

81 P Histoire des Indes de Portugal, contenant leur découverte & conquête par les Portugais; traduite du Portugais de Lopez de Castañeda par Nicolas de Grouchy. *A Anvers* 1554. *in* 8°.

20 P Histoire des Indes Orientales, par Urbain Souchu de Rennefort. *A Paris* 1688. *in* 4°.

82 P Histoire de la Religion des Banjans, & des anciens Persans qui sont à présent dans les Indes Orientales, & que l'on appelle ordinairement *Parsis*; traduite de l'Anglois de Henry Lord (par Pierre Briot.) *A Paris* 1667. *in* 12°.

21 P La porte ouverte pour parvenir à la connoissance du Paganisme caché, ou la vie, les mœurs, & la Religion des Bramines Payens Asiatiques qui demeurent sur les costes du Chormandel; traduite de l'Anglois d'Abraham Roger, avec des Remar-

HISTOIRE D'ASIE.

ques, par Thomas la Gruë: avec Figures. *A Amsterdam* 1670. *in* 4°.

Histoire de la Revolution du Royaume de Golconde, traduite de l'Anglois de Jean Ovington. *Voyez ses Voyages, ci-devant n°* 175 I.

Relation des Guerres civiles du Japon. *Voyez l'Ambassade au Japon, tome* 2. *ci-devant n°* 282 I.

83 P Relation historique du Royaume de Siam, par le Sieur de l'Isle. *A Paris* 1684. *in* 12°.

22 P Histoire naturelle & politique du Royaume de Siam, par Nicolas Gervaise. *A Paris* 1688. *in* 4°.

84 P Du Royaume de Siam, par M. Simon
85 P de la Loubere Envoyé extraordinaire à Siam en 1687. & 88. avec Figures. *A Paris* 1691. *in* 12°. 2. *vol.*

Relation des Revolutions de Siam, de l'année 1647. traduite du Flamand de Jeremie van Vliet par Abraham de Wicquefort. *Voyez le Voyage de Perse d'Herbert, ci-devant n°* 74 I.

23 P Histoire des Royaumes de Tunquin, & de Lao, traduite de l'Italien du P. de Marini par François le Comte Celestin. *A Paris* 1666. *in* 4°.

86 P Histoire de la Conqueste des Isles Mo-

		CATALOGUE DE LIVRES.
87	P	luques par les Espagnols, les Portugais, & les Hollandois; traduite de l'Espagnol de Barthelemy Leonard d'Argensola; avec Figures. *A Amsterdam* 1706. *in* 12°. 3. *vol.*
88	P	
89	P	Description historique du Royaume de Macaçar, par Nicolas Gervaise. *A Paris* 1688. *in* 12°.
90	P	Histoire de l'Isle de Ceylan, traduite du Portugais de Jean Ribeyro par M. l'Abbé Joachim le Grand. *A Paris* 1701. *in* 12°.
91	P	Description de l'Isle Formosa en Asie, dressée sur les Memoires de George Psalmanaazaar natif de cette Isle: avec la Relation de ses Voyages en plusieurs endroits de l'Europe, de la persecution qu'il y a soufferte de la part des Jesuites d'Avignon, & des raisons de sa conversion à la Religion Chrétienne Reformée: avec Figures. *A Amsterdam* 1705. *in* 12°.
		La prise de Formosa par les Chinois sur les Hollandois. *Voyez le Recueil des Voyages de la Compagnie aux Indes Orientales, tome* 5. *ci-devant n°.* 2611.
5	P	La Chine illustrée de plusieurs Monumens tant sacrez que profanes, & des

Histoire d'Asie.

des recherches de la Nature & de l'Art, traduite du Latin d'Athanase Kircher par François Savinien d'Alquié ; avec un Dictionnaire Chinois & François, & des Figures. *A Amsterdam* 1670. *in fol.*

24 P Nouvelle Relation de la Chine, contenant la Description des particularitez considerables de cet Empire; traduite du Portugais du P. Gabriel de Magaillans Jesuite par le S.r B.... *A Paris* 1690. *in* 4°.

92 P Histoire de la Cour du Roy de la Chine, par Michel Baudier. *A Paris* 1668. *in* 12°.

Nouveaux Memoires sur l'Etat present de la Chine, par le P. Louis le Comte Jesuite ; avec une Suite contenant l'Histoire de l'Edit de l'Empereur de la Chine en faveur de la Religion Chrétienne, & un Eclaircissement sur les honneurs que les Chinois rendent à Confucius & aux Morts, par le P. Charles le Gobien Jesuite. *A Paris* 1701. *&* 1702. *in* 12°. 3. *vol.*

93 P } Tomes 1. & 2. contiennent le Voyage
94 P } de Siam jusqu'à Pekin, & la Description des Villes, Bâtimens, Ou-

vrages, Caracteres, Langues, Livres, Morale, Religion &c. des Chinois.

95 P Tome 3. l'Histoire de l'Edit de l'Empereur de la Chine en faveur de la Religion Chrétienne ; & l'Eclaircissement sur Confucius.

96 P
97 P Histoire de la Chine, traduite du Latin de Martin Martini Jesuite par l'Abbé le Peletier. *A Paris* 1692. *in* 12°. 2. *vol.*

25 P Histoire universelle de la Chine, traduite du Portugais d'Alvarez Semedo par Louis Coulon; avec l'Histoire de la Guerre des Tartares traduite du Latin de Martin Martini. *A Lyon* 1667. *in* 4°.

98 P Histoire de la Guerre des Tartares contre la Chine, traduite du Latin de Martin Martini Jesuite. *A Paris* 1657. *in* 8°.

99 P Histoire de la Conqueste de la Chine par les Tartares, traduite de l'Espagnol de Don Jean de Palafox Evêque d'Osma par le Sieur Collé. *A Paris* 1670. *in* 8°.

100 P Histoire des deux Conquerans Tartares qui ont subjugué la Chine, par Pierre Joseph d'Orleans Jesuite. *A Paris* 1688. *in* 8°.

HISTOIRE D'AFRIQUE.

101 P   Hiftoriale Defcription de l'Afrique, écrite premierement en Arabe, & enfuite en Tofcan, par Jean Leon Africain, & traduite en François par Jean Temporal. *A Anvers* 1556. *in* 8°.

26 P
27 P
28 P   L'Afrique de Louis Marmol, traduite de l'Efpagnol en François par Nicolas Perrot Sieur d'Ablancourt; enrichie des Cartes geographiques de Nicolas Sanfon; avec l'Hiftoire des Cherifs, traduite de l'Efpagnol de Diego Torres par le Duc d'Angoulefme le pere (M. Charles de Valois.) *A Paris* 1667. *in* 4°. 3. vol.

6 P   Defcription de l'Afrique, traduite du Flamand d'O. Dapper; avec Figures. *A Amfterdam* 1686. *in fol.*

7 P   Hiftoire de Barbarie & de fes Corfaires, des Royaumes & des Villes d'Alger, de Tunis, de Salé, & de Tripoly; par Pierre Dan Trinitaire. *A Paris* 1649. *in fol.*

102 P Etat des Royaumes de Barbarie, Tripoly, Tunis, & Alger; avec la Tra-

CATALOGUE DE LIVRES.
dition de l'Eglife pour le rachat des Captifs. *A la Haye* 1704. *in* 12°.

103 P Hiftoire du Royaume d'Alger, avec l'Etat prefent de fon Gouvernement, de fes Forces, de fes Revenus, Police, Juftice, Politique & Commerce ; par M. Laugier de Tafly Commiffaire de la Marine pour le Roy T. C. en Hollande : avec Figures. *A Amfterdam* 1725. *in* 12°.

104 P La Vie du Roy Almanfor, traduite fur une Verfion Efpagnole de l'Arabe d'Aly Abençufian, par F. d'Obeilh. *A Amfterdam* 1671. *in* 12°.

L'Hiftoire des Cherifs, traduite de l'Efpagnol de Diego Torres par le Duc d'Angoulefme le pere. *Voyez l'Afrique de Marmol, tome* 3. *ci-devant n°* 28 P.

105 P Hiftoire des Conqueftes de Mouley Archy Roy de Tafilet, & de Mouley Ifmaël ou Semein fon fuccefseur à prefent regnant, tous deux Rois de Fez & de Maroc, par G. Mouëtte. *A Paris* 1683. *in* 12°.

106 P Hiftoire du Regne de Mouley Ifmaël Roy de Maroc, Fez, Tafilet &c. & de la cruelle perfecution que fouffrent les Efclaves Chrétiens dans

ses Etats; avec le Recit de trois Voyages à Miquenez & Ceuta pour leur redemption depuis 1704. jusqu'en 1712. & plusieurs Entretiens sur la Tradition de l'Eglise pour leur soulagement; par le P. Dominique Busnot. *A Roüen* 1714. *in* 12°.

107 p Nouvelle Histoire d'Ethiopie, tirée de l'Histoire Latine de Job Ludolf; avec Figures. *A Paris* 1684. *in* 12°.

108 p Histoire de l'Ethiopie Orientale, traduite du Portugais du P. Jean dos Santos par Gaëtan Charpy. *A Paris* 1684. *in* 12°.

29 p Histoire de l'Isle de Madagascar, par Estienne de Flacourt; avec une Relation de ce qui s'est passé en 1655. 56. & 57. par le même Auteur. *A Troyes* 1661. *in* 4°.

109 p Relation historique de la Découverte de l'Isle de Madere, traduite du Portugais de François Alcaforado. *A Paris* 1671. *in* 12°.

110 p Histoire de la premiere Découverte & Conqueste des Canaries faite en 1402. par Jean de Bethencourt, Chambellan de Charles VI. écrite du temps mesme par Pierre Bontier, & Jean le Verrier; & mise en

lumiere par Galien de Bethencourt, avec un traité de la Navigation & des Voyages de Découverte modernes & principalement des François, par Nicolas Bergeron. *A Paris* 1630. *in* 8º.

HISTOIRE D'AMERIQUE.

111 P Histoire generale des Indes Occidentales & Terres Neuves, découvertes depuis 1492. jusqu'en 1551. avec la Description de la Nouvelle Espagne & de la Ville du Mexique ; traduite de l'Espagnol de François Lopez de Gomara par Martin Fumée. *A Paris* 1580. *in* 8º.

8 P L'Histoire du nouveau Monde, ou Description des Indes Occidentales, par Jean de Laët. *A Leyde* 1640. *in fol.*

Mœurs des Sauvages Ameriquains, comparées aux Mœurs des premiers temps ; par le P. Joseph François Lafitau Jesuite: avec Figures. *A Paris* 1724. *in* 4º. 2. *vol.*

30 P Tome 1. traite de l'origine des Peuples de l'Amerique, du caractere des Sauvages en general, de leur Reli-

Histoire d'Amérique.

gion, de leur Gouvernement politique, de leurs Mariages, & de leur Education.

31 P — Tome 2. traite des Occupations des hommes dans le Village, des Occupations des femmes, de la Guerre, des Ambassades & du Commerce, de la Chasse & de la Pesche, des Jeux, des Maladies & Medecine, des Morts, Sepulture & Deüil, & de la Langue.

112 P — Historie di Don Fernando Colombo, dove la Relatione della vita di Christoforo Colombo suo padre, & dello scoprimento ch'egli fece dell'Indie Occidentali ; tradotte del Spagnuolo nel Italiano. *In Milano, in* 8°.

32 P
33 P — Histoire generale des Voyages & Conquestes des Castillans dans les Isles
34 P — & Terre-Ferme des Indes Occidentales, I. II. & III. Decades comprenant depuis l'an 1492. jusqu'en 1526. traduites de l'Espagnol d'Antoine Herrera par Nicolas de la Coste Libraire. *A Paris* 1660. *in* 4°. 3. vol.

35 P — Tyrannies & cruautez des Espagnols ès Indes Occidentales ; traduit de l'Espagnol de Barthelemy de las Casas, Evêque de Chiappa, par

CATALOGUE DE LIVRES.

Jacques de Miggrode. *A Roüen* 1630. *in* 4°.

113 P
114 P Relation de ce qui s'est passé aux Isles & Terres-Fermes de l'Amerique pendant la derniere Guerre avec l'Angleterre, & depuis en execution du Traité de Breda ; avec un Journal du dernier Voyage de M. de la Barre en Cayenne, & d'un Voyage fait en Guinée l'année presente. *A Paris* 1671. *in* 12°. 2. *vol.*

115 P
116 P Histoire des Avanturiers Flibustiers qui se sont signalez dans les Indes, contenant ce qu'ils ont fait de remarquable depuis vingt années; avec la vie & les coutumes des Boucaniers, & des Habitans de S. Domingue & de la Tortue &c. par Alexandre Olivier Oexmelin : Nouvelle Edition avec Figures. *A Paris* 1699. *in* 12°. 2. *vol.*

117 P Journal du Voyage fait à la Mer de Sud avec les Flibustiers de l'Amerique, en 1684. 85. 86. 87. & 88. par le S' Raveneau de Lussan. *A Paris* 1705. *in* 12°.

118 P Histoire de la Nouvelle France, contenant les Navigations & Découvertes des François dans les Indes Occidentales,

HISTOIRE D'AMERIQUE. 601
cidentales, depuis l'an 1524. jufqu'à
prefent ; par Marc Lefcarbot. A
Paris 1612. in 8°.

119 p Defcription de la Louifiane, nouvellement découverte au Sud-Oüeft de
la Nouvelle France ; & des Voyages & Navigations du S¨ Cavelier de
la Salle & du P. Louis Hennepin
pour ce fujet depuis 1678. jufqu'en
1682. par le mefme P. Louis Hennepin Recoller. A Paris 1688. in
12°.

120 p L'Amerique Angloife, ou Defcription des Ifles & Terres-Fermes du
Roy d'Angleterre dans l'Amerique:
traduite de l'Anglois, avec des Figures. A Amfterdam 1688. in 12°.

121 p Hiftoire de la Virginie, depuis le premier établiffement des Anglois en
1585. jufqu'en 1700. avec l'Hiftoire
naturelle & politique du Pays; traduite de l'Anglois d'un Habitant du
Pays : avec Figures. A Amfterdam
1707. in 12°.

122 p Hiftoire de la Floride, ou Relation
123 p de la Conquefte de ce Pays par Ferdinand de Soto en 1538. traduite
de l'Efpagnol de l'Inca Garcilaffo
de la Vega, par Pierre Richelet.

Gggg

CATALOGUE DE LIVRES.

124 p   *A Paris* 1670. *in* 12°. 2. *vol.*
Histoire de la Conqueste de la Floride par les Espagnols sous Ferdinand de Soto, traduite du Portugais d'un Gentilhomme d'Elvas par M. D. C... *A Paris* 1685. *in* 12°.

8 * p   Historia de la Conquista de Mexico por Fernan Cortez, escrita por Antonio de Solis: Nueva Edicion con Estampas, y la Vida del Autor por Juan de Goyeneche. *En Brusselas* 1704. *in fol.*

125 p   Histoire de la Conqueste du Mexique
126 p   ou de la Nouvelle Espagne par Fernand Cortez, & des choses qui s'y sont passées depuis l'an 1518. jusqu'en 1621. traduite de l'Espagnol d'Antoine de Solis (par le Sr Citri de la Guette:) avec Figures. *A Paris* 1704. *in* 12. 2. *vol.*

36 p   Histoire naturelle & morale des Isles Antilles de l'Amerique, (par le Sr de Rochefort,) enrichie de plusieurs belles Figures des Raretez les plus considerables. *A Rotterdam* 1658. *in* 4°.

Histoire generale des Isles Antilles habitées par les François, contenant tout ce qui s'est passé dans l'Establis-

HISTOIRE D'AMERIQUE. 603
sement des Colonies Françoises depuis l'an 1627. jusqu'en 1660. l'Histoire naturelle du Pays ; & celle du changement des Proprietaires des Antilles, de l'Etablissement de la Compagnie Royale & de son Gouvernement jusqu'à la Paix de Breda en 1667. par Jean Baptiste du Tertre Dominicain : avec Figures. *A Paris 1667. in 4°. 4. tomes en 3. vol.*

37. P.   Tome 1. contient l'Etablissement des Colonies Françoises.
38. P.   Tome 2. l'Histoire naturelle du Pays.
39. P.   Tomes 3. & 4. reliez ensemble traitent de l'Etablissement & Gouvernement de la Compagnie des Indes Occidentales jusqu'à la Guerre entre la France & l'Angleterre, & depuis le commencement de cette Guerre jusqu'à la Paix de Breda.
40. P.   Histoire generale des Isles de S. Christophe, de la Guadeloupe, de la Martinique, & autres dans l'Amerique, depuis l'an 1625. jusqu'en 1640. par le mesme J. B. du Tertre. *A Paris 1654. in 4°.*
117. P.   Relation de l'Etablissement des François en l'Isle de la Martinique, depuis l'an 1635. par Jacques Bouton

Jésuite. *A Paris* 1640. *in* 8°.

128 p   Relation de l'Isle de Tabago ou de la nouvelle Oüalcre, l'une des Isles Antilles de l'Amerique, par le Sieur de Rochefort. *A Paris* 1666. *in* 12°.

41 p   Le Commentaire Royal, ou l'Histoire des Yncas Rois du Perou, contenant leur origine depuis le premier Ynca Manco Capac, leur idolatrie, leurs loix, leurs conquestes, & tout l'état de cet Empire, avant que les Espagnols s'en rendissent maîtres; écrite en Peruvien par l'Ynca Garcilasso de la Vega, & traduite sur la Version Espagnole du mesme Auteur par Jean Baudoin. *A Paris* 1633. *in* 4°.

42 p   Histoire des Guerres civiles des Espagnols dans les Indes, causées par les Soulevemens des Piçarres & des Almagres qui les avoient conquises; où l'on voit les actions memorables des Espagnols au Perou depuis leur arrivée jusqu'à l'an 1580. traduite de l'Espagnol du mesme Ynca Garcilasso de la Vega par le mesme Baudoin. *A Paris* 1658. *in* 4°.

129 p
130 p   Histoire de la Découverte & Conqueste du Perou en 1525. & de ce

HISTOIRE D'AMERIQUE. 605
qui s'y est passé jusqu'à la défaite entiere des Piçarres; traduite de l'Espagnol d'Augustin de Zarate par S. D. C. A... avec Figures. *A Paris 1706. 2. vol. in 12°.*

131 P Relation de l'Expedition de Carthagene faite par les François en 1697. sous la conduite de M. de Pointis; écrite par luy-mesme. *A Amsterdam 1698. in 12°.*

Historia Brasiliæ, sub præfectura Comitis Nassovii. *Voyez ci-après n° 46 Q.*

Histoire de la derniere Guerre du Bresil entre les Portugais & les Hollandois. *Voyez les Relations de Madagascar & du Bresil, ci-devant n° 82 I.*

GRANDS LIVRES

DE FIGURES

ET DE CARTES.

1. Païsages, Veuës, & autres Estampes de Silvestre & de Callot. *In fol.*
2. Veuës des plus belles Maisons de France & d'Italie, gravées par Perelle. *In fol.*
3. Description de l'Eglise Royale des Invalides, par M. Jean François Felibien ; avec Figures. *A Paris 1706. in fol. en grand papier.*
4. Veuës & Perspectives des Château & Ville de Versailles : gravées par le Sieur Menant. *In fol.*
5. Un livre inscrit sur le dos *Leo Belgicus*, contenant diverses Estampes des Troubles de France & de Flandres au sujet de la Religion, dans le seiziéme siecle. *In fol.*
6. Recueil de cent Estampes, representant differentes Nations du Levant,

CATALOGUE DE LIVRES: tirées sur les Tableaux peints d'après nature en 1707. & 1708. par les ordres de M. de Ferriol Ambassadeur du Roy à la Porte ; & gravées en 1712. & 1713. par les soins du Sieur le Hay. *A Paris* 1714. *in fol. majori.*

Le grand Atlas, ou Cosmographie Blaviane, en laquelle sont décrits la Terre, la Mer, & le Ciel ; premiere partie contenant la Geographie : Ouvrage enrichi de Cartes & Figures enluminées. *A Amsterdam chez Blaeu* 1663. *& années suiv. in folio majori* 12. *vol.*

7 Q	Tome 1. comprend les Terres Arctiques, la Norwege, & le Danemarc.
8 Q	Tome 2. la Suede, la Moscovie, la Pologne, & la Turquie en Europe.
9 Q	Tome 3. l'Allemagne.
10 Q	Tome 4. les Païs-Bas-Catholiques, & les Provinces-Unies.
11 Q	Tome 5. l'Angleterre.
12 Q	Tome 6. l'Ecosse, & l'Irlande.
13 Q	Tome 7. la Partie Septentrionale de la France.
14 Q	Tome 8. la Partie Meridionale de la France, & la Suisse.
15 Q	Tome 9. l'Italie.
16 Q	Tome 10. l'Espagne, & l'Afrique.

Tome

GRANDS LIVRES DE FIGURES. 609

17 Q Tome 11. l'Asie.
18 Q Tome 12. l'Amerique.
19 Q L'Atlas Maritime, contenant l'Hydrographie de toute la Terre, avec des Cartes & Figures enluminées. *A Amsterdam chez Jansson 1650. in fol. majori.*
20 Q Atlas Cœlestis, seu Harmonia Macrocosmica, illustrata studio Andreæ Cellarii, cum Figuris coloribus exornatis. *Amstelodami apud Janssonium 1661. in fol. majori.*

Cartes de l'Europe, de l'Asie, de l'Afrique, de l'Amerique, & de la Geographie ancienne; par Nicolas & Guillaume Sanson. *A Paris, in fol.* 5. vol. enluminez.

21 Q Tome 1. contient l'Asie, l'Afrique, l'Amerique, & la Geographie ancienne.
22 Q Tome 2. contient l'Europe.
23 Q Tome 3. les Cartes particulieres du Royaume de France.
24 Q Tome 4. la France, l'Espagne, l'Italie, l'Allemagne, & les Isles Britanniques.
25 Q Tome 5. les Tables de la Geographie ancienne & nouvelle, ou la Methode pour apprendre la Geographie.

Theatrum Civitatum & Admirandorum Italiæ, descriptore Joanne Blaeu; cum Figuris. *Amstelodami*

Hhhh

CATALOGUE DE LIVRES.
apud Blaeu 1663. *in fol. majori* 2. vol.

26 Q   Tomus 1. exhibet Civitates Statûs Ecclesiastici.

27 Q   Tomus 2. Circos, & Obeliscos; Theatra, Amphiteatra, & Naumachias.

Flandria illustrata, sive Descriptio Comitatûs Flandriæ, auctore Antonio Sandero, cum Figuris. *Coloniæ Agrippinæ* 1641. *in folio majori* 2. vol.

28 Q   Tomus 1. exhibet Flandriæ Principes, Res Gandavenses, Res Brugenses, Franconatûs Ditionem, Res Iprenses.

29 Q   Tomus 2. Res Cortracenses, Res Cassetenses, Res Furnenses &c. & Auctarium ad utrumque tomum.

Theatrum Urbium Belgicæ Regiæ, & Belgicæ Fœderatæ, per Joannem Blaeu; cum Figuris. *Amstelodami apud Blaeu* 1649. *in folio majori* 2. vol.

30 Q   Tomus 1. exhibet Urbes Brabantiæ, Luxemburgensis Ducatûs, Comitatûs Flandriæ, Artesiæ, Hannoniæ, Namurci, Mechliniæ, Geldriæ.

31 Q   Tomus 2. Urbes Geldriæ, Hollandiæ, Zelandiæ, Trajecti, Frisiæ, Trans-Isalaniæ, Groningæ; & Appendicem ad Belgium Fœderatum.

32 Q   Description de la Ville de Paris & de

ses Fauxbourgs, en vingt Planches, dont chacune représente un des vingt Quartiers ; avec un Détail exact des Abbaïes, Eglises, Convents, Communautez, Colleges, Edifices publics, principaux Palais & Hôtels, Places, Ruës, Fontaines, Maisons, Lanternes &c. Le tout dressé & gravé sous les ordres de M. d'Argenson Lieutenant General de Police. *A Paris* 1714. *in fol. majori*.

33ᴼ Portraits des Rois de France, avec un Sommaire de leurs Regnes jusqu'à Louis XIV. ensemble des Hommes illustres dans les Armes & dans les Lettres : Gravez par differens Maîtres. *A Paris, in* 4°.

34ᴼ Les Annales de la Monarchie Françoise, depuis Pharamond jusqu'à la Majorité de Louis XV. où l'on trouve aussi la Succession Genealogique des Maisons Royales de France, de Lorraine, & des Souverains qui en sont issus ; & les Medailles autentiques qui ont été frapées sous les differens Regnes : par M. Henry Philippe de Limier. *A Amsterdam* 1724. *in fol. majori* 3. *tomes en un vol*.

35 Q. Les Triomphes du Roy Louis le Juste, representez en un Poëme Latin de Charles Beys, traduit en François par Jean Nicolaï; avec des Figures, des Portraits, & des Plans : Le tout gravé & imprimé par les soins de Jean Valdor. *A Paris* 1649. *in fol.*

36 Q.
37 Q. Les Conquestes de Louis le Grand, depuis la Bataille de Rocroy jusqu'à la prise de Namur en 1692. avec les Plans & les Cartes ; par Sebastien Pontault Chevalier de Beaulieu. *A Paris, in fol. majori 2. vol.*

38 Q. Histoire du Roy Louis le Grand, par les Medailles, Jettons, Inscriptions, & autres Monumens publics, recueillis & expliquez par Claude François Menestrier Jesuite : Nouvelle Edition augmentée d'un Discours sur la Vie du Roy, & de plusieurs Medailles & Figures, par l'Auteur. *A Paris* 1700. *in fol.*

39 Q. Medailles sur les principaux Evenemens du Regne de Louis le Grand, depuis sa naissance en 1638. jusqu'en 1700. avec des Explications historiques, par MM. de l'Academie des Inscriptions : Ouvrage enri-

GRANDS LIVRES DE FIGURES.

chi de Gravûres des meilleurs Maîtres. *A Paris de l'Imprimerie Royale 1702. in fol.*

40 Q. Le mefme livre : Nouvelle Edition continuée jufqu'à la mort de Louis XIV. en 1715. par la mefme Academie. *A Paris de l'Imprimerie Royale 1723. in fol.*

41 Q. Entrée du Roy Louis XIV. & de la Reine fon Epoufe à Paris en 1660. après leur Mariage : Gravée par Chauveau en 1662. *In fol.*

42 Q. Defcription des Réjoüiffances faites dans la Ville de Rennes pour la Naiffance de Louis de France Duc de Bretagne, arriere-petit-fils de Louis le Grand, en 1704. & de la Ceremonie de fes Funerailles, en 1705. avec le Ceremonial du Couronnement des Ducs de cette Province. *MS. orné de Figures & Miniatures en or & en couleurs, in fol. majori.*

Les Hommes illuftres qui ont paru en France pendant ce fiecle ; par Charles Perrault : avec leurs Portraits au naturel. *A Paris 1696. in fol. majori 2. vol.*

43 Q. Tome 1. comprend le Cardinal de Ri-

chelieu, le Cardinal de Berulle, Sponde, de Marca, Camus Evesque de Belley, Godeau, Senault, Arnauld le Docteur, Sirmond, Petau, Morin, M. le Prince, M. de Turenne, le Comte de Pagan, le Chancelier Seguier, du Vair Garde des Sceaux, le Président Jeannin, Phelypeaux de Pontchartrain Secretaire d'Etat, Colbert Ministre d'Etat, de Lamoignon Premier Président, de Thou, Bignon Avocat General, de Peiresc, Papire Masson, Scevole de Sainte-Marthe, Pellisson, Dupuy, d'Andilly, Rossignol, Des-Cartes, le Maistre Avocat, Gassendi, Pascal, Claude Perrault, Malherbe, Balzac, Voiture, Sarasin, P. Corneille, Moliere, Quinault, la Fontaine, Lully, Mansart, Poussin, le Brun, le Sueur, Callot, Nanteuil, Ballin.

44 Q Tome 2. le Cardinal du Perron, le Cardinal d'Ossat, Coëffeteau, Vincent de Paul, de Launoy, Lallemant, le Nain de Tillemont, Santeuil, Vignier, Combefis, Mersenne, le Comte d'Harcourt, le Duc de Sully, le M. de la Meilleraye, le M. de Grammont, le M. de Luxembourg, le M. de Gassion, le M. de Fabert, du Quesne, d'Urfé, du Metz, de Beaulieu, de Solleysel, le Chancelier le Tellier, Colbert de Seignelay, Ach. de Harlay, de Bellievre, Franç.

GRANDS LIVRES DE FIGURES. 615

Pithou, Nic. le Févre, de la Mothe le Vayer, Joseph Scaliger, Rigault, Patru, Menage, de Valois, d'Herbelot, Bouillaud, Blondel, Bochart, de Benserade, Racine, de la Quintynie, Varin, Collot, Voüet, Mignard, Blanchard, Sarrasin, Mellan, Chauveau.

Descriptio publicæ Gratulationis, Spectaculorum, & Ludorum in Adventu Archiducis Austriæ Ernesti Præfecti Belgicis Provinciis, anno 1594. Antverpiæ editorum; auctore Joanne Bochio. *Antverpiæ* 1595. *in fol.* Relié avec l'Entrée du Roy à Paris, ci-devant n° 41 Q.

45 Q Histoire Metallique de la Republique de Hollande, par Pierre Bizot; avec les Medailles en taille douce. *A Paris* 1687. *in fol.*

46 Q Casparis Barlæi Historia Rerum in Brasilia per octennium gestarum sub præfecturâ Comitis Mauritii Nassovii; cum Figuris coloribus exornatis. *Amstelodami* 1647. *in fol.*

ANTIQUITEZ.

L'Antiquité expliquée, & representée en Figures, par Dom Bernard de Montfaucon Religieux Benedictin. *A Paris* 1719. *in fol.* 5. *tomes en* 10. *vol. en grand papier.*

47 Q.   Tome 1. 1ere partie, comprend les Dieux du premier, du second, & du troisiéme rang, selon l'ordre du tems.

48 Q.   Tome 1. 2e partie, les Heros parvenus à la Divinité.

49 Q.   Tome 2. 1ere partie, le Culte des Grecs & des Romains.

50 Q.   Tome 2. 2e partie, la Religion des Egyptiens, des Arabes, des Syriens, des Perses, des Scythes, des Germains, des Gaulois, des Espagnols, & des Carthaginois.

51 Q.   Tome 3. 1ere partie, les Habits, les Meubles, les Vases, les Monnoyes, les Poids, les Mesures, des Grecs, des Romains, & des autres Nations.

52 Q.   Tome 3. 2e partie, les Bains, les Mariages, les grands & les petits Jeux, les Pompes, la Chasse, la Pêche, les Arts &c.

53 Q.   Tome 4. 1ere partie, les Levées des Gens de Guerre, les Habits, les Magasins, les Travaux, les Signes & les Combats

GRANDS LIVRES DE FIGURES.

bats militaires; les Armes de toutes les Nations, les Marches d'Armées, les Machines de Guerre &c.

54 Q   Tome 4. 2ᵉ partie, les Chemins publics, les Aqueducs, & la Navigation.

55 Q   Tome 5. 1ᵉʳᵉ partie, les Funerailles des Grecs & des Romains.

56 Q   Tome 5. 2ᵉ partie, les Funerailles des Nations Barbares, les Lampes, les Supplices &c.

Suplement au Livre de l'Antiquité expliquée, & representée en Figures; par le même D. Bernard de Montfaucon. *A Paris* 1724. *in fol. 5 vol. en grand papier.*

57 Q   Tome 1. comprend les Dieux des Grecs & des Romains.

58 Q   Tome 2. le Culte des Grecs, des Romains, des Egyptiens, & des Gaulois.

59 Q   Tome 3. les Habits & les Usages de la vie.

60 Q   Tome 4. la Guerre, les Ponts, les Aqueducs, la Navigation, les Phares, & les Tours octogones.

61 Q   Tome 5. les Funerailles.

62 Q Le Cabinet de la Bibliotheque de Sainte Genevieve, contenant les Antiquitez de la Religion des Chrétiens, des Egyptiens, & des Romains; des Tombeaux; des Poids, & des Medailles; des Monnoyes &c. par Claude du Molinet Cha-

noine Regulier : avec Figures. A Paris 1692. *in fol.*

Rome ancienne.

63 Q. Admiranda Romanarum Antiquitatum, ac veteris Sculpturæ Vestigia anaglyphico opere elaborata; ex marmoreis exemplaribus quæ Romæ adhuc extant ad antiquam elegantiam incisa à Petro Sancti-Bartoli, & Notis Joannis Petri Bellorii illustrata. *Romæ* 1693. *in fol. majori.*

64 Q. Colonna Trajana eretta dal Senato e Popolo Romano all' Imperator Trajano Augusto in Roma, scolpita con l'Historie della Guerra Dacica, & intagliata da Pietro Sancti-Bartoli; con l'Espositione & Additione di Medaglie, Inscrittioni & Trofei, da Giovanni Pietro Bellori. *In Roma*, *in fol.*

65 Q. Columna Antoniniana Marco Aurelio Antonino Augusto erecta Romæ, insculpta à Petro Sancti-Bartoli; cum Notis Joannis Petri Bellorii. *Romæ*, *in fol.*

66 Q. Veteres Arcus Triumphales, ex reliquiis quæ Romæ adhuc supersunt

GRANDS LIVRES DE FIGURES. 619
cum Imaginibus Triumphalibus reftituti, & æri incifi ; necnon antiquis Nummis Notifque Joannis Petri Bellorii illuftrati. *Romæ* 1690. *in fol. majori.*

67 Q
{ Triumphi ampliffimi & ornatiffimi, uti Confules, Dictatores, & Imperatores olim triumpharunt Romæ, Defcriptio ex antiquis Monumentis, ftudio Onuphrii Panvinii ; æri incifa. *Romæ, in fol. majori.*

Urbis Romæ S ciographiæ duæ novæ ampliffimæ & accuratiffimæ, ex antiquis Monumentis delineatæ & æri incifæ. *Romæ, in fol. majori.*

68 Q Gli antichi Sepolcri, overo Maufolei Romani, & Etrufchi, trovati in Roma, & in altri luoghi celebri ; raccolti & intagliati da Pietro Santi-Bartoli. *In Roma* 1697. *in fol.*

69 Q Le antiche Lucerne Sepolcrali figurate, raccolte dalle Cave fotterranee e Grotte di Roma, intagliate da Pietro Santi-Bartoli ; con l'Offervationi di Giovanni Pietro Bellori. *In Roma* 1691. *in fol.*

70 Q Le Pitture antiche del Sepolcro de' Nafonii nella Via Flaminia, inta-

gliate da Pietro Santi-Bartoli ; defcritte & illuſtrate da Giovanni Pietro Bellori. *In Roma 1702. in fol.*

Rome moderne.

71 Q. Il nuovo Teatro delle Fabriche & Edificii in profpettiva di Roma moderna ; intagliati da Giacomo de' Roffi. *In Roma, in fol. majori.*

72 Q. Infignium Romæ Templorum Profpectus exteriores interiorefque ; à Joanne Jacobo de Rubeis æneis typis vulgati. *Romæ 1684. in fol. majori.*

73 Q. Difegni di vari' Altari e Cappelle nelle Chiefe di Roma ; dati in luce da Giovanni Giacomo de' Roffi. *In Roma, in fol. majori.*

74 Q. Le Fontane di Roma, con li loro Profpetti ; intagliate da Giovanni Battifta Falda. *In Roma, in fol.*

75 Q. Li Giardini di Roma, con le loro Piante & Vedute in profpettiva ; intagliati da Giovanni Battifta Falda. *In Roma, in fol. majori.*

F I N.

TABLE

TABLE DES AUTEURS

A

Abbadie, *page* 26. 27. 51.
Abeille, 174.
Abençufian, 559. 596.
d'Ablancourt, (Perrot,) 12.
253. 259. 377. 378. 379. 385.
386. 595.
Abulcacim Tariff Abentariq, 558. 559.
l'Academie Françoise, 82. 83.
150. *bis*, 270.
l'Academie des Inscriptions & Belles-Lettres, 272. 612. 613.
l'Academie Royale des Sciences, 62.
des Accords, (Tabourot,) 189.
d'Aceilly, (le Chevalier) 137. 264.
Achamed, 589.
Acosta, 590.
d'Acuña, 327.
M' Adam, (Billaut,) 137.
Addisson, 52. 304.
de Aedo & Gallart, 305.
Agathias, 390.
Agreda y Vargas, 199.
d'Aigremont, (de Laon,) 325.

d'Aigue d'Iffremont, 238.
Aimar, 424.
Albert, (le grand,) 66.
Albert, (le petit,) 67.
Albert, *Leon Baptiste*, 215.
Alberti, 187.
Alcaforado, 597.
Aldrete Quevedo y Villegas, *Pedro*, 262.
Aleman, 193.
Algay, *voyez de* Martignac.
Ali Tchelebi-Ben-Saleh, 197.
Allard, 72.
Allard, *Guy*, 139.
d'Alquié, 593.
Alvarez de Colmenar, 289.
d'Amboise, (le Cardinal) 423.
Amelot, P. President de la Cour des Aydes, 483.
Amelot de la Houssaie, 51. 56.
343. 345. 356. 387. *ter*, 447.
481. 541.
Amelote, 6. *bis*.
Ammian Marcellin, 389.
Amyot, 214. *bis*, 378.
Anacreon, 100. 101. *ter*, 102. 131.
Ancelin, 219.
le P. Ange, Augustin Dechaussé, (*Fr.* Raffart,) 523.
Angevin, (le petit,) *voyez* Maugin.

K kkk

TABLE

d'Angoulesme, (Charles de Valois Duc) 445. 595.
d'Anjou, René, Roy de Sicile, 223.
Anselme, (l'Abbé, 92.
le P. Anselme, Augustin Dechaussé, Pierre de Guibours,) 476. 518. 526.
Antonin, voyez Marc-Antonin.
Appian Alexandrin, 384.
Apulée, 190.
d'Aranda, 321.
Arbalestre, Charlotte, femme de du Plessis-Mornay, 457.
d'Argensola, 592.
d'Argentré, 500. bis.
d'Argonne, voyez Vigneul-Marville.
Arioste, 119. 123. 140. bis, 141. 145. 146. 198.
Aristophane, 103.
Aristote, 85. 95.
Arloto, 189.
Arnauld, (l'Avocat,) 469. 520.
Arnauld d'Andilly, 12. 123. 347. 375. 376.
Arnauld, (le Docteur,) 1. 6. 7. 12.
d'Arras, Jean, 232.
Arrault, 43.
Arrian ou Arrien, 50. 104. 378.
Arroüet de Voltaire, 136. 175. bis.
d'Artagnan, 486.
Ascelin, 312.
Asselin, 136.
d'Assoucy, (Coypeau,) 206.
Athenagoras, 213.
Athenée, 253.
d'Avaux, (le Comte,) 479.
Aubert, 228. 587.

d'Aubert, voyez de Vertot.
Aubery, Antoine, 411. 471. bis, 475. 504. 511.
Aubery du Maurier, 551.
d'Aubignac, (Hedelin, Abbé) 96. 252.
d'Aubigné, (Agrippa,) 192. 203. 431. 447.
Aubin, 72. 554.
d'Aucourt, voyez Barbier.
d'Audiffret, 279.
d'Audiguier du Mazet, 213. 217. 219.
S. Augustin, 12.
Avril, 298.
d'Aunoy, (le Jumel de Berneville, Comtesse) 195. bis, 211. 235. 242. ter, 306. 319. 560.
d'Auteüil, (de Combault,) 505. 522.
Auteurs, (les cinq) 169.
d'Auton, 421. bis.
d'Auvergne, voyez de Paris.
Auvray, 172.

B

Bachaumont, (le Coigneux,) 264. bis, 266.
Bachet, voyez de Meziriac.
Baïf, 137.
du Bail, 204. 218.
Baillet, 365. 412.
Baillet, (sous le nom de Beaulieu Hues O Neil,) 327.
Ballard, 182. bis, 183. quater.
Baltus, 32.
de Balzac, (Guez,) 90.
Baudel, 245. 345.
Banier, 186.
de Barante, voyez Breugierre.
Barbeyrac, 29. 36. bis, 52. 53.

DES AUTEURS.

Barbier d'Aucourt, 239. 260.
Mlle Barbier, 157. 158. bis.
Barbin, 136.
Barclay, 216.
Barlæus, 615.
Baro, 164. 166. 169. 172. 217.
Baron, (Boyron,) 158.
de Barquebois, voyez Robbe.
de la Barre, voyez le Febvre.
de la Barre, Jean, 335.
des Barres, 575. 586.
Barrin, 111.
Barry, (sous le nom de du Pechier,) 171.
du Bartas, (Saluste,) 137.
Basire, voyez du Mesnil.
Basnage, 376. 552.
de Bassompierre, (le Marechal,) 459. 466.
le Baud, 499.
Baudelot de Dairval, 291.
Baudier, 423. 459. 472. 580. 585. bis, 593.
Baudoin, 141. 167. 185. 363. 443. 467. 604. bis.
Baudot de Juilly, 245. bis, 409. 417. 565.
Baudrand, 291.
de la Baume du Perret, 10.
de la Baune, 91.
Bayle, 28. 29. 269. 270. 275. 333.
de Beaufort, 465.
de Beaujeu, (le Chevalier,) 573.
Beaulieu, voyez Roziers.
de Beaulieu, (Pontault, Chevalier) 280. 612.
de Beaulieu Hues O Neil, voyez Baillet.
de Beaulieu, (l'Abbé) voyez de Sainte-Maure.

de Beaumanoir, voyez de Lavardin.
de Beaune, 439.
de Beauvau, Henry, 310.
de Beauvau, (le Marquis,) 548.
Becatel, 371.
Bechet, 577.
Bedacier, voyez Mᵉ Durand.
Beeverell, 290.
de Beinville, 470.
le Bel, 481.
de Belestang, voyez de Lestang.
Belin, 159.
Belise, (la P. F....) 201. 207.
Bellanger, 379.
du Bellay, Guillaume, 424. bis.
du Bellay, Joachim, 137.
du Bellay, Martin, Sr de Langey, 424. bis.
du Bellay, René, Baron de la Lande, 424. bis.
Belleau, 137.
de Bellefond, voyez Villaut.
de Belleforest, 245. 345.
de Bellegarde, 528.
de Bellerive, (le Chevalier) 309. 491.
de Belleville, 233.
de Belliévre, 452.
Bellori, 618. ter, 619. bis, 620.
de Belloy, 506. 512.
Belon, 294.
Belot, 428.
de benac, voyez de Navailles.
Benengely, 234.
Benoist, 30.
de Benserade, 113. 138. 170.
Bentivoglio, (le Cardinal) 539.
Berain, 395.

Kkkk ij

TABLE

Bergerac, *voyez* Cyrano.
Bergeron, 294. 313. 598.
de Berigny, 407.
Bernard, 507.
M^{le} Bernard, 242.
de Berneville, *voyez* d'Aunoy.
Berpier, 318.
Beroalde de Verville, 118. 189. 252. 418.
Berry, *voyez* le Bouvier.
Bertaut, Eveq. de Seez, 137.
Bertaut, *Françoise*, *voyez* M^c de Motteville.
Berthaud, 139.
Beſſé, *voyez* de la Chapelle.
de Bethencourt, 598.
de Bethune, *Maximilien*, *voyez* de Sully.
de Bethune, (le Comte) 465.
de Beüil, *voyez* le Maiſtre de Sacy.
van Beuninge, 553. *bis*.
Beys, 164. 170. *bis*, 612.
Biancollelli, *Dominique*, 177. 178.
Bidpaï, *voyez* Pilpay.
de Bie, 408.
Biet, 325.
Bignon, 357.
de la Bigottrie, *voyez* Yver.
Billain, 513.
Billaut, *voyez* Me Adam.
Bineau, 445.
Bion, 103.
de la Bizardiere, 573. 574.
Bizot, 615.
Blaeu, 608. 609. 610.
le Blanc, *François*, 510. *bis*.
le Blanc, *Vincent*, 294.
Blanchard, 522.
de Blancourt, *voyez* Haudicquer.
de Blegny, 69.
Blondel, 265.

Boaiſtuau, (ſurnommé Launay,) 345.
Bocace, 197. 198. 252.
Bochart, 108.
Bochius, 615.
Boëce, 46.
Boileau, *Gilles*, 228. 264.
Boileau Deſpreaux, 128. *bis*. 130. 135. 138.
Boindin, 158.
du Bois, *Louis*, 35.
du Bois, *voyez* Cretin.
du Bois, (Goisbaud,) 88. 89. *bis*
du Bois, *Nicolas*, 548.
du Bois, (le Voyageur,) 323.
de Bois-d'Annemets, 459.
de Boiſguilbert, 388.
de Boiſguillebert, (le Peſant ;) 241. 515.
de Boisrobert, (de Metel,) 137. 163. *bis*, 164. *bis*, 165. *bis*, 166. 170. 173. 203.
de Boisrobert, (ſous le nom de d'Ouville,) 190.
de Boiſſy, 136.
Boitet, 101.
Boivin, 99. 129.
Bonair Stuart, 508. *bis*.
de Bongars, 451.
Bonnarelli, 142. 165.
de Bonnecorſe, 130.
Bontier, 597.
de la Borde, *voyez* de Signac.
Bordelon, 194. 210.
Borée, 171.
Boreel, 553. *bis*, 554.
de Borron, *Helye*, 224.
de Borron, *Robert*, 224.
Boſman, 322.
Boſquet, 429.
le Boſſu, 96.
Boſſuet, Eveq. de Meaux, 7. 247

DES AUTEURS.

bis, 28. *quater*, 55. 91. 335. 371.
Bossuet, (l'Abbé) neveu du précedent, 55.
Bouchet, 421.
du Bouchet, 438. 505.
Bouhereau, 11.
Bouhier, (le President) 88.
Bouhours, 25. *bis*, 82. *bis*, 239. 249. 260. 267. 367. *bis*, 368. 586.
de Boüillon, (le Poëte,) 123. 129.
de Boulainvilliers, (le Comte) 38. 73. 285. 400. 411. 513. 516. *bis*, 517. *ter*, 581.
Boulanger de Chalussay, 174.
Boulesteys de la Contie, 567.
du Boullay, 426.
de la Boullaye-le Gouz, 297.
Bouquet, 431.
de Bourbon, Armand, Prince de Conti, 12. 54. *bis*.
Bourdaloue, 15. 91.
de Bourdeille, Sr de Brantome, 420. 435. 529. *ter*, 530. *bis*.
de Bourdeille, *voyez* de Montresor.
Bourdigne, 118.
Bourgeois du Chastenet, 545. 548.
Bourgoin, 465.
Boursault, 152. 238. 240. 264. 274.
de Bouscal, *voyez* Guerin.
Bouteroüe, 510.
le Bouthillier de Rancé, Abbé de la Trappe, 12. 21. 22. *bis*, 23. *ter*, 24. *ter*, 367. *bis*.
de Boutigny, *voyez* le Vayer de Boutigny.
Bouton, 603.
de Bouvier, *surnommé* Berry, 414. 417.

Boyardo, Comte de Scandiano, 140.
Boyer, 148. 149. *bis*, 164. 165. 166.
Boyron, *voyez* Baron.
de Boyvin, *voyez* du Villars.
de Boze, (Gros,) 272.
Bracciolini *ou* Brandolini Poggio, *voyez* le Pogge.
de Brancas, 34.
Brand, 321.
Brandt, 554.
de Brantome, *voyez* de Bourdeille.
de Brebeuf, 114. 137. 263.
Brecourt, 155. 174.
Bremond, 206.
le Bret, 510.
du Breton, 417.
Bretonneau, 15.
de Breves, (Savary,) 296.
Breugierre de Barante, *v.* Richel.
de Brianville, (Finé,) 347. 398. 452.
Bricard, 484.
Brice, 493.
de Brienne, (de Lomenie, Comte) 474. 481.
de Brinchamel, *voyez* Rassé.
de Brinon, 543.
Briot, 584. 590.
de Broglie, 33. *bis*.
Brosse, 167.
Brossette, 128.
de la Broüe, Eveq. de Mirepoix, 92.
le Brun, (le Poëte,) 115. 180. 245.
le Brun *ou* de Bruyn, (le Voyageur,) 311.
de la Brune, 549.
Bruscambille, 190.
de la Bruyere, 50.

TABLE

de Bryé, 242.
Bryenne, *voyez* Nicephore.
Buchanau, 115. *bis.*
de Bueil, *Claude*, 227.
de Bueil, *voyez de* Racan.
Buffier, 81.
du Buisson, *voyez de* Courtilz.
Burnet, 302. 370. *bis*, 371.
Busbequius, 313.
Busnot, 597.
vanden Bussche, (*dit* le Sylvain,) 346.
de Bussy, (de Rabutin, Comte) 205. 274. *lis*, 475. 477.
du Buttet, 453. *bis.*

C

Caffaro, 152.
Caille, *voyez du* Fourny.
de Cailliere, *Jean*, 443.
de Cailly, *voyez* d'Aceilly.
Calcondyle, 580.
de Callieres, de l'Acad. Franç. 53. 56. 253.
Calliste, *voyez* Nicephore.
Callistrate, 185.
Calmet, 3. 8. 348.
Callot, Graveur, 607.
de la Calprenede, (de Costes,) 165. 167. 168. 170. 237. *ter.*
du Camboust, *voyez de* Pontchasteau.
Camerino, 199.
de Campistron, (Galbert,) 158. *bis*, 179. 180.
de Camus, 74.
Camusat, 427.
Canaye, Sr de Fresne, 453.
du Cange, (du Fresne,) 410. 411.
Cantacuzene, 391. *bis.*

de Cantenac, 124.
Capece, 541.
Capitolin, 388.
Carasco, 235.
Carneau, 296.
Caron, 308. 317.
le Carpentier, *Jean*, 321.
Capentier, *voyez de* Marigny.
Carreri, *voyez* Gemelli.
des Cartes, *voyez* Descartes.
Carton, *voyez* Dancourt.
de las Casas, Eveq. de Chiappa, 599.
Cassan, 70. 278.
Cassan, *Jacques*, 511.
Cassandre, 85.
Cassius, *voyez* Dion Cassius.
de Castañeda, 590.
du Castel, 297. 310.
Castellan, 484.
de Castelnau, *voyez* Me de Murat.
de Castille, (l'Abbé) 454.
Castillo Solorzano, 200.
Castillejo, 213.
Catanusi, 140.
Cathalan, 93.
Catrou, 108. 372. 381.
de Cattan, 73.
Catulle, 106. 135. 270.
de Caumont, *voyez* M^{le} de la Force.
Cavice, 214.
de Caux, 175.
Cayet, 203. 433. 451. 453.
Cellarius, 609.
de Centellas, 563.
du Cerceau, 117.
de Cerisiers, 454.
M^{le} Certain, 124.
de Cervantes Saavedra, 200. *bis*, 217. *bis*, 234. *bis.*

DES AUTEURS.

Cefar, *voyez* Jules Cefar.
de Cefpedes y Meneses, 193.
de la Chaife, (Filleau,) 411.
Chalibert Dancoffe, 286.
de Chalvet, 46.
de Chaluffay, *voyez* Boulanger.
Chambre, 402.
de Champlain, 324.
de Champmelé, (Chevillet,) 166.
Chantereau le Febvre, 505.
Chapelain, 123. 137.
la Chapelle, (Loüillier,) 138. 264. *bis*, 266.
de la Chapelle, (Beffé,) 265. 479.
de la Chappelle, Jean, 220. 270.
Chapoton, 168.
Chappuys, 199. 215. 226. 228.
Chappuzeau, 174. 309.
Chardin, 314. 588.
Charenton, 556.
de Charleval, (Faucon,) 138.
Charlot, 228.
Charpentier, 81. 256. 314. 377.
Charpy, 597.
de Charron, Jacques, 405.
le Charron, Pierre, 51.
Chartarius, 31.
Chartier, Alain, 416.
Chartier, Jean, 417.
de Chafan, 337.
de Chaffepol, 583.
du Chaftelet, (Hay, Seig.r ou Marquis) 413. 469. *bis*, 514.
du Chaftelier-Barlot, 459.
du Chaftenet, *voyez* Bourgeois.
de Chaftenet, *voyez* de Puylegur.

de Chaftillon, *voyez* Joulet.
de Chaftonnieres, *voyez* de Grenaille.
de la Chaftre, 481.
de Chavagnac, (le Comte) 477.
Chaulmer, 170.
de Chaumont, 319.
Chauveau, Graveur, 613.
Chée Zadé, 196.
Cherefeddin Ali, 589.
du Chefne, André, 416. 492. 503.
du Chefne, François, 474. 492. 521.
de la Chetardye, (le Marquis) 240.
Chevalier, 148.
de Cheverny, (Hurault, le Chancelier) 446.
de Cheverny, fils du Chancelier, Abbé de Pontlevoy, 446.
Chevillet, *voyez* de Champmelé.
Chevreau, 120. 164. 169. 257.
Chifflet, Jean Jacques, 506.
Chifflet, Jules, 305.
de Choifeul, Marechal du Pleffy, *voyez* du Pleffy.
de Choifeul, Eveq. de Comminges, frere du Marechal, 487.
de Choify, 5. 319. 376. 411. 412. *bis*, 416.
Chomedey, 539.
Chomel, 66.
du Choul, 395.
Ciceron, 42. 86. 88. *quinquies*, 89. *quater*, 266.
Citri, *voyez* de la Guette.
de Clamorgan, Seig.r de Saane, 79.

TABLE

de Clarendon, (le Comte) 567.
de Clari, 448.
Claveret, 169. 393.
Cleante, (le B. de B....) 201. 207.
le Clerc, (l'Abbé) 403.
le Clerc, *Jean*, 60. 129. 551.
le Clerc, (*fous le nom de* Parrhafe,) 257.
le Clerc, *Michel*, 167.
du Clergé, (le Chevalier) 230.
Clopinel, (*dit de Meun*,) 117.
Coccaie, *Merlin*, *voyez* Folengi.
Cocodrille, (le Capitaine) *voyez de* Fournaris.
Coëffeteau, 389.
le Coigneux, *voyez* Bachaumont.
Colbert, Secretaire d'Etat, 489. 514.
Colet, 228.
de Coligny, *voyez de la* Suze.
Colins, 526.
Collé, 594.
Colletet, *François*, 139.
Colletet, *Guillaume*, 123. 168.
de Colmenar, *voyez* Alvarez.
Colomb, 599.
Colomiés, 255.
de Colonna, (*Marie* Mancini, la Connetable) 205.
Colonne, *François*, 214.
de Combault, *voyez* d'Auteüil.
de Comines, 419.
de Commanville, (Echard,) 353.
Comnene, *Anne*, 391.
le Comte, Celeftin, 296. 591.
le Comte, Jefuite, 593.
le Comte, *Noël*, 185.
Conrart, 121. 457.
Conftantin, 315.

de Conti, *voyez de* Bourbon.
de Conti, *voyez de* Lorraine.
de la Contie, *voyez* Bouleſteys.
de Contreras, 215.
le Coq, 510.
Coquillart, 117.
Corbueil, *voyez* Villon.
Corbinelli, *voyez* Pezay.
de Cordemoy, 400.
Coreal, 324.
Corneille, *Pierre*, 18. 135. 149. 169. *ter.*
Corneille, *Thomas*, 83. 150. 162. 169. 477.
Cornelius Nepos, 393.
Coronelli, 282.
Corrozet, 406.
Cortaud, 543.
M*le* Coſnard, 165.
Cofte, 60. 165. 489.
de la Cofte, 599.
Covard, 547.
de Coucy, 417.
de las Coüeras, 218.
de Coulange, 182.
Coulon, 294. 493. 594.
Couperin, 74.
de Courfant, 253.
de Courtilz, 206. *bis*, 460. 473. 477. 486. 489. 490. 492.
de Courtilz, (*fous le nom de* du Buiſſon,) 486.
Courtin, 125.
de Courval, 10.
de Courval, (Sonnet,) 120.
Couſin, 348. 389. 390. 544.
Couſtureau, 438.
de Coutures, (Parrain, le Baron) 106.
Cowley, 293.
Coypeau, *voyez* d'Aſſoucy.
de Cramail *ou de* Carmain, (le Comte)

DES AUTEURS.

Comte)! *voyez* de Montluc.
Cranato, 504.
de Crebillon, (Jolyot), 159. *bis*.
Cretin, 117.
de la Croix, Ant. Phil. 97.
de la Croix, (Petis,) 72. 196. *bis*, 354. 584. *bis*, 589.
de la Croix, (le Poëte,) 171.
Cromé, *voyez* Morin.
du Cros, 165.
du Crofet, 215.
de Croufaz, 49.
Crufoe, 328.
de la Cueva, 542.
Curce, *voyez* Quinte-Curce.
Cynthien, *voyez* Giraldi.
S. Cyprien, 11.
de Cyrano-Bergerac, 263.

D

Dacier, 45. 46. 50. *bis*, 109. 129. 392.
Me Dacier, 98. *bis*, 99. 101. 103. *bis*, 104. 105. *ter*, 106. 109.
Dagonneau, Sr de Vaux, 436.
Daillé, 457. *bis*.
de Dairval, *voyez* Baudelot.
de Dalibray, (Vion,) 137. 194.
Dampier, 292.
Dampmartin, 435.
Dan, 499. 595.
Danchet, 159.
Dancoffe, *voyez* Chalibert.
Dancourt, (Carton,) 161.
Daniel, 48. 403. *bis*, 520.
Danty, 36.
Dapper, 585. 595.
Dargoud, 41.

Daffié, 290.
Daffy, 214.
Davi, *voyez du* Perron.
David, (le Prophete,) 4. 5. *bis*, 118. 121.
Davila, 443. *ter*.
Daulier Deflandes, 588.
Decuchermoys, 231.
de Deguileville, 117.
M^{le} Delfoffes, 207.
Dellon, 317. 373.
Demofthene, 86. 266.
Denis d'Halicarnaffe, 379.
Denifot, 188.
Defcartes, 47. *septies*, 48. *bis*.
Defchamps, 239.
Defchamps, (Poëte Dramatique,) 162.
Desfontaines, 168. 204.
Deflandes, *voyez* Daulier.
Desmarais, *voyez* Regnier.
Defmarets, 121. 137. 186. 236. 265.
Desplaces, 71.
Desportes, 119. 137.
Despreaux, *voyez* Boileau.
Deftouches, (Nericault,) 160.
Dictis de Crete, 377.
Difs, 446.
Diocle Caryftien, 68.
Diodore Sicilien, 378.
Diogene Laërce, 253.
Dion Caffius, 388.
Domat, 37. *bis*.
Dominguez, 230.
Dominique, *voyez* Biancolelli.
Donneau, *voyez de* Vizé.
Dorimond, 174.
S. Dorothée, 11.
Doubdan, 313.
Doüet, 228.
Doujat, 381.

LLij

TABLE

Drach, 292.
Ducas, 391.
le Duchat, 192. 433. 449.
Duché de Vancy, 157. bis.
Dupuy, *Christophe*, 255.
Dupuy, *Pierre*, 323. 337. 356. 412. bis, 449. 508. 511.
Durand, 187.
M^e. Durand, (Bedacier,) 208. 221. 244. bis, 245.
Durval, 172.

E

Echrad, *voyez de* Commanville.
Eginard, 544.
Eirini d'Eyrinys, 67.
Elien, 253.
d'Embry, *voyez* Thomas.
d'Emiliane, 251.
Ennius, 114.
Epictete, 50.
Erasme, 252.
Eschine, 86.
Esope, 187.
d'Espagnet, (le President,) 421.
d'Espernon, (*Bernard* de Nogaret, Duc) 442.
d'Espernon, J. B. Goth, Marquis de Roüillac, Duc) 505.
d'Espesses, (Faye,) 454.
d'Esray, 232.
des Essars, (de Herberay, (228.
Estienne, *Henry*, 251.
de l'Estoile, *Claude*, Sr du Saussay, 137. 148. 173.
de l'Estoile, *Pierre*, 433. 435.
d'Estoublon, (de Robias, Marquis) 304.
d'Estrades, (le Comte) 475.

d'Estrées, (le Duc) 466.
Evagre, 348.
Euclide, 61.
Eudes, *voyez de* Mezeray.
Eusebe, 348.
Eutrope, 381.
Expilly, 424.
van Eyk, 72.

F

Fabre, 351.
du Fail, *voyez de la* Herissaye.
Falconet, 69.
Falda, 620. bis.
de la Fare, (le Marquis) 492.
Fauchet, 399.
Faucon, *voyez de* Charleval.
du Faur, *voyez de* Pybrac.
Favre, *voyez de* Vaugelas.
Fauvelet-du-Toc, 468. 522.
Favyn, 361.
Faydit, 244.
Faye, *voyez* d'Espesses.
de la Fayette, (de la Vergne, Comtesse), 237. 238. 239. 486.
Felibien, *André*, 75. bis.
Feliben des Avaux, *J. Franc.* 75. 607.
Feliben, Benedictin, 495.
Felix, *voyez* Minutius.
de Fenelon, (de Salignac de la Motte, Archeveq. de Cambray,) 23. 243. 260. 272.
Fenier, 425.
de Feuin, 414.
le Feron, 519.
Ferraud, 508.
Fertier, 173.
de Ferriere, 37.

DES AUTEURS.

le Févre ou le Febvre de la Barre, 291.
le Févre ou le Febvre, voyez Chantereau.
le Févre, Anne, voyez Me Dacier.
le Févre, Michel, 584. bis.
le Févre, Raoul, 222.
le Févre, Tanneguy, 104. 191. 255.
le Févre, Seigneur de Saint-Remy, 415.
de Feynes, 320.
de Figon, 517.
de Figueredo, voyez M^e. de Saintonge.
Figueroa, (de Siva,) 313.
Figuier, 320.
Fillastre, voyez Guillaume Eveq. de Tournay.
Filleau, voyez de la Chaise.
Filleau, voyez de Saint-Martin.
Filtz-Moris, 561.
Finé, voyez de Brianville.
de Flacourt, 597.
de Flavigny, 399.
Flechier, Eveq. de Nismes, 92. 358. 390. 560.
Fleuriau, 353.
Fleury, 14. 35. 42. 54. 348. bis. 351.
Floriot, 124.
Florus, 380. 389.
Foigny, (sous le nom de Sadeur,) 328.
de Foix, (Gaston surnommé Phebus, Comte) 77 bis.
de Foix, Archev. de Toulouse, 437.
de Folard, (le Chevalier) 77.
de Folard, Jesuite, 175.
Folengi, (sous le nom de Merlin Coccaie,) 191.
de la Font, 160.
Fontaine, 365.
de la Fontaine, 164.
de la Fontaine, de l'Acad. Fr. 126. quinquies, 127. 129. 180. 187. 266.
de la Fontaine, Seigneur de Savoye, 477.
de Fontenelle, 31. 62. 180. 269. 312.
M^{le}. de la Force, (de Caumont) 196. 243. bis, 245.
de la Force, voyez Piganiol.
de la Forge, 47. bis.
Fortin, voyez de la Hoguette.
de la Fosse d'Aubigny, 102. 158.
du Fossé, (Thomas,) 473.
du Fouilloux, 78.
de Fournaris, (le Capitaine Cocodrille,) 146.
du Fourny, (Caille,) 518.
le François, 279.
Fredegaire Scholastique, 399.
Freinshemius, 379. 380.
du Freny, (de Riviere,) 159.
le Frere de Laval, 432.
de Fresne, voyez Canaye.
de Fresne, voyez du Cange.
de Fresne, (le Marquis) 206.
de Fresne, (la Marquise) 206.
du Fresne, voyez Trichet.
du Fresnoy, voyez Lenglet.
Frezier, 327.
Froger, 327.
Froissart, 413.
Frontin, 253.
Froumenteau, 438.
Fumée, 213. 598.
Furetiere, 206. 256.
Fuselier, 175.

LLll ij

TABLE

G

Gaby, 322.
Gacon, (surnommé le Poëtans fard,) 102. 133. 134. bis.
Gage, 326.
de Galardi, 560.
Galbert, voyez de Campistron.
Galland, Antoine, 56. 197. bis. 258.
Galland, Auguste, 512. 579.
Gallart, voyez de Aedo.
Gallican, 388.
le Gallois, voyez de Grimarest.
Gallonius, 364.
Garasse, 398.
Garcilasso de la Vega, voyez de la Vega.
de Garnesai, 561.
Garnier, 146.
Gauchet, 119.
Gaudon, 313.
Gautruche, 186.
de Gaya, 507.
Gayot de Pitaval, 491. 561.
Gedoyn, 89.
Gemelli Carreri, 293.
le Gendre, 423. 478.
Genest, 96. 152. 158. 175.
Geofroy, 27.
de Gerard, voyez de Saint-Amant.
Gerardo, 543.
de Germont, 220.
Gervaise, 46. 408. 591. 592.
Gherardi, 175.
Gilbaut, 90.
Gilbert, 137. 149. 166. 167.
Gillet, (Avocat,) 42.
Gillet, (Poëte Dramatique,) 163. 167. 170. 173.

Giraldi Cynthien, 199.
Girard, Antoine, 407.
Girard, Guillaume, 18. 460. bis.
de Girard, voyez du Haillan.
Glanius, 298.
Gobbé, 555.
le Gobien 354. 593.
Godeau, Eveq. de Grasse, 110. 123. 137.
Godefroy, Denys, 415. 417. 421. 511. 519. 536.
Godefroy, Jean, 419. 420. 423. 434. 435. bis, 449.
Godefroy, Theodore, 414. 416. 419. 422. ter, 424. bis, 435. 436.
Gohory, 228.
Goisbaud, voyez du Bois.
de Gomara, voyez Lopez.
de Gombaud, (Ogier,) 137. 147. 173. 186.
de Gomberville, (le Roy,) 121. 236. bis, 327. 447.
Gomes de Figueredo, voyez M.e de Saintonge.
M.e de Gomez, (Madeleine Poisson,) 161. 212. 246. 270.
de Gondez, (la Comtesse) 212.
de Gondi, voyez de Retz.
de Gonzague, voyez de Nevers.
Goris, 288.
Gorse, 5.
Goulart, 346.
de Gourville, (Herauld,) 490.
de Goyeneche, 602.
le Grain, 449. 465.
le Grand, Joachim, 566. 592.
le Grand, (Comedien,) 160.
de la Grange, 156.
de Granier, voyez de Mauleon.
Grandval, 136.
Gratiani, Eveq. d'Amelia, 358.

DES AUTEURS.

S. Gregoire, Eveque de Tours, 358.
Grelot, 309.
de Grenade, 18.
de Grenaille, Sr. de Chastonnieres, 169. 204.
de Grimarest, (le Gallois,) 571.
Grison, 76.
Grollier, *voyez* de Serviere.
Gronovius, 29.
de Groot, 554.
Gros de Boze, *voyez* de Boze.
Grosteste, *voyez des* Mahis.
Grotius, 26. 36.
de Grouchy, 590.
la Gruë, 591.
Gruget, 198.
Gualdi, 358.
Guarini, 142. 143.
de la Guesle, 453.
Guerin de Bouscal, 164. 167. 170. 175.
du Guet, 23. *bis*.
de la Guette, (Citri,) 385. 602.
de Guevara, *voyez* Velez.
Gueudeville, 252. 335.
Gueulette, 197. *bis*, 233.
Guez, *voyez* de Balzac.
de Guibours, *voyez* le P. Anselme.
Guicciardin, 539.
de Guilberdiere, *voyez* de Marcé.
Guillaume (Fillastre,) Eveq. de Tournay, 401.
Guilleminet, 5.
de Guilleragues, 201.
Guillet, Sr. de la Guilletierre, 582. 586. 587.
Guilliet, 508.
de Guise, (Henry de Lorraine, Duc) 484. 485.
586.

Gumble, 568.
Guyard, 450.

H

Habert, 137.
du Haillan, (de Girard,) 406.
d'Hamilton, 209.
Hardy, 146.
Harmont, *dit* Mercure, 78.
Havart, 281.
Haudicquer de Blancourt, 521.
de Hauteroche, 156. 173.
de Hauteville, 573.
Hay, *voyez du* Chastelet.
le Hay, 608.
de la Haye, 218.
le Hayer du Perron, 172.
Hebert, 72.
Hecquet, 69.
Hedelin, *voyez* d'Aubignac.
Heiss, 545.
Helian, 542.
Heliodore, 213. *bis*.
Heloïse, 200. 201.
Helvetius, *Adrien*, 68. 69.
Helvetius, J. 69.
Hennepin, 325. 601.
Henry IV. Roy de France, 202. 433. 455.
Herauld, *voyez* de Gourville.
d'Herbelot, 579.
de Herberay, *voyez* des Essars.
Herbert, 313.
de Héris, 507.
de la Herissaye, (du Fail,) 189.
de la Herissaye, (*sous le nom de* Ladulfi,) 188.
M le. l'Heritier, 196. 211.
l'Heritier Nouvelon, 166.
Hermant, 355. 359. 363.

TABLE

*l'*Hermite de Soliers, *voyez* Tristan.
Herodien, 388.
Herodote, 377.
Herrera, 599.
Hersent, 514.
Hesnault, 264.
Hesselin, 419.
Hierocles, 45.
Hippocrate, 68.
de Hita, *voyez* Perez de Hita.
de la Hoguette, (Fortin,) 54.
Homere, 98. *bis*, 99. 100. 101. 131.
de la Hontan, (le Baron) 325.
Horace, 102. 109. *bis*, 110. 135. 139.
Houdart, *voyez de la* Motte.
M e. des Houlieres, (du Ligier de la Garde,) 125.
Houtteville, 27.
de Hoyarsabal, 294.
*d'*Hozier, 500.
Hues O Neil, *voyez de* Beaulieu.
Huet, Eveq. d'Avranches, 129. 138.
Hullin, 135.
Humbert, 204.
Hurault, *voyez de* Cheverny, (le Chancelier.)
Hurault, *voyez de* Cheverny, (fils du Chancelier.)

I

Jansenius, Eveq. d'Ipres, 18.
Jansenius, (sous le nom de Patritius Armacanus,) 514.
de Jaligny, 421.
Jamyn, 118.
Jannequin, 322.
Janssson, 609.
du Jardin, 434.
des Jardins, *voyez* Me. de Villedieu.
Jartroux, 308.
Jean de Milan, (auteur de l'Ecole de Salerne,) 68.
Jeannin, 454.
Jenkinson, 308.
le Jeune, 26.
*d'*Iffremont, *voyez d'*Aigue.
Indagine, 73.
Jobert, 164.
Jodelle, 137.
Johannes, S*r*. de Portal, 480.
de la Joie, 211.
de Joinville, 410. 411.
Jolly, 175.
Joly, *Claude*, 305. 481.
Joly, *Guy*, 482.
Jolyot, *voyez de* Crebillon.
Jordan, 301.
Joseph, 375. 376.
Joseph, *Pierre*, 361.
Jovet, 368.
Joulet, S r. de Chastillon, 216.
Jourdan, 504.
Jouvin de Rochefort, 301.
Isarn, 265.
*de l'*Isle, *François*, 436.
*de l'*Isle, *Geographe*, 307. 308. 591.
Isocrate, 100.
de Juilly, *voyez* Baudot.
Jules Cesar, 385. *bis*, 398.
Julien, (l'Empereur,) 251.
le Jumel de Berneville, *voyez d'*Aunoy.
Junée de Castel, *voyez de* Saint-Pierre.
Justin, 333.
Juvenal, 114.
Juvenal des Ursins, 414.

DES AUTEURS.

K

Kempis, 18. bis.
Kircher, 593.
Knox, 319.
Kypſeler, 288.

L

L Abat, 326.
Labbe, 334.
le Laboureur, Jean, 306. 415. 434. 458. bis, 460.
le Laboureur, Louis, 125.
Ladulfi, voyez de la Heriſſaye.
de Laët, 598.
Lafiteau, 598.
de Lagauſie, 102.
de Lagniau, 334.
Laiſnez, 188.
Lalane, 137.
de Laloüette, (le Preſident,) 514.
de Lamarca, voyez Loubayſſin.
de Lamare, 41.
de Lamathe, 138.
Lambert, 174.
Lamigue, 553.
Lampride, 388.
Lamy, 7. 95.
de Lancoſme, (Savary,) 427.
de la Lande, 377.
de la Lande, voyez Sorel.
Landré, 226.
Lange, 576.
de Langey, voyez du Bellay.
de Langlade, Baron de Sauvieres, 474.
de Langle, Eveq. de Boulogne, 335
de Lannel, 217. 236.
de Laon, Sr d'Aigremont, voyez d'Aigremont.
à Lapide, Hippolitus, voyez de Tranſée.
de Larivey, 188.
de Larrey, 386. 393. 409. 478. 564.
Larroque, 370.
Laſſels, 304.
de Laval, 262.
de Lavardin, (de Beaumanoir, Marquis) 490.
Laugier de Taſſy, 596.
Launay, voyez Boaiſtuau.
du Laurens, 449.
de Lauriere, 117.
Lautens, 550.
Leguat, 319.
Leibnitz, 54.
Lemery, 68.
Lenfant, 254. 355. bis.
Lenglet du Freſnoy, 278.
Leon Africain, 595.
Leon, Grammairien, 391.
Leonard, Frederic, 343.
Leonard, Marguerite, (ſous le nom de Turge-Loredan,) 541.
Leonard Aretin, 254.
Leopold, 85. bis.
de Lery, 327. 431.
Leſcarbot, 601.
Leſcouvel, 202. 243.
Leſpine, 171.
de Leſtang, Seigr de Beleſtang, 401.
Leti, 358. 541. 546. 566. 568.
Leunclavius, 580.
Lezeau, 112. 381.
de Liancour, 77.
Liger, 66.
du Ligier de la Garde, voyez Mde des Houlieres.
de Ligny, 456.

TABLE

Ligon, 292.
de Limiers, 105. 478. 572. 611.
de Limojon, *voyez* de Saint-Didier.
de Lingendes, 137.
Linschot *ou* Linschoten, 308. 317.
de Lionne, Secretaire d'Etat, 483.
de Liques, 457.
du Lisdam, 216.
de Lisola, (le Baron) 513.
Listrius, 252.
Live, *voyez* Tite-Live.
de Lizancour, *voyez* la Paix.
Lobineau, 496. 500. 501. *ter*, 559.
Locke, 60. *bis*.
de Logeas, 227.
du Loir, 310.
Lokman, 197.
Lombert, 11.
de Lomenie, *voyez* de Brienne.
du Londel, 407.
le Long, *Jacques*, 397.
le Long *Michel*, 68.
de Longepierre, (de Requeleyne, Baron) 101. 103. *bis*, 157. 250.
Longin, 128.
Longus, 214. *bis*.
Lope de Vega, 178. 193.
Lopez de Castañeda, *voyez* de Castañeda.
Lopez de Gomara, 598.
Lord, 590.
du Lorens, 121.
Loret, 120.
de Lorraine, *Henry*, *voyez* de Guise.
de Lorraine, *Louise Marguerite*, Princesse de Conti, 202. 433.
de Lorris, 117.
Loubayssin de Lamarca, 203.
de la Loubere, 591.
Lovera, *voyez* de Seixas.

Louillier, *voyez* la Chapelle.
Louis XI. Roy de France, 198. 420.
Louis XII. Roy de France, 423.
LOUIS XIV. Roy de France & de Navarre, 398.
de la Loupe *ou* Lupanus, 517.
Louveau, 188.
de Louvencourt, Sr de Vauchelles, 292.
Louvet, 487. 513.
de Louvois, Secretaire d'Etat, 490.
Lubin, 291. 576.
Lucain, 114.
Lucas, 299. *bis*.
Lucien, 259. 378.
Lucrece, 106.
Judolf, 597.
Luitprand, 544.
de Luna, 558. 559.
Lupanus, *voyez* de la Loupe.
de Lusignan, 587.
de Lussan, *voyez* Raveneau.

M

Macault, 378.
Macé, (l'Abbé) auteur de l'*Histoire des quatre Cicerons*, 394.
de Machault, 467.
de Macheco, *voyez* de Premeaux.
Machiavel, 55. 56. 126. 191. 198. 543.
le Macine, 580.
Macrobe, 253.
MADEMOISELLE, *voyez* d'Orleans.
Maffée, 590.
de Magaillans, 320. 593.
Magius, 364.

Magnon,

DES AUTEURS.

Magnon, 164. 167.
des Mahis, (Grosteste,) 272.
Mahudel, 557.
Maimbourg, 336.
le Maire, 323.
Mairet, 163. bis, 170. bis, 172. 173.
le Maistre, Antoine, 6.
le Maistre de Sacy, 1. 2. 4. 5. 6. 347.
le Maistre de Sacy, (sous le nom de de Beüil,) 18.
le Maistre de Sacy, (sous le nom de Royaumont,) 347.
des Maizeaux, 268.
Malebranche, 22. bis, 25. 27. 58. sexies, 59. 60.
de Malezieu, 158.
de Malherbe, 120. 137.
Malingre, Sr. de Saint-Lazare, 466. 518. 529.
de Malleville, 122. 137. 459.
de Malvenda, 356.
Malvezzi, 262.
Mancini, Hortense, voyez de Mazarin.
Mancini, Marie, voy. de Colonna.
de Mandelslo, 295.
Mauesson Mallet, 279.
Me Manley, 210.
le Manzini, 167.
Marana, 338.
Marc-Antonin, Empereur, 50.
de Marcassus, 172. 216.
de Marcé, (de Guilberdiere, Baronne) 219.
Marcel, 352.
Marcellin, voyez Ammian Marcellin.
Marchand, 259. 275.
de la Marche, 550.
le Mare, 71.
des Mares, (Philippes,) 384.

Mareschal, 36. 147. 166. 159. 218.
des Marets, voyez Desmarets.
Margeret, (le Capitaine,) 575.
Mariana, 556. bis.
de Marigny, (Carpentier,) 137. 265.
de Marillac, Archev. de Vienne, 426.
Marin, (le Cavalier) 142. 143.
Marini, Jean Ambroise, 219.
de Marini, 591.
Marmol, 595.
de Marolles, 107. 110. 113. 114. bis, 388. 389. 399.
Marot, Clement, 118. 137. 138.
Marot, Jean, 117.
Marot, Louis, 588.
Marquerel de Saint-Denis, voyez de Saint-Evremond.
Marsollier, 372. 456. 560. 565.
Martens, 307.
Martial, 114. 115. 135.
Martial de Paris, voyez de Paris.
de Martignac, (Algay,) 460.
Martin, François, 317.
Martin, Jean, 214.
Martineau, 491.
Martini, 308. 594. ter.
de la Martiniere, 307.
Massieu, 86.
Massillon, 16.
Masson, (l'Abbé,) 385.
Masson, Jean, 414. 417.
Mathanasius, voyez de Themiseüil.
Matthieu, 444. ter, 445. 452. 455.
de Maucroix, 266. 371.
Maugin, (dit le petit Angevin,) 225. 226.
de Mauleon, Sr. de Granier, 438. 455.
de Maulevrier, 34.

M m m m

TABLE

Maundrell, 318.
du Maurier, *voyez* Aubery.
de Mautour, *voyez* Moreau.
de Mayerberg, 307.
Maynard, 121. 137.
Mazarin, (le Cardinal,) 483.
Mazarin, (Hortense Mancini, Duchesse) 268.
du Mazet, *voyez* d'Audiguier.
de Meliglosse, 146.
Melvil, 567.
Menage, 82. 96. 120. 237. 255.
Menandre, 390.
Menant, Graveur, 607.
Menard, 413.
Mendez Pinto, 320.
de Meneses, *voyez* de Cespedes.
Menestrier, 97. *bis*, 332. 612.
Mercure, *voyez* Harment.
Merlin Coccaie, *voyez* Folengi.
le Merre, 34.
Mervault, 467.
de Merville, 40.
de Mesme, 511.
de la Mesnardiere, (Pillet,) 164.
du Mesnil, (*sous le nom de* Rosimond,) 173.
du Mesnil Basire, 455.
de Metel, *voyez* de Boisrobert.
de Meun, *voyez* Clopinel.
de Mezeray, (Eudes,) 402. 403. 580.
de Meziriac, (Bachet,) 111.
Miege, 568.
de Miggrode, 600.
Minutius Felix, 12.
Minutoli, 341.
Mirabal, 302.
Mirabaud, 141.
Misson, 304.
Moclès, 196.
Moquet, 295.
Moetjens, 344. *bis.*
le Moine, 137. 466.
Molesworth, 570.
Moliere, 218.
de Moliere, (Poquelin,) 151.
du Molinet, 617.
de Monceaux, 415.
de Monconys, *Balthasar*, 297.
de Monconys, *Gaspard*, 297.
Mongault, 88.
de Monicart, 498.
de la Monnoye, 132. 188. 189. 192. 255. 257. 264.
MONSIEUR, *voyez* Philippe de France.
de Monstrelet, 418.
du Mont, 302.
de Montagathe, 217.
de Montaigne, 261.
de Montalvan, (Perez,) 199.
de Montauban, 148. 173.
de Montaud, 438.
de Montault de Benac, *voyez de* Navailles.
de Montbrun, (le Marquis,) 460.
de Montchrestien, S^r. de Vasteville, 147.
de Montemajor, 148. 173. 215.
de Montfalcon, 486.
de Montfaucon, 616. 617.
de Montfleury, 154. 165.
de Montigny, 506.
de Montluc, (le Marechal) 437. *bis.*
de Montluc, (*Adrien*, Comte de Cramail ou de Carmain,) 172.
de Montlyard, 185. 213.
de Montresor, (de Bourdeille, Comte) 471.
de Montreüil, 138. 265.

DES AUTEURS.

Morabin, 89. 394.
Moreau, 524.
Moreau de Mautour, 497.
de Moreaux, 218.
de la Morelle, 171.
Moreri, 332. 587.
Moret, 115.
de Morgues, voyez de Saint-Germain.
Morin, dit Cromé, 451.
Morisot, 323.
de Mornay, Seigneur du Plessis-Marly, 437. 456. 457.
Moschus, 103.
de la Mothe-le-Vayer, 260. 378. 380.
de la Mothe-le-Vayer, (sous le nom d'Oratius Tubero,) 259.
Motin, 137.
de la Motraye, 299.
de la Motte, 218.
de la Motte, (Houdart,) 99. bis, 129. 132. 133. bis, 162. 180.
de la Mothe-Fenelon, voyez de Fenelon,
Me de Motteville, (Bertaut,) 485.
Moüette, 596.
du Moulin, 503.
du Moulinet, Sr. du Parc, voyez Sorel.
Mouskes, 409.
Muller, 576.
de Murat, (de Castelnau, Comtesse) 195. 209. 238.
Muret, 115. 438.

N

de Naberat, 363.
Nadal, 158.
le Nain, Pierre, 367.
le Nain, Sebastien, voyez de Tillemont.
de Nancel, 146.
de Nantes, 129.
Narbroug, 324.
Nau, 585.
de Navailles, (de Montault de Benac, Marechal) 476.
Naudé, 56. 151. 255. 420. 480.
de Nemours, (Marie d'Orleans, Duchesse) 482.
Nepos, voyez Cornelius Nepos.
Nericault, voyez Destouches.
de Nevers, (de Gonzague, Duc) 447.
de Neuvechaise, 442.
de Neufville, voyez de Villeroy.
de la Neuville, 307.
Nicephore Bryenne, Cesar, 391.
Nicephore Calliste, 349.
Nicephore, Patriarche de Constantinople, 391.
Niceron, 299.
Nicetas, 391.
Nicolaï, 612.
de Nicolay, 309. 580.
Nicole, Pierre, 6. 13. 14. ter, 15. 19. 21. 23. 49. 138.
Nicole, (sous le nom de Wendrock,) 13. bis.
Nicole, (le Président,) 142.
Nieuhoff, 321.
le Noble, 241. ter, 243. 543. 544. 551.
Nodot, 207. 232. 250.
Nonnus, 101.
Noodt, 29.
Nostradamus, 73.
Nouvelon, voyez l'Heritier.
Me du Noyer, (Petit,) 211. 340.

TABLE

Nyendaal, 322.
Nyon, 428.

O

d'Obeilh, 596.
Oexmelin, 600.
Ogier, voyez de Gombaud.
Olearius, 295.
d'Olivet, (Toullier) 88.
Onuphrius Panvinius, 619.
Oppian, 104.
Oratius Tubero, voyez de la Mothe-le-Vayer.
Origene, 11.
d'Orleans, Anne Marie Loüise, (MADEMOISELLE,) 476.
d'Orleans, Joseph, 565. 594.
d'Orleans, Loüis, 440.
d'Orleans, Marie, voyez de Nemours.
d'Orneval, 181.
d'Ossat, (le Cardinal,) 446.
Ovide, 110. 111. ter, 112. bis, 113. bis, 118. 135.
Ovington, 298.
Owen, 115. 135.
d'Ouville, voyez de Boisrobert.

P

P Acome, 361.
Pachymere, 391.
la Paix de Lizancourt, 245.
de Palafox, Eveq. d'Osma, 308. 594.
de Palaprat, 156.
Palma Cayet, voyez Cayet.
Paludanus, 317.
Panvinius, voyez Onuphrius.
Paolo Sarpi, voyez Sarpi.
Paradin, 426.
du Parc, voyez Sorel.
Pardies, 62. 70. bis, 74.
Parcy, Sr du Fresne, 108.
de Paris, Martial, dit d'Auvergne, 118.
de Parival, 337.
Parrain, voyez de Coutures.
Parrhale, voyez le Clerc.
Pascal, 13. bis, 19. 26.
Pascal, Marguerite, voyez Mde Perier.
Pasquier, Estienne, 13. 261.
Pasquier, Nicolas, 261.
Passerat, 137.
Paterculus, voyez Velleius Paterculus.
Patin, Charles, 302.
Patin, Guy, 255. 339. bis.
Patricius Armacanus, voyez Jansenius.
Patrix, 137.
Pavillon, (Balthazar,) 215.
Pavillon, Etienne, 131. 135.
Pavillon, Nicolas, 527.
Paule, Marc, 290.
Payen, 301.
le Pays, 263.
du Paz, 527.
Pechantré, 155.
Pedault, 170.
du Pechier, voyez Barry.
Peletier, 97. 188.
le Peletier, (l'Abbé) 586. 594.
de Pelisseri, 240.
Pellegrin, 305.
Pellegrin, (l'Abbé) 159.
Pellisson, 125. 263.
du Perche, 174.
de Perefixe, Eveq. de Rhodez, 448.
Perelle, Graveur, 607.

DES AUTEURS.

Perez, voyez de Montalvan.
Perez de Hita, 233.
Mc Perier, (Pascal,) 26.
des Periers, 188. 259.
Perrault, Charles, 195. 613.
Perrault, Pierre, 142.
du Perret, 219.
du Perret, voyez de la Baume.
Perrin, 123.
du Perron, (Davi, Cardinal) 137. 255. 456.
du Perron, voyez le Hayer.
Perrot, voyez d'Ablancourt.
Perse, 114.
le Pesant, voyez de Boisguillebert.
Pétis, voyez de la Croix.
Petit, 135. 253.
Petit, A. M. voyez Mc du Noyer.
Petrarque, 118. 140.
Petrone, 126. 250.
la Peyrere, 307.
Pezay, (sous le nom de Corbinelli,) 528
Phebus, Comte de Foix, voyez de Foix.
Phedre, 113.
Philippe de France, (MONSIEUR, frere du Roy LOUIS XIV.) 380.
Philippes, voyez des Mares.
Philostorge, 348.
Philostrates, (les deux) 185.
Photius, 349.
Pierre, Religieux des Vaux-de-Sernay, 410.
Pietre, 508.
Piganiol de la Force, 283. 305. 498
Pillet, voyez de la Mesnardiere.
Pilpay ou Bidpaï, 56. 197.
du Pin, 335.
Pindare, 101. 102.
Pinto, voyez Mendez Pinto.
Piqué, 204.
de Pise ou de Puise, 223. 224.
de Pitaval, voyez Gayot.
Pitton, voyez de Tournefort.
de Plaisance, voyez Yver.
du Plan Carpin, 312.
de la Planche, voyez Regnier.
Platon, 45. 266.
Plaute, 104. bis, 164. 166.
du Plessis-Marly, voyez de Mornay.
du Plessis, voyez de Richelieu.
du Plessy, (de Choiseul, Marechal) 487.
Plutarque, 253. 378. 392.
de Pluvinel, 76.
le Poëte sans fard, voyez Gacon.
le Pogge, (Bracciolini ou Brandolini Poggio,) 187. 254.
de la Pointe, 521.
de Pointis, 605.
Poisson, 154.
Poisson, voyez Mc de Gomez.
Pollion, 388.
Polybe, 384.
Pompe, 187.
Pompée, voyez Trogue Pompée.
Poncet de la Riviere, Eveq. d'Angers, 93.
Pontault, voyez de Beaulieu.
de Pontchasteau, (du Cambout) 6.
de Pontis, 473.
de la Popeliniere, (du Voisin,) 437. 452. 520.
Poquelin, voyez de Moliere.
Porta, 67.

TABLE

de Portal, *voyez* Johannes.
des Portes, *voyez* Desportes.
Postel, 579.
Pouget, 14.
Poulain, 433.
Poullet, 311.
du Poy-Monclar, 76.
de Prade, (le Royer,) 505.
Pradon, 156. *bis*.
du Preau, 73.
Prechac, 206. 220. 240. *bis*, 241.
de Premeaux, (de Macheco,) 33.
le Prestre, *voyez de* Vauban.
Prevost, 146.
le Prevost, 113.
Prideaux, 581.
Procope, 390. *bis*.
Properce, 107.
Psalmanaazaar, 592.
de Pufendorf, (le Baron) 36. 53. 340.
Puget, *voyez de la* Serre.
de Puise, *voyez de* Pise.
de Pure, 473. 590.
de Puysegur, (de Chastenet,) 474.
de Pybrac, (du Faur,) 431.
Pyrard, 295.
Pythagore, 45. 73.

Q

de Quevedo Villegas, Francisco, 190. 262.
Quevedo, Pedro, *voyez* Aldrete.
Quinault, 153. 179. *bis*.
Quinte-Curce, 379.
Quintilien, 89. *bis*.
de la Quintinye, 65.

R

Rabelais, 192. 273.
de Rabutin, François, 426.
de Rabutin, *voyez* de Bussy.
de Rabutin-Chantal, *voyez de* Sevigné.
de Racan, (Honorat de Bueil,) 120. 121. 137. 138.
Racine, Jean, 153. 154. *bis*. 264.
de Racine, *voyez de* Villegomblain.
Raclotte, 190.
Raffart, *voyez le P.* Ange.
le Ragoys, 393.
Raleigh, 324.
Ramsai, 244.
de Rancé, *voyez le* Bouthillier.
Rapin, 265.
Rapine, 464.
Rasse de Brinchamel, 233.
Rassiguyer, 171.
Raveneau de Lussan, 600.
de Reaumur, 74.
de Rechac, 322.
Regis, 48.
Regnard, 157.
Regnauld, 590.
Regnault, 165.
Regnault, L. 236.
Regnier, 120. 137.
Regnier Desmarais, 81. 89. *bis*. 100. 131. 135. 484.
Regnier, Sr de la Planche, 430.
Remond de Saint-Mard, 52.
Renaud, *voyez de* Segrais.
Renaudot, 129. 315.
de Rennefort, *voyez* Souchu.
de Requeleyne, *voyez de* Longepierre.

DES AUTEURS.

le Rets, (de Gondi, Cardinal) 482. 544.
le Revay, *voyez* le Vayer de Boutigny.
de Revol, Secretaire d'Etat, 455.
de Rhodes, 320.
Ribeyro, 592.
Ribier, *Guillaume*, 427.
Ribier, *Jacques*, 520.
Ricault, 582. 584.
Richard, *François*, 353.
Richard, (l'Abbé) 470. *bis*.
Richard Cœur-de-Lion, Roy d'Angleterre, 196.
Richelet, 82. 97. 601.
Richelet, (*sous le nom de* Breugiere de Barante,) 138.
de Richelieu, (du Plessis, Cardinal) 469. 470. 471.
Richer, *Jean*, 461.
Richer, *L.* 113.
de Riencourt, 477.
de Riviere, *voyez du* Freny.
de la Riviere, *voyez* Poncet.
Riupeirous, 175.
Robbe, (*sous le nom de* Barquebois,) 174.
Robert, 293.
de Robias, *voyez* d'Estoublon.
de Rochefort, 602. 604.
de Rochefort, (le Comte) 473.
de Rochefort, *voyez* Jouvin.
de la Rochefoucault, (le Cardinal) 465.
de la Rochefoucault, (le Duc) 51. 239. 481.
Mlle de la Rocheguilhen, 201.
de Rochemont, 174.
du Rocher, 148. *bis*.
du Rocfort Manne, 188.
Roger, 508.
Roger, *Abraham*, 590.
de Rogissart, 281.
de Rohan, (le Duc) 57. 301. 385. 449. 467.
Me de Rohan, mere du Duc, 433.
Me de Rohan, Abbesse de Malnoue, 5.
Rohault, 61. *bis*.
de Rojas, 178. 193.
Rolland, 440.
de la Ronce, 142.
Ronsard, 137.
de la Roque, 525.
de Rosemond, 371.
Rosimond, *voyez du* Mesnil.
de Rosset, 140. 228. 464.
de Rossi, *ou de* Rubeis, 220. *ter*.
Rotrou, 163. *ter*, 166. 167. *bis*. 168. 169. *ter*, 170. *ter*, 171. 172. 173.
de la Rovere, 427.
Rouillé, 381.
Roulliard, 520.
Rousseau, 133. 134. 175.
le Roux, 558.
le Roux, *Philibert Joseph*, 84.
Rouxel *ou* Roussel, 340.
le Roy *ou* Regius, *Louis*, 378. 432.
le Roy, *Pierre*, 449.
le Roy, Controlleur des Rentes, 496.
le Roy, *voyez de* Gomberville.
de Royaumont, *voyez* le Maître de Sacy.
le Royer, *voyez de* Prade.
Rozelli, 210. *bis*.
Roziers Beaulieu, 167.

TABLE

de Rubruquis, 312.
de la Ruë, 16. 93.
du Ryer, *André*, 56.
du Ryer, *Pierre*, 87. 112. *bis*, 163. *ter*, 164. 168. *bis*, 169. *ter*, 170. 172. 377. 379. 380. 384. 428. 550.
de Rymon, 502.

S

de S Aane, *voyez de* Clamorgan.
Saavedra, *voyez* Cervantes.
de Sablé, (la Marquise) 51.
de la Sabliere, 138.
Sablon, 141.
de Sacy, *voyez le* Maistre.
Sadeur, *voyez* Foigny.
Sadi, 56.
Sagard, 324.
le Sage, 140. 160. 178. 181. 193. 195. 234.
de Saint-Amant, (*de* Gerard,) 135. 137.
M*e de* Saint-Balmon, 165.
de Saint-Denis, *voyez de* Saint-Evremond.
de Saint-Didier, (*de* Limojon,) 489.
de Saint-Disdier, 100. 136.
de Saint-Evremond, (Marquerel *de* Saint-Denis,) 208. 257. 266. 268. 481. 483.
de Saint-Gelais, 118. 137.
de Saint-Germain, 167.
de Saint-Germain, (*de* Morgues, 469.
de Saint-Glas, *voyez de* Saint-Ussans.
de Saint-Jory, 220.
de Saint-Julien, 345.

de Saint-Lazare, *voyez* Malingre.
de Saint-Lo, 323.
de Saint-Louis, 264.
de Saint-Luc, 527.
de Saint-Mard, *voyez* Remond.
de Sainte-Marthe, *Abel*, 467.
de Sainte-Marthe, *Claude*, 6.
de Sainte-Marthe, *Scevole & Louis*, *freres*, 273. 506.
de Saint-Martin, (l'Abbé) 191.
de Saint-Martin, (Filleau,) 234.
de Saint-Martin, *Michel*, 540.
de Saint-Pavin, (Sanguin,) 138.
de Saint-Paul, *voyez* Vialart.
de Saint-Pierre, (Junée *de* Castel, l'Abbé,) 42. 57.
de Saint-Real, (Vichard,) 88. 267.
de Saint-Remy, *voyez le* Févre.
de Saint-Sorlin, *voyez* Desmarets.
de Saint-Ussans, (*sous le nom de de* Saint-Glas) 174.
de Saint-Yon, 485.
de Sainte-Maure, (*ou* l'Abbé *de* Beaulieu) 300.
M*e de* Saintonge, (Gomes *de* Figueredo,) 140. 207.
Sala, 224.
Salas, 472.
de Sallengre, 132. 253.
de Salignac, *Bertrand*, 426.
de Salignac, *voyez de* Fenelon.
de la Salle, 233.
Sallebray, 168. *bis*.
de Salnove, 78.
Salomon, (*le* Prophete,) 5. *ter*.

Saluste,

DES AUTEURS.

Theodore, Lecteur, 348.
Theodoret, 348.
Theophilacte Simocatte, 390.
Theophile, (Viaud), 121. 137.
Theophraste, 50.
Thevenot, *Melchisedech*, 291.
Thevenot, (autre que le precedent,) 311.
Thibault, 195.
Thomas, *Artus*, Sr. d'Embry, 185. 434. 580.
Thomas, *voyez du Fossé*.
de Thou, 255. 428. 446.
Thourette, 40.
Thourette, petit-fils du precedent, 40.
Thucydide, 378.
de la Thuilerie, 155.
Tibulle, 106.
de Tieulaine, 415.
de Tillemont, (le Nain, (349. 351.
du Tillet, Eveq. de Meaux, 402.
du Tillet, Sr. de la Bussiere, 402.
Tite-Live, 110. 380.
Tollius, 129.
Tonti, (le Chevalier,) 325.
de Torche, 142. *ter*.
de Tormes, *Lazarille*, 193.
Torres, 595.
Toullier, *voyez d'Olivet*.
de la Tour-d'Auvergne, *Henry*, Duc de Boüillon, 435.
de Tournefort, (Pitton,) 312.
le Tourneux, 7. 9. 24.
de Tourreil, 86.
de Tourville, (le Chevalier) 72.
de Transée, (sous le nom d'Hippolitus à Lapide,) 548.
de la Trappe, (l'Abbé,) *voyez le Bouthillier*.

Trichet du Fresne, 364.
Tristan, *Franç.* (l'Hermite de Soliers,) 121. 137. 163. *bis*, 165. 169.
Tristan, *J. B.* (l'Hermite de Soliers,) 420. 522. 526. *bis*.
Trogue Pompée, 333.
du Troussset, *voyez de Valincour*.
de Troyes, 418.
Tubero, *voyez* Oratius Tubero.
Turge-Loredan, *voyez* Leonard, *Marguerite*.
Turpin, Archev. de Reims, 229.
Tursellin, 334.

V

du V Air, 260.
du Val, 277. 278. 281. 283. 295. 385.
Valdor, 612.
de Valdory, 471.
Valentinian, 215.
de la Valiere, (de la Baume le Blanc, Duchesse) 25.
de Valincour, (du Troussset,) 129. 428.
della Valle, 296.
de Vallemont, 331.
de Valois, *Adrien & Charles*, pere & fils, 256.
de Valois, *Charles*, *voyez d'Angulesme*.
de Valois, *Marguerite*, Reine de Navarre, 198. *ter*.
de Valois, *Marguerite*, Reine de Navarre & ensuite de France, 435.
Van Beuninge, *voyez* van Beuninge.

TABLE

de Vancy, *voyez* Duché.
de Vandeuvres, 486.
Van Eyk, *voyez van* Eyk.
Vannel, 202.
Vansleb, 322.
Varen de Soto, 443.
Vargas, *voyez* Agreda.
de Vargas, 356.
Varillas, 369. 370. 410. 419. 411. 422. 425. *bis*, 428. 429. 432. 543. 546. 547. 559.
Varron, 114.
le Vassor, 356. 462.
de Vasteville, *voyez de* Montchrestien.
Vattier, 580. 589.
de Vauban, (le Prestre, Marechal) 515.
de Vauchelles, *voyez de* Louvencourt.
de Vaugelas, (Favre,) 82. *bis*, 379.
Vaultier, 490.
de Vaux, *voyez* Dagonneau.
le Vayer, *voyez de la* Mothe.
le Vayer de Boutigny, (*sous le nom de* le Revay,) 238.
de Vayrac, (l'Abbé,) 539. 557. 562.
de Vega, *voyez* Lope de Vega.
de la Vega, 601. 604. *bis*.
Velez de Guevara, 193.
Velleius Paterculus, 380.
Veneroni, 84. *bis*.
Verbiest, 308.
du Verdier, (Saunier,) 218. *bis*, 383. 406.
de la Vergne, *voyez de la* Fayette.
de Vernassal, 216.
le Verrier, 597.
de Versoris, 261.
le Vert, 164. 168.
de Vertot, (d'Aubert, l'Abbé) 364. 379. 501. 563. 571.
de Verville, *voyez* Beroalde.
de Vesel, 115.
Vialart, *dit de* Saint Paul, Eveq. d'Avranches, 470.
Viaud, *voyez* Theophile.
Vichard, *voyez de* Saint-Real.
Videl, 424. 458.
de Vigenere, 185. 436. 580.
du Vignau, 584.
de la Vigne, 421.
de Vigneul-Marville, (d'Argonne, Chartreux,) 257. 450.
Vignier, 504. 527.
de Villamont, 294.
de Villars, (l'Abbé) 61.
du Villars, de Boyvin, Baron, 428.
Villaut de Bellefond, 322.
M*e de* Villedieu, (des Jardins,) 137. 246.
Villegas, *voyez de* Quevedo.
de Villegomblain, (de Racine,) 444.
de Villehardoin, 409.
de Villeroy, (de Neufville,) Secretaire d'Etat, 455.
de Villette, 415.
de Villiers, (l'Abbé,) 132. 208.
de Villiers, Poëte Dramatique, 173.
Villon, (de Corbueil,) 117. 137.
Vincent, 227.
Vion, *voyez de* Dalibray.
Virgile, 107. 108 *bis*, 122.
de Vizé, (Donneau,) 156.
van Vliet, 313.

DES AUTEURS.

M. Ulrich, 127.
d. Voisin, 13.
du Voisin, *voyez* d. la Popeliniere.
de Voiture, 138. 266.
de Voltaire, *voyez* Arroüet.
Vopiscus, 388.
de Vordac, (le Comte,) 547.
d'Urfé, *Honoré*, 147. 217.
des Vrsins, *voyez* Juvenal.
Wafer, 293.
Walsingham, 566.
Wendrock, *voyez* Nicole.
Wheler, 298.
White, 307.
de Wicquefort, 57. 295. 313. 314.
de Wit, Pensionnaire de Hollande, 553. 554. *bis*.
Witichind, 544.
Witsen, 72.
Wood, 293. 307.

de Wrée, 555.

X

Xenophon, 377. *bis*, 378.
Ximenés, *Rodrigue*, Ar-
  chev. de Tolede, 580.
Xiphilin, 388. 389.

Y

Yver, Sr de Plaisance & de
  la Bigottrie, 199.

Z

Zadé, *voyez* Chée.
de Zamoscie, 432.
de Zarate, 605.
de Zayas y Sotomayor, 199.
Zonare, 389.
Zosime, 389.

FIN.

Corrections & Additions.

Page 60. ligne 3. au lieu de par le même Auteur, lisez par le même Malebranche.

Page 61. ligne 4. au lieu de n° 21 G. lisez n° 73 G.

Page 68. ligne 1. après le Regime de Santé de l'Ecole de Salerne, ajoutez (par Jean de Milan.)

Page 81. ligne 14. page 85. ligne 26. page 95. ligne derniere, & page 331. ligne 13. au lieu de n° 139 * H. lisez n° 139 * 2 H.

Page 96. ligne 4. au lieu de n° 176 B. lisez n° 175 * B.

Ibid. ligne 10. au lieu de n° 387 G. lisez n° 544 G.

Page 100. ligne 18. au lieu de n° 13 H. lisez n° 15 H.

Page 107. ligne 22. au lieu de n° 410. 411. 412 G. lisez n° 310. 311. 312 G.

Page 117. ligne 17. au lieu de n° 112 N. lisez n° 124 N.

Page 123. ligne 8. au lieu de n° 13 H. lisez n° 15 H.

Page 131. ligne 8. au lieu de n° 387 G. lisez n° 545 G.

Page 138. ligne 16. après Breugierre de Barante, ajoutez (Pierre Cesar Richelet.)

Page 142. ligne 27. au lieu de Charles Perrault, lisez Pierre Perrault.

Page 161. ligne 13. au lieu de n° 112 H. lisez n° 112 * H.

Page 192. ligne 23. au lieu de (par M. le Duchat, (lisez par Mrs de la Monnoye & le Duchat.

Page 213. ligne 6. au lieu de n° 327 G. lisez n° 481 G.

Page 219. ligne 22. au lieu de n° 70 G. lisez n° 70 H.

Ibid. ligne 26. après de l'Italien, ajoutez (de Jean Ambroise Marini.)

Page 239. ligne 11. ajoutez en marge le n° oublié 489 * G.

Page 259. ligne 21. au lieu de n° 119 G. lisez n° 55 G.

Page 260. ligne 15. au lieu de n° 87 H. lisez n° 88 H.

Page 376. ligne 22. au lieu de n° 82 A. lisez n° 32 A.

Page 394. ligne 8. après que son pere, ajoutez (par l'Abbé Macé.)

Page 416. ligne 12. au lieu de n° 440. lisez n° 44 O.

Page 453. ligne 22. & page 456. ligne 11. au lieu de n° 53. I. lisez n° 52. I.

Page 466. ligne 9. au lieu de n° 55 K. lisez n° 55 * K.

Page 472. ligne 1. au lieu de 458 N. lisez 158 N.

Page 580. ligne 26. au lieu de Thomas Artus, lisez Artus Thomas Sr d'Embry.

TABLE des AUTEURS à la Lettre B. ajoutez de la Baume le Blanc, voyez de la Valiere : & de Boüillon, voyez de la Tous d'Auvergne.

SUPPLEMENT
DU
CATALOGUE
DE LA
BIBLIOTHEQUE
DU CHATEAU DE RAMBOUILLET,
APPARTENANT
A SON ALTESSE SERENISSIME
MONSEIGNEUR
LE COMTE DE TOULOUSE.

M. DCCXXXIV.

ORDRE DES DIVISIONS
DU PRESENT SUPPLEMENT.

THEOLOGIE.

Bibles, page 1.
Théologiens Scholastiques, Moraux, & Mystiques, 3.
Théologiens Polemiques, ou Traitez pour la Religion Catholique contre les Hérétiques, 6.
Théologie Heterodoxe, ou des Prétendus-Réformez, 7.
Théologie des Juifs, 7.

JURISPRUDENCE.

Droit Canonique, 9.
Droit François, 9.

PHILOSOPHIE, HISTOIRE NATURELLE, MEDECINE, MATHEMATIQUE, ET ARTS.

Philosophes anciens & nouveaux, 13.

ORDRE

Morale,	13.
Politique,	14.
Métaphysique,	15.
Physique,	17.
Histoire Naturelle,	18.
Medecine, & Chymie,	19.
Mathématique, & Arts,	19.
Astronomie, Navigation, & Marine,	19.
Méchanique,	20.
Art Militaire,	21.
Peinture, Sculpture, Gravûre, & Architecture,	21.

BELLES-LETTRES.

Grammaire,	23.
Rhétorique & Eloquence,	24.
Poëtes Grecs, Latins, François, &c.	27.
Traitez de Poëtique,	27.
Poëtes Grecs,	28.
Poëtes Latins,	30.
Poëtes François,	31.
Poëtes Italiens, & Espagnols,	36.
Poëtes Anglois,	37.
Poëtes Dramatiques,	39.
Mythologie, & Romans,	41.
Mythologie, & Fables,	41.
Faceties, ou Inventions facetieuses; & Histoires comiques & fabuleuses,	41.
Contes & Nouvelles; & Histoires ou Avantures amoureuses données pour vraies,	45.
Romans,	55.

DES DIVISIONS.

Romans d'Amour, de Morale, & allegoriques, 55.
Romans de Chevalerie, 59.
Romans historiques, 60.
Miscellanei, ou Philologues, Critiques, & Polygraphes, 65.
  Critiques, 65.
  Satyres, Apologies, 65.
  Ouvrages allegoriques, 66.
  Apophtegmes, 66.
  Dialogues, 67.
  Polygraphes, 68.
  Epistolaires, 68.

HISTOIRE.

Voyages, 69.
Voyages imaginaires, 72.
Histoire universelle, 73.
Histoire Ecclesiastique, 79.
  Histoire de l'Eglise générale & particuliere, 79.
  Histoire des Conciles, & des Papes, 81.
  Vies des Saints, des Bienheureux, & des Personnes illustres en Piété, 81.
  Histoire des Hérésies, 82.
Histoire Ancienne, ou Judaïque, Grecque, Romaine, & Byzantine, 85.
  Histoire Judaïque, 85.
  Histoire des anciennes Monarchies, & des Grecs, 86.
  Histoire Romaine, 87.
  Histoire Byzantine, 89.
  Vies des Hommes illustres Grecs & Romains, 90.
  Antiquitez Grecques & Romaines, 90.

ORDRE.

Histoire de France, 93.
Histoire générale de France, 93.
Histoire particuliere de France sous chaque Régne, 95.
Histoire particuliere des Provinces & Villes de France, 106.
Mélanges concernant l'Histoire de France, 107.
Traitez des Préeminences, Prérogatives, &c. du Royaume, des Rois, & de la Maison Royale de France, 109.
Traitez des Droits du Roy de France, 109.
Traitez de la Politique & du Gouvernement de la France, 110.
Histoire des Dignitez & Offices de France, 110.
Histoire des Solennitez de France, 113.
Vies des Hommes illustres de France, 114.
Histoire Etrangere en Europe, 117.
Histoire d'Italie, 117.
Histoire d'Allemagne, de Geneve, & des Pays-Bas, 119.
Histoire d'Espagne, & de Portugal, 123.
Histoire d'Angleterre, 124.
Histoire des Pays Septentrionaux, 128.
Histoire Etrangere hors l'Europe, 131.
Histoire des Turcs, 131.
Histoire d'Asie, d'Afrique, & d'Amerique, 132.
Histoire Litteraire, 135.
Vies des Hommes illustres, 137.
Livres de Figures, 139.

SUPPLEMENT

SUPPLEMENT A LA THEOLOGIE.

BIBLES.

 A Sainte Bible, en Latin & en François, de la traduction de Loüis-Isaac le Maistre de Sacy; avec de courtes Notes. *A Paris* 1711. *in* 12°. 16. *vol.*

N°
156. Tome 1. contient la Genese, & l'Exode.
157. Tome 2. le Levitique, les Nombres, & le Deuteronome.
158. Tome 3. Josué, les Juges, Ruth, & les deux premiers livres des Rois.
159. Tome 4. les 3e. & 4e. livres des Rois, & les Paralipomenes.
160. Tome 5. Esdras, Tobie, Judith, Esther, & Job.
161. Tome 6. les Pseaumes.
162. Tome 7. les Proverbes, l'Ecclesiaste, le Cantique des Cantiques, la Sagesse, & l'Ecclesiastique.

A

163 Tome 8. Ifaïe.
164 Tome 9. Jeremie, & Baruch.
165 Tome 10. Ezechiel, & Daniel.
166 Tome 11. les XII. petits Prophetes, & les Machabées.
167 Tome 12. les Evangiles de S. Matthieu & de S. Marc.
168 Tome 13. les Evangiles de S. Luc & de Saint Jean.
169 Tome 14. les Actes des Apôtres, les Epîtres de Saint Paul aux Romains & aux Corinthiens.
170 Tome 15. les Epîtres de S. Paul aux Galates, aux Ephefiens, aux Philippiens, aux Coloffiens, aux Theffaloniciens, à Timothée, à Tite, à Philemon, & aux Hebreux; & les Epîtres Catholiques.
171 Tome 16. l'Apocalypfe; un Abregé de la Chronologie Sainte : & les Tables.

La Sainte Bible, en François, de la même traduction de M. le Maiftre de Sacy; avec de courtes Notes. *A Liege* 1700. *in* 4°. 3. *vol.*

50 Tome 1. contient depuis la Genefe jufqu'à Job inclufivement.
51 Tome 2. les Pfeaumes traduits felon l'Hebreu & felon la Vulgate; les Livres Sapientiaux; & les grands & petits Prophetes.
52 Tome 3. les Machabées; le N. Teftament; la Concorde Evangelique; l'Abregé de la Chronologie Sainte; & les Tables.

Le Texte facré des Livres de l'Ancien Teftament, reduit en un corps d'Hiftoire, par le P. Berruyer Jefuite. *Voyez l'Hif-*

toire du Peuple de Dieu, ci-après au Supplement de l'Histoire Ecclesiastique, n° 93.

Commentaire literal & abregé sur tous les Livres de l'Ancien & du Nouveau Testament, par Dom Pierre Guillemin Benedictin. *A Paris* 1721. *in* 8°. 3. *vol.*

172   Tome 1. contient la Genese.
173   Tome 2. l'Exode, & le Levitique.
174   Tome 3. Les Nombres, & le Deuteronome.
     * *Il n'y a eu que ces trois premiers Volumes de publiez.*

53
54   Explication de plusieurs textes difficiles de l'Ecriture, qui jusqu'à present n'ont été ni bien entendus ni bien expliquez par les Commentateurs; avec des Regles certaines pour l'intelligence du sens literal de l'Ancien & du Nouveau Testament: Ouvrage enrichi d'Antiques gravées en taille douce; par Dom Jacques Martin Benedictin. *A Paris* 1730. *in* 4°. 2. *vol.*

THEOLOGIENS SCHOLASTIQUES, Moraux, & Mystiques.

175   Traitez du Libre-Arbitre, & de la Concupiscence : Ouvrage posthume de M. Jacques-Benigne Bossuet Evêque de Meaux, publié avec un Mandement préliminaire par M. Jacques-Benigne Bossuet Evêque de Troyes son neveu. *A Paris* 1731. *in* 12°.

176 Conjecture de Nicolas de Cusa Cardinal touchant les derniers tems, écrite l'an 1452. en Latin, avec la Traduction Françoise, & celle d'une Piece extraite des Oeuvres mêlées de M. Baluze, contenant la Censure faite à Rome en 1318. de 60. articles extraits du Commentaire de Pierre - Jean Olive Cordelier sur l'Apocalypse; & des Remarques sur ces deux Pieces curieuses. *A Amsterdam* 1700. *in* 8°.

176* Discours sur la Comedie, ou Traité historique & dogmatique des Jeux de Theatre & des autres Divertissemens Comiques soufferts ou condamnez depuis le premier siecle de l'Eglise jusqu'à present; avec un Discours sur les Pieces de Theatre tirées de l'Ecriture Sainte; par Pierre le Brun de l'Oratoire: IIe. Edition augmentée de plus de la moitié par l'Auteur, & publiée après sa mort, avec une Préface, (par M. l'Abbé Granet.) *A Paris* 1731. *in* 12°.

55 La Cité mystique de Dieu, miracle de sa
56 toute-puissance, abîme de la Grace,
57 Histoire divine & la Vie de la très-Sainte Vierge Marie mere de Dieu notre Reine & Maîtresse, manifestée dans ces derniers siecles par la même Sainte Vierge à la Sœur Marie de Jesus, Abbesse du Monastere de l'Immaculée Concep-

tion de la Ville d'Agreda de l'Ordre de S. François, qui l'a écrite par le commandement de ses Superieurs & de ses Confesseurs ; traduite de l'Espagnol par Thomas Crofet Recollet. *A Brusselle 1715. in 4°. 3. vol.*

177 Explication des qualitez ou des caracteres que S. Paul donne à la Charité, (par Jacques-Joseph du Guet:) nouvelle Edition revûë & augmentée. *A Amsterdam 1727. in 12°.*

177* Idée de la Conversion du Pécheur, ou Explication des qualitez d'une vraie Penitence, tirée des Saintes Ecritures & de la Tradition de l'Eglise : nouvelle Edition augmentée considerablement ; avec un Abregé des Canons Penitentiaux ; quelques Extraits des Discours de M. Fleury sur l'Histoire Ecclesiastique, dans lesquels il répond aux difficultez proposées contre l'execution des Canons Penitentiaux ; des Resolutions de Cas-de-Conscience sur le Vœu de Pauvreté des Religieuses ; les Litanies de la Penitence tirées de l'Ecriture ; & le Traité de la Confiance chretienne, ou de l'usage legitime des Veritez de la Grace. *Imprimé en 1733. in 12°. 2. vol.*

178 Elevations à Dieu sur tous les Mysteres de
179 la Religion Chrétienne : Ouvrage posthume de M. Jacques-Benigne Bossuet

Evêque de Meaux, publié avec un Mandement préliminaire par M. Jacques-Benigne Bossuet Evêque de Troyes son neveu. *A Paris* 1727. *in* 12°. 2. *vol.*

180 Meditations sur l'Evangile : Ouvrage po-
181 sthume du même Auteur, publié avec
182 un Mandement du même Prelat son
183 neveu. *A Paris* 1731. *in* 12°. 4. *vol.*

THEOLOGIENS POLEMIQUES,
OU
Traitez pour la Religion Catholique contre les Heretiques.

Excellentes Apologies de la Foi contre les Payens & les Heretiques. *Voyez l'Histoire de Tertullien & d'Origene, ci-après au Supplement à l'Histoire Ecclesiastique, n°* 433.

184 Traité du saint Sacrifice de la Messe, avec l'Explication des Ceremonies qui s'y observent, & la maniere d'y assister selon l'esprit de la primitive Eglise ; adressé à une Dame nouvellement convertie, par M. Thomas Goulde : seconde Edition. *A Paris* 1729. *in* 12°.

185 Justification de l'Eglise Romaine sur la
186 Réordination des Anglois Episcopaux, ou Réponse à la Dissertation du P. le Courayer sur la validité des Ordinations Angloises ; par le P. Theodoric de Saint-René Carme des Billettes. *A Paris* 1728. *in* 12°. 2. *vol.*

THEOLOGIE.

THEOLOGIE HETERODOXE,
ou
des Pretendus-Reformez.

La Confession de Foy des Remontrans. *Voyez l'Histoire de la Reformation des Pays-Bas, ci-après au Supplement de l'Histoire Ecclesiastique, n°* 444.

THEOLOGIE DES JUIFS.

187 Ceremonies & Coutumes qui s'observent aujourd'hui parmi les Juifs, traduites de l'Italien de Leon de Modene Rabin de Venise ; avec un Supplement touchant les Sectes des Caraïtes & des Samaritains de nôtre tems ; par le Sr. de Simonville (Richard Simon :) IIe Edition augmentée de la Comparaison des Ceremonies des Juifs & de la Discipline de l'Eglise, avec un Discours touchant les differentes Messes ou Liturgies qui sont en usage dans tout le Monde, (par le même Simon.) *A Paris* 1681. *in* 12°.

SUPPLEMENT A LA JURISPRUDENCE.

DROIT CANONIQUE.

N°

1
2 TRAITEZ des Droits & Libertez de l'Eglise Gallicane: (nouvelle Edition augmentée.) *Imprimé en* 1731. *in fol.* 2. *vol.*

3 Preuves des Libertez de l'Eglise Gallicane: IIIe Edition. *Imprimé en* 1731. *sur l'imprimé de Cramoisy à Paris en* 1651. *in fol.* 2. *tomes en un vol.*

188 La Souveraineté des Rois défenduë, (par Pasquier Quesnel,) contre l'Histoire Latine du Jansenisme de Melchior Leydecker. *A Paris* 1712. *in* 12°.

189 Traité de l'Autorité des Rois touchant l'administration de l'Eglise, par M. Talon (ou plûtôt Roland le Vayer de Boutigny Maître des Requêtes;) avec quelques Pieces qui ont du rapport à la matiere. *A Amsterdam* 1700. *in* 12°.

DROIT FRANÇOIS.

190 Code Militaire, ou Compilation des Or-

191
192   donnances des Rois de France concernant les Gens de Guerre ; par le Sieur de Briquet. *A Paris*, *de l'Imprimerie Royale*, 1728. *in* 12°. 3. *vol.*

58
59
60
61   Recueil des Reglemens generaux & particuliers concernant les Manufactures & Fabriques du Royaume. *A Paris*, *de l'Imprimerie Royale*, 1730. *in* 4°. 4. *vol.*

193   Les Coutumes du Comté & Bailliage de Montfort-Lamaulry, Saint-Liger en Yveline, enclaves & anciens ressorts d'iceux ; avec le Commentaire de feu Claude Thourette Avocat, revû & augmenté par M. Claude Thourette son fils Avocat du Roy à Montfort & Bailly du Duché de Ramboüillet. *A Paris* 1731. *in* 8°.

62   Statuts & Reglemens des Corps d'Arts & Métiers de la Ville & Fauxbourgs de Nantes. *A Nantes* 1723. *in* 4°.

194
jusqu'à
200   Arrests, Ordonnances, Reglemens & Déliberations, expediées sur les principales affaires de la Ville & Communauté de Nantes, pendant la Mairie de M. Mellier, depuis l'année 1720. jusqu'en 1728. inclusivement. *A Nantes* 1723. *& suiv.* *in* 8°. 7. *vol.*

201   Instruction, Tarifs & Pancartes concernant le Commerce, où l'on trouvera par détail les Droits que payent toutes sortes de Marchandises dans les Ports de la

Province de Bretagne, & particulierement dans la Ville de Nantes ; avec des Tables des Correspondances de tous Poids & Mesures en general, & les Changes des principales Places de l'Europe. *A Nantes* 1729. *in* 12°.

4 Requeste au Roy & à Nosseigneurs de son Conseil, pour les Etats de Bretagne contre les Fermiers Generaux, au sujet des Droits de Traites, Ports & Havres, Entrées & Sorties de la Province de Bretagne. *A Paris* 1730. *in fol.*

SUPPLEMENT
A LA
PHILOSOPHIE,
A L'HISTOIRE NATURELLE,
A LA MEDECINE,
AUX MATHEMATIQUES, & ARTS.

PHILOSOPHIE.
Philosophes anciens & modernes.

N° 202. Les Hypotipoſes ou Inſtitutions Pyrrhoniennes de Sextus Empyricus, traduites du Grec avec des Notes. *Imprimé (en Hollande)* en 1725. *in* 12°.

203. La Vie de Socrate, par François Charpentier : IIIe Edition. *A Amſterdam* 1699.
Les choſes memorables de Socrate, traduites du Grec de Xenophon par le même Charpentier. *A Amſterdam* 1699. *in* 8°.

MORALE.

204 La Morale d'Epicure, avec des Reflexions, par Jacques Parrain Baron des Couſtures. *A Paris* 1686. *in* 12°.

5 Traduction d'un Manuscrit Persan intitulé, le Pend-Attar, ou les Conseils du Cheïh Attar ; enrichie de Remarques très-curieuses & de plusieurs points de l'Histoire Ottomane necessaires à l'explication de cette Traduction, par Paul Sielve Interprete de S. M. T. C. dans les Echelles du Levant : avec le texte Persan à côté. *MS. de l'an* 1728. *in fol. relieure du Levant.*

205
206 La fausseté des Vertus humaines, par Jacques Esprit. *A Paris* 1677. 2. *vol. in* 12°.

207 Dialogues entre MM. Patru & d'Ablancourt sur les Plaisirs. *A Amsterdam* 1714. *in* 12°. 2. *tomes en un vol.*

208 De l'Education des Enfans, traduit de l'Anglois de Jean Locke. *A Paris* 1711. *in* 12°.

208* Conseils d'Ariste à Celimene sur les moyens de conserver sa Reputation. *A Paris* 1667. *in* 12°.

POLITIQUE.

209 Idée d'un Regne doux & heureux, ou Relation du Voyage du Prince de Montberaud dans l'Isle de Naudely : avec Figures. *A Cafers Capitale de l'Isle de Naudely* (*à Roüen*) 1703. *in* 12°.

63 Le Monarque, ou les Devoirs du Souverain, par Jean-François Senault. *A Paris* 1661. *in* 4°.

PHILOSOPHIE. 15

210 Abregé du Projet de Paix perpetuelle, inventé par le Roy Henry le Grand, approuvé par la Reine Elizabeth, par le Roy Jacques son successeur, par les Republiques & par divers autres Potentats; approprié à l'état present des affaires generales de l'Europe, & démontré avantageux en general & en particulier; par M. l'Abbé Charles-Irenée de Castel de Saint-Pierre. *A Rotterdam* 1729. *in* 8°.

METAPHYSIQUE.

64 Dissertations sur l'existence de Dieu, où l'on démontre cette verité par l'Histoire universelle de la premiere antiquité du Monde, par la réfutation du systeme d'Epicure & de Spinosa, par les caracteres de Divinité qui se remarquent dans la Religion des Juifs & dans l'établissement du Christianisme; avec des preuves convaincantes de la Revelation des Livres Sacrez : par Isaac Jaquelot. *A la Haye* 1697. *in* 4°.

211 Discours sur la liberté de penser & de raisonner sur les matieres les plus importantes, écrit à l'occasion de l'accroissement d'une nouvelle Secte d'Esprits forts ou de Gens qui pensent librement; traduit de l'Anglois : IIe Edition. *A Londres* 1717. *in* 8°.

212 Le Conte du Tonneau, contenant tout ce

16   CATALOGUE DE LIVRES,

213   que les Arts & les Sciences ont de plus sublime & de plus mysterieux ; avec plusieurs autres Pieces très-curieuses ; traduit de l'Anglois du Docteur Swift. *La Haye* 1721. 2. *vol. in* 12°.

214 Histoire de l'Esprit humain, ou des égaremens de nôtre Ame & de son retour à la Verité ; imitation du Tableau de Cebes; par M. de B..... *A Paris* 1670. *in* 8°. *avec la Figure du Tableau de Cebes gravée par Chauveau.*

215 Traité philosophique de la foiblesse de l'Esprit humain, par feu M. Pierre-Daniel Huet ancien Evêque d'Avranches. *A Amsterdam* 1723. *in* 12°.

6 Examen du Pyrrhonisme ancien & moderne, (ou Critique des Oeuvres de Pierre Bayle ;) par M. Jean-Pierre de Croufaz. *A la Haye* 1733. *in fol.*

216
217   Essai sur les Erreurs populaires, ou Examen de plusieurs Opinions reçûës comme vrayes qui sont fausses ou douteuses; traduit de l'Anglois de Thomas Brown. *A Paris* 1733. 2. *vol. in* 12°.

218
219
220   Histoire critique des Pratiques superstitieuses, qui ont seduit les Peuples, & embarassé les Sçavans ; avec la Methode & les Principes pour discerner les effets naturels d'avec ceux qui ne le sont pas ; par Pierre le Brun Prestre de l'Oratoire : IIe. Edition augmentée, & publiée

PHILOSOPHIE.

bliée après la mort de l'Auteur, avec son Eloge hiſtorique, & des Figures. *A Paris* 1732. *in* 12°. *3. vol.*

PHYSIQUE.

221
222
223
Traité de l'Univers materiel, ou Aſtronomie Phyſique, par le Sr. Martin-François Petit. *A Paris* 1729. *& ſuiv.* 3. *vol. in* 12°.

* *Le tome II. n'a pas été publié.*

224 La corruption du grand & petit Monde, où il eſt montré que toutes les créatures qui compoſent l'Univers ſont corrompuës par le peché d'Adam; que le Soleil a perdu ſept fois plus de lumieres qu'il n'en poſſede; que Nouvelle-Lune étoit Pleine-Lune en la Juſtice originelle, & qu'elle étoit égale en lumiere au Soleil d'aujourd'hui; qu'il n'a point pleu ni neigé ſur la terre avant le Deluge; que devant le Deluge l'Amerique n'étoit point ſeparée des autres parties du Monde; & qu'il n'y avoit aucune Iſle dans la Mer; que le Feu qui conſumera l'Univers n'aura point d'action ſur les Juſtes; & qu'il y aura des hommes vivans ſur la terre quand J. C. viendra juger le monde: IIIe. Edition augmentée d'un Traité des Taliſmans, de la Poudre de Sympathie &c. par François Placet. *A Paris* 1668. *in* 12°.

225 Hiſtoires des Vents, où il eſt traité de leurs causes, & de leurs effets; traduite du Latin de François Bacon par Jean Baudoin. *A Paris* 1649. *in* 8°.

226 Recherches sur la nature du Feu de l'Enfer, & du lieu où il eſt ſitué; traduit de l'Anglois du Docteur Svvinden par M. Jean Bion. *A Amſterdam* 1728. *in* 8°.

HISTOIRE NATURELLE.

227 Le Spectacle de la Nature, ou entretiens sur les particularitez de l'Hiſtoire Naturelle qui ont paru les plus propres à rendre les jeunes gens curieux, & à leur former l'eſprit; (par M. Noël Peluche:) tome I. contenant ce qui regarde les Animaux & les Plantes; avec Figures. *A Paris* 1732. *in* 12°.

228 Le parfait Joaillier, ou Hiſtoire des Pierreries; traduite du Latin d'Anſelme Boëce de Boot, & enrichie d'Annotations, Indices & Figures, par André Toll. *A Lyon* 1644. *in* 8°.

Obſervations sur les Mines, les Bains & Eaux Minerales de Hongrie & autres Pays voiſins. *V. les Voyages de Brovvn, ci-après au Supplement des Voyages, n°* 92.

229 Curioſitez de la Nature & de l'Art sur la
230 Vegetation, ou l'Agriculture & le Jardinage dans leur perfection, par M.

PHILOSOPHIE. 19

l'Abbé de Vallemont : nouvelle Edition augmentée de la Culture des Jardins Potagers & Fruitiers ; avec Figures. *A Bruxelles* 1723. *in* 8°. 2. *vol.*

MEDECINE, & CHYMIE.

231 Traité de l'usage des différentes sortes de
232 Saignées, principalement de celle du pied ; par M. Jean-Baptiste Silva : avec des Observations de M. Philippe Hecquet sur la Saignée du pied. *A Par.* 1727. *in* 8°. 2. *vol.*

233 Discours touchant la guerison des Playes par la Poudre de Sympathie, par le Chevalier Kenelme Digby. *A Roüen* 1660. *in* 8°.

Traité des Talismans, & de la Poudre de Sympathie, par François Placet. *Voyez la corruption du grand & petit Monde, ci-devant au Supplement de la Philosophie, n°* 224.

MATHEMATIQUE.

Astronomie, Navigation, & Marine.

Astronomie Physique, par le Sr. Martin-François Petit. *Voyez son Traité de l'Univers materiel, ci-devant au Supplement de la Philosophie, n°* 221.

234 Discours sur les différentes figures des Astres, d'où l'on tire des conjectures sur les Etoiles qui paroissent changer de

C ij

grandeur, & sur l'Anneau de Saturne; avec une Expofition abregée des Syftemes de Defcartes & de Nevvton; par M. de Maupertuis. *A Paris, de l'Imprimerie Royale*, 1732. *in* 8°.

65 Remarques fur la Navigation, & moyens d'en perfectionner la pratique; par M. de Radoüay : avec Figures. *A Paris* 1727. *in* 4°.

66 Memoire fur le fujet du Prix propofé par l'Academie Royale des Sciences en 1729. touchant la meilleure methode d'obferver fur Mer la declinaifon de l'Aiguille aimantée ou la Variation de la Bouffole; par M. Meynier : avec Figures. *A Paris* 1732. *in* 4°.

67 De la mâture des Vaiffeaux : Piece qui a remporté le Prix de l'Academie Royale des Sciences de 1727. par M. Bouguer; avec Figures. *A Paris* 1727. *in* 4°.

7 L'Art des Armées Navales, ou traité des Evolutions Navales; avec la Theorie de la conftruction des Vaiffeaux; par Paul Hofte : avec Figures. *A Lyon* 1697. *in fol.*

MECHANIQUE.

67* Recueil d'Ouvrages curieux de Mathematique & de Mecanique, ou Defcription du Cabinet de Nicolas Grollier de Serviere; par M. Gafpar Grollier de Ser-

PHILOSOPHIE.

viere son petit-fils : IIe. Edition augmentée, avec Figures. *A Lyon* 1733. *in* 4°.

ART MILITAIRE.

Traité de Pratiques & de Maximes de l'Art Militaire, par M. le Marquis de Quincy. *Voyez le tome* VII. *de son Histoire Militaire du Regne de Loüis le Grand, ci-après au Supplement de l'Histoire de France, n°* 122.

Corps de Science Militaire, inseré dans le Commentaire du Chevalier de Folard sur Polybe. *Voyez l'Histoire de Polybe, ci-après au Supplement de l'Histoire Romaine, n°* 103. *jusqu'à* 108.

68
69 Memoires d'Artillerie, par M. Pierre Surirey de Saint-Remy : IIe. Edition, avec Figures. *A Paris* 1707. 2. *vol. in* 4°.

70 Le Bombardier François, ou nouvelle methode de jetter les Bombes avec précision ; par M. Belidor : avec Figures. *A Paris, de l'Imprimerie Royale,* 1731. *in* 4°.

PEINTURE, SCULPTURE, GRAVURE, ARCHITECTURE.

La Peinture, Poëme de Charles Perrault. *Voyez ci-après au Supplement des Poëtes François, n°* 12.

235 Cabinet des Singularitez d'Architecture,

C iij

236
237 Peinture, Sculpture, & Gravûre, ou introduction à la connoiſſance des plus beaux Arts figurez ſous les Tableaux, les Statuës, & les Eſtampes; par Florent le Comte. *A Paris* 1699. *in* 12°. 3. *vol.*

238 Abregé de la Vie des Peintres, avec des Reflexions ſur leurs Ouvrages, & un traité du Peintre parfait, de la connoiſ-ſance des Deſſeins, & de l'utilité des Eſtampes; par Roger de Piles. *A Paris* 1699. *in* 12°.

239 La Mecanique du Feu, ou l'art d'en aug-menter les effets & d'en diminuer la dé-penſe : Iere. partie contenant le traité de nouvelles Cheminées qui échaufent plus que les Cheminées ordinaires, & qui ne ſont point ſujettes à fumer; par M. Gauger : avec Figures. *A Paris* 1713. *in* 12°.

SUPPLEMENT AUX BELLES-LETTRES.
GRAMMAIRE, & RHETORIQUE.

GRAMMAIRE.

N° 240 RAMMAIRE generale & raisonnée, contenant les fondemens de l'Art de parler expliquez d'une maniere claire & naturelle, les raisons de ce qui est commun à toutes les Langues, & des principales differences qui s'y rencontrent, & plusieurs Remarques nouvelles sur la Langue Françoise; (par Claude Lancelot :) V^e. Edition. *A Paris 1709. in 12°.*

Dictionnaire Toulousain. *Voyez le Recueil des Poëtes Gascons, ci-après au Supplement des Poëtes François, n° 279.*

71 Tresor des deux Langues Espagnole & Françoise, de Cesar Oudin; augmenté par Antoine Oudin. *A Paris 1660. in 4°.*

8 Diccionario de la Lengua Castellana, en que se explica el verdadero sentido de las Voces, su naturaleza y calidad, con las Phrases o modos de hablar, los Proverbios o Refranes, y otras cosas con-

venientes al uso de la Lengua ; por la Real Academia Española : tomo I. que contiene la letras A.B. *En Madrid* 1726. *in fol.*

Les Termes principaux de la Langue Arabesque. *Voyez la Relation de la Captivité du Sr. Mouette à Maroc, ci-après au Supplement des Voyages,* n° 399.

RHETORIQUE & ELOQUENCE.

241 Dialogues sur l'Eloquence en general, & sur celle de la Chaire en particulier ; avec une Lettre à l'Académie Françoise sur l'Eloquence, la Poësie, l'Histoire &c. par M. François de Salignac de la Motte Fenelon Archevêque de Cambray. *A Paris* 1718. *in* 12°.

Les Oraisons de Ciceron, traduites du Latin, avec des Remarques, par M. de Villefore. *A Paris* 1732. *in* 12°. 8. *vol.*

242 Tome 1. contient les Oraisons pour P. Quintius, pour les Roscius, & contre Verres.

243 Tome 2. la suite des Oraisons contre Verres.

244 Tome 3. la suite des Oraisons contre Verres, celles pour Fonteius, pour Cæcina, pour Cluentius, pour Cornelius, & pour la Robe blanche des Candidats.

245 Tome 4. les Oraisons pour la Loy Manilia, contre Rullus, pour Rabirius, contre Catilina, & pour Murena.

246 Tome 5. les Oraisons pour Flaccus, pour Sylla, pour Archias, & celles prononcées après le retour de Ciceron.

RHETORIQUE.

247 Tome 6. les Oraisons touchant les réponses des Auspices, pour Plancius, pour Sextius, contre Vatinius, & pour Cœlius.

248 Tome 7. les Oraisons pour les Provinces Consulaires, pour Balbus, contre Pison, pour Scaurus, pour Milon, pour Posthumus, pour Marcellus, pour Ligarius, & pour Dejotarus.

249 Tome 8. les Philippiques.

249* Tusculane de Cicéron sur le mépris de la Mort, traduite par M. l'Abbé d'Olivet; avec le texte Latin, & des Remarques de M. le President Bouhier sur le texte de Cicéron : ensemble le Songe de Scipion, en Latin & en François, avec des Remarques. *A Paris* 1732. *in* 12°.

Discours de Jean de la Fontaine à sa reception dans l'Academie Françoise. *Voyez le tome* 3e. *de ses Oeuvres, ci-après au Supplement des Poëtes François, n°* 265*.

Discours d'Eloquence de M. de Chalamont de la Visclede. *Voyez ses Oeuvres, ci-après au Supplement des Polygraphes, n°* 383*.

SUITE DU SUPPLEMENT
AUX
BELLES-LETTRES.
POETES, GRECS, LATINS, FRANÇOIS &c.

TRAITEZ DE POETIQUE.

N° Ettre de M. de Fenelon à l'Académie Françoise sur la Poësie. *Voyez ses Dialogues sur l'Eloquence, ci-devant au Supplement à la Rhetorique, n°* 241.

249* Reflexions sur la Poësie en general, sur l'Eglogue, sur la Fable, sur l'Elegie, sur la Satire, sur l'Ode, & sur les autres petits Poëmes, comme Sonnet, Rondeau, Madrigal &c. suivies de trois Lettres sur la décadence du Goût en France; par M. R. D. S. M. (Remond de Saint Mard.) *A la Haye* 1734. in 8°.

2

Discours sur l'origine de la Tragedie, sur la Comedie Greque, &c. par le P. Jean Brumoy Jesuite. *Voyez les tomes* 1. *&* 3. *du Theatre des Grecs qui suit, n°* 72. *& 74.*

D ij

Dissertation sur la Tragedie moderne, par Louis Riccoboni. *Voyez son Histoire du Theatre Italien, ci-après dans l'Histoire Litteraire, n°* 154.

Dell'Arte Rappresentativa, da Luigi Riccoboni. *Relié avec le tome* 2. *de l'Histoire du Theatre Italien, ci-après dans l'Histoire Litteraire, n°* 155.

POETES GRECS.

Parallele burlesque d'Homere & de Rabelais ; & Parallele du Bouclier d'Achille dans l'Iliade d'Homere & dans celle de M. de la Motte ; par Charles de Riviere du Freny. *Voyez le tome* 5e. *de ses Oeuvres, ci-après au Supplement des Poëtes Dramatiques, n°* 284*12.

Le Theatre des Grecs, par le P. Jean Brumoy Jesuite. *A Paris* 1730. *in* 4°. 3. *vol. en grand papier.*

72   Tome 1. contient des Discours sur le Theatre des Grecs, sur l'origine de la Tragedie, & & sur le parallelle du Theatre ancien & du moderne ; l'Oedipe de Sophocle traduite avec des reflexions ; l'Analyse ou Extrait de l'Oedipe de Seneque, de l'Oedipe de P. Corneille, & de l'Oedipe de M. Orsatto Giustiniano ; l'Electre de Sophocle, traduite avec des reflexions ; l'Analyse des Coephores d'Eschyle, & de l'Electre d'Euripide ; la traduction du Philoctete de Sophocle, de l'Hippolite & de l'Iphigenie en

Aulide d'Euripide, avec des reflexions.

73 Tome 2. l'Analyſe des Tragedies d'Eſchyle, ſçavoir, Promethée, les ſept Chefs au Siege de Thebes, les Perſes, Agamemnon, les Eumenides, & les Suppliantes ou les Danaïdes; & par occaſion de l'Agamemnon de Seneque; l'Analyſe des Tragedies de Sophocle, ſçavoir, Ajax furieux, Antigone, Oedipe à Colone, & les Trachiniennes; & par occaſion de l'Antigone de Rotrou, de l'Hercule au Mont Oeta de Seneque, & de l'Hercule mourant de Rotrou; l'Analyſe des Tragedies d'Euripide, ſçavoir, Hecube, Oreſte, les Pheniciennes, la Thebaïde de Seneque, Medée, Andromaque comparée à celle de Racine, les Suppliantes ou les Argiennes, Rheſus, les Troyennes, les Bacchantes, les Heraclides, Helene, Ion, & Hercule furieux; & par occaſion de partie de l'Antigone de Rotrou, de la Thebaïde de Racine, du Jocaſte de Lodovico Dolce, de la Medée de Seneque, de la Medée de P. Corneille, de la Medée de Dolce, de la Troade de Seneque, & de l'Hercule furieux de Seneque.

74 Tome 3. un Diſcours ſur la Comedie Grecque; des Obſervations préliminaires; les Faſtes de la Guerre du Péloponeſe; l'Analyſe des Comedies d'Ariſtophane, ſçavoir, les Acharniens, les Chevaliers, les Nuées, les Gueſpes, la Paix, les Oiſeaux, les Feſtes de Cerés, Lyſiſtrata, les Grenoüilles, les Harangueuſes ou l'Aſſemblée des Femmes, & Plutus; une Concluſion generale; un Diſcours ſur le Cyclope d'Euri-

pide, & sur le Spectacle satyrique; l'Analyse du Cyclope d'Euripide; & la Table des Matieres pour les trois volumes.

250 L'Oedipe, Tragedie de Sophocle; & les Oiseaux, Comedie d'Aristophane; traduites du Grec, par Jean Boivin. *A Paris 1729. in 12°.*

Imitations d'Anacreon & de Theocrite, en Vers François par Jean de la Fontaine. *Voyez le tome 1. de ses Oeuvres, ci-après au Supplement des Poëtes François, n° 265*1.*

POETES LATINS.

251 Q. Horatii Flacci Opera. *Parisiis, ex Typographia Regia, 1733. in 18°.*

251* Les Amours d'Horace, (tirées de ses Oeuvres.) *A Cologne 1728. in 12°.*

Les Metamorphoses d'Ovide, traduites avec des Remarques & des Explications historiques, par M. l'Abbé Banier: avec Figures. *A Amsterdam 1732. in 12o. 3. vol.*

252 Tome 1. contient les VI. premiers livres.
253 Tome 2. depuis le VII. jusqu'au XI. inclusivement.
254 Tome 3. depuis le XII. jusqu'au XV. inclusivement.
255 Phædri Fabulæ. *Parisiis, ex Typographia Regia, 1729. in 18°.*

Analyses ou Extraits de l'Oedipe, de l'Agamemnon & autres Tragedies de Seneque, par le P. Jean Brumoy Jesuite.

POETES FRANÇOIS. 31
Voyez les tomes 1. & 2. du Theatre des Grecs, ci-dessus n° 72 & 73.

Imitation de quelques Chœurs de Seneque le Tragique, en Vers François, par Jean de Hesnault. *Voyez ses Oeuvres diverses, ci-après au Supplement des Poëtes François, n° 264.*

POETES FRANCOIS.

256 Oeuvres de Clement Marot, reveuës sur
jusqu'à les Manuscrits & les anciennes Editions,
261 & augmentées; avec les Ouvrages de Jean Marot son pere, ceux de Michel Marot son fils, & les Pieces du different de Clement avec François Sagon; ensemble une Préface historique, & des Observations critiques : (par M. Lenglet du Fresnoy:) *A la Haye* 1731. *in* 12°. 6. *vol.*

9 Le Vergier d'Honneur de l'entreprise & voyage de Naples du Roy Charles VIII. ensemble plusieurs aultres choses faictes & composées par Reverend Pere en Dieu Monseigneur Octovien de Saint-Gelais Evesque d'Angolesme, & par Maistre Andry de la Vigne Secretaire de Monsieur le Duc de Savoye, avec aultres. *Imprimé gotique, avec Figures en bois, in fol.*

75 Les Satyres & autres Oeuvres de Mathurin Regnier, avec des Remarques (de

CATALOGUE DE LIVRES.

M. Claude Broſſette :) avec Figures. *A Londres* 1729. *in* 4°. *en grand papier.*

262 Le Villebrequin, de Maiſtre Adam (Billaut) Menuiſier de Nevers, contenant toutes ſortes de Poëſies galantes. *A Paris* 1663. *in* 12°.

76 Les Oeuvres de Marc Gerard de Saint-Amant. *A Paris* 1651. *in* 4°.

10 Les Poëſies de Jules-Hippolite Pillet de la Meſnardiere. *A Paris* 1656. *in fol.*

262* Les Amours, & l'Orphée, Poëſies de François Triſtan l'Hermite de Soliers. *A Paris* 1662. *in* 12°.

11 Les Oeuvres poëtiques de Louis le Moyne, contenant le Poëme de S. Louis, & ſes autres Poëſies : avec Figures de Chauveau. *A Paris* 1672. *in fol.*

77 Clovis ou la France chretienne, Poëme heroïque, par Jean Deſmareſts : avec Figures de Chauveau. *A Paris* 1657. *in* 4°. *en grand papier.*

263 Eglogues de Jean Renaud de Segrais, avec les Paſſages imitez des Poëtes Latins ; l'Athis, Poëme paſtoral ; le Portrait de Mademoiſelle de Montpenſier ; & la Vie de l'Auteur. *A Paris* 1733. *in* 8°.

264 Oeuvres diverſes du Sr. D. H . . . . . (Jean de Heſnault,) contenant la Conſolation à Olympe ſur la mort d'Alcimedon ; l'Imitation de quelques Chœurs de Seneque le Tragique; Lettres en Vers &

& en Prose; le Bail d'un Cœur; divers Sonnets, & autres Pieces. *A Paris* 1670. *in* 12°.

265 Joseph, ou l'Esclave fidele, Poëme. *A Turin* 1679. *in* 12°.

Oeuvres de Jean de la Fontaine : nouvelle Edition. *A Anvers (Paris)* 1726. *in* 4°. *3. vol. en grand papier, avec des Vignettes gravées en taille douce.*

78   Tome 1. contient les Contes en Vers; & la Dissertation sur la Joconde.

79   Tome 2. les Fables en Vers; & la Vie d'Esope.

80   Tome 3. la Psyché; les Poëmes d'Adonis, du Quinquina, & de la Captivité de S. Malc; & autres Oeuvres diverses en Vers.

Oeuvres diverses du même Auteur, dont plusieurs postumes & qui n'avoient point encore paru. *A Paris* 1729. *in* 8°. *3. vol.*

265* 1   Tome 1. contient le Portrait de l'Auteur, par M. *** son Eloge, par Charles Perrault, la Lettre du P. Pouget de l'Oratoire contenant la Relation de la Conversion de M. de la Fontaine; des Poësies mêlées, où il y a quelques Imitations d'Anacreon & de Theocrite; les Poëmes d'Adonis, de la Captivité de Saint Malc, du Quinquina, de Philémon & Baucis, & des Filles de Minée; & les Fragmens du Songe de Vaux.

265* 2   Tome 2. les Lettres; & les Pieces Dramatiques, sçavoir, Climene, Com. l'Eunuque, Com. les Fragmens de Galatée, & Je vous prens sans vert, Com.

E

265*	Tome 3. les Amours de Pſyché, Daphné, Opera ; des Ouvrages divers omis en leur rang, entre leſquels, le Diſcours de l'Auteur à ſa reception dans l'Académie Françoiſe, une Lettre de M. Racine à l'Auteur, Aſtrée, Trag. & le Florentin, Com.
3	
	Les Poëſies de la Comteſſe de Bregy. *Voyez ci-après au Supplement des Miſcellanei, n° 384.*
12	La Peinture, Poëme de Charles Perrault : avec Figures de Chauveau. *A Paris 1668. in fol.*
	Poëſies de L. P..... *Voyez le Demeſlé de l'Eſprit & du Jugement, ci-après au Supplement des Miſcellanei, n° 375.*
266	Le Poëte ſans fard, (ou Poëſies de François Gacon.) *In 12°.*
266*	Poëſies mêlées de la Comteſſe des Plaſſons. *A Cologne 1715. in 8°.*
	Epitres & Satires, en Vers, de François Regnard. *Voyez le tome 5e. de ſes Oeuvres, ci-après au Supplement des Poëtes Dramatiques, n° 384* 7.*
	Poëſies de la Marquiſe de P..... (de Perne.) *Voyez ci-après au Supplement des Miſcellanei, n° 384*.*
267	Noei Borguignon, de Gui Barôzai (Bernard de la Monnoye :) IVe. Edition, (avec le Gloſſaire alphabetique pour l'intelligence des mots Bourguignons & autres.) *Ai Dioni (Dijon) 1720. in 8°.*

POETES FRANÇOIS.

Poësies diverses de Charles Riviere du Freny. *Voyez le 6e. tome de ses Oeuvres, ci-après au Supplément des Poëtes Dramatiques, n° 284* 13.*

268 269 270 Oeuvres poëtiques de Simon Tyssot de Patot. *A Amsterdam 1727. in 12°.* 3. vol.

271 Oeuvres diverses de M. de Julien Scopon. *A la Haye 1728. in 8°.*

Diverses Pieces de Poësies, du P. du Cerceau ; avec la Comedie heroïque en Vers des Incommoditez de la Grandeur, du même Auteur. *Voyez la Conjuration de Gabrini, ci-après au Supplement de l'Histoire Étrangere en Europe, n° 564*.*

272 Oeuvres mêlées de M. de la Grange. *A la Haye 1724. in 8°.*

Poësies de M. de Chalamont de la Visclede. *Voyez ses Oeuvres, ci-après au Supplement des Miscellanei, n° 383*.*

273 La Henriade, Poëme de M. Arouet de Voltaire : II.e Edition, avec des Remarques critiques. *A Londres 1728. in 8°.*

274 {
Le Temple du Goust, (par le même Auteur.) *Imprimé en 1733.*
Essai d'Apologie des Auteurs censurez dans le Temple du Goust. *Imprimé en 1733.*
Observations critiques sur le Temple du Goust. *Imprimé en 1733.*
Entretiens de deux Gascons sur le Tem-
}

ple du Goust, en Vers. *A Ephese (Paris)* 1733.

La Comedie du Temple du Goust, (ou Critique de cet Ouvrage.) *Imprimé en* 1733. *in* 8°.

274* Le Parterre du Parnasse François, ou nouveau Recueil de Pieces des plus celebres Poëtes François depuis Marot jusqu'à present; par M. Bonafous. *A Amsterdam* 1709. *in* 12°.

275 Nouveau choix de Pieces de Poësie. *A la*
276 *Haye* 1715. *in* 8°. 2. *vol.*

Elite de Poësies. *Voyez les Saillies d'Esprit, ci-devant au Supplement des Miscellanei, n°* 376.

277 Proverbes en Rimes, ou Rimes en Prover-
278 bes; recueillis par Philippe le Duc. *A Paris* 1665. *in* 12°. 2. *vol.*

Recueil de Poëtes Gascons; avec le Dictionnaire de la Langue Touloufaine. *A Amsterdam* 1700. *in* 8°. 2. *vol.*

279 Tome 1. contient les Oeuvres de Pierre Goudelin; avec le Dictionnaire Toulousain.
280 Tome 2. les Folies du S^r. le Sage de Montpellier; & les Poësies de Jean Michel de Nismes.

POETES ITALIENS, & ESPAGNOLS.

80* Orlando furioso, traduzido del'Italiano
 1 de Luis Ariosto en Romance Castellano por Jeronimo de Urrea: con Estampas en buxo. *En Leon* 1550. *in* 4°.

POETES ITALIENS &c.

13 Il Goffredo, overo la Gierusalemme liberata, di Torquato Tasso. *In Parigi, nella Stamperia Reale*, 1644. *in fol. Essemplare arrichito delle Stampe del Tempesta.*

80* / 2 Libro primero de los famosos hechos del Principe Celidon de Iberia, compuesto en Estancias por Gonçalo Gomez de Luque. *En Alcala* 1583. *in* 4°.

Obras en Verso, de Francisco Santos. *Voyez ci-après au Supplement des Miscellanei, n°* 88.

POETES ANGLOIS.

281
282 Le Paradis perdu, Poëme de Jean Milton, traduit de l'Anglois, avec les Remarques de M. Addisson, (par M. du Pré de Saint-Maur.) *A Paris* 1729. *in* 12°. 3. *vol.*
283

284 Dissertation critique sur le Paradis perdu de Milton, par M. Constantin de Magny. *A Paris* 1729. *in* 12°.

284* / 1 Le Paradis reconquis, Poëme de Milton; avec quelques autres Pieces de Poësies du même; traduit de l'Anglois (par le même M. du Pré de Saint-Maur.) *A Paris* 1730. *in* 12°.

284* / 2 La Boucle de Cheveux enlevée, Poëme heroïcomique de M. Pope; traduit de l'Anglois. *A Paris* 1728. *in* 12°.

SUITE DU SUPPLEMENT
AUX
BELLES-LETTRES.
POETES DRAMATIQUES.

N°		
		Es Oeuvres de François Regnard : nouvelle Edition augmentée. *A Roüen* 1731. *in* 12°. 5. *vol.*
284* 3		Tome 1. contient ſes Voyages en Flandres, en Hollande, en Lapponie, en Pologne, & en Allemagne.
284* 4		Tome 2. la Provençale, Hiſtoriette ou recit des Avantures du Voyage ſur Mer de l'Auteur ; ſes Voyages de Normandie, & de Chaumont, ce dernier en Vaudeville ; la Serenade, le Bal, & le Joüeur, Comedies.
284* 5		Tome 3. le Diſtrait, le Retour imprevû, Attendez-moy ſous l'Orme, & Democrite, Comedies.
284* 6		Tome 4. les Folies amoureuſes, les Menechmes, & le Legataire univerſel, Comedies.
284* 7		Tome 5. la Critique du Legataire, les Souhaits, les Vendanges ou le Bailly d'Aſnieres, Comedies ; Sapor, Tragedie ; Epîtres & Satires en Vers.
284* 8		Les Oeuvres de Charles de Riviere du Freny. *A Paris* 1731. *in* 12°. 6. *vol.* Tome 1. contient un Avertiſſement hiſtori-

que sur la Vie de l'Auteur & ses Ouvrages; le Negligent, le Chevalier Joüeur, & la Nôce interrompuë, Comedies.

284* 9 — Tome 2. la Malade sans maladie, l'Esprit de contradiction, le double Veuvage, & le faux Honnête homme, Comedies.

284* 10 — Tome 3. le faux Instinct, le Jaloux honteux, & la Joüeuse, Comedies.

284* 11 — Tome 4. le Lot supposé, la Réconciliation Normande, le Dédit, le Mariage fait & rompu, & le faux sincere, Comedies.

284* 12 — Tome 5. les Amusemens serieux & comiques; le Puits de la Verité; le Parallele burlesque d'Homere & de Rabelais; Reflexions sur la Tragedie de Rhadamiste & Zenobie; Parallele du Bouclier d'Achille dans Homere & dans M. de la Motte; Réponse au Mercure de Trevoux.

284* 13 — Tome 6. des Nouvelles historiques; Poësies diverses; l'Inpromptu de Villers-Cotterets, Divertissement; & des Chansons.

284* 14 — Cassius & Victorinus, Martyrs, Tragedie chretienne tirée de Gregoire de Tours, par M. de la Grange-Chancel; avec une Ode de l'Auteur à Madame la Princesse de Conty premiere Doüairiere, (qui a été supprimée.) *A Paris* 1733. *in* 8°.

284* 15 — Zayre, Tragedie, de M. Aroüet de Voltaire; avec l'Epitre dedicatoire de l'Auteur à M. Fakener Marchand Anglois, (qui a été supprimée. (*A Roüen* 1733. *in* 8°.

SUITE

SUITE DU SUPPLEMENT AUX BELLES-LETTRES.

MYTHOLOGIE, & ROMANS.

MYTHOLOGIE, & FABLES.

N°   Discours sur la Mythologie, par M. Ramsay. *Voyez les Voyages de Cyrus*, ci-après au Supplement des Romans, n° 357.

La Psyché, de Jean de la Fontaine. *Voyez ses Oeuvres*, ci-devant au Supplement des Poëtes François, n° 80.

81   Les Fables d'Esope & de plusieurs autres excellens Mythologistes, avec les Reflexions du Chevalier de Lestrange; traduites de l'Anglois : avec les Figures de François Barlouw. *A Amsterdam* 1714. in 4°.

Fables en Vers, de Jean de la Fontaine. *Voyez ses Oeuvres*, ci-devant au Supplement des Poëtes François, n° 79.

FACETIES, ou Inventions facetieuses, & Histoires comiques & fabuleuses.

284*   Le Chasse-ennui, ou l'honneste entretien
16   des bonnes Compagnies; par Louis Ga-

F

ton. *A Paris* 1633. *in* 12°.

284*17 Le Tombeau de la Melancholie. *In* 12°.

284*18 Les agréables Divertiſſemens, contenant divers Contes & Fables choiſis de Bocace, de d'Ouville & autres, en Proſe & en Vers; par D. F. C. D. M.... *A Paris* 1669. *in* 12°.

Parallele burleſque d'Homere & de Rabelais, par Charles Riviere du Freny. *Voyez le tome* 5e. *de ſes Oeuvres, ci-devant au Supplement des Poëtes Dramatiques, n°* 284*12.

284*19 Nouvelles recreatives, plaiſantes, curieu- & admirables, d'un renommé vieil homme nommé Panurge; avec ſa Navigation en l'Iſle imaginaire, ſon rajeuniſſement en icelle, & le Voyage que fit ſon ame en l'autre monde pendant le rajeuniſſement de ſon corps. *A Thoulouze, par Bienfaiſant chaſſe-Diables*, 1616. *in* 16°.

284*20 La nouvelle Fabrique des excellens traits de Verité: Livre pour inciter les reſveurs triſtes & merancoliques à vivre de plaiſir; par Philippe d'Alcripe Sieur de Neri en Verbos. *Imprimé cette année* (1732.) *in* 12°.

284*21 L'Homme dans la Lune, ou le Voyage chimerique fait au monde de la Lune nouvellement découvert par Dominique

FACETIES.

Gonzales Avanturier Espagnol, autrement dit le Courrier volant; avec la Figure. *A Paris 1666. in 12°.*

82 Vida de Guzman de Alfarache; por Mateo Aleman. *En Madrid 1723. in 4°.*

284* 22 Vida de Lazarillo de Tormes; corregida por J. de Luna. *En Paris 1620. in 12°.*

284* 23 Historia de la Vida del Buscon, llamado Don Pablos, exemplo de Vagamundos, y espejo de Tacaños; por Francisco de Quevedo Villegas. *En Saragoça 1626. in 8°.*

284* 24 El Diablo coivelo, Novela de la otra vida; por Luis Velez de Guevara. *En Madrid 1641. in 8°.*

284* 25 Le Parasite Mormon (Montmaur,) Histoire comique. *Imprimé en 1650. in 8°.*

285 286 Le Roman comique, de Paul Scarron; mis en Vers par M. le Tellier d'Orvilliers. *A Paris 1733. in 12°. 2. vol.*

287 La Prison sans chagrin, Histoire comique du temps. *A Paris 1669. in 12°.*

287* 1 La Prison de M. d'Assoucy. *A Paris 1674. in 12°.*

287* 2 Le Voyage forcé de Becafort Hypocondriaque, (par Laurent Bordelon.) *A Paris 1709. in 12°.*

287* 3 Le Diable babillard ou indiscret. *A Cologne 1711. in 12°.*

287* Les Tours de Maistre Gonin, (par Lau-

44   CATALOGUE DE LIVRES.

4 & 5   rent Bordelon.) *A Paris* 1713. *in* 12°. 2. *vol.*

         Les Amusemens sérieux & comiques, & le Puits de la Verité ; par Charles Riviere du Freny. *Voyez le tome* 5e. *de ses Oeuvres, ci-devant au Supplement des Poëtes Dramatiques, n°* 284* 12.

288   Vida y hechos de Estevanillo Gonzales huombre de buen humor, compuesta por el mismo. *En Madrid* 1720. *in* 8°.

288* 1   Avantures de Don Antonio de Buffalis, Histoire Italienne. *A Paris* 1724. *in* 12°.

288* 2   Histoires sublimes & allegoriques, dediées aux Fées modernes ; par la Comtesse D..... *A Paris* 1699. *in* 12°.

288* 3   La Tyrannie des Fées détruite, nouveaux Contes, par la Comtesse D. L..... *A Paris* 1703. *in* 12°.

288* 4   Les Soirées Bretonnes, nouveaux Contes de Fées. *A Paris* 1712. *in* 12°.

289 290   Le Geomyler, traduit de l'Arabe, (ou plûtôt composé sous le titre de l'Amour sans foiblesse, par l'Abbé de Villars Auteur du Comte de Gabalis, & reimprimé.) *A Paris, chez G. Martin,* 1729. *in* 12°. 2. *vol.*

290* 1 & 2   Les Avantures d'Abdalla Fils d'Hanif, envoyé par le Sultan des Indes à la découverte de l'Isle de Borico où est la Fontaine merveilleuse dont l'eau fait rajeunir;

FACETIES.

traduites de l'Arabe : avec Figures. *A Amsterdam* 1714. *in* 12°. 2. *vol.*

Avantures surprenantes des Rois Loriman & Osmundar Princes Orientaux. *Voyez les Voyages de Glantzby, ci-après au Supplement des Voyages*, n° 422.

291
292
293 Les Sultanes de Guzarate, ou les Songes des Hommes éveillez, Contes Mogols ; par M. G. (M. Gueullette.) *A Paris* 1732. *in* 12°. 3. *vol.*

294 Le Belier, Conte ; par le Comte Antoine Hamilton. *A Paris* 1730. *in* 12°.

295 Les quatre Facardins, Conte ; par le même. *A Paris* 1730. *in* 12°.

296 Histoire de Fleur d'Epine, Conte ; par le même. *A Paris* 1730. *in* 12°.

CONTES ET NOUVELLES ;
& Histoires ou Avantures amoureuses données pour vraies.

Contes & Nouvelles, tirez de Bocace, Arioste & autres, mis en Vers par Jean de la Fontaine. *Voyez le tome* 1r. *de ses Oeuvres, ci-devant au Supplement des Poëtes François*, n° 78.

296* 1 Discursos morales y Novelas, de Juan Cortes de Tolosa. *En Saragoça* 1617. *in* 8°.

296* 2 Nouvelles morales, ensuite de celles de Cervantes ; tirées de l'Espagnol de Diego Agreda par Jean Baudoin. *A Paris* 1621. *in* 8°.

296* 3 — Les Nouvelles du Sr. Lancelot, tirées des plus celebres Auteurs Espagnols. *A Paris* 1628. *in* 8°.

296* 4 — Les Advantures de la Cour de Perse, divisées en sept journées, où sous des noms estrangers sont racontées plusieurs Histoires d'Amour & de Guerre arrivées de nôtre temps ; par J. D. B..... (Jean Baudoin.) *A Paris* 1629. *in* 8°.

296* 5 — La Maison des Jeux, où se trouvent les divertissemens d'une Compagnie, par des Narrations agréables & par des Jeux d'esprit, & autres Entretiens d'une honnête conversation. *A Paris* 1642. *in* 8°.

296* 6 — Nouveau Recueil des Pieces les plus agreables de ce temps, ensuite des Jeux de l'Inconnû, & de la Maison des Jeux. *A Paris* 1644. *in* 8°.

296* 7 & 8 — Le Roman veritable, où sous des noms & des pays empruntez, dans un enchainement agréable, sont comprises les Histoires & Adventures amoureuses de plusieurs Personnes de Condition tant dedans que dehors le Royaume. *A Paris* 1646. *in* 8°. 2. *vol.*

296* 9 — Les Nouvelles ou les Divertissemens de la Princesse Alcidiane, par Made de la Calprenede. *A Paris* 1661. *in* 8°.

296* 10 — Les Diversitez galantes, contenant plusieurs Nouvelles. *A Paris* 1665. *in* 12°.

CONTES ET NOUVELLES. 47

296* 11 — Le Cercle, ou Conversations (& Histoires) galantes ; par S. Bremond. *A Paris 1673. in* 12°.

296* 12 — Le Courier d'Amour, par le Sr. de Beaucourt. *A Paris 1679. in* 12°.

296* 13 — Nouvelles amoureuses & galantes, par D. C.... *A Paris 1679. in* 12°.

296* 14 & 15 — Les Amusemens de la Princesse Atilde, par Madᵉ *** *A Paris 1697. in* 12°. 2. vol.

296* 16 — Diverses Avantures de France & d'Espagne, Nouvelles galantes & historiques; par le Chevalier de Mailly. *A Par. 1707. in* 12°.

296* 17 — Nouvelles toutes nouvelles, par M. D. L. C..... *A Paris 1709. in* 12°.

296* 18 — { Le Gage touché, Histoires galantes ; par M. D.... *A Amsterdam 1709.*
Les Amans cloistrez, ou l'heureuse Inconstance. *A Brusselle 1706.*
Les Disgraces des Amans, Nouvelle historique. *Imprimé (en Hollande) sur la copie de Paris 1708. in* 12°.

297 Le Gage touché, Histoires galantes & comiques : nouvelle Edition augmentée d'une deuxiéme partie ; avec Figures. *A Amsterdam 1722. in* 12°. 2. *tomes en* 1. *vol.*

Les Libertins en campagne, Memoires du Pere de la Joie ancien Aumônier de

48   Catalogue de Livres.

         la Reine d'Yvetot. *Imprimé en* 1710.

297* 1 — Les Victoires de l'Amour, ou Histoires de Zaïde, de Leonor, & de la Marquise de Vico: avec Figures. *A Amsterdam* 1714. *in* 12°.

297* 2 — Avantures choisies, contenant l'Amour innocent persecuté, l'Esprit folet ou le Sylphe amoureux, le Cœur volant ou l'Amant étourdi, & la belle Avanturiere. *A Paris* 1714. *in* 12°.

83   Varios Prodigios de Amor, en onze Novelas exemplares; recogidas por Isidro de Robles. *En Madrid* 1719. *in* 4°.

84   Soledades de la vida, y desengaños de el Mundo, Novelas exemplares; por Christoval Lozano. *En Madrid* 1722. *in* 4°.

297 3 & 4 — Les Plaisirs & les Chagrins de l'Amour, où l'on voit les differens états de la vie remplis d'Avantures surprenantes & singulieres causées par la Galanterie. *A Amsterdam* (*Roüen*) 1722. *in* 12°. 2. *vol.*

         Nouvelles historiques, de Charles Riviere du Freny. *Voyez le* 6e. *tome de ses Oeuvres, ci-devant au Supplement des Poëtes Dramatiques, n°* 284*13.

298   Academie galante, contenant diverses Histoires très-curieuses: nouvelle Edition augmentée de la Conclusion. *A Amsterdam* 1732. *in* 12°. 2. *tomes en un vol.*

299
299*   Les cent Nouvelles nouvelles, par Made de Gomez (Madeleine Poisson Veuve de
                                          M.

Contes et Nouvelles. 49

1--4	M. de Gomez.) *A Paris* 1732. *&* 1733. *in* 12°. 10. *tomes en* 5. *vol.*
300 301	La nouvelle Mer des Histoires. *A Paris* 1733. 4. *tomes en* 2. *vol. in* 12°.
301* 1	Cleante ou Don Carlos, Nouvelle. *A Paris* 1662. *in* 12°.
301* 2	Aristandre ou Histoire interrompuë, premiere Nouvelle, par M. H. A. d'A... *A Paris* 1664. *in* 12°.
301* 3	Les Amours de Charles de Gonzague Duc de Mantouë & de Marguerite Comtesse de Rovere; traduites de l'Italien de Giulio Capocoda. *Imprimé en* 1666. *in* 12°.
301* 4	Le Chien de Boulogne, ou l'Amant fidele, Nouvelle galante. *A Paris* 1668. *in* 12°.
301* 5	Annales galantes de Lorraine, années 1668. & 1669. *A Cologne* 1682. *in* 12°.
301* 6	Abregé des Disgraces de Mad^e. de Schomberg, descriptes par Isidore Rizzi. *A Turin* 1670. *in* 12°.
301* 7	La Mere rivale, Histoire du tems. *A Paris* 1672. *in* 12°.
301* 8	Histoire & Amours du Prince Charles (de Lorraine) & de l'Imperatrice Doüairiere. *A Cologne* 1676. *in* 12°.
302	Le Solitaire, Nouvelle; par M. D. M.... *A Paris* 1677. *in* 12°.
303	Memoires de P. F. Prodez de Beragrem Marquis d'Almacheu, contenant ses

G

Voyages, & tout ce qui lui est arrivé de plus remarquable dans sa vie. *Jouxte la copie d'Amsterdam* 1678. *in* 12°. 3. *tomes en un vol.*

303* 1 & 2 Monsieur de Kervaut, Nouvelle comi-galante. *A Paris* 1678. *in* 12°. 2. *vol.*

304 Memoires de Hollande. *A Paris* 1678. *in* 12°.

305 Le Voyage de Fontainebleau, par le S^r. de Prechac. *A Lyon* 1679. *in* 12°.

305* Memoires de la Vie de Mad^e de Ravezan. *A Paris (Hollande)* 1679. *in* 12°. 4. *tomes en un vol.*

306 La fausse Abbesse, ou l'Amoureux dupé, Histoire nouvelle. *A la Haye* 1681. *in* 12°.

307 L'illustre Parisienne, Histoire galante & veritable; par le S^r. de Prechac. *In* 12°.

307* 1 Le beau Polonois, Nouvelle galante; par le même. *A Paris* 1681. *in* 12°.

307* 2 Les desordres de la Bassette, Nouvelle galante. *A Paris* 1682. *in* 12°.

307* 3 & 4 Les Dames galantes, ou la Confidence reciproque, Nouvelle; par le S^r. Poisson. *A Paris* 1685. *in* 12°. 2. *vol.*

707* 5 Les Disgraces de l'Amour, ou le Mousquetaire Amant; par M.L.M.D.M.F... *A Paris* 1687. *in* 12°.

307* 6 Les Conquestes amoureuses du Grand Alcandre dans les Pays-Bas, avec les In-

	trigues de la Cour. *A Cologne* 1690. *in* 12°.
307*7	Journal amoureux de la Cour de Vienne. *A Cologne* 1690. *in* 12°.
307*8	Les Agrémens & les Chagrins du Mariage, Nouvelle galante; par J. D. D. C .... *A Paris* 1692. *in* 12°.
308	Histoire des Amours du Marechal Duc de Luxembourg. *A Cologne* 1695. *in* 12°.
308*1	Histoire des Amours du Duc d'Arione & de la Comtesse Victoria, ou l'Amour reciproque. *A la Haye* 1695. *in* 12°.
308*2	L'Amour Amant, Nouvelle galante. *A Lyon* 1696. *in* 12°.
308*3	La Princesse de Phalzbourg, Nouvelle historique & galante. *A Cologne* 1696. *in* 12°.
309 310	Memoires de la Comtesse de M..... (de Murat, pour servir de réponse aux Memoires du Comte de M..... publiez sous le nom de M. de S. Evremond.) *A Paris* 1697. *in* 12°. 2. *vol.*
310*	Les Princes rivaux, Histoire secrete. *A Paris* 1698. *in* 12°.
311 312	Voyage de campagne, par la Comtesse de M..... (de Murat.) *A Paris* 1699. *in* 12°. 2. *vol.*
312*1	Memoires du Chevalier Hasard, traduits de l'Anglois. *A Cologne* 1705. L'Art de plumer la poule sans crier, con-

G ij

	CATALOGUE DE LIVRES,
	tenant diverses Avantures. *A Cologne* 1710. *in* 12°.
312* 2	Dom Carlos Grand d'Espagne, Nouvelle galante. *A la Haye* 1711. *in* 12°.
312* 3	Celise, ou l'Amante fidelle, Ouvrage galant, critique, serieux & comique, mêlé de Prose & de Vers; par M. D.... *A Paris* 1713. *in* 12°.
312* 4	⎧ Histoire du grand & veritable Chevalier Caissant. *A Paris* 1714. ⎨ Les regrets de Sancho Pansa sur la mort de son Asne, ou Dialogue de Sancho & de Don Quichotte sur le même sujet; & autres Nouvelles en Vers. *A Paris* 1714. *in* 12°. ⎩ La Provençale, Historiette; par François Regnard. *Voyez le tome 2. de ses Oeuvres, ci-devant au Supplement des Poëtes Dramatiques, n°* 384*4.
312* 5	Histoire amoureuse & badine du Congrès & de la Ville d'Utrecht. *Imprimé en* 1714. *in* 12°.
312* 6	Les Apparences trompeuses, ou les Amours du Duc de Nemours & de la Marquise de Poyanne. *Imprimé en* 1715. *in* 12°.
312* 7	La Pierre Philosophale des Dames, ou les Caprices de l'Amour & du Destin, Nouvelle historique; par M. l'Abbé de Castera: avec Figures. *A Paris* 1723. *in* 12°.

CONTES ET NOUVELLES. 53

312* 8 Evandre & Fulvie, Histoire tragique. *A la Haye* 1728. *in* 12°.

312* 9 Memoires du Marquis de **** écrits par lui-même. *A Amsterdam* 1728. *in* 12°.

313 314 L'Avanturier Hollandois, ou la Vie & les Avantures d'un Hollandois: avec Figures. *A Amsterdam* 1729. *in* 12°. 2. *vol.*

315 Histoire de Mad^{le}. de la Charce de la Maison de la Tour-Dupin en Dauphiné, ou Memoires de ce qui s'est passé sous le Regne de Louis XIV. *A Paris* 1731. *in* 12°.

316 jusqu'à 320 Memoires & Avantures d'un Homme de Qualité qui s'est retiré du Monde ; (par le Sr. Prevost.) *A Paris, chez G. Martin,* 1728. *& suiv. in* 12°. 6. *tomes en* 5. *vol.*

320* Suite des mêmes Memoires, contenant l'Histoire du Chevalier des Grieux & de Manon Lescaut ; (par le même Auteur.) *A Amsterdam (Paris)* 1733. *in* 12°. 2. *tomes en un vol.*

321 jusqu'à 324 Le Philosophe Anglois, ou Histoire de M. Cleveland Fils naturel de Cromwel ; écrite par lui-même, & traduite de l'Anglois (ou plûtost composée par le même Auteur.) *A Paris* 1731. *& 1732. in* 12°. 4. *vol.*

325 326 Memoires de Madame de Barneveld, (attribués à M. Guyot des Fontaines.) *A Paris* 1732. *in* 12°. 2. *vol.*

G iij

CATALOGUE DE LIVRES.

Histoire de Mad^e. de Mucy. *Voyez les Memoires de la Vie de d'Aubigné, ci-après au Supplement de l'Histoire de France, n° 496.*

327 La Vie de Marianne, ou les Avantures de la Comtesse de *** par M. de Marivaux; Iere. partie. *A Paris* 1731. *in* 12°.

327* L'Epouse infortunée, Histoire Italienne, galante & tragique; par M. D. P. B.... *A Paris* 1733. *in* 12°.

328 L'Horoscope accompli, Nouvelle Sicilienne; Ouvrage posthume de Mad^{lle}. de la Rocheguilhen. *A Paris* 1732. *in* 12°.

329 Histoire d'Emilie, ou les Amours de Mademoiselle *** par Mad^e. Meheust. *A Paris* 1732. *in* 12°.

330 L'infortuné Philope, ou les Memoires & Avantures de M. *** avec Figures. *A Roüen* 1732. *in* 12°.

330*1 Histoire secrete de la Duchesse d'Hanover, Epouse de Georges I. Roy de la Grande Bretagne. *A Londres* 1732. *in* 12°.

330*2 La constance des promptes Amours, ou l'Histoire du Baron & de la Baronne d'Angelis; avec le Joüet de l'Amour, ou l'Histoire de M. de Granpuis Gentilhomme François Garçon malgré lui. *A Paris* 1733. *in* 12°. 2. *tom. en un vol.*

330*3 La Femme foible, où l'on représente aux Femmes les dangers d'un commerce

73 frequent avec les Hommes par des Histoires & des Avis touchant leur con-
duite ; par Mad^e. de S.... *A Nancy (Paris)* 1733. *in* 12°.

ROMANS.
Romans d'Amour, de Morale, & allegorique.

330* 4 — Traité des Amours de Arnalte & Lucen-
da , traduit sur une Version Espagnole
du Grec en François par Nicolas de
Herberay Seigneur des Essars ; avec la
Version Italienne de Barthelemy Marraffi à côté. *A Lyon* 1570. *in* 16°.

330* 5, 6 & 7 — L'Argenis de Jean Barclay ; Traduction
nouvelle du Latin , (par M. Louis Josse
Chanoine de Chartres.) *A Chartres*
1732. *in* 12°. 3. *vol.*

330* 8 — Les Avantures d'Euphormion , Histoire
satirique, (traduite ou imitée & cepen-
dant très - differente de celle composée
en Latin par Jean Barclay.) *A Anvers*
1711. *in* 12°. 3. *tomes en un vol.*

330* 9 — Segunda Comedia de Celestina, en la qual
se trata de los Amores de un Cavallero
llamado Felides y de una Donzella de
clara sangre llamada Polandria. *En Anvers , in* 16°.

330* 10 — La ingeniosa Elena hija de Celestina , por
Alonso Geronimo de Salas Barbadillo.
En Madrid 1614. *in* 12°.

330*
11 La Diana enamorada, que profigue la Diana de Jorge de Montemayor; por Gafpar Gil Polo. *En Paris* 1611. *in* 12°.

330*
12 Selva de Aventuras, que trata de los Amores de un Cavallero de Sevilla llamado Luzman y de una hermofa Donzella llamada Arbolea; por Geronymo de Contreras. *En Saragoça* 1615. *in* 8°.

330*
13 Les Deftinées des Amans, ou Amours de Philotimore; avec plufieurs Hiftoires notables de ce temps; par P. T. G. (Philippe Tourniol.) *A Paris* 1610. *in* 12°.

330*
14 Les Travaux d'Ariftée & d'Amarile dans Salamine, Hiftoire de ce temps, premierement compofée en Grec par Theophrafte & nouvellemen traduite par Melidor. *A Roüen* 1620. *in* 12°.

330*
15 La Mort de l'Amour, où fe lit l'Hiftoire des Amours de Calianthe & Florifile; par P. Gauthier. *In* 12°.

330*
16 Parthenice, ou peinture d'une invincible Chafteté, Hiftoire Napolitaine; par M. Jean-Pierre Camus Évêque de Belley. *A Paris* 1621. *in* 8°.

330*
17 Palombe, ou la Femme honorable, Hiftoire Catalane; par le même Auteur. *A Paris* 1625. *in* 8°.

331 Melianthe & Cleonice, Hiftoire tragecomique; par Trophime Jacquin. *A Paris* 1621. *in* 8°.

332 Aftrée. *A Paris* 1678. *in* 12°. 2. *parties en un vol.* L'Aftrée

ROMANS.

332* 1-10 L'Astrée d'Honoré d'Urfé, Pastorale allegorique; avec la Clef: nouvelle Edition où sans toucher ni au fonds ni aux épisodes, on s'est contenté de corriger le langage & d'abreger les conversations; avec une Lettre de M. Huet sur ce Roman; & des Figures. *A Paris* 1733. *in* 12°. 5. *tomes en* 10. *vol.*

85 La Dama beata, por Joseph Camerino. *En Madrid* 1655. *in* 4°.

332* 11 Conclusion de l'Histoire d'Alcidalis & de Zelide, commencée par M. de Voiture, & achevée par le Sr. Desbarres. *A Paris* 1677. *in* 12°.

333 Les Bains des Thermopyles, par feuë Madlle. de Scudery. *A Paris* 1732. *in* 8°.

333* 1 Arsene, ou la Vanité du Monde; par J. D. B. S. D. C... *A Paris* 1690. *in* 12°.

333* 2 Les Avantures de Neoptoleme fils d'Achille, propres à former les mœurs d'un jeune Prince; par M. Chansierges. *A Paris* 1718. *in* 12°.

86 Engaños de Mugeres, y desengaños de los Hombres; por Miguel Mont-real. *En Madrid* 1719. *in* 4°.

87 Poëma tragico del Español Gerardo, y desengaño del Amor lascivo; por Gonzalo de Cespedes y Meneses. *En Madrid* 1723. *in* 4°.

334 Experiencias de Amor y Fortuna, por

H

CATALOGUE DE LIVRES.
Francisco de las Cuevas. *En Madrid* 1723. *in* 8°.

335 Les Amours d'Ismene & d'Ismenias, par M. de Beauchamps. *A Paris* 1729. *in* 12°.

335*1 Mahmoud le Gasnevide, Histoire Orientale ; Fragment traduit de l'Arabe, avec des Notes. *A Rotterdam* 1729. *in* 8°.

335*2 Anecdotes Grecques, ou Avantures secretes d'Aridée ; traduites d'un Manuscrit Grec. *A Paris* 1731. *in* 12°.

336
337 Les Veillées de Thessalie, (par M^le. de Lussan.) *A Paris* 1731. *in* 12°. 4. *tomes en* 2. *vol.*

338
339
340 Sethos, Histoire ou Vie tirée des Monumens anecdotes de l'ancienne Egypte ; traduite d'un Manuscrit Grec, (ou plûtost composée par M. l'Abbé Terrasson.) *A Paris* 1731. *in* 12°. 3. *vol.*

341
342 Les Desesperez, Histoire heroïque ; traduite de l'Italien de Jean-Ambroise Marini. *A Paris* 1732. *in* 12°. 2. *vol.*

343 Celenie, Histoire allegorique ; par Mad^e. L..... *A Paris* 1732. *in* 12°.

344
345 La Rosalinde, imitée de l'Italien de Bernard Morando, (par M. de Fontanieu.) *A la Haye* 1732. *in* 12°. 2. *vol.*

345* Avantures de Clamadès & de Clarmonde, tirées de l'Espagnol par Mad^e. L. G. D. R...... *A Paris* 1733. *in* 12°.

ROMANS.
Romans de Chevalerie.

14 Histoire du Sainct-Greaal ; avec le second volume contenant la Conqueste dudit Sainct-Greaal faite par Lancelot du Lac, Galaad, Perceval & Boors. *A Paris* 1516. *in fol.*

15 Histoire de Perceval le Gallois, lequel acheva les adventures du Sainct-Greaal; avec aulcuns faicts belliqueux du noble Chevalier Bovin & aultres Chevaliers estants au temps du noble Roy Arthus. *A Paris* 1530. *in fol.*

346 Histoire de trois Fils de Rois de France, d'Angleterre & d'Ecosse. *A Lyon* 1579. *in* 8°.

347 Histoire de Gerard Comte de Nevers & de Rethel, & de la Princesse Euriante de Savoye sa mye : Edition faite sur l'exemplaire de Paris de 1520. & illustrée de Notes (par M. Gueullette.) *A Paris*, *in* 8°.

347* Le Desespoir amoureux, avec les nouvelles Visions de Don Quichotte; Histoire Espagnole traduite ou imitée d'un Auteur Espagnol plus ancien que Cervantes Auteur de l'Histoire de Don Quichotte : avec Figures. *A Amsterdam* 1715. *in* 12o.

Les Regrets de Sancho Pansa sur la mort de son Asne, ou Dialogue de Sancho &

de Panſa ſur le même ſujet ; en Vers. Relié avec l'Hiſtoire du Chevalier Caiſſant, ci-devant n° 312*4.

Romans hiſtoriques.

347* 2 — Hiſtoria tragicomica de Don Henrique de Caſtro, por Franciſco Loubaiſſin de la Marca. En Paris 1617. in 8°.

347* 3 — Beralde Prince de Savoye. A Paris 1672. in 12°. 2. tomes en un vol.

347* 4--7 — Arioviſte, Hiſtoire Romaine ; par Madlle. de la Rocheguilhen. A Paris 1674. & 1675. in 12°. 4. vol.

347* 8 — Tachmas Prince de Perſe, Nouvelle hiſtorique arrivée ſous le Sophi Seliman aujourd'hui regnant ; par H. F. M...... A Paris 1676. in 12°.

347* 9 — La Princeſſe d'Angleterre, ou la Ducheſſe Reyne. A Paris 1677. in 12°. 2. tomes en un vol.

347* 10--13 — Adelaïde de Champagne, (par M. de Vaumoriere.) A Paris 1680. in 12°. 4. vol.

347* 14 — Hiſtoire du Comte de Genevois & de Mademoiſelle d'Anjou. A Paris 1680. in 12°.

347* 15 — Le Comte Tekeli, Nouvelle hiſtorique ; par le Sr. de Prechac. A Paris 1686. in 12°.

347* 16 — Zamire, Hiſtoire Perſane ; par Madlle. *** A la Haye 1687. in 12°. 2. tomes en un vol.

	R O M A N S.
347* 17	Le Prince de Sicile, Nouvelle historique; par Madlle. B.... *A Paris* 1690. *in* 12°. 3. *tomes en un vol.*
347* 18	Le Sire d'Aubigny, Nouvelle historique; par le Sieur L.... *A Paris* 1698. *in* 12.
347* 19 & 20	La Comtesse de Mortane, par Made. *** *A Paris* 1699. *in* 12°. 2. *vol.*
	Histoire secrete des Femmes galantes de l'Antiquité, (par M. du Bois.) *A Paris* 1726. *& suiv. in* 12°. 6. *vol.*
348	Tome 1. contient les Histoires d'Io ou Isis Prêtresse de Junon; de Dio ou Cerés Reine de Sicile; de Cybele Princesse de Phrygie; & de Venus Courtisane Cyprienne.
349	Tome 2. les Histoires d'Ariane fille de Minos II. Roy de Crete; de Semiramis femme de Ninus fondateur de l'Empire des Assyriens; & de Dorisse veuve de Polydecte Roy de Lacedemone.
350	Tome 3. les Histoires de Tarpeia sous Romulus I. Roy de Rome; de Callythie Prêtresse de Junon Messenienne; de Pasiphile Courtisane de Milet; & d'Archidamie Prêtresse de Cerés de Lacedemone.
351	Tome 4. les Histoires de Dorique sous Psammis Roy d'Egypte; de Sapho; de Geganie sous le Vieux Tarquin; & de Phya sous Pisistrate Tyran d'Athenes.
352	Tome 5. les Histoires de Rhodope Esclave Thracienne; de Phedime sous Cambises Roy de Perse; de Niteris fille d'Apriés ancien Roy d'Egypte; & de Leæna Courtisane d'Athenes.

H iij

353 Tome 6. les Histoires de Tullie fille de Tullius sixiéme Roy de Rome; de Pereale sous Cleomene & Demarate Rois de Lacedemone; d'Anitis fille de Darius Hystapide troisiéme Roy de Perse; & d'Artemise I. Reine d'Halicarnasse.

354 Hipalque Prince Scithe, Histoire merveilleuse, par L. S.... *A Paris* 1727. *in* 12°.

355 Anecdotes Persanes, par Madame de Go-
356 mez. *A Paris* 1727. *in* 12°. 2. *vol.*

357 Voyages de Cyrus, avec un Discours sur
358 la Mythologie; par M. Ramsay. *A Paris* 1727. *in* 8°. 2. *vol.*

359 Le Repos de Cyrus, ou l'Histoire de sa Vie depuis sa seiziéme jusqu'à sa quarantiéme année; (par M. l'Abbé Pernetti:) avec Figures. *A Par.* 1732. *in* 8°.

360 Histoire du Prince Menzicow, & de Dom Alvare del Sol. *A Amsterd.* 1728. *in* 12°.

361 Diane de Castro, (ou le faux Ynca; par feu M. Huet.) *A Paris, chez G. Martin,* 1728. *in* 12°.

361* La Catanoise, ou Histoire secrete des Mouvemens arrivez au Royaume de Naples sous la Reine Jeanne I. *A Paris* 1731. *in* 12°.

362 Hyacinthe, ou le Marquis Celtas Diror-
363 go, Nouvelle Espagnole. *A Paris* 1732. *in* 12°. 2. *vol.*

364 La Duchesse de Capouë, Nouvelle Italienne. *A Paris* 1732. *in* 12°.

ROMANS.

364* Scanderberg, ou les Avantures du Prince
1 & 2   d'Albanie; par le Sr. de Chevilly. *A Paris* 1732. *in* 12°. 2. *vol.*

364* Anecdotes de la Cour de Philippe Augu-
3.4 & 5   ste, par Madle. de Luſſan. *A Paris* 1733. 3. *vol. in* 12°.

364* La jeune Alcidiane, par Made. de Gomez.
6--8   *A Paris* 1733. *in* 12°. 3. *vol.*

364* Le Comte Roger Souverain de la Calabre
9   ulterieure, Nouvelle hiſtorique. *A Paris* 1733. *in* 12°.

SUITE DU SUPPLEMENT AUX BELLES-LETTRES.
MISCELLANEI,
OU
PHILOLOGUES, CRITIQUES,
ET POLYGRAPHES.

CRITIQUES.

Nº
365 jusqu'à 368. E la maniere d'enseigner & d'étudier les Belles-Lettres par rapport à l'Esprit & au Cœur ; par M. Charles Rollin: IIIe. Edition. *A Paris* 1730. *& suiv. in* 12°. 4. *vol.*

369. L'Anti-Mathanase, ou Critique du Chef-d'œuvre d'un Inconnû ; le tout critiqué dans le goust moderne. *A Utrecht* 1729. *in* 8°.

Critique des Oeuvres de Pierre Bayle, par M. Jean-Pierre de Crousaz. *Voyez son Examen du Pyrrhonisme, ci-devant au Supplement de la Philosophie,* n°. 6.

SATYRES, APOLOGIES.

370. Histoire secrette de Neron, ou le Festin de

Trimalcion ; traduit de Petrone avec des Notes hiſtoriques, par M. Lavaur. *A Paris* 1726. *in* 12°.

371
372 Critique hiſtorique, politique, morale, œconomique & comique ſur les Loteries anciennes & modernes, ſpirituelles & temporelles des Etats & des Egliſes ; par Gregoire Leti ; avec des Conſiderations ſur l'Ouvrage & ſur l'Auteur. *A Amſterdam* 1697. *in* 12°. 2. *vol.*

OUVRAGES ALLEGORIQUES.

373 Le Parnaſſe reformé, (par Gabriel Gueret :) nouvelle Edition. *A Paris* 1671. *in* 12°.

373 * Les deux Uranies, Hiſtoire du Parnaſſe ; par le Sr. Moreau. *A Paris* 1685. *in* 12°.

374 { Demeſlé de l'Eſprit & du Cœur, par D. T.... (l'Abbé de Torche.) *A Paris* 1668.
L'Accommodement de l'Eſprit & du Cœur, par A.... *A Paris* 1668. *in* 12°.

375 Demeſlé de l'Eſprit & du Jugement, par L. P. avec quelques Lettres & Poëſies du même Auteur. *A Paris* 1688. *in* 12°.

APOPHTEGMES.

376 Saillies d'Eſprit ; ou choix curieux de Traits utiles & agréables pour la Converſation, entrelaſſez d'Hiſtoires ſingu-

lieres, d'Anecdotes interessantes, de Reflexions critiques & morales, de Jugemens sur plusieurs Poëtes modernes, & de l'élite de leurs Poësies; par M. Fr. Gayot de Pitaval. *A Paris* 1726. *in* 12°.

DIALOGUES.

Les Colloques d'Erasme, Ouvrage très-interessant par la diversité des sujets, par l'enjoûment, & pour l'utilité morale; nouvelle Traduction du Latin par M. Gueudeville; avec des Notes & des Figures très-ingenieuses. *A Leide* 1720. *in* 12°. 6. *vol.*

377   Tome 1. contient les Femmes.
378   Tome 2. Juger sainement & utilement des choses.
379   Tome 3. la Table ou les Festins.
380 *   Tome 4. les Sottises du Vulgaire ignorant.
381   Tome 5. les trois principaux mobiles de l'homme, le Culte, la Nature & l'Art.
382   Tome 6. diverses matieres, & Instructions pour la Jeunesse.
383 Hexameron, ou six journées, contenans plusieurs doctes Discours (ou Dialogues) sur aucuns poincts difficiles en diverses Sciences; avec maintes Histoires notables & non encore oüyes; traduits de l'Espagnol d'Antoine de Torquemade par Gabriel Chappuys. *A Paris* 1583. *in* 16°.

POLYGRAPHES.

383* Oeuvres de M. de Chalamont de la Viscle-de Secretaire perpetuel de l'Academie de Marseille, contenant ses Poësies & ses Discours d'Eloquence. *A Paris 1727. in 12°. 2. tomes en un vol.*

88 *jusqu'à* 91 Obras en Prosa y Verso, de Francisco Santos. *En Madrid 1723. in 4°. 4. vol.*

EPISTOLAIRES.

384 Lettres & Poësies de Made. la Comtesse de B.... (de Bregy.) *Sur l'imprimé à Leide 1666. in 12°.*

Lettres de Jean de la Fontaine. *Voyez le tome 2. de ses Oeuvres, ci-devant au Supplement des Poëtes François, n° 265*2.*

384* Lettres galantes & Poësies diverses de Mᶜ. la Marquise de P.... (de Perne.) *A Paris 1724. in 12°. 2. tomes en un vol.*

385 Les amusemens de l'Amitié rendus utiles & interessans, ou Recueil de Lettres écrites de la Cour vers la fin du Regne de Louis XIV. *A Paris 1729. in 12°.*

386 387 Lettres choisies de M. Simon Tyssot de Patot. *A la Haye 1727. in 12°. 2. vol.*

388 389 Lettres de la Marquise de M..... au Comte de R.... (par M. de Crebillon fils.) *Imprimé en 1732. in 12°. 2. vol.*

SUPPLEMENT A L'HISTOIRE.

VOYAGES.

N° 92	ELATION de plusieurs Voyages faits en Hongrie, Servie, Bulgarie, Macedoine, Thessalie, Austriche, Stirie, Carinthie, Carniole, & Friuli; enrichie d'Observations tant sur les Mines que des Bains & Eaux minerales de ces Pays; traduite de l'Anglois d'Edoüard Brown par M. L. V.... *A Paris 1674. in* 4°.
	Voyages de Jean-François Regnard en diverses parties de l'Europe. *Voyez les tomes* 1. *&* 2. *de ses Oeuvres, ci-devant au Supplement des Poëtes Dramatiques,* n° 384*3 & 4.
390 jusqu'à 397	Voyages du P. Jean-Baptiste Labat Dominicain en Espagne & en Italie; avec Figures. *A Paris* 1730. *in* 12°. 8. *vol.*
398	Voyage du Mont Liban, traduit de l'Italien de Jerome Dandini par R. S. P. ... (Richard Simon Prêtre.) *A Paris* 1675. *in* 12°.
398*	Voyages d'Afrique faits par le commande-

I iij

ment du Roy, où sont contenuës les Navigations des François en 1629. & 1630. sous la conduite de M. le Commandeur de Razilly ès Costes Occidentales des Royaumes de Fez & de Maroc; illustrez de curieuses Observations par Jean Armand dit Mustapha, Turc de Nation, employé ausdits Voyages. *A Paris* 1631. *in* 8º.

398* L'Esclave Religieux, & ses Avantures pendant son esclavage à Tripoli. *A Paris* 1690. *in* 12º.

399   Relation de la Captivité du Sr. Moüette dans les Royaumes de Fez & de Maroc; avec un Traité du Commerce & de la maniere que les Negocians s'y doivent comporter ; ensemble les Termes principaux de la Langue Arabesque qui est la plus en usage dans le Pays ; le tout écrit par lui-même. *A Paris* 1683. *in* 12º.

400   Relation des trois Voyages des Religieux de la Mercy dans les Etats du Roy de Maroc pour la Redemption des Captifs en 1704. 1708. & 1712. *A Paris* 1724. *in* 12º.

401   Relation en forme de Journal du Voyage pour la Redemption des Captifs aux Royaumes de Maroc & d'Alger pendant les années 1723. 1724. & 1725. par les PP. Jean de la Faye, Denis Mackar,

VOYAGES.

Augustin d'Arcisas, & Henry le Roy, Religieux de l'Ordre de la Sainte Trinité dits Mathurins. *A Paris* 1726. *in* 12°.

401* Nouvelle Relation du Voyage de l'Isle de Malthe en l'année 1673. avec des particularitez du Levant; par un Gentilhomme François. *A Paris* 1679. *in* 12°.

402 jusqu'à 406 Nouvelle Relation de l'Afrique Occidentale, contenant une Description exacte du Senegal & des Pays situez entre le Cap-Blanc & la Riviere de Serrelionne jusqu'à plus de trois cens lieuës en avant dans les terres; avec l'état des Compagnies qui y font le Commerce; par le P. Jean-Baptiste Labat Dominicain: avec Figures. *A Paris* 1728. *in* 12°. 5. *vol.*

407 jusqu'à 411 Relation historique de l'Ethiopie Occidentale, contenant la Description des Royaumes de Congo, Angolle, & Matamba; traduite de l'Italien du P. Jean-Antoine Cavazzi Capucin, & augmentée de plusieurs Relations Portugaises des meilleurs Auteurs; avec des Notes, des Cartes & des Figures; par le P. Jean-Baptiste Labat Dominicain. *A Paris* 1732. *in* 12°. 5. *vol.*

412 jusqu'à 415 Voyage du Chevalier des Marchais en Guinée, Isles voisines, & à Cayenne, fait en 1725. 1726. & 1727. décrit par le même P. Labat: avec Figures. *A Paris* 1730. *in* 12°. 4. *vol.*

CATALOGUE DE LIVRES.

415* Relation du Voyage des François fait au Cap-de-Nord en Amerique, par les soins de la Compagnie établie à Paris & sous la conduite de M. Royville leur General, en 1652. par Jean de Laon S^r. d'Aigremont : avec Figures. *A Paris 1654. in* 8°.

416
417 Les Avantures de M. Robert Chevalier dit de Beauchesne, Capitaine de Flibustiers, dans la Nouvelle France; redigées par M. le Sage : avec Figures. *A Paris 1732. in* 12°. 2. *vol.*

VOYAGES IMAGINAIRES.

418
419 Voyages de Gulliver, (traduits de l'Anglois du Docteur Swift, par M. l'Abbé Guyot des Fontaines :) avec Fig. *A Paris, chez G. Martin, 1727. in* 12°. 2. *vol.*

420
421 Le nouveau Gulliver, ou Voyage de Jean Gulliver fils du Capitaine Gulliver; traduit d'un Manuscrit Anglois (ou plûtoft composé) par M. L. D. F. (M. l'Abbé Guyot des Fontaines.) *A Paris 1730. in* 12°. 2. *vol.*

422 Les Voyages de Glantzby dans les Mers Orientales de la Tartarie, avec les Avantures surprenantes des Rois Loriman & Osmundar Princes Orientaux ; traduits de l'Original Danois : avec la Carte de ce Pays. *A Paris 1729. in* 12°.

SUITE

SUITE DU SUPPLEMENT A L'HISTOIRE.

HISTOIRE UNIVERSELLE.

N° 423 424

BREGE' chronologique de l'Histoire universelle, depuis la creation du Monde jusqu'en l'an de J.C. 1632. traduit du Latin de Paul Petau par François Maucroix. *A Paris* 1683. *in* 12°. 2. *vol.*

Atlas Historique, ou nouvelle Introduction à l'Histoire, à la Chronologie, & à la Geographie ancienne & moderne, representée dans de nouvelles Cartes, où l'on remarque l'établissement des Etats & Empires du Monde, leur durée, leur chûte, & leurs differens gouvernemens; la Chronologie des Consuls Romains, des Papes, des Empereurs, des Rois & des Princes &c. qui ont été depuis le commencement du Monde jusqu'à present; & la Genealogie des Maisons Souveraines de l'Europe; par M. C *** (Chastelain;) avec des Dissertations sur l'Histoire de chaque Etat, par M. Gueudeville: nouvelle Edition. *A Amsterdam* 1718. *& suiv. in fol.* 7. *vol.*

K

16	Tome 1. comprend la Grece, l'Histoire Romaine, Rome moderne, la France, l'Espagne, & les Provinces-Unies.
17	Tome 2. l'Allemagne, la Prusse, la Hongrie, & la Boheme.
18	Tome 3. la Grande-Bretagne, l'Irlande, la Suisse, la Savoye, la Lorraine, & la Republique de Venise.
19	Tome 4. le Danemarc, la Suede, la Pologne, la Moscovie, la Turquie &c.
20	Tome 5. l'Asie en general & en particulier, la Syrie, l'Armenie, la Georgie, la Turquie Asiatique, la Terre Sainte, l'Arabie, la Perse, la Tartarie, les Etats du Grand Mogol, les Indes Orientales; la Chine, le Japon, & le Royaume de Siam.
21	Tome 6. l'Afrique, & l'Amerique Septentrionale & Meridionale, tant en general qu'en particulier; l'Egypte, la Barbarie, la Nigritie, la Guinée, l'Ethiopie, le Congo, la Caffrerie, & le Cap de Bonne-Esperance; le Canada ou la Nouvelle France, la Loüisiane ou le Mississipi, la Virginie, la Floride, le Mexique, le Perou, le Chili, & le Bresil; avec les Isles de Madagascar, les Philippines, les Moluques, les Antilles, & l'Isle de Ceylan.
22	Tome 7. le Supplement, contenant diverses Pieces de Chronologie, de Genealogie, d'Histoire, & d'autres Sciences, qui avoient été omises dans les précédens volumes; avec des Dissertations sur chaque sujet, par M. Henry-Philippe de Limiers.

Recueil des Traitez de Paix, de Treve, de Neutralité, de suspension d'Armes,

HISTOIRE UNIVERSELLE. 75
de Confederation, d'Alliance, de Commerce, de Garantie, & d'autres Actes publics, comme Contrats de Mariage, Testamens, Manifestes, Declarations de Guerre &c. faits entre les Empereurs, Rois, Republiques, Princes & autres Puissances de l'Europe & des autres parties du Monde, depuis la naissance de J. C. jusqu'à present; servant à établir les Droits des Princes, & de fondement à l'Histoire : Le tout redigé par ordre chronologique, & accompagné de Notes, de Tables chronologiques & alphabetiques, & des Noms des Auteurs dont on s'est servi. *A Amsterdam* 1700. *in fol.* 4. *vol.*

23   Tome 1. contient les Préfaces, & les Traitez depuis 806. jusqu'en 1500.
24   Tome 2. les Observations historiques & politiques d'Amelot de la Houssaie, & les Traitez depuis 1500. jusqu'en 1600.
25   Tome 3. les Traitez depuis 1601. jusqu'en 1661.
26   Tome 4. les Traitez depuis 1661. jusqu'en 1700. & la Table generale & alphabetique des quatres volumes.

425
426   Histoire des Guerres & des Negociations qui précederent le Traité de Westphalie, sous le regne de Louis XIII. & les Ministeres du Cardinal de Richelieu & du Cardinal Mazarin; composée sur les Memoires du Comte d'Avaux, par le

K ij

CATALOGUE DE LIVRES.
P. Bougeant Jesuite. *A Paris* 1727. *in* 12°. 2. *vol.*

Recueil historique d'Actes, Negociations, Memoires, & Traitez, depuis la Paix d'Utrecht jusqu'à present; par M. J. Rousset. *A la Haye* 1728. *& suiv. in* 8°. 7. *vol.*

427
428 Tomes 1. 2. & 3. contiennent une Introduction; les Actes & Traitez depuis 1714.
429 jusqu'en 1727. & les Préliminaires du Congrez de Cambray.

430 Tome 4. les suites des Préliminaires; les demeslez des Anglois & des Espagnols touchant les Flottes Britanniques; les demelez sur l'arrest du Duc de Ripperda; les Pieces du Congrez de Cambray; un Supplement aux accessions au Traité d'Hanovre; & les Pieces qui concernent l'affaire d'Oostfrise.

431 Tome 5. les Pieces concernant les affaires de Danemarc, le Congrez de Soissons, l'affaire d'Oostfrise, le Traité de Seville & ses suites jusqu'à la fin de 1730.

432 Tome 6. la Negociation depuis le Traité de Seville, ou depuis la rupture du Congrez de Soissons; où l'on trouve les pieces pour & contre le Traité de Vienne & la Pragmatique Sanction.

433 Tome 7. les Pieces concernant les affaires du Mecklembourg, & de la succession de Bergue & Juliers; avec un Appendix de deux Traitez conclus en 1732.

Les Interests presens des Puissances de l'Europe, fondez sur les Traitez conclus

HISTOIRE. 77

depuis la Paix d'Utrecht inclusivement, & sur les Preuves de leurs Pretentions particulieres ; par M. J. Rousset. *A la Haye* 1733. *in* 4°. 2. *vol.*

92* 1 — Tome 1. contient l'Ouvrage sur les Interêts des Princes.

92* 2 — Tome 2. les Traitez & Actes servant de Preuves à cet Ouvrage.

K iij

SUITE DU SUPPLEMENT A L'HISTOIRE.

HISTOIRE ECCLESIASTIQUE.

HISTOIRE DE L'EGLISE GENERALE ET PARTICULIERE.

N°   ISTOIRE du Peuple de Dieu, depuis son origine jusqu'à la naissance du Messie, tirée des seuls Livres Saints : ou le Texte sacré des Livres de l'Ancien Testament reduit en un corps d'Histoire ; par le P. Isaac-Joseph Berruyer Jesuite. *A Paris* 1728. *in* 4°. 7. *vol.*

93   Tome 1. comprend depuis la creation du Monde jusqu'à l'an 2370.
94   Tome 2. depuis l'an 2370. jusqu'à 2555.
95   Tome 3. depuis l'an 2555. jusqu'à 2935.
96   Tome 4. depuis l'an 2935. jusqu'à 3027.
97   Tome 5. depuis l'an 3027. jusqu'à 3399.
98   Tome 6. depuis l'an 3399. jusqu'à 3524.
99   Tome 7. depuis l'an 3684. jusqu'à 3883.
433   Histoire de Tertullien & d'Origene, qui contient d'excellentes Apologies de la

Foy contre les Payens & les Heretiques, avec les principales circonſtances de l'Hiſtoire de leur temps ; par le Sr. de la Motte. *A Paris* 1675. *in* 8°.

Memoires chronologiques & dogmatiques, pour ſervir à l'Hiſtoire Eccleſiaſtique depuis 1600. juſqu'en 1716. avec des Reflexions & des Remarques critiques. *Imprimé en* 1720. *in* 12°. 4. *vol.*

434   Tome 1. comprend depuis l'an 1601. juſqu'en 1626.

435   Tome 2. depuis 1627. juſqu'en 1665.

436   Tome 3. depuis 1666. juſqu'en 1694.

437   Tome 4. depuis 1695. juſqu'en 1715.

Ceremonies & Coutumes Religieuſes de tous les Peuples du Monde, repreſentées par des Figures deſſinées par Bernard Picart ; avec une Explication hiſtorique, & quelques Diſſertations curieuſes. *A Amſterdam* 1723. *& ſuiv. in fol.*

27   Tome 1. contient les Ceremonies Religieuſes des Juifs, & des Chretiens Catholiques.

28   Tome 2. la ſuite des Ceremonies des Catholiques.

29   Tome 3. qui eſt le premier des Peuples Idolâtres, contient les Ceremonies des Peuples des Indes Occidentales.

30   Tome 4. qui eſt le ſecond des Peuples Idolâtres, contient les Ceremonies des Peuples Orientaux.

30*   Tome 5. qui eſt le troiſiéme de tout l'Ouvrage,

HISTOIRE ECCLESIASTIQUE. 81

ge, contient les Ceremonies des Grecs & des Protestans.

438 Histoire critique de la Creance & des Coutumes des Nations du Levant, par le Sieur de Moni (Richard Simon.) *A Francfort (Hollande) 1684. in 12°.*

HISTOIRE DES CONCILES, ET DES PAPES.

100
101 Histoire de la Guerre des Hussites, & du Concile de Basle; par Jacques Lenfant: avec Figures. *A Amsterdam 1731. in 4°. 2. vol.*

439
440 Histoire de la Papesse Jeanne, tirée de la Dissertation Latine de M. de Spanheim; par le même Lenfant: IIe. Edition, avec Figures. *A la Haye 1720. in 12°. 2. vol.*

440*
1 & 2 La Vie du Pape Alexandre VI. & de son fils César Borgia, contenant les Guerres de Charles VIII. & Louis XII. Rois de France, & les principales Negociations & Revolutions arrivées en Italie depuis l'année 1492. jusqu'en 1506. avec les Pieces originales qui ont raport à l'Ouvrage; traduite de l'Anglois d'Alexandre Gordon. *A Amsterdam 1732. in 12°. 2. vol.*

VIES DES SAINTS, DES BIENHEUREUX, ET DES PERSONNES ILLUSTRES EN PIETÉ.

102 Vie de la Venerable Mere Marguerite Ma-

L

rie (Alacoque) Religieuse de la Visitation Sainte Marie du Monastere de Paray-le-Monial en Charollois, morte en odeur de sainteté en 1690. par M. Jean-Joseph Languet Evêque de Soissons. *A Paris* 1729. *in* 4°.

441 Le Triomphe de la Pauvreté & des Humiliations, ou la Vie de Mademoiselle de Bellere du Tronchay, appellée communément Sœur Louise; avec ses Lettres. *A Paris, chez G. Martin*, 1732. *in* 12°.

HISTOIRE DES HERESIES.

Histoire de la Guerre des Hussites, par Jacques Lenfant. *Voyez l'Histoire du Concile de Basle, ci-devant au Supplement de l'Histoire Ecclesiastique,* n° 100.

Histoire du Fanatisme dans la Religion Protestante, depuis son origine; contenant l'Histoire des Anabaptistes, du Davidisme, & des Trembleurs; par le Pere Catrou Jesuite. *A Paris* 1733. *in* 12°. 3. vol.

441*
1

Tome 1. comprend les Anabaptistes depuis 1521. jusqu'en 1531.

441*
2

Tome 2. la suite des Anabaptistes depuis 1531. jusqu'en 1536. & le Davidisme depuis 1536. jusqu'en 1544.

441*
3

Tome 3. les Trembleurs.

Histoire Ecclesiastique. 83

Histoire abregée de la Reformation des Pays-Bas, traduite du Hollandois de Gerard Brandt. *A la Haye* 1726. *in* 12°. 3. *vol.*

442   Tome 1. contient les principaux évenemens depuis le huitiéme siecle jusqu'en 1618.

443   Tome 2. le Synode de Dordrecht, & ses suites.

444   Tome 3. la Confession de Foy des Remontrans ; & la Table generale des Matieres.

Histoire de la Rebellion des Prétendus-Reformez de France, depuis 1620. jusqu'en 1628. *Voyez ci-après dans le Supplement à l'Histoire de France*, n° 499. *jusqu'à* 503.

SUPPLEMENT A L'HISTOIRE.
HISTOIRE ANCIENNE,
OU
JUDAIQUE, GRECQUE, ROMAINE, ET BYZANTINE.

HISTOIRE JUDAIQUE.

N°   LA Monarchie des Hebreux, contenant l'Histoire des Juges d'Ifraël & celle des Rois jufqu'à la deftruction de la Monarchie Hebraïque; traduite de l'Espagnol du Marquis de Saint-Philippe, par M. A. de Beaumarchais. *A la Haye* 1728. *in* 12°. 4. *vol.*

445   Tome 1. comprend depuis Athaniel l'an du Monde 1212. jufqu'à Samuel en 2884. inclufivement.

446   Tome 2. depuis Saül en 2884. jufqu'à Ochofias en 3079.

447   Tome 3. depuis Joas en 3085. jufqu'à Sedecias ou Mathanias en 3361.

448   Tome 4. depuis Jeroboam en 2984. jufqu'à Ofée en 3236.

L iij

HISTOIRE DES ANCIENNES MONARCHIES, & DES GRECS.

Histoire ancienne des Egyptiens, des Carthaginois, des Assyriens, des Babyloniens, des Medes & des Perses, des Macedoniens, & des Grecs ; par M. Charles Rollin. *A Paris* 1730. *& suiv. in* 12°. 6. *vol.*

449   Tome 1. contient l'Histoire des Egyptiens & des Carthaginois.

450   Tome 2. l'Histoire des Assyriens, des Babyloniens, des Medes, des Lydiens, des Perses, & le commencement de l'Histoire des Grecs.

451   Tome 3. la suite de l'Histoire des Perses & des Grecs.

452   Tome 4. la continuation de l'Histoire des Perses & des Grecs.

453   Tome 5. la continuation de l'Histoire des Perses & des Grecs.

453*   Tome 6. la continuation de l'Histoire des Perses & des Grecs, contenant les Regnes de Philippe & d'Alexandre.

Histoire Royale, ou la connoissance des Affaires & de la Cour de Philippe fils d'Amintas Roy de Macedoine, par le Sr. de Pelisseri. *A Toulouse* 1669. *in* 12°. 3. *vol.*

454   Tome 1. comprend l'Education de Philippe sous la discipline d'Epaminondas, & les secrets de sa Vie privée jusqu'à son avenement à la Couronne de Macedoine.

HISTOIRE ANCIENNE.

455 Tomes 2. & 3. l'Histoire du Regne de Philip-
456 pe jusqu'à sa mort.

457 Histoire des Successeurs d'Alexandre le Grand, tirée de Diodore de Sicile, & mise autrefois en François par Claude de Seyssel; Traduction nouvelle. *A Luxembourg* 1705. *in* 12°.

Les Fastes de la Guerre du Peloponese, par le P. Jean Brumoy Jesuite. *Voyez le tome 3. du Theatre des Grecs*, ci-devant au Supplement des Poëtes Grecs, n° 74.

458 Traité historique sur les Amazones, où
459 l'on trouve tout ce que les Auteurs ont écrit pour ou contre ces Heroïnes; avec plusieurs Medailles & Monumens pour prouver qu'elles ont existé; par Pierre Petit. *A Leide* 1718. *in* 12°. 2. *vol.*

HISTOIRE ROMAINE.

Histoire Romaine depuis la fondation de Rome jusqu'à la translation de l'Empire par Constantin; traduite de l'Anglois de Laurent Echard. *A Paris, chez G. Martin*, 1728. *in* 12°. 6. *vol.*

460 Tome 1. contient l'Histoire de la Republique Romaine, depuis l'an de Rome 1. jusqu'en 409.
461 Tome 2. depuis l'an de Rome 410. jusqu'en 693.
462 Tome 3. depuis l'an de Rome 694. jusqu'en 727.

463	Tome 4. l'Histoire des Empereurs, depuis l'an de Rome 727. jusqu'à l'an de J. C. 70.
464	Tome 5. depuis l'an de J.C. 70. jusqu'en 193.
465	Tome 6. depuis l'an de J. C. 193. jusqu'en 330.

Histoire de Polybe, depuis la seconde Guerre Punique jusqu'à celle de Macedoine ; nouvellement traduite du Grec par Dom Vincent Thuillier Benedictin; avec un Commentaire ou un corps de Science Militaire, enrichi de Notes critiques & historiques où toutes les grandes parties de la Guerre sont expliquées & représentées en Figures, par M. de Folard. *A Paris 1727. & suiv. in 4°. 6. vol. en grand papier.*

103	Tome 1. contient la Préface du Comentateur, la Vie de Polybe, un Traité de la Colonne, & le premier livre de l'Histoire de Polybe.
104	Tome 2. une Préface, la suite du livre premier de Polybe, & un Traité de l'attaque & de la défense des Places des Anciens.
105	Tome 3. une Préface, la suite du Traité de l'attaque des Places, le livre second de Polybe, & une Dissertation sur les Mines.
106	Tome 4. une Préface, le troisiéme livre de Polybe, une Dissertation sur la politique & la conduite des Romains pendant la seconde Guerre Punique.
107	Tome 5. une Préface, & les 4e. & 5e. livres de Polybe ; avec des Observations sur la Musique ; & une Relation de la surprise de Cremone

HISTOIRE ANCIENNE. 89

Cremone par les Troupes Imperiales en 1702.

108   Tome 6. une Préface; depuis le 6e. livre de Polybe jufqu'au 17e. incluſivement; les Ambaſſades extraites de Polybe par l'ordre de Conſtantin Porphyrogenete; & les Exemples de Vertus & de Vices, extraits de Polybe par l'ordre du même Empereur.

109   Las Obras de Cornelio Tacito; traduzidas de Latin en Caſtellano por Emanuel Sueyro. *En Madrid* 1614. *in* 4°.

31   Tacito Eſpañol, iluſtrado con Aforiſmos por Baltaſar Alamos de Barrientos. *En Madrid* 1614. *in fol.*

32   Commentarios politicos a los Annales de Tacito, por Juan-Alfonſo de Lancina. *En Madrid* 1687. *in fol.*

HISTOIRE BYZANTINE.

110   Hiſtoire de Conſtantin le Grand, premier Empereur Chretien; par Bernard de Varenne. *A Paris, chez G. Martin,* 1728. *in* 4°.

110*   Eſpedicion de los Catalanes y Aragoneſes, llamados por Andronico Paleologo Enperador de Griegos en ſocorro y defenſa de ſu Imperio, contra Turcos y Griegos; por Franciſco de Moncada Conde de Oſona. *En Barcelona* 1623. *in* 4°.

466   Hiſtoire de Jean de Brienne, Roy de Jeruſalem, & Empereur de Conſtantinople; par le P. Joſeph-François Lafitau

M

CATALOGUE DE LIVRES.

Jesuite. *A Paris* 1727. *in* 12°.

VIES DES HOMMES ILLUSTRES GRECS ET ROMAINS.

La Vie de Socrate, par François Charpentier. *Voyez ci-devant au Supplement de la Philosophie*, n° 203.

Exemples de Vertus & de Vices (des plus grands Hommes Grecs & Romains,) extraits de Polybe par l'ordre de l'Empereur Constantin Porphyrogenete. *V. le tome* 6e. *de l'Histoire de Polybe du Chevalier de Folard, ci-devant au Supplement de l'Histoire Romaine*, n° 108.

467
468
469 Les Imperatrices Romaines, ou Histoire de la Vie & des intrigues secretes des Femmes des XII. Cesars, de celles des Empereurs Romains, & des Princesses de leur sang; tirées des anciens Auteurs, avec des Notes historiques & critiques, par M. de Serviez : nouvelle Edition. *A Paris* 1728. *in* 12°. 3. *vol.*

ANTIQUITEZ GRECQUES & ROMAINES.

470 Introduction à la connoissance des Antiquitez Romaines, traduite en partie d'un Ouvrage Latin de Cellarius & en partie des meilleurs Auteurs, par Loüis Vaslet. *A la Haye* 1723. *in* 8°.

471 Histoire des Medailles, ou Introduction à la connoissance de cette Science, par

HISTOIRE ANCIENNE. 91
Charles Patin : avec Figures. *A Paris
(Hollande)* 1695. *in* 12°.
472 La Science des Medailles antiques & mo-
473 dernes, (par le P. Joubert Jesuite:) nouvelle Edition augmentée, avec Figures.
A Paris 1715. *in* 12°. 2. *vol.*
111 Recherches curieuses d'Antiquité, contenuës en plusieurs Dissertations sur des
Medailles, Bas-Reliefs, Statuës, Mo-
saïques, & Inscriptions antiques; par
Jacob Spon: avec Figures. *A Lyon* 1683.
in 4°.
474 Les Monumens de Rome, ou Descriptions
des plus beaux Ouvrages de Peinture,
de Sculpture & d'Architecture qui se
voyent à Rome & aux environs, avec
des Observations sur les autres dont on
ne fait point de Descriptions; par l'Abbé Raguenet. *A Paris* 1700. *in* 12°.

M ij

SUPPLEMENT
A L'HISTOIRE.
HISTOIRE DE FRANCE.

HISTOIRE GENERALE DE FRANCE.

N°
475

INTRODUCTION chronologique à l'Hiftoire de France, par François de la Mothe-le-Vayer. *A Paris* 1670. *in* 12°.

476 Chronique fommairement traictée des faicts heroïques de tous les Rois de France, depuis Pharamond jufqu'à Charles IX. & des perfonnes & chofes memorables de leurs temps : avec les Portraits des Rois en taille-douce. *A Lyon* 1570. *in* 8°.

Les grandes Annales & Hiftoire generale de France, dez la venuë des Francs en Gaule jufques au Regne de Henry III. par François de Belleforeft. *A Paris* 1579. *in fol.* 2. *vol.*

33 Tome 1. comprend depuis Pharamond jufqu'à Charles le Bel.

34 Tome 2. depuis Philippe de Valois jufqu'à Henry III.

Abregé chronologique de l'Histoire de France, par Henry Comte de Boulainvilliers. *A la Haye (Paris)* 1733. *in* 12°. 3. *vol.*

476*   Tome 1. comprend depuis Pharamond juſ-
  1   qu'à la mort de Louis VII.

476*   Tome 2. depuis Philippe Auguſte juſqu'à la
  2   mort de Charles V.

476*   Tome 3. depuis Charles VI. juſqu'a la mort
  3   de Henry IV.

Abregé chronologique de l'Hiſtoire de France ſous les Regnes de Louis XIII. & Louis XIV. pour ſervir de ſuite à celui de François Eudes de Mezeray; (par M. Henry Philippe de Limiers:) nouvelle Edition augmentée de la Vie de Mezeray. *A Amſterdam (Trevoux)* 1728. *in* 12°. 3. *vol.*

477   Tome 1. contient la Vie de Mezeray, & l'Hiſtoire de Louis XIII. depuis 1610. juſqu'en 1629.

478   Tome 2. la ſuite de l'Hiſtoire de Louis XIII. depuis 1630. juſqu'en 1643. & l'Hiſtoire de Louis XIV. depuis 1638. juſqu'en 1665.

479   Tome 3. la ſuite de l'Hiſtoire de Louis XIV. depuis 1666. juſqu'en 1715.

480   Hiſtoire de l'origine & des progrez de la
juſqu'à   Monarchie Françoiſe, ſuivant l'ordre
483   des temps, où tous les faits hiſtoriques ſont prouvez par des Titres autentiques & par les Auteurs contemporains; par Guillaume Marcel: avec Figures. *A Paris* 1686. *in* 12°. 4. *vol.*

Histoire de France, depuis Pharamond jusqu'à Louis XIII. (écrite par l'ordre de M. de Harlay Premier Président du Parlement, par M. Chalon.) *A Paris* 1720. *in* 12°. 3. *vol.*

484 Tome 1. contient depuis Pharamond jusqu'à Charles V. inclusivement.
485 Tome 2. depuis Charles VI. jusqu'à Henry II. inclusivement.
486 Tome 3. depuis François II. jusqu'à Louis XIII. inclusivement.

HISTOIRE PARTICULIERE DE FRANCE
sous chaque Regne.

Clovis, Poëme de Jean Desmarets. *Voyez ci-devant au Supplement des Poëtes François*, n° 77.

112 Blanche Infante de Castille mere de Saint Louis, Reine & Regente de France, par Charles de Combault d'Auteüil. *A Paris* 1644. *in* 4°. *en grand papier.*

S. Louis, Poëme du P. le Moyne. *Voyez ses Oeuvres poëtiques, ci-devant au Supplement des Poëtes François,* n° 11.

Journal de Paris sous les Regnes de Charles VI. & de Charles VII. depuis 1408. jusqu'en 1449. *Voyez les Memoires pour l'Histoire de France & de Bourgogne, ci-aprés* n° 125.

487 Journal de la Paix d'Arras faite en l'Ab-

baye de S. Vaast entre le Roy Charles VII. & Philippe le Bon Duc de Bourgogne en 1435. recueilli par Antoine de le Taverne Grand Prevost de ladite Abbaye; mis en lumiere, avec des Annotations, par Jean Collart. *A Paris 1651. in 12°.*

35 Las Memorias de Felipe de Comines, de los hechos y empresas de Luis XI. y Carlos VIII. traducidas de Frances, con Escolios propios, por Juan Vitrian. *En Amberes 1643. in fol.*

Entreprise de Naples du Roy Charles VIII. par Octavien de Sainct-Gelais. *Voyez son Vergier d'Honneur, ci-devant au Supplement des Poëtes François, n° 9.*

487* Histoire du Cardinal de Tournon, Ministre de France sous quatre de nos Rois, mort en 1562. par le P. Charles Fleury Jesuite. *A Paris 1728. in 8°.*

488 Commentaires de l'état de la Religion & Republique soubs les Rois Henry & François II. & Charles IX. depuis 1556. jusqu'en 1561. (par François Regnier Sr. de la Planche.) *Imprimé en 1565. in 8°.*

36 Memoires de Michel de Castelnau Sei-
37 gneur de Mauvissiere, depuis l'an 1559.
38 jusqu'en 1570. avec des Commentaires, & Additions de Pieces servant à donner la verité de l'Histoire des Regnes de François

François II. Charles IX. & Henry III. & de la Regence & Gouvernement de Catherine de Medicis; ensemble les Eloges des Rois, Reines, Princes & Personnes illustres sous ces trois Regnes; l'Histoire Genealogique de la Maison de Castelnau, & les Genealogies de plusieurs Maisons illustres alliées à celle de Castelnau; par Jean le Laboureur: nouvelle Edition augmentée de plusieurs Manuscrits, avec près de 400. Armoiries gravées en taille-douce. *A Bruxelles* 1731. *in fol. 3. vol.*

489 Vraye & entiere Histoire des Troubles & choses memorables avenuës tant en France qu'en Flandres & Pays circonvoisins, depuis l'an 1562. jusqu'en 1570. *A Basle* 1572. *in* 8°.

490 Histoire de nôtre temps, contenant un recueil des choses memorables passées & publiées pour le fait de la Religion & Etat de la France, depuis l'Edict de Pacification du 23. Mars 1568. jusqu'en 1570. *Imprimé en* 1570. *in* 8°.

491 La Vie de Gaspard de Coligny Seigneur de Chastillon sur Loin, Amiral de France, mort en 1572. *A Cologne* 1686. *in* 12°.

{ Negociation de la Paix en 1575. *Imprimé en* 1576.

Edict du Roy Henry III. sur la Pacifi-

492 {cation des Troubles en 1576. *A Paris 1576.*
Remonstrance aux François pour les induire à vivre en Paix à l'advenir. *Imprimé en 1576. in 8°.*

493 Apologie Catholique contre les libelles des Liguez, par E. D. L. I. C.... *Imprimé en 1585. in 8°.*

La Henriade, Poëme de M. Aroüet de Voltaire. *Voyez ci-devant au Supplement des Poëtes François, n° 273.*

113 Recueil de Pieces concernant la Dissolu-
114 tion du Mariage d'entre le Roy Henry IV. & Marguerite de France fille du Roy Henry II. en 1599. *MS. in 4°. 2. vol.*

Journal du Regne de Henry IV. depuis l'an 1594. jusqu'à sa mort & depuis en 1611. par Pierre de l'Estoile; tiré sur un Manuscrit du temps (pour servir de Supplement aux lacunes des Memoires dudit Pierre de l'Estoile.) *Imprimé en 1732. in 8°. 2. vol.*

494. Tome 1. comprend depuis 1594. jusqu'en 1603.

495 Tome 2. depuis 1604. jusqu'en 1611.

496 Memoires de la Vie de Theodore Agrippa d'Aubigné, ayeul de Mad^e. de Maintenon; écrits par lui-même, & publiez avec une Préface critique; ensemble un Discours sur la Vie de Frederic-Mauri-

HISTOIRE DE FRANCE. 99
ce de la Tour Prince de Sedan, & sur
ses Memoires publiez par M. de Langlade; le Fragment d'une Relation de
la Cour de France en 1700. traduite de
l'Italien de M. Priolo Ambassadeur de
Venise; & l'Histoire de Mad^e. de Mucy, par Mad^{lle}. D...... *A Amsterdam*
1731. *in* 12°. 2. *tomes en un vol.*

497 Histoire de la Mere & du Fils, c'est-à-di-
498 re, de Marie de Medicis Femme du
Grand Henry & Mere de Louis XIII.
depuis 1600. jusqu'à la fin de 1619.
(faussement attribuée à) François Eudes de Mezeray. *A Amsterdam* 1731. *in*
12°. 2. *vol.*

Histoire de nôtre temps & de la Rebellion
excitée en France par ceux de la R.P.R.
depuis l'année 1620. jusqu'en 1628. par
C. M. H. (Claude Malingre Histori-
ographe.) *A Paris* 1623. *& suiv. in* 8°.
5. *vol.*

499 Tome 1. comprend les années 1620. & 1621.
500 Tome 2. l'année 1622.
501 Tome 3. les années 1623. & 1624.
502 Tome 4. les années 1623. 1624. & 1625.
503 Tome 5. depuis 1625. jusqu'en 1628.
504 Le Gouvernement present, ou Eloge de
Son Eminence (le Cardinal de Richelieu:) Satyre ou la Miliade. *Imprimé
à Envers, in* 8°.

Vie d'Armand-Jean Cardinal Duc de Ri-

N ij

chelieu, mort en 1642. par M. Jean le Clerc:) IIe. Edition. *A Cologne* 1696. *in* 12°. 2. *vol.*

505 Tome 1. comprend depuis 1606. jusqu'en 1631.

506 Tome 2. depuis 1631. jusqu'en 1642.

507 Parallele du Cardinal Ximenés & du Cardinal de Richelieu, par René Richard. *A Trevoux* 1704. *in* 12°.

508
509 Memoires de M. de Montchal Archevêque de Toulouse, contenant des particularitez de la Vie & du Ministere du Cardinal de Richelieu. *A Rotterdam* 1718. *in* 12°. 2. *vol.*

510 Memoires de M. Deagent, envoyez au Cardinal de Richelieu, contenant plusieurs choses particulieres arrivées depuis les dernieres années du Roy Henry IV. jusqu'au commencement du Ministere de ce Cardinal. *A Grenoble* 1668. *in* 12°.

511 jusqu'à 518 Memoires d'Omer Talon Avocat General au Parlement, depuis l'an 1630. jusqu'en 1653. *A la Haye* (*Paris*) 1732. *in* 12°. 8. *vol.*

39 Memoires de Michel de Marolles Abbé de Villeloin, contenant ce qu'il a veu de plus remarquable en sa vie depuis l'an 1600. jusqu'en 1655. ses Entretiens avec quelques Sçavans de son temps, & les Genealogies de quelques Familles al-

HISTOIRE DE FRANCE. 101
liées dans la sienne; avec une brieve Description de la Maison de Mantouë & de Nevers. *A Paris* 1656. *in fol.*

40 Suite des Memoires de Michel de Marolles, contenant XII. Traitez sur divers sujets curieux, entre lesquels le XIe. contient les additions & corrections à ses Memoires, & les Eloges des Personnes illustres qu'il avoit connûes. *A Paris* 1657. *in fol.*

Memoires de François de Paule de Clermont Marquis de Monglat. *A Amsterdam* 1728. *in* 12°. 4. *vol.*

519 Tome 1. comprend depuis 1612. jusqu'en 1641.
520 Tome 2. depuis 1642. jusqu'en 1648.
521 Tome 3. depuis 1649. jusqu'en 1652.
522 Tome 4. depuis 1653. jusqu'en 1668.
523 Histoire du Mareschal de Fabert, mort en 1662. *A Amsterdam* 1697. *in* 12°.

Memoires du Mareschal de Gramont, publiez par le Duc de Gramont son fils. *A Paris* 1716. *in* 12°. 2. *vol.*

524 Tome 1. comprend depuis 1604. jusqu'en 1649.
525 Tome 2. depuis 1657. jusqu'en 1677.
526 Memoires de Mademoiselle de Montpensier, (Anne-Marie-Louise d'Orleans)
jusqu'à
531 fille de Monsieur Gaston frere du Roy Louis XIII. depuis environ l'an 1630. jusqu'en 1688. nouvelle Edition, avec

N iij

CATALOGUE DE LIVRES.

Figures. *A Anvers* 1730. *in* 12°. 6. *vol.*

Le Portrait de Mademoiselle de Montpensier. *Voyez les Eglogues de Segrais, ci-devant au Supplement des Poëtes François, n°* 263.

532 Les Fastes de Louis le Grand, depuis l'an 1638. jusqu'en 1695. par J. Estienne du Londel Jesuite. *A Paris* 1695. *in* 8°.

Histoire militaire du Regne de Louis le Grand, où l'on trouve un détail de toutes les Batailles, Sieges, Combats particuliers, & toutes les Actions de Guerre tant sur Terre que sur Mer; avec les Plans necessaires : ensemble un Traité particulier de Pratiques & de Maximes de l'Art Militaire : par M. Sevin Marquis de Quincy. *A Paris* 1726. *in* 4°. 7. *tomes en* 8. *vol. en grand papier.*

115 Tome 1. comprend depuis 1643. jusqu'en 1681.
116 Tome 2. depuis 1681. jusqu'en 1693.
117 Tome 3. depuis 1694. jusqu'en 1702.
118 Tome 4. depuis 1703. jusqu'en 1705.
119 Tome 5. depuis 1706. jusqu'en 1708.
120 Tome 6. depuis 1708. jusqu'en 1711.
121 Tome 7. premiere partie, depuis 1712. jusqu'en 1715.
122 Tome 7. seconde partie, les Maximes & Instructions sur l'Art Militaire.

532* Memoires secrets de la Cour de France,
1. 2 & 3 contenant les intrigues du Cabinet pendant la minorité de Louis XIV. depuis

le commencement de l'année 1648. jusqu'en 1651. *A Amsterdam (Trevoux)* 1733. *in* 12°. 3. *vol.*

533 534 Memoires de M. L... (Lenet) Conseiller d'Etat, contenant l'Histoire des Guerres civiles des années 1649. & suivantes, principalement celles de Guyenne & autres Provinces. *Imprimé en 1729. in* 12°. 2. *vol.*

Negotiations de M. Chanut Ambassadeur de France en Suede, depuis 1645. jusqu'en 1655. *Voyez les Memoires de Suede de Linage de Vauciennes. ci-après au Supplement de l'Histoire Etrangere en Europe, n° 629. 630. & 631.*

114* L'Année Françoise, ou la seconde Campagne de Louis XIV. en 1655. par le Sr. de Ceriziers. *A Paris 1656. in* 4°.

Negotiation de M. Fremont d'Ablancourt Envoyé de France en Portugal, depuis 1659. jusqu'en 1668. *Voyez ses Memoires, ci-après au Supplement de l'Histoire Etrangere en Europe, n° 603.*

535 Relation de ce qui s'est passé entre les Armées Navales de France & d'Angleterre & celle de Hollande pendant les années 1672. & 1673. *A Paris 1674. in* 12°.

535* Relation de ce qui s'est passé en Catalogne en 1674. 75. 76. & 77. par D. C..... *A Paris 1678. & 79. in* 12°. 2. *tomes en un vol.*

Lettres historiques de Paul Pellisson Fontanier, contenant le Journal des Voyages & Campagnes de Louis XIV. depuis 1670. jusqu'en 1688. *A Paris* 1729. *in* 12°. 3. *vol.*

536   Tome 1. comprend depuis 1670. jusqu'en 1673.
537   Tome 2. depuis 1673. jusqu'en 1675.
538   Tome 3. depuis 1676. jusqu'en 1688.

538*1   Journal de la premiere Campagne de M. le Dauphin en 1688. *A Besançon* 1688. *in* 12°.

538*2   Journal de la Campagne de Piemont de 1690. sous le commandement de M. de Catinat, par M. Moreau de Brasey. *A Paris* 1691. *in* 12°.

Relation de la Cour de France en 1700. traduite de l'Italien de M. Priolo Ambassadeur de Venise en France. *Voyez les Memoires de la Vie de d'Aubigné, ci-devant n°* 496.

539   Lettres de Louis XIV. au Comte de Briord Ambassadeur en Hollande, dans les années 1700. & 1701. *A la Haye* 1728. *in* 12°.

Relation de la surprise de Cremone (occupée par les François) en 1702. par les Imperiaux. *Voyez le tome* 5e. *de l'Histoire de Polybe, ci-devant au Supplement de l'Histoire Romaine, n°* 107.

539*   Memoire contenant les intrigues secretes &

HISTOIRE DE FRANCE. 105
& malverſations du Duc de Savoye, avec les rigueurs qu'il a exercées envers M. Phelypeaux Ambaſſadeur de France à Turin; écrit au Roy en 1704. par le même Ambaſſadeur. *A Baſle* 1705. *in* 12°.

540 Memoires pour ſervir à l'Hiſtoire de Louis
541 XIV. depuis 1661. juſqu'en 1710. par
542 François Timoleon de Choiſy. *A Utrecht* 1727. *in* 8°. 3. *vol.*

Memoires du Comte de Forbin Chef d'Eſcadre, depuis 1656. juſqu'en 1710. *A Amſterdam* 1729. *in* 12°. 2. *vol.*

543 Tome 1. contient depuis 1656. juſqu'en 1697.
544 Tome 2. depuis 1698. juſqu'en 1710.
545 Memoires de M. du Gué-Troüin Chef d'Eſcadre, depuis 1673. juſqu'en 1715. publiez par M. P. Villepontoux. *A Amſterdam* 1732. *in* 12°.

Memoires de ce qui s'eſt paſſé ſous le Regne de Louis XIV. *Voyez l'Hiſtoire de M^{adle}. de la Charce, ci-devant au Supplement des Romans*, n° 315.

41 Recueil contenant les Traductions de l'Ambaſſade de Mehemet Efendi en France en 1721. de celle de d'Ourry Efendi en Perſe en 1720. & de la Lettre de Recréance du Grand Vizir à l'Itimadewlet (ou Premier Miniſtre) de Perſe; écrite au retour de Mourtaza Kouli Kan Am-

O

bassadeur du Sophi à la Porte. *Manuscrit envoyé à feu M. le Comte de Morville Secretaire d'Etat des Affaires Etrangeres par M. le Marquis de Bonnac pour lors Ambassadeur de France à la Porte, in fol.*

Relation du Sacre de Louis XV. par M. Menin. *Voyez son Traité du Sacre des Rois de France, ci-après n° 561.*

HISTOIRE PARTICULIERE des Provinces & Villes de France.

546 Les Antiquitez & choses plus remarquables de Paris, recueillies par Pierre Bonfons, & augmentées par Jacques du Breul : avec Figures. *A Paris* 1608. *in* 8°.

42 Les Antiquitez de la Ville de Paris, par Claude Malingre. *A Paris* 1640. *in fol.*

43 Les Annales generales de la Ville de Paris, depuis sa premiere fondation jusqu'en 1640. par le même Malingre. *A Paris* 1640. *in fol.*

547 La Ville de Paris, contenant le nom de ses Ruës, Fauxbourgs, Eglises, Monasteres, Chapelles, Colleges, Places, Ponts, Portes, Fontaines, Palais & Hôtels ; par François Colletet. *A Paris* 1679. *in* 12°.

548
549 Description historique des Chateau, Bourg & Forest de Fontainebleau, par M. l'Abbé Guilbert : avec Figures. *A Paris* 1731. *in* 12°. 2. *vol.*

123 Histoire de Blois, contenant les Antiquitez & singularitez du Comté de Blois, les Eloges de ses Comtes, & les Vies des Hommes illustres du Pays Blesois, avec les Noms & Armoiries des Familles Nobles du même Pays, par Jean Bernier. *A Paris* 1682. *in* 4°.

550 Le Chateau de Richelieu, contenant (avec sa Description succinte) l'Histoire des Dieux & des Heros de l'Antiquité, en Vers, par le Sieur Vignier. *A Saumur* 1676. *in* 8°.

124 Chronique Bourdeloise, jusqu'en l'an 1594. par Estienne de Lurbe; continuée jusqu'à la fin de 1619. par Jean Darnal; & augmentée d'une Suite, & des Privileges de ladite Ville. *A Bourdeaux* 1672. *in* 4°.

MELANGES
concernant l'Histoire de France.

125 Memoires pour servir à l'Histoire de France & de Bourgogne, contenant un Journal de Paris sous les Regnes de Charles VI. & de Charles VII. commençant en 1408. & finissant en 1449. écrit par des Auteurs du temps; l'Histoire du Meurtre de Jean-sans-peur Duc de Bourgogne, avec les Preuves; les Etats des Maisons & Officiers des Ducs de Bourgogne de la derniere Race, publiez avec

des Notes historiques très-interessantes pour un grand nombre de Familles illustres ; des Lettres de Charles le Hardy Duc de Bourgogne au Sr. de Neufchastel du Fay Gouverneur du Luxembourg ; & plusieurs autres Monumens très-utiles pour l'éclaircissement de l'Histoire du XIV. & XVe. siecle ; avec une Table des Matieres, & des Noms des Familles les plus considerables mentionnées dans l'Ouvrage. *A Paris* 1729. *in* 4°. 2. *tomes en un vol.*

126 Observations de diverses choses remarquées sur l'Etat, Couronne & Peuple de France, tant ancien que moderne ; par Regnault d'Orleans Sieur de Since. *A Vannes* 1597. *in* 4°.

Memoires historiques & critiques sur divers points de l'Histoire de France, & plusieurs autres sujets curieux, par ordre alphabetique ; par François Eudes de Mezeray ; publiez avec un Discours preliminaire (par le Sr. Camuzat.) *A Amsterdam* 1732. *in* 8°. 2. *vol.*

551 Tome 1. contient depuis A. jusqu'à H.
552 Tome 2. depuis I. jusqu'à U. avec un Memoire touchant le Parlement de France appellé *Judicium Francorum*; (lequel n'est point de Mezeray, & qui a été condamné au feu par Arrests de differens Parlemens en 1732.)

TRAITEZ DES PREE'MINENCES, Prérogatives &c. du Royaume, des Rois, & de la Maison Royale de France.

553 Traité de la Succession à la Couronne, ou la Couronne de France toujours successive lineale agnatique ; avec un Mémoire touchant la Succession à la Couronne d'Espagne ; & des Preuves : par M. Joachim le Grand. *A Paris, chez G. Martin*, 1728. *in* 12°.

127 Representation du sujet qui a porté M^{rs}. des Salles & de Frauville de la Maison de Courtenay, Branche de la Royale Maison de France, à se retirer hors du Royaume. *Imprimé en* 1614. *in* 4°.

TRAITEZ DES DROITS DU ROY DE FRANCE.

Les Interêts de la Couronne & du Roy de France. *Voyez les Interêts presens des Puissances de l'Europe, par M. Rousset, ci-devant au Supplement à l'Histoire universelle, n°* 92*1.

128 Les Droits du Roy T. C. sur l'Abbaye de S. Jean au Mont de Therouenne, éclaircis & défendus contre l'injuste prétention de l'Espagne ; pour servir de Memoires & d'Instruction aux Commissaires qui seront deputez par S. M. pour terminer le differend entre les deux Cou-

ronnes pour cette Abbaye & la Regale de Theroüenne ; par le Sieur Germain Abbé de ladite Abbaye. *A Paris* 1663. *in* 4°.

TRAITEZ DE LA POLITIQUE & du Gouvernement de la France.

554 Relation de la Conduite presente de la Cour de France, traduite de l'Italien. *A Leyde* 1665. *in* 12°.

129 Projet de Taille tarifée, pour faire cesser les maux que causent en France les disproportions ruineuses dans les répartitions de la Taille arbitraire ; par M. Charles-Irenée de Castel de S. Pierre. *A Paris* 1723. *in* 4°.

HISTOIRE DES DIGNITEZ ET OFFICES DE FRANCE.

Histoire genealogique & chronologique de la Maison Royale de France, des Pairs, Grands Officiers de la Couronne & de la Maison du Roy, & des anciens Barons du Royaume ; avec les Qualitez, l'origine, le progrès & les Armes de leurs Familles ; ensemble les Statuts & le Catalogue des Chevaliers, Commandeurs & Officiers de l'Ordre du S. Esprit; par le P. Anselme de la Vierge Marie Augustin Dechaussé (nommé dans le Monde Pierre de Guibours,) continuée

HISTOIRE DE FRANCE. III
après sa mort par Honoré Caille Sieur du Fourny : IIIe. Edition revûë, corrigée & augmentée par les soins du P. Ange de Sainte Rosalie (François Raffart,) & du P. Simplicien Augustins Dechaussez. *A Paris 1726. & années suiv. in fol. 9. vol.*

43* 1   Tome 1. contient la Maison Royale de France.

43* 2   Tome 2. les douze anciennes Pairies tant Ecclesiastiques que Laïques.

43* 3   Tome 3. la suite des Pairs de France.

43* 4   Tome 4. la suite des Pairs de France.

43* 5   Tome 5. la suite des Pairs, & les Ducs non Pairs.

43* 6   Tome 6. les Senechaux, Connetables, Chanceliers, & Marechaux de France.

43* 7   Tome 7. la suite des Marechaux de France, les Amiraux, & les Generaux des Galeres.

43* 8   Tome 8. les Grands-Maistres des Arbalestriers, les Grands-Maistres de l'Artillerie, les Portes-Oriflamme, les Colonels Generaux de l'Infanterie, les Grands-Aumôniers, les Grands-Maistres, les Chambriers, les Grands-Chambellans, les Grands-Ecuyers, les Grands-Bouteillers & Echansons, les Grands-Pannetiers, les Grands-Veneurs, les Grands-Fauconniers, les Grands-Louvetiers, les Grands-Queux, & les Grands-Maîtres des Eaux & Forêts de France.

43* 9 — Tome 9. les Statuts & Catalogue des Chevaliers de l'Ordre du S. Esprit ; des Additions & Corrections pour chaque tome ; & la Table generale alphabetique des Noms, des Maisons & des Terres.

L'Etat de la France, contenant les Princes, le Clergé, les Ducs & Pairs, les Marechaux de France, & les Grands Officiers de la Couronne & de la Maison du Roy ; les Chevaliers des Ordres ; les Officiers d'Armée ; les Conseils ; les Gouverneurs des Provinces ; toutes les Cours Superieures du Royaume ; les Generalitez & Intendances ; les Universitez & Academies &c. avec les Noms des Officiers de la Maison du Roy &c. par le P. Simplicien Augustin Dechaussé. *A Paris* 1727. *in* 12°. 5. *vol.*

555
556 — Tomes 1. & 2. comprennent generalement tous les Officiers qui servent près du Roy ou dans les Maisons Royales ; les Officiers de la Reine & de Madame la Duchesse d'Orleans Doüairiere ; les Morts des Princes & Princesses de France ; les Princes du Sang ; & la Maison de M. le Duc d'Orleans ; les Princes Legitimez ; les Princes Etrangers ; & le Clergé de France.

557 — Tome 3. les Pairs de France ; les Duchez ; les Ordres du Roy & autres ; les Marechaux de France, & autres Officiers de Guerre ; les

HISTOIRE DE FRANCE. 113
les Grand-Maiftre & Officiers de l'Artillerie ; l'Amiral & les Officiers de Marine; & le General & les Officiers des Galeres.

558 Tome 4. les Confeils du Roy ; les Gouvernemens des Provinces ; les Parlemens, Cours & Jurifdictions ; les Generalitez & les Intendans.

559 Tome 5. les Univerfitez, Academies, & Bibliotheques Publiques ; les Ambaffadeurs, Envoyez & Refidens ; les changemens, additions & corrections pour les quatre premiers tomes ; & une Table alphabetique très-ample.

560 Memoire fur la queftion de Préféance pour les Ducs & Pairs de France contre le Marechal Duc de Luxembourg ; par Eftienne Gabriau de Riparfons. *A Paris* 1693. *in* 12°.

HISTOIRE DES SOLENNITEZ DE FRANCE.

130 Theatre d'Honneur & de Magnificence préparé au Sacre des Rois, par Guillaume Marlot. *A Reims* 1643. *in* 4°.

561 Traité hiftorique & chronologique du Sacre & Couronnement des Rois & Reines de France, depuis Clovis jufqu'à prefent, & de tous les Princes Souverains Chretiens ; avec la Relation du Sacre de Louis XV. par M. Menin Confeiller au Parlement de Metz : avec Figures. *A Amfterdam* 1724. *in* 12°.

P

131 Traité des Tournois, Joustes, Carrousels, & autres Spectacles publics; par Claude-François Menestrier. *A Lyon* 1669. *in* 4°.

132 Relation de la Feste de Versailles du 18. Juillet 1668. *A Paris* 1668. *in* 4°. *en grand papier.*

561* Memoires touchant le Mariage de Charles II. Roy d'Espagne avec la Princesse Marie-Louise d'Orleans fille de Monsieur Philippe de France Duc d'Orleans, en 1679. par D. L...... *A Paris* 1681. *in* 12°.

133 L'Alliance sacrée de l'Honneur & de la Vertu au Mariage de la Princesse de Baviere avec M. le Dauphin, par Claude-François Menestrier. *A Paris* 1680. *in* 4°.

134 La Statuë de Louis le Grand placée dans le Temple de l'Honneur: Dessein du Feu d'Artifice dressé devant l'Hôtel de Ville de Paris pour la Statuë du Roy qui y doit estre posée; par le Sieur Beausire: avec Figures. *A Paris* 1689. *in* 4°.

VIES DES HOMMES ILLUSTRES DE FRANCE.

562 Les Portraits des Hommes illustres François, qui sont peints dans la Gallerie du Palais Cardinal de Richelieu; avec leurs principales Actions, Armes & Devises;

HISTOIRE DE FRANCE. 115
ensemble les abregez historiques de leurs Vies ; par Marc de Vulson de la Colombiere. *A Paris 1668. in 12°.*

La Mort & les genereuses Actions de plusieurs Seigneurs Gentilshommes François, & Chevaliers de Malthe. *Voyez l'Inventaire de l'Histoire des Turcs, ci-après au Supplement de l'Histoire Etrangere hors l'Europe, n° 149.*

Histoire du Cardinal de Tournon, Ministre sous quatre de nos Rois. *Voyez ci-devant n° 487*.*

Memoires de la Vie de Theodore-Agrippa d'Aubigné. *Rapporté ci-devant n° 496.*

563   La Gallerie des Peintures, ou Recueil des Portraits & Eloges en Vers & en Prose, contenant les Portraits du Roy, de la Reine, des Princes, Princesses, Duchesses, Marquises, Comtesses, & autres Seigneurs & Dames les plus illustres de France; la plûpart composez par Eux-mêmes. *A Paris 1663. in 12°.*

Discours sur la Vie de Frederic-Maurice de la Tour (d'Auvergne) Prince de Sedan. *Voyez les Memoires de la Vie de Theodore-Agrippa d'Aubigné, ci-devant n° 496.*

563*   Abregé de la Vie & Actions de Maurice-Eugene de Savoye Comte de Soissons, mort en 1673. par le Sr. D. M..... *A Paris 1677. in 12°.*

P ij

116 CATALOGUE DE LIVRES.

564 Vie de Charles de Sainte-Maure Duc de Montausier, Pair de France, Gouverneur de Monseigneur Louis Dauphin ayeul du Roy Louis XV. mort en 1690. écrite sur les Memoires de Made. la Duchesse d'Uzés sa fille, (par le P. le Petit:) avec la Guirlande de Julie, ou Bouquet de Fleurs poëtiques en Madrigaux composez par M. de Montausier & par divers Auteurs du temps, pour Madle. de Rambouillet depuis Duchesse de Montausier. *A Paris* 1729. *in* 12°. 2. *tomes en un vol.*

SUPPLEMENT A L'HISTOIRE.
HISTOIRE ETRANGERE EN EUROPE.

HISTOIRE D'ITALIE.

N° 564*  LA Conjuration de Nicolas Gabrini dit de Rienzi Tyran de Rome en 1347. Ouvrage posthume du P. du Cerceau Jesuite ; avec les Incommoditez de la Grandeur, Comedie heroïque en Vers, & diverses Pieces de Poësies du même Auteur. *A Paris 1733. in* 12°.

565 Le Differend des Barberins avec le Pape Innocent X. par Pierre Linage de Vauciennes. *A Paris 1678. in* 12°.

566 Histoire de l'origine du Royaume de Sicile & de Naples, contenant les Avantures & les Conquestes des Princes Normans qui l'ont établi ; (par le P. Claude Buffier Jesuite.) *A Paris 1701. in* 12°.

567 Défense de la Monarchie de Sicile, contre les entreprises de la Cour de Rome ; (par Louis Ellies du Pin.) *Imprimé en* 1716. *in* 12°.

568 La Ville & la Republique de Venife, (par Touffaint de Limojon de Saint Difdier;) IIIe. Edition. *A Amfterdam 1680. in 12°.*

569 La Politique civile & militaire des Venitiens, par le Sr. de la Haye. *A Cologne 1669. in 12°.*

570 Inveftiture du Duché de Milan & autres lieux, donnée par l'Empereur Leopold à Charles II. Roy d'Efpagne; traduit du Latin. *A Cologne 1701. in 12°.*

Hiftoire de Florence, traduite nouvellement de l'Italien de Nicolas Machiavel. *A Amfterdam 1694. in 12°. 2. vol.*

571 Tome 1. comprend depuis l'origine de Florence jufqu'à l'année 1434.

572 Tome 2. depuis 1434. jufqu'en 1494.

573 { Relation de l'état prefent de la Maifon Royale & de la Cour de Savoye, par le Sieur Chapuzeau. *A Paris 1673.*
Relation de l'état prefent de la Maifon Electorale & de la Cour de Baviere, par le même. *A Paris 1673. in 12°.*

Memoire des intrigues fecretes & malverfations du Duc de Savoye (Victor Amedée,) par M. Phelypeaux Ambaffadeur de France à Turin. *Rapporté ci-devant au Supplement de l'Hiftoire de France, n° 539*.*

HISTOIRE D'ALLEMAGNE, DE GENEVE, & DES PAYS-BAS.

Histoire de l'Empire, contenant son origine, son progrez, ses Revolutions, la forme de son Gouvernement, sa Politique &c. par M. Heiss : nouvelle Edition, augmentée de Notes historiques & politiques, & continuée jusqu'à present, par M. V. G. J. D. G. S. (M. Veugle Grand Juge des Gardes Suisses.) A Paris 1731. *in* 12°. 8. *tomes en* 10. *vol.*

574 Tome 1. comprend l'Histoire des Princes qui ont possedé l'Empire depuis Charlemagne jusqu'à Frideric I.
575 Tome 2. depuis Frideric I. jusqu'à Charles V.
576 Tome 3. partie I. depuis Ferdinand I. jusqu'à Joseph.
577 Tome 3. partie 2. le commencement du Regne de Charles VI. jusques & compris l'année 1718.
578 Tome 3. partie 3. la suite du Regne de Charles VI. jusques à present.
579 Tome 4. l'Empire moderne, & le changement qui y est arrivé.
580 Tomes 5. & 6. l'état particulier des Electeurs, Princes, Villes & autres Membres
581 de l'Empire.
582 Tome 7. la Bulle d'Or, & tous les Traitez de Paix jusques & compris celui de Ryswick en 1697.
583 Tome 8. le Traité de Rastatt de 1714. & tous les autres Traitez faits jusqu'à present.
584 Histoire de la Guerre civile d'Allemagne

sous l'Empereur Charles V. traduite de l'Espagnol de Louis d'Avila & de Cuniga. *A Paris* 1672. *in* 12°.

585 Les Lettres du Baron de Busbeke Ambassadeur de l'Empereur Rodolphe II. en France, traduites du Latin. *A Amsterdam* 1718. *in* 12°.

586 Détention de Guillaume-Prince de Furstemberg necessaire pour maintenir l'autorité de l'Empereur, la tranquillité de l'Empire, & pour procurer une Paix juste, utile & necessaire; traduite du Latin. *Imprimé en* 1675. *in* 12°.

Relation de l'état present de la Maison Electorale & de la Cour de Baviere, par le Sr. Chapuzeau. *Relié avec la Relation de Savoye du même Auteur, ci-devant n°* 573.

Memoires de M. de la Colonie Mareschal de Camp de l'Electeur de Baviere, où l'on voit sans partialité tous les évenemens de la Guerre depuis la Paix de Ryswich jusqu'à la derniere Paix generale. *A Francfort* 1730. *in* 12°. 2. *vol.*

587 Tome 1. comprend depuis 1692. jusqu'en 1704.

588 Tome 2. depuis 1705. jusqu'en 1719.

Histoire de Geneve, par Jacob Spon; rectifiée & considerablement augmentée par d'amples Notes; avec les Actes & Pieces servant de Preuves à cette Histoire: avec Figures. *A Geneve* 1730. *in* 12°. 4. *vol.*   Tome

HISTOIRE D'ALLEMAGNE &c.

589 Tome 1. comprend depuis l'an 125. avant J. C. jusqu'en 1535.
590 Tome 2. depuis 1536. jusqu'à 1682.
591
592 } Tomes 3. & 4. les Preuves.
593 Histoire des Ducs de Bourgogne, Philippe le Hardy, Jean-sans-peur, Philippe le Bon, Charles le Hardi, Marie de Bourgogne, Maximilien d'Austriche, & Charles-Quint; par M. de Fabert. *A Cologne* 1687. *in* 12°.

Histoire du Meurtre de Jean-sans-peur Duc de Bourgogne, avec les Preuves; ensemble plusieurs Pieces & Monumens servans à l'Histoire de Bourgogne des XIV. & XVe. siecles. *Voyez les Memoires pour l'Histoire de France & de Bourgogne, ci-devant au Supplement de l'Histoire de France, n°* 125.

594 Le Mausolée de la Toison d'or, ou les Tombeaux des Chefs & des Chevaliers du noble Ordre de la Toison d'or, contenant leurs Eloges, Inscriptions, Epitaphes, Alliances, Symboles &c. *A Amsterdam* 1689. *in* 8°.

595
596 Supplement à l'Histoire des Guerres civiles de Flandre sous Philippe II. Roy d'Espagne écrite par Famien Strada & autres Auteurs, contenant les Procez criminels de Lamorald Comte d'Egmont & de Philippe de Montmorency Comte de

Q

Hornes en 1567. & 1568. avec Figures. *A Amsterdam* 1729. *in* 8°. 2. *vol.*

135 La nouvelle Troye, ou memorable Histoire du Siege d'Ostende, depuis le 5. Juin 1601. jusqu'à sa prise le 20. Septembre 1604. par Henry Haëstens: avec Figures. *A Leyde* 1615. *in* 4°.

Histoire de Hollande, depuis la Tréve de 1609. où finit Grotius jusqu'à nôtre temps ; par Balthazar Hezeneil de la Neuville. *A Paris* 1693. *in* 12°. 4. *vol.*

597 Tome 1. contient depuis 1609. jusqu'en 1625.
598 Tome 2. depuis 1625. jusqu'en 1647.
599 Tome 3. depuis 1647. jusqu'en 1670.
600 Tome 4. depuis 1671. jusqu'en 1679.

Histoire des Provinces-Unies des Pays-Bas, depuis la naissance de la Republique jusqu'à la Paix d'Utrecht, & Traité de Barriere de 1715. avec l'Explication des principales Medailles ; par M. Jean le Clerc : avec Figures. *A Amsterdam* 1728. *& suiv. in fol.* 4. *vol.*

44 Tome 1. contient depuis l'an 1560. jusqu'en 1618.
45 Tome 2. depuis 1618. jusqu'en 1660.
46 Tome 3. depuis l'an 1660. jusqu'au Traité de Barriere en 1715.
47 Tome 4. l'Explication des Medailles.

HISTOIRE D'ESPAGNE, ET DE PORTUGAL.

135* Historia verdadera del Rey Don Rodrigo, en la qual se trata de la perdida de España, y la conquista della por Almançor, y Vida del mismo Almançor; traduzida del Arabigo d'Abulcacim Tarif Abentarique por Miguel de Luna. *En Valencia* 1646. *in* 4°.

Parallele du Cardinal Ximenez & du Cardinal de Richelieu, par René Richard. *Rapporté ci-devant dans le Supplement de l'Histoire de France, n° 507.*

601 Relation des differends arrivez en Espagne entre D. Jean d'Austriche & le Cardinal Nitard, depuis la mort de Philippe IV. en 1665. jusqu'en 1669. *A Cologne* 1677. *in* 12°. 2. *tomes en un vol.*

136 L'Espagne en Feste à l'occasion du Mariage de Mademoiselle Marie-Louise d'Orleans fille de Monsieur Frere de Louis XIV. Roy de France avec le Roy d'Espagne Charles II. fait à Fontainebleau le 31. Aoust 1679. *A Paris* 1679. *in* 4°.

602 Memoires de la Cour d'Espagne, depuis l'année 1679. jusqu'en 1681. où l'on verra les Ministeres de Don Juan & du Duc de Medina-Celi, & diverses choses concernant la Monarchie Espagnole. *A Paris* 1733. *in* 12°.

603 Memoires de M. Fremont d'Ablancourt Envoyé de France en Portugal, contenant l'Histoire de Portugal depuis le Traité des Pyrenées de 1659. jusqu'en 1668. avec les Revolutions arrivées pendant ce temps à la Cour de Lisbonne, un detail des Batailles & des Sieges sous le Duc de Schomberg, & le Traité de Paix entre l'Espagne & le Portugal, & celui de la Ligue entre le Roy T. C. & S. M. Portugaise. *A Amsterdam* 1701. *in* 12°.

604 Relation des Troubles de la Cour de Portugal en 1667. & 1668. où l'on voit la Renonciation d'Alfonse VI. à la Couronne, la dissolution de son Mariage avec la Princesse de Savoye, & le Mariage de la même Princesse avec Don Pedre Regent du Royaume. *A Paris* 1674. *in* 12°.

HISTOIRE D'ANGLETERRE.

605 Introduction à l'Histoire d'Angleterre, traduite de l'Anglois du Chevalier Guillaume Temple: avec Figures. *A Amsterdam* 1695. *in* 8°.

Histoire d'Angleterre, par Paul de Rapin Sr. de Thoyras: avec Figures. *A la Haye* 1726. *& suiv. in* 4°. 10. *vol.*

137 Tome 1. comprend depuis l'invasion de Jules-Cesar jusqu'à la Conqueste des Normands.

Histoire d'Angleterre. 125

138 Tome 2. depuis Guillaume le Conquerant jusques à la fin du Regne de Henry III.

139 Tome 3. depuis le commencement du Regne d'Edoüard I. jusqu'à la fin du Regne de Henry V.

140 Tome 4. depuis le commencement du Regne de Henry VI. jusqu'à la fin du Regne de Henry VII.

141 Tome 5. le Regne de Henry VIII.

142 Tome 6. les Regnes d'Edoüard VI. de Marie, & d'Elizabeth.

143 Tome 7. le Regne de Jacques I. & les quinze premieres années du Regne de Charles I.

144 Tome 8. les dernieres années du Regne de Charles I. & la Dissertation de l'Auteur sur les Wighs & les Torys.

145 Tome 9. les temps de la Republique sous Olivier & Richard Cromwel, les Regnes de Charles II. & de Jacques II. & l'avenement de Guillaume III. & de Marie.

146 Tome 10. les Fastes d'Angleterre; & les Extraits des Actes de Rymer, par le même Auteur.

Abregé de l'Histoire d'Angleterre de M. de Rapin Thoyras. *A la Haye* 1730. *in* 12°. 10. *vol.*

606 Tome 1. contient l'Histoire de la Grande Bretagne sous les Romains, les Saxons & les Danois, jusqu'à la Conqueste des Normands.

607 Tome 2. depuis Guillaume le Conquerant jusques à la fin du Regne de Henry III.

608 Tome 3. depuis le commencement du Regne d'Edoüard I. jusqu'à la fin du Regne de Henry V.

609 Tome 4. depuis le commencement du Regne de Henry VI. jusqu'à la fin du Regne de Henry VII.
610 Tome 5. le Regne de Henry VIII.
611 Tome 6. les Regnes d'Edoüard VI. de Marie, & d'Elizabeth.
612 Tome 7. le Regne de Jacques I. & les quinze premieres années du Regne de Charles I.
613 Tome 8. les dernieres années du Regne de Charles I.
614 Tome 9. les temps de la Republique sous les Cromwels, & le Regne de Charles II.
615 Tome 10. le Regne de Jacques II. & la Table des matieres.
616 Memoires d'Angleterre, contenant l'Histoire des deux Roses ou les Differends des deux Maisons Royales d'York & de Lencastre. *A Amsterdam* 1726. *in* 12°.
617 Fragmenta Regalia, ou le Caractere veritable d'Elizabeth Reine d'Angleterre & de ses Favoris; traduit de l'Anglois de Robert Naunton par Jean le Pelletier. *A Roüen* 1683. *in* 12°.

Histoire des dernieres Revolutions d'Angleterre, traduite de l'Anglois de M. Gilbert Burnet Evêque de Salisbury: avec Figures. *A la Haye* 1725. *in* 4°. 2. vol.

147 Tome 1. comprend l'état des affaires avant Charles II. & le Regne de Charles II. depuis 1660. jusqu'en 1672.
148 Tome 2. ou seconde partie du 1. tome, la suite du Regne de Charles II. depuis 1673. jus-

HISTOIRE D'ANGLETERRE. 127

qu'à sa mort en 1685. & le Regne de Jacques II. depuis 1685. jusqu'en 1689.

Histoire de Guillaume III. Roy de la Grande Bretagne. *A Amsterdam* 1721. *in* 12. 2. *vol.*

618   Tome 1. comprend depuis 1650. jusqu'en 1691.

619   Tome 2. depuis 1691. jusqu'en 1702.

Histoire du même Roy, par P. A. Samson: avec les Preuves, & des Figures. *A la Haye* 1703. *in* 12°. 3. *vol.*

620   Tome 1. contient depuis 1650. jusqu'au 1670.

621   Tome 2. depuis 1671. jusqu'en 1672.

622   Tome 3. depuis 1673. jusqu'en 1675.

623   Les Interests de l'Angleterre malentendus dans la Guerre presente, traduits de l'Anglois (ou plutost composez par M. l'Abbé du Bos.) *A Amsterd.* 1703. *in* 12°.

623*   Memoires de Jean Macky, contenant principalement les Caracteres de la Cour d'Angleterre sous les Regnes de Guillaume III. & d'Anne; traduits de l'Anglois. *A la Haye* 1733. *in* 12°.

Memoires du Regne de George I. Roy de la Grande Bretagne. *A la Haye* 1729. *in* 8°. 5. *vol.*

624   Tome 1. contient depuis 1660. jusqu'en 1714.

625   Tome 2. depuis 1714. jusqu'en 1717.

626   Tome 3. depuis 1717. jusqu'en 1720.

627   Tome 4. depuis 1720. jusqu'en 1724.

628   Tome 5. depuis 1725. jusqu'en 1727.

HISTOIRE DES PAYS SEPTENTRIONAUX.

Memoires de ce qui s'est passé en Suede & aux Provinces voisines, depuis l'an 1645. jusqu'en 1655. ensemble le Demeslé de la Suede avec la Pologne ; tirez des Depesches de M. Chanut Ambassadeur en Suede par Pierre Linage de Vauciennes. *A Paris* 1679. *in* 12°. 3. *vol.*

629 Tome 1. contient depuis 1645. jusqu'en 1649.
630 Tome 2. depuis 1649. jusqu'en 1652.
631 Tome 3. depuis 1652. jusqu'en 1655.

Histoire de Charles XII. Roy de Suede, par M. de V.... (M. Aroüet de Voltaire.) *A Basle* 1731. *in* 12°. 2. *vol.*

632 Tome 1. comprend depuis son avenement à la Couronne jusqu'à son arrivée à Bender.
633 Tome 2. son sejour à Bender & sa delivrance jusqu'à sa mort ; avec un Discours sur cette Histoire.

634 Remarques sur l'Histoire de Charles XII. de M. de Voltaire, par M. Aubry de la Motraye : nouvelle Edition augmentée. *A Londres (Paris)* 1732. *in* 8°.

Histoire des Rois de Pologne, & du Gouvernement de ce Royaume, où l'on trouve un detail très-circonstancié de tout ce qui s'est passé de plus remarquable sous le Regne de Frederic Auguste, & pendant les deux derniers Interregnes ; par

par M. M.... *A Amsterdam* 1733. *in* 8°. 3. *vol.*

634* 1	Tome 1. comprend la Description, le Gouvernement & l'Histoire de Pologne, depuis Lech fondateur de cette Monarchie jusqu'à la mort de Jean Sobieski en 1695.
634* 2	Tome 2. l'Interregne depuis la mort de Jean Sobieski jusqu'à l'Election de Frederic Auguste en 1697. le Regne de ce Prince jusqu'au commencement de l'année 1704.
634* 3	Tome 3. depuis 1704. jusqu'à la fin de la Diette de Convocation après la mort du Roy Auguste.
635	Censure ou Discours politique touchant les Prétendans à la Couronne de Pologne (après la Demission du Roy Jean Casimir.) *A Cologne* 1670. *in* 12°.

Memoires du Regne de Pierre le Grand Empereur (ou Czar) de Russie, par le Baron Jwan Iwanovitz Nestesuranoi: nouvelle Edition augmentée de Pieces importantes; avec Figures. *A Amsterdam* 1728. *in* 12°. 5. *vol.*

636	Tome 1. contient un Abregé chronologique de l'Histoire des Czars.
637	Tome 2. depuis l'avenement de Pierre à la Couronne jusqu'à la Paix du Roy Auguste avec le Roy de Suede en 1706.
638	Tome 3. depuis 1707. jusqu'en 1717.
639	Tome 4. depuis 1717. jusqu'en 1724.
640	Tome 5. le Regne de Catherine épouse de Pierre & Czarine de Russie.

R

641
642   Memoires politiques, amusans & satiri-
643   ques, de Messire J. N. D. B. C. de L...
      Colonel & Brigadier du Czar : avec Figures. *A Veritopoli (Hollande)* 1716. *in* 12°. *3. vol.*

SUPPLEMENT
A L'HISTOIRE.
HISTOIRE ETRANGERE
HORS L'EUROPE.

HISTOIRE DES TURCS.

N°
644 LA Vie de Mahomed, avec des Reflexions sur la Religion Mahometane, & les Coutumes des Musulmans ; par Henry Comte de Boulainvilliers : avec Figures. *A Amsterdam* 1731. *in* 8°.

645
646 La Vie de Mahomet, traduite & compilée de l'Alcoran, des Traditions autentiques de la Sonna, & des meilleurs Auteurs Arabes ; par M. Jean Gagnier : avec Figures. *A Amsterdam* 1732. *in* 12°. 2. *vol.*

149 Inventaire de l'Histoire generale des Turcs, jusqu'à l'année 1617. tiré de Chalcondyle, Paul Jove, Leunclavius, Lonicerus & autres, par Michel Baudier ; continuée jusqu'en 1628. avec la Mort & les genereuses Actions de plusieurs Seigneurs, Gentilshommes François, &

CATALOGUE DE LIVRES.
Chevaliers de Malte. *A Paris* 1628. *in* 4°.

Histoire de l'Empire Ottoman, traduite de l'Italien de Jean Sagredo par M. Laurent. *A Paris* 1724. *in* 12°. 6. *tomes en* 5. *vol.*

647* Tome 1. contient depuis Mahomet jusqu'a Soliman II. en 1526.
648 Tomes 2. & 3. le Regne du même Soliman II. jusqu'en 1566.
649 Tome 4. depuis Selin II. en 1566. jusqu'à Amurat III. en 1594.
650 Tome 5. depuis Mehemet III en 1595. jusqu'à Acmet en 1615.
651 Tome 6. depuis Mustapha en 1617. jusqu'à Ibrahim en 1644.

Ambassades de Mehemet Efendi en France en 1721. & de d'Ourry Efendi en Perse en 1720. *Rapporté ci-devant dans le Supplement de l'Histoire de France*, n° 41.

HISTOIRE D'ASIE, D'AFRIQUE, & D'AMERIQUE.

Histoire des Rois de Chypre de la Maison de Lusignan, & des differentes Guerres qu'ils ont eu contre les Sarrazins & les Genois ; traduite de l'Italien d'Henry Giblet Cypriot. *A Paris* 1732. *in* 12°. 2. *vol.*

651*
1   Tome 1. comprend depuis l'an 1180. jusqu'en 1368.

	HIST. D'ASIE, AFRIQ. &c. 133
651* 2	Tome 2. depuis l'an 1369. jusqu'en 1473.
652 653	Histoire de la derniere Revolution de Perse depuis 1721. jusqu'en 1725. avec un Abregé de l'Histoire des Sophy; (par le P. du Cerceau Jesuite.) *A Paris* 1728. *in* 12°. 2. *vol.*
149*	Relacion del origen y sucesso de los Xarifes, y del estado de los Reinos de Marruccos, Fez, y Tarudante; por Diego de Torres. *En Sevilla* 1586. *in* 4°.
	Histoire de l'Isle Espagnole ou de S. Domingue, écrite sur des Memoires MSS. du P. Jean-Baptiste le Pers Jesuite Missionnaire à S. Domingue, & sur les Pieces originales du Depost de la Marine, par le Pere Pierre-François-Xavier de Charlevoix Jesuite: avec Figures. *A Paris* 1730. *in* 4°. 2. *vol. en grand papier.*
150	Tome 1. comprend depuis 1492. jusqu'en 1606.
151	Tome 2. depuis 1625. jusqu'en 1724.

R iij

HISTOIRE
LITTERAIRE.

N°.   **H**ISTOIRE de l'Academie Françoise, depuis son établissement jusqu'à 1652. par Paul Pellisson Fontanier; avec des Remarques & des Additions, & une Continuation depuis 1652. jusqu'à 1700. par M. Joseph d'Olivet. *A Paris* 1729. *in* 4°. 2. *vol.*

152   Tome 1. contient l'Histoire de M. Pellisson.
153   Tome 2. la Continuation de M. d'Olivet.
654   Memoires de Litterature, par M. de S....
655   (Sallengre.) *A la Haye* 1715. *& suiv. in* 8°. 4. *parties en* 2. *vol.*
656   Bibliotheque des Theatres, contenant le Catalogue alphabetique des Pieces Dramatiques, Opera, Parodies, & Opera comiques, & le temps de leurs Representations; avec des Anecdotes sur la plûpart des Pieces & sur la Vie des Auteurs, Musiciens, & Acteurs; (par M. Pierre de Billy.) *A Paris* 1733. *in* 8°.
154   Histoire du Theatre Italien, depuis la décadence de la Comedie Latine; avec un Catalogue des Tragedies & Comedies Italiennes imprimées depuis l'an

136 CATALOGUE DE LIVRES.
1500. jusqu'à l'an 1660. & une Dissertation sur la Tragedie moderne ; par Louis Riccoboni dit Lelio : avec Figures. *A Paris* 1728. *grand in* 8°.

155 {
Tome second de la même Histoire, contenant des Extraits & Examens critiques de plusieurs Tragedies & Comedies Italiennes, ausquels on a joint une Explication des Figures ; avec une Lettre de M. Rousseau, & la Réponse de l'Auteur (le même Riccoboni.) *A Paris* 1731.
Dell'Arte Rappresentativa, capitoli sei, di Luigi Riccoboni. *Londra* 1728. *grand in* 8°.
}

VIES

137

VIES DES HOMMES ILLUSTRES.

N° 657 LA Gallerie des Femmes fortes, par Louis le Moyne Jesuite: IIIe. Edition, avec Figures. *A Paris 1661. in* 12°.

658 Entretiens sur les anciens Auteurs, contenant en abregé leurs Vies, & le Jugement de leurs Ouvrages, avec plusieurs Extraits de leurs Ecrits; par M. A. de M.... (Estienne Algay de Martignac.) *A Paris 1697. in* 12°.

659 jusqu'à 662 Les Eloges des Hommes sçavans, tirez de l'Histoire de M. de Thou, avec des Additions contenant l'abregé de leurs Vies, le Jugement & le Catalogue de leurs Ouvrages; par Antoine Teissier: IVe. Edition augmentée. *A Leyde 1715. in* 8°. 4. *vol.*

Vie de M. de Segrais. *Voyez ses Eglogues, ci-devant au Supplement des Poëtes François, n°* 263.

663 Histoire de la Vie & des Ouvrages de M. Antoine Arnauld; augmentée d'un grand nombre de Pieces sur le même sujet. *A Liege 1697. in* 12°.

664 Histoire de la Vie de M. François de Salignac de la Motte Fenelon Archevêque

S

CATALOGUE DE LIVRES.
de Cambray, (par M. Ramſay.) *A la Haye* 1723. *in* 12°.

Academie des Sciences & des Arts, contenant les Vies & les Eloges hiſtoriques des Hommes illuſtres qui ont excellé en ces Profeſſions depuis environ quatre ſiecles parmi diverſes Nations de l'Europe; par Iſaac Bullart: avec leurs Portraits. *A Amſterdam* 1682. *in fol.* 2. *vol.*

48 Tome 1. contient les illuſtres Politiques, Hiſtoriens, Juriſconſultes, Rhetoriciens & Grammairiens; & les Peintres, Architectes & Statuaires illuſtres de l'Italie.

49 Tome 2. contient les illuſtres Theologiens, Philoſophes, Mathematiciens, Aſtrologues & Medecins; XVIII. autres Illuſtres en diverſes Sciences; les Inventeurs de divers Arts; les Illuſtres dans la Navigation, Geographie, Coſmographie & Mathematique; les illuſtres Muſiciens; les illuſtres Poëtes; les Peintres illuſtres du Pays-Bas, & autres de deçà des Monts.

Abregé de la Vie des Peintres, par Roger de Piles. *Voyez ci-devant au Supplement des Mathematique & Arts, n°* 238.

SUPPLEMENT
AUX
LIVRES DE FIGURES.

N° 665 PLANS & Elevations des Maisons Royales, & des excellens Bastimens de France; par Jacques Androüet du Cerceau. *In fol.*

666 Les Tapisseries du Roy, des quatre Elemens & des quatre Saisons, avec les Devises qui les accompagnent & leur Explication; gravées par Seb. le Clerc & par le Pautre. *A Paris, de l'Imprimerie Royale, 1679. in fol.*

667 Les Conquestes du Roy, gravées d'après Vander Meulen; avec le Pont-neuf du même. *In fol. maximo.*

668 Les Emblesmes & Devises du Roy, & des Princes & Seigneurs qui l'accompagnerent en la Cavalcade Royale & Course de Bague que S. M. fit au Palais Cardinal en 1656. gravées par Gissey; avec une Explication. *A Paris 1657. in 4°.*

669 Courses de Testes & de Bague, faites par le Roy & par les Princes & Seigneurs de sa Cour en l'année 1662. avec les Figures & les Devises. *A Paris, de l'Imprimerie Royale, 1670. in fol. magno.*

S ij

140   Catalogue de Livres,

670 {
Les Plaisirs de l'Isle enchantée, ou Festes galantes données par le Roy à Versailles en 1664. avec les Figures. *A Paris, de l'Imprimerie Royale*, 1673.
Relation de la Feste de Versailles du 18. Juillet 1668. avec les Figures. *A Paris, de l'Imprimerie Royale*, 1679.
Les Divertissemens de Versailles donnez par le Roy à toute sa Cour, au retour de la Conqueste de la Franche-Comté en 1674. avec les Figures. *A Paris, de l'Imprimerie Royale*, 1676. *in fol.*
}

671 Carte generale de la Monarchie Françoise, contenant l'Histoire militaire, depuis Clovis jusqu'à la XVe. année accomplie du Regne de Louis XV. avec l'Explication de plusieurs matieres interessantes tant pour les Gens de Guerre que pour les Curieux de tous états ; lesquelles y sont traitées en XX. Tables enrichies de Tailles-douces qui se joignent en une seule Carte ; par le Sieur Pierre Lemau de la Jaisse. *A Paris* 1733. *in fol. magno.*

672 Le Sacre de Louis XV. dans l'Eglise de Reims, le 25. Octobre 1722. representé en Figures gravées de l'ordre du Roy par les meilleurs Maistres. *A Paris, in fol. maximo.*

FIN.

TABLE DES AUTEURS.

A

A Bulcacim Tarif Abentarique, 123.
M^e. Adam, (Billaut,) 32.
Addiſſon, 37.
d'Agreda, *voyez* Marie de Jeſus.
d'Agreda, Diego, 45.
d'Aigremont, *voyez* de Laon.
Alamos de Barrientos, 89.
d'Alcripe, Sr de Neri en Verbos, 42.
Aleman, 43.
Algay, *voyez* de Martignac.
d'Almacheu, (le Marq.) 49.
Anacreon, 33.
Androüet, *voyez* du Cerceau.
Ange, (le Pere) 111.
Anſelme, (le Pere) 110.
d'Arciſas, 71.
Arioſto, 36.
Ariſtophane, 29. 30.
Armand, *voyez* Muſtapha.
Aroüet, *voyez* de Voltaire.
d'Aſſoucy, (Coypeau) 43.
Attar, (le Cheih) 14.
d'Avaux, (le Comte) 74.
d'Aubigné, 98.
Aubry, *voyez* de la Motraye.
d'Auteüil, (de Combaut) 95.
d'Avila & de Cuniga, 120.

B

B Acon, 18.
Banier, 30.
Barbadillo, *voyez* de Salas.
Barclay, 55. 55.
Barôzai, *voyez* de la Monnoye.
de Barrientos, *voyez* Alamos.
Baudier, 131.
Baudoin, 18. 45. 46.
de Beauchamps, 58.
de Beaucourt, 47.
de Beaumarchais, 85.
Beauſire, 114.
de Belidor, 21.
de Belleforeſt, 93.
de Beragrem, *voyez* d'Almacheu.
Bernier, 107.
Berruyer, 79.
Billaut, *voyez* Me Adam.
de Billy, 135.
Bion, 18.
Bocace, 42.
du Bois, 61.
de Boiſrobert, (*ſous le nom de d'Ouville,*) 42.
Boivin, 30.
Bonafous, 36.
Bonfons, 106.
de Boot, 18.
Bordelon, 43. 44.

TABLE

du Bos, 127.
Bossuet, Ev. de Meaux, 3. 5. 6.
Bossuet, Evêq. de Troyes, neveu du précedent, 3. 6. 6.
Bougeant, 76.
Bouguer, 20.
Bouhier, 25.
de Boulainvilliers, (le Comte) 94. 131.
de Boutigny, *voyez le* Vayer.
Brandt, 83.
de Brasey, *voyez* Moreau.
de Bregy, (la Comtesse) 68.
Bremond, 47.
du Breul, 106.
de Briquet, 10.
Brossette, 32.
Brown, *Edoüard*, 69.
Brown, *Thomas*, 16.
Brumoy, 28.
le Brun, 4. 16.
Buffier, 117.
Bullart, 138.
Burnet, 126.
de Busbeke, (le Baron) 120.

C

Caille, *voyez du* Fourny.
M^e *de la* Calprenede, 46.
Camerino, 57.
Camus, Ev. de Belley, 56. 56.
Camuzat, 108.
Capocoda, 49.
de Castel, *voyez de* Saint-Pierre.
de Castelnau de Mauvissiere, 96.
de Castera, 52.
Catrou, 82.
Cavazzi, 71.
Cebes, 16.
du Cerceau, (Androüet) 139.
du Cerceau, 117. 133.

de Ceriziers, 103.
de Cespedes y Meneses, 57.
de Chalamont, *voyez de la* Visclede.
Chalcondyle, 131.
Chalon, 95.
Chansierges, 57.
Chanut, 128.
Chappuys, 67.
Chapuzeau, 118. 118.
de Charlevoix, 133.
Charpentier, 13. 13.
Chastelain, 73.
de Chevilly, 63.
de Choisy, 105.
Ciceron, 24. 25.
le Clerc, 100. 122.
de Clermont, *voyez de* Montglat.
Collart, 96.
Colletet, 106.
de la Colombiere, (Vulson) 115.
de la Colonie, 120.
de Combaut, *voyez d'*Auteüil.
de Comines, 96.
le Comte, 22.
de Contreras, 56.
Corneille, *Pierre*, 28. 29.
Cortes de Tolosa, 45.
des Coustures, (Parrain, Baron) 13.
Coypeau, *voyez d'*Assoucy.
de Crebillon fils, (Jolyot) 68.
Croset, 5.
de Crousaz, 16.
de las Cuevas, 58.
de Cuniga, *voyez d'*Avila.
de Cusa, Cardinal, 4.

D

Dandini, 69.
Darnal, 107.

DES AUTEURS.

Deagent, 100.
Desbarres, 57.
Desmarets, 32.
Digby, 19.
Diodore de Sicile, 87.
Dolce, 29.
le Duc, 36.

E

Echard, 87.
Empyricus, *voyez* Sextus.
Epicure, 13.
Erasme, 67.
Eschyle, 28. 29.
Esope, 41.
Esprit, 14.
des Essarts, (de Herberay, Sr) 55.
de l'Estoile, 98.
Eudes, *voyez de* Mezeray.
Euripide, 28. 29. 30.

F

de Fabert, 121.
de la Faye, 70.
de Fenelon, Arch. de Cambray, 24.
Fleury, *Charles*, 96.
Fleury, *Claude*, 5.
de Folard, (le Chevalier) 88.
de la Fontaine, 33. 33.
des Fontaines, (Guyot) 53. 72. 72.
de Fontanieu, 58.
de Forbin, (le Comte) 105.
du Fourny, (Caille) 111.
du Freny, (de Riviere) 39.
Fremont d'Ablancourt, 124.
du Fresnoy, *voyez* Lenglet.

G

Gabriau, *voyez* de Riparfons.
Gacon, 34.
Gagnier, 131.
Garon, 41.
Gauger, 22.
Gauthier, 56.
Gayot de Pitaval, 67.
de Gerard, *voyez de* S. Amant.
Germain, 110.
Giblet, 132.
Gil Polo, *voyez* Polo.
Giustiniano, 28.
Me de Gomez, (*Madeleine* Poisson,) 48. 62. 63.
Gomez de Luque, 37.
Gonzales, *Estevanillo*, 44.
Gonzales, *Dominique*, 43.
Gordon, 81.
Goudelin, 36.
Goulde, 6.
de Gramont, (le Marechal) 101.
de Gramont, (le Duc) 101.
le Grand, 109.
Granet, 4.
de la Grange-Chancel, 35. 40.
Grollier de Serviere, 20.
du Gué-Trouin, 105.
Gueret, 66.
du Guet, 5.
de Guevara, *voyez* Velez.
Gueudeville, 67. 73.
Gueullette, 45. 59.
de Guibours, *voyez le* P. Anselme.
Guilbert, 106.
Guillemin, 3.
Guyot, *voyez des* Fontaines.

T ij

TABLE

H

Haëstens, 122.
Hamilton, 45. 45. 45.
Hafard, (le Chevalier) 51.
de la Haye, 118.
Hecquet, 19.
Heiss, 119.
de Herberay, *voyez* des Essars.
l'Hermite, *voyez* Tristan.
de Hesnault, 32.
Hezeneil, *voyez* de la Neuville.
Horace, 30. 30.
Hoste, 20.
Huet, Evêque d'Avranches, 16. 57. 62.

I

Jacquin, 56.
de la Jaisse, *voyez* Lemau.
Jaquelot, 15.
de la Joie, 47.
Jolyot, *voyez* de Crebillon.
Josse, 55.
Joubert, 91.
Jove, 131.

L

L Abat, 69. 71. 71. 71.
le Laboureur, 97.
Lafitau, 89.
Lancelot, 46.
Lancelot, *Claude*, 23.
Languet, Ev. de Soissons, 82.
de Lancina, 89.
de Laon, Sr d'Aigremont, 72.
Lavaur, 66.
Laurent, 132.
Lelio, *voyez* Ricoboni.
Lemau de la Jaisse, 140.

Lenet, 103.
Lenfant, 81. 81.
Lenglet du Fresnoy, 51.
Leon de Modene, 7.
de Lestrange, 41.
Leti, 66.
Leunclavius, 131.
de Limiers, 74. 94.
Limojon, *voyez* de S. Disdier.
Linage, *voyez* de Vauciennes.
Locke, 14.
du Londel, 102.
Lonicerus, 131.
Loubaissin de la Marca, 60.
Lozano, 48.
de Luna, J. 43.
de Luna, *Miguel*, 123.
de Luque, *voyez* Gomez.
de Lurbe, 107.
Mlle de Lussan, 58. 63.

M

Machiavel, 118.
Mackar, 70.
Macky, 127.
de Magny, 37.
de Mailly, (le Chevalier) 47.
le Maistre de Sacy, 1. 2.
Malingre, 99. 106. 106.
de la Marca, *voyez* Loubaissin.
Marcel, 94.
Marie de Jesus, Abbesse d'Agreda, 4.
Marini, 58.
de Marivaux, 54.
Marlot, 113.
de Marolles, 100. 101.
Marot, *Clement*, 31.
Marot, *Jean*, 31.
Marot, *Michel*, 31.
Marraffi, 55.

DES AUTEURS.

de Martignac, (Algay) 137.
Martin, 3.
Maucroix, 73.
de Maupertuis, 20.
de Mauviſſiere, *voyez de* Caſtelnau.
Mehemet Efendi, 105.
Me Meheuſt, 54.
Melidor, 56.
Meneſes, *voyez de* Ceſpedes.
Meneſtrier, 114. 114.
Menin, 113.
de Meſmes, Comte d'Avaux, *voyez* d'Avaux.
de la Meſnardiere, (Pillet) 32.
Meynier, 20.
de Mezeray, 99. 108.
Michel, *de* Niſmes, 36.
Milton, 37. 37.
de Moncada, Conde de Oſona, 89.
de Moni, *voyez* Simon.
de la Monnoye, 34.
de Montauſier, (le Duc) 116.
de Montauſier, fille du Duc, *voyez* d'Uzés.
de Montchal, Archevêque de Touloufe, 100.
de Montglat, (le Marquis) 101.
de Montpenſier, *voyez* d'Orleans.
Mont-real, 57.
Morando, 58.
Moreau, 66.
Moreau de Braſey, 104.
de la Mothe-le-Vayer, 93.
de la Motraye, (Aubry) 128.
de la Motte, 80.
de la Motte, *voyez de* Fenelon.
Moïette, 70.
le Moyne, 32. 137.
de Murat, (la Comteſſe) 51. 51.
Muſtapha, 70.

N

Naunton, 126.
de Nery en Verbos, *voyez* d'Alcripe.
Neſteſuranoi, (le Baron) 129.
de la Neuville, (Hezeneil) 122.

O

Olive, 4.
d'Olivet, 25. 135.
d'Orleans, Anne-Marie-Louiſe, (Mle de Montpenſier,) 101.
d'Orleans, Sr de Since, 108.
d'Orvilliers, *voyez le* Tellier.
de Oſona, *voïez de* Moncada.
Oudin, *Antoine*, 23.
Oudin, *Ceſar*, 23.
Ourry Efendi, 105.
Ovide, 30.
d'Ouville, *voïez de* Boiſrobert.

P

Parain, *voyez de* Couſtures.
Patin, 91.
de Patot, *voïez* Tyſſot.
de Peliſſeri, 86.
le Pelletier, 126.
Pelliſſon, 104. 135.
Peluche, 18.
de Perne, (la Marq.) 68.
Pernetti, 62.
Perrault, 33. 34.
le Pers, 133.
Petau, 73.
Petit, 17.
Petit, 87.
le Petit, 116.

TABLE

Petrone, 66.
Phedre, 30.
Phelypeaux, 105.
de Piles, 22.
Pillet, *voïez de la* Mesnardiere.
du Pin, 117.
de Pitaval, *voïez* Gayot.
Placet, 17.
de la Planche, *voïez* Regnier.
des Plassons, (la Comtesse) 34.
Poisson, 50.
Poisson, *Madeleine*, *voïez* Me de Gomez.
Polo, 56.
Polybe, 88.
Pope, 37.
Pouget, 33.
du Pré de Saint-Maur, 37. 37.
de Prechac, 50. 50. 50. 60.
Prevost, 53. 53. 53.
Priolo, 99.
Prodez de Beragrem, *voïez* d'Almacheu.

Q

Quesnel, 9.
de Quevedo Villegas, 43.
de Quincy, (le Marq.) 102.

R

Racine, 29. 34.
de Radoüay, 20.
Raffart, *voïez le* P. Ange.
Raguenet, 91.
Ramsay, 62. 138.
de Rapin, *voïez de* Thoyras.
Me de Ravezan, 50.
Regnard, 39.
Regnier, *Mathurin*, 31.
Regnier, Sr de la Planche, 96.

Remond de Saint-Mard, 27.
Renaud, *voïez de* Segrais.
Riccoboni, dit Lelio, 136. 136. 136.
Richard, 100.
de Riparfons, (Gabriau) 113.
de Riviere, *voïez du* Freny.
Rizzi, 49.
de Robles, 48.
Mle de la Rocheguilhen, 54. 60.
Rollin, 65. 86.
Rotrou, 29.
Rousseau, 136.
Rousset, 76. 77.
le Roy, 71.
Rymer, 125.

S

de Sacy, *voïez le* Maistre.
le Sage, 72.
le Sage, de Montpellier, 36.
Sagredo, 132.
de Saint-Amant, (de Gerard) 32.
de Saint-Disdier, (Limojon) 118.
de Saint-Gelais, Ev. d'Angoulesme, 31.
de Saint-Mard, *voïez* Remond.
de Saint-Maur, *voïez du* Pré.
de Saint-Philippe, (le Marq.) 85.
de Saint-Pierre, 15. 110.
de Saint-Remy, 21.
de Saint-René, *voïez* Theodoric.
de Sainte-Rosalie, *voïez le* P. Ange.
de Salas Barbadillo, 55.
de Salignac, *voïez de* Fenelon.
de Sallengre, 135.

DES AUTEURS.

Samson, 127.
Santos, 68.
Scarron, 43.
Scopon, 35.
M^{le} de Scudery, 57.
de Segrais, (Renaud) 32.
Senault, 14.
Seneque, 28. 29. 32.
de Serviere, voïez Grollier.
de Serviez, 90.
Sevin, voïez de Quincy.
Sextus Empyricus, 13.
de Seyssel, 87.
Sielve, 14.
Silva, 19.
Simon, 7. 69.
Simon, (sous le nom de Moni,) 81.
Simplicien, (le Pere) 111. 112.
de Since, voïez d'Orleans.
de Soliers, voïez Tristan.
Sophocle, 28. 29. 30.
de Spanheim, 81.
Spon, 91. 120.
Sueyro, 89.
Surirey, voïez de Saint-Remy.
Swift, 16. 72.
Swinden, 18.

T

Tacite, 89. 89. 89.
Talon, Omer, 100.
Talon, voïez le Vayer de Boutigny.
Tarif Abentarique, voïez Abulcacim.
Tasso, 37.
le Taverne, 96.
Teissier, 137.
le Tellier d'Orvilliers, 43.
Temple, (le Chevalier) 124.
Terrasson, 58.
Theocrite, 33.
Theodoric de Saint-René, 6.
Theophraste, 56.
de Thou, 137.
Thourette, pere & fils, 10.
de Thoyras, (de Rapin) 124. 125.
Thuillier, 88.
Toll, 18.
de Tolosa, voïez Cortes.
de Torche, 66.
de Torquemade, 67.
de Torres, 133.
Tourniol, 56.
Tristan, (l'Hermite de Soliers) 32.
Tyssot de Patot, 35. 68.

V

de Vallemont,
de Varenne,
Vaslet, 90.
de Vauciennes, (Linage) 117. 128.
de Vaumoriere, 60.
le Vayer de Boutigny, 9.
Velez de Guevara, 43.
Veugle, 119.
de la Vierge Marie, voïez le P. Anselme.
de la Vigne, 31.
Vignier, 107.
de Villars, 44.
de Villefore, 24.
Villegas, voïez de Quevedo.
Villepontoux, 105.
de la Visclede, (de Chalamont) 68.
Vitrian, 96.
de Voltaire, (Aroüet) 35. 35. 40. 128.

TABLE.

d'Urfé, 57.
de Urrea, 36.
d'Uzés, (la Duchesse) 116.

X

XEnophon, 13.

FIN.

www.ingramcontent.com/pod-product-compliance
Lightning Source LLC
Chambersburg PA
CBHW071427300426
44114CB00013B/1337